汉语副词研究论集

主　编／张谊生

副主编／贾益民　宗守云

第四辑

上海三联书店

目　　录

"最好"的追补性衔接功能及其
语篇模式 *

巴　　丹(右江民族医学院国际语言文化教育学院)

1. 引言

现代汉语中的"最好"共有三种用法：一是形容词性短语(程度副词"最"＋形容词"好")；二是助动词性短语(程度副词"最"＋助动词"好"①)；三是副词"最好"。例如：

(1) 这再一次说明单靠物质条件并不一定能最快产生<u>最好</u>的科研成果。(2000 年《人民日报》)

(2) 我还就觉得男人<u>最好</u>弄，男人一点不用怕，男人都觉得女人可怕呢。(苏童《另一种妇女生活》)

(3) 甫志高："农委派我送一批家伙给你，马上派人去下货，<u>最好</u>你去检查一下。"(夏衍《烈火中永生》)

例(1)是形容词性短语的用法，例(2)是助动词性短语"最好"，"好"是"容易"之义，例(3)是副词"最好"的用法。

以往研究主要集中在"最好"的主观性(乐耀，2010；戚国辉、杨成虎，2010；罗主宾，2012；罗主宾、唐贤清，2013)、情态化(陶

＊ 本文得到张谊生教授、宗守云教授和李劲荣教授的指点，谨致谢忱！

双,2013)和语法化(卢普生,2010;李雪,2014)等方面,但对"最好"所处的语篇环境和衔接功能则鲜有论及。邢素丹(2015)注意到"'最好'往往会出现在表示'假设、目的、依据'义复句的后分句中",但未能就此进一步展开。要想全面、准确地认识"最好"的全貌,既应关注"最好"在句法层面上的特征,也应关注其在语篇中的衔接功能,在动态的过程中关注其用法和变化。本文分为三部分展开研究:首先,讨论"最好"追补性衔接功能的界定及其衔接类型;其次,揭示"最好"的语义背景和语境类型;再次,探讨"最好"衔接功能的性质及其带给我们的启示。

本文语料主要来自北京大学中国语言学研究中心现代汉语语料库(简称 CCL)和各类现代汉语词典。限于篇幅,部分例句做了删略。

2. "最好"的追补性衔接功能

2.1　追补性衔接功能的界定

"最好"是具有追补性衔接功能的评注性副词,我们将其所在的分句称之为"最好"追补句,即处于"P,最好 S"的语篇结构中具有表追补意义的句子。P 是前导句,"最好 S"为后继句,S 从主观上对 P 进行了追补。"最好"用于连接两个意义上具有补充关系的表述,即说话人在说出一段话之后,仍想突出或强调某种情况,接着再补充一些相关的内容。例如:

(4) 宋耀如对儿子说:"……我倒希望你将来能成为中国最大的银行家(P),最好是作国家银行行长,干什么也离不开财政金融的支持呀!"(《宋氏家族全传》)

(5) 陈丰笑了:"哦,这和她负责的产品有关,有些客户是有那个特点,适当招两个外表好一点的女销售进来也对,倒不是说要多漂亮,顺眼的就行。光漂亮不够,要善于和客户

搞好关系(P),<u>最好</u>是酒量好的。"(李可《杜拉拉升职记》)

例(4),宋耀如说出对儿子的期望之后,觉得意犹未尽,便用"最好"补充"作国家银行行长"的最佳选择项。例(5),招女销售的条件是"既要漂亮,还要善于沟通",至于"酒量好"是最后追加上去的,并不是必备条件。

"最好"具有表追补关系的衔接功能,主要有以下三个方面的证据:

首先,从句法位置看,表追补的"最好"高频居于句首。CCL显示,"最好"居句首的比例已经远远超过副词的典型句位——句中,也就是说,"最好"的句首用法已成为其主要的语法特征。见表1。

数据显示:a. 副词"最好"的出现率在半数左右,"最好"是副词已成为不容置疑的事实[③];b. 就副词而言,"最好"居句首的用例高于句中和句末的总和,而句首恰恰是副词产生衔接功能的典型句法位置;c. 助词性短语的比例仅为 0.5%,从共时层面证明,主观性标记副词"最好"是从形容词性短语"最+好"演变而来的(乐耀,2010:151);d. "最好"的功能扩展很可能最先见于南方作家。南方作家作品出现了形容词性短语"最好"做补语的用法。

其次,从语义上看,"最好"表最佳建议性追补,引导的句子具有[-必选][+建议]的语义特征。换句话而言,虽然"最好"所引导的S具有建议、意愿或规劝等多种语义内容或表达功能,但有一点是一致的,即S都是说话人认为的最理想、最合适的状况,并不要求听话人必须执行,也不要求条件完全具备。因而,相对前面的P而言,S常常被看作是附带信息。例如:

(6) 他这回出去,一来为了要找冼鉴、冯斗、谭槟(P),<u>最好</u>还能找到金端(S);二来也为了给胡杏买一种贵重的药品,希望能把胡杏的生命挽救过来。(欧阳山《苦斗》)

表1　CCL语料库"最好"用频抽样调查表②

作品类型	语法单位	形容词性短语			助词性短语	副词			合计
		定语	谓语	补语		句首	句中	句末	
江浙沪作家作品	例句数量	79	14	2	1	54	36	7	193
	百分比	40.9%	7.3%	1.0%	0.5%	28.0%	18.7%	3.6%	100%
	合计	95(49.20%)			1(0.5%)	97(50.30%)			193(100%)
北京作家作品	例句数量	75	17	0	0	47	25	10	174
	百分比	43.1%	9.8%	0	0	27.0%	14.4%	5.7%	100%
	合计	92(52.90%)			0	82(47.1%)			174(100%)

(7) 华子一听乐了："哥们儿还是哥们儿，来！干一杯。问吧(P)，最好问一个严肃点儿的(S)，要不显不出我们说真话的水平。"(石康《奋斗》)

例(6)，虽然说话人觉得找到"金端"希望并不大，但还是在指明要寻找的三人之后，提及了"金端"。例(7)，说话人已同意对方向他提问，接着追加了更具体的要求"问一个严肃点的"。

再次，从配合共现成分来看，"最好"与追加性成分共现连用的例子比比皆是，主要有："又、再、还(有)、当然、此(另)外、除此之外"等。例如：

(8) 朱经理还没答话，戴俊杰又加了一句："最好快一点。"(周而复《上海的早晨》)

(9) 车箱里高高堆着箩筐，我想着箩筐里装的肯定是水果。当然最好是香蕉。(余华《十八岁出门远行》)

(10) 另外，在可能的情况下，最好聘请有一定社会地位，熟悉这方面业务的舟山籍同胞担任高级顾问，协助办事机构搞好工作，努力创出一条符合舟山实际的中国海员劳务输出新路子。(1994年《报刊精选》)

例(8)，从"又加了一句"不难看出，"最好"衔接了前面的话题，并对其进行了补充。例(9—10)，"当然、另外"是表追补义的虚词。正是由于语义上的兼容与和谐，"最好"才会经常与这类词语共现使用。

上述三点既可以看作是"最好"具有衔接功能的证据，也可看作是"最好"追补句的界定标准。所以，以下的例句不属于我们讨论的追补性衔接副词"最好"。例如：

(11) 猩猩懂得，这样的场合，最好不要久留，他说完话就转身，在不停的愤怒的呐喊声中，匆匆地溜走了。(罗广斌《红岩》)

"最好"虽然居于句首，但处在主谓之间，用来表达主观建议和意愿,而非表追补,不是我们讨论的"最好"追补句。

2.2　追补性衔接功能的类型

2.2.1　承接性追补

表承接性追补的"最好"用于连接两个命题相同或相关的话题,S以P的陈述为延伸的基础,在语义上,S追加时间、空间或事理上与P相关的条件和情况;在逻辑上,S与P呈承接关系,共同完成对语篇的陈述和展开。例如:

(12)"老胡,备车,还是老地方,'毛家鳖王府大酒楼',最好是'延安厅'和'庐山厅',先打个电话联系一下,有人没人都让他们立刻腾出来。"(张平《十面埋伏》)

(13)办这些事不宜青天白日去,夜晚比较妥当,也不要自己打上门,最好是在路上偶然碰上,叫做不期之遇,……。(周而复《上海的早晨》)

例(12)是一连串的指令,从备车到酒楼再到包厢的选择,形成了一个有序的话题链。例(13),"路上偶然碰上"在话题上承接"不要自己打上门"。

2.2.2　解注性追补

表解注性追补的"最好"用于衔接两个话题相关的表述,S以P的陈述为阐述基础,是对P的解释、说明、补充和修正。在逻辑上,S和P呈解注关系。这种解决关系可分为总结式解注和详述式解注。例如:

(14)您身负国任,我肩担道规,最好是各不相扰。(曲波《林海雪原》)

(15)最后,张学良希望中共方面派出全权代表共商抗日救国大计,最好能在毛泽东或周恩来中间推出一位,再进行一次会谈,地点在延安城,时间由中共定。(沈永兴、朱贵生《二战全景纪实》)

例(14)是总结式解注,"您身负国任,我肩担道规",概括起来就是"各不相扰"。例(15)属详述式解注，"最好"引出"共商抗日救国大计"的具体做法。

2.2.3　递进性追补

表递进性追补的"最好"用于衔接两个具有递进关系的命题，其中P是基事句④，S是递事句，S在意义上比P更进一层，体现出事物在时间、范围、数量和程度等方面的顺向推进或反向推进。语义上，递进性追补可分为三种：突显式递进、增量式递进和对比式递进。例如：

(16) 如果是美国人，那一定是要买照片，<u>最好</u>是空中照的。（欧阳山《苦斗》）

(17) 我心里念叨着："再下大点吧，再下大点吧，<u>最好</u>能下一房深，把这个世界都淹了。"（张平《十面埋伏》）

(18) 吃羊杂碎需得吃它的氛围、食具和本人的打扮。一张油腻腻的桌子，<u>最好</u>是连桌子板凳都没有，蹲在黄土地上，身旁还得围着一两条狗。（张贤亮《羊杂碎》）

例(16)是突显式递进，"空中照的"属于"照片"的一种。说话人选取某一具体类型，以突显特例，强化主观意愿。例(17)属增量式递进，在数量上进行了夸张，引导读者对下雨的程度形成更具体、深刻的印象。例(18)属对比式递进，吃羊杂时，有"一张油腻腻的桌子"和"连桌子板凳都没有"，一正一反，形成对比和反差，达到强化的语用效果。

3. "最好"的语义背景与语境类型

3.1　语义背景

副词的篇章功能研究必须放置在超句范围的语篇格局中，才能更清晰地显现副词所处的语义背景，洞见它与其他句子构成的语篇模式。表衔接的"最好"位于追补句S的句首，用于衔接P，形成"P,最好 S"的篇章格局。P 是说话人主观认定的事实,S 则是针对这一事实所做出的最佳建议性追补事实。据此我们将"最好"的语义背景概括为:

A. 存在一个说话人主观认定的事实;

B. 因为出现了某种原因、虚拟条件或为了某种目的;

C. 说话人给出一个最佳建议性追补事实;

D. 这种建议有利于避免(或便于)某种状况的发生。

上述 A、B、C、D 用于四层意思,"最好"用在说明 C 意的句子里。这四层意思至少得通过两个分句说明清晰,也可以四层意思同时出现。它们可能组合成四种语篇格式,将四种格式排在一起就是:

格式Ⅰ:A+B+最好 C+D

格式Ⅱ:A+B+最好 C

格式Ⅲ:A+　最好 C+D

格式Ⅳ:A+　最好 C

(19) 格式Ⅰ:随着气候变暖,那种比较厚重粘腻的保湿霜不需要了,……(A),如果想保持肌肤的比较滋润的感觉(B),<u>最好</u>每周再敷一到两次保湿面膜(C),保持住这种良好的保湿状态(D)。(仇明《超级面膜全书》)

(20) 格式Ⅱ:他知道在这样大运动当中自己的地位很难处(A),轻不得,重不得(B),<u>最好</u>是超然一点(C)。(周而复《上海的早晨》)

(21) 格式Ⅲ:"既是街上戒严(A),<u>最好</u>咱们别出门(C),免得招惹是非(D)。"(李英儒《野火春风斗古城》)

(22) 格式Ⅳ:所以我劝你上鸡鸣寺去(A),<u>最好</u>选一个微雨天或月夜(C)。(朱景松《现代汉语虚词词典》)

上述四种格式看似不相同,却有内在规律和联系。首先,A 和 C 是必有分句,两者之间有追加和补充关系;其次,B 和 D 是可隐现分句,旨在交待 C 段的相关原因、条件和目的。再次,在实际

运用中,B有时也可能出现在 D 的位置上,但不太常见,应属于非正式语体的临时语用现象。四种格式可概括为:

A＋(因为＼如果＼为了 B)＋最好 C＋(以免＼以便 D)

"格式Ⅳ:A＋最好 C"(即前文的"P,最好 S")是基式,其它三个都是从基式中发展而成的繁式。从语义重心来看,基式的语义重心在前导句 A,而繁式的重心则落在了后继句 C 段。2.2 小节已论述"最好"句 C 段的类型,A 段则主要用于陈述说话人主观认定的事实,可分为三种情况:陈述必然事实、陈述已然事实、陈述虚拟事实。例如:

(23) 边搓还边讲解,你看第一道工序,就要温水发一下,第二道工序中绝不能用肥皂,第三道细毛巾使劲搓(A),最好有点香油(C),第四道就用粗毛巾了……轻重合适不,温度合适不。(李承鹏《寻人启事》)

(24) 这时老袁是赞成部长动大手术的(A),最好将手下七个副手都动了(C),好留一张白纸给他绘画(D)。(刘震云《官人》)

(25) 一会儿希望林雁冬还没回家(A),最好他们全家一个人影儿都没有(C),让他吃个"闭门羹"(D)。(谌容《梦中的河》)

例(23)是对必然事实的追补,"细毛巾使劲搓"是这道工序的常规做法。例(24)是对已然事实的追补,"老袁是赞成部长动大手术的"属现实已发生的情形。例(25)是对虚拟事实的追补。

3.2　语境类型

3.2.1　在目的复句中的运用

"最好"常与表免除义或目的义的词语配合,共同构成目的复句。从搭配关系看,"最好"句可以构成启后式"最好 S1,以免/以便 S2",以及承前式"为了 S2,最好 S1"。目的关系中的"最好"主要与两类词语搭配：

（一）表目的关系的虚词。主要有"为了、以免、免得、以、以便（于）、好"等。如例（27）。

（二）表规避意义的动词。比如"减少、避免、防止、警惕"等。如例（30）。

上述两类词语可以连用，此外，启后式与承前式也可以前后配合，组成表目的关系的句组，码化为："为了 S2＋最好 S1＋以免/以便 S2"。例如：

(26) 最好每隔半小时至一小时到室外活动活动，增加血液循环；以避免"电视腿"病的发生。(《养生与健美方法 100例》)

(27) 为了防止造假、贩假者逃之夭夭，农民在购买商品时，最好能要一张质量保证卡，或记住出售者的姓名、地址，以便及时向当地工商、消协等部门投诉。(1994 年《市场报》)

例（26），连词"以"和规避义动词"避免"连用。例（27）既有承前式也有启后式。

3.2.2　在因果复句中的运用

"最好"常与表原因的关联词语配合，共同构成因果复句。"最好"用于衔接两个话题具有因果关系的表述。前导句表原因，根据前导句所提供的信息，说话人有理由推导出追补信息 S，前导句与"最好"句之间存在因果关系。例如：

(28) 医生敷药后叮嘱我：脚脖子不好愈合，最好少活动。(1994 年《人民日报》)

上述"最好"可以被"所以、因此"代替，情态意义已经开始淡化，"最好"句与前导句子具有因果语义联系。"最好"用于衔接具有因果关系的前后表述较为普遍，其衔接特征表现为：首先，"最好"可与表原因的关联词语"因为、由于、既然"配合使用。例如：

(29) 因为是企业内部的事情,最好去向企业了解。(1994 年
《报刊精选》)

其次,表原因的关联词语可以不出现,"最好"与表结论的"所
以、因此"共现,以强化和突显因果关系。例如:

(30) 国家股上市流通后如何进行管理等等,都需要在实践中
逐渐找出最佳方案,因此,最好还是先进行个别试验,从
中发现问题并找到解决问题的办法,防止股市出现大的
振动。(1994 年《报刊精选》)

与关联词搭配无疑是衔接功能的典型体现。这样的"最好"
不仅连词化,而且具有了语篇组织和调控话语的功能。能够显化
语篇所隐含的逻辑关系,帮助听话人迅速理解话语脉络。

3.2.3　在假设复句中的运用

"最好"常与表假设的关联词配合,组成假设复句。"最好"处
于两个具有假设逻辑关系的表述之间,常与虚词"如果、假如、假
若、要(是)、一旦、否则"等配合使用。"最好"用于假设复句的类
型有两种:正向式假设复句和反转式假设复句。

正向式,是指前导句直接陈述假设条件,"最好"衔接假设和
结果两个表述,"最好"句处后继句的位置。其典型的标志是"如
果……最好……"。"如果"也可以换作"一旦、万一、假如(若)、要
(是)"等,例如:

(31) 一旦大脑成长遇到干扰因素,最好借用自然的方法去排
除它。(1994 年《报刊精选》)

反转式,是指前后两个分句具有否定性假设关系,"最好"句
是前导句,而后继句则从反方向进行说明,如果不这样的话就会
出现另一种情况。假设项并不直接陈述,而是在"最好"句逆转的
基础上进行陈述。例如:

(32) 我想,最好是今天送到,否则,怕不新鲜了。(谌容《梦中
的河》)

此外,正向式和反转式可以同时出现在一个句组中,形成双向式假设关系。即"最好"的前后都出现表假设的关联词。例如:

(33) 你要有急事,<u>最好</u>今天下班前跟他谈,<u>不然</u>就只能等他回纽约后回你邮件了。(李可《杜拉拉升职记》)

3.2.4　在多重复句中的运用

吕叔湘(2002:529)曾指出"很多句子是由两个或更多的小句组成的。有的小句不能独立,必须跟别的小句组合,有的小句能独立,也可以跟别的小句组合。"并提出了"启下"和"承上"的概念。徐赳赳(2014:450)则提出了"启承结构"的概念。"最好"不能作为语篇的首发词,但能够在表因果、假设、目的等复句关系中,充当承前词或启后词[5],高频与表因果、假设和目的等关联词语共同配合使用。有时,"最好"所处的三种语义关系也会叠加成一组句组。在句组中,相对前导句,"最好"是承前词;相对于后继句,"最好"是启后词。例如:

(34) 我们老板很忙(B),<u>最好</u>明天就做这次面试(C),<u>不然</u>再找时间也麻烦(D)。(李可《杜拉拉升职记》)

(35) 娱乐圈又最忌太坦白(B),<u>最好</u>是半遮半掩、神神秘秘(C),好等人家寻秘(D)。(岑凯伦《还你前生缘》)

例(34),是由因果关系和假设关系组成的一组句组。在因果关系中,"最好"是承前词,而在假设关系中,"最好"则充当启后词。例(35),由因果关系和目的关系组成。"最好"在因果关系中是承前词,在目的关系中是启后词。

4.　"最好"衔接功能的性质与启示

4.1　衔接功能的性质

"最好"处在多种语义关系当中,其衔接功能对语境具有较强的依赖性。"最好"句与前导句 P 的组合尚未定型,组合的紧密度不高,中间可插入表原因、条件和目的的句子。这从侧面证明了,"最好"初步具有了一定的衔接功能,其追补性衔接功能就像具有了一种向心力,紧紧地联系着上下文,即便中间插入了句子,仍能提醒读者前后句子的语义关系,起到连贯上下文的篇章连接作用。在这种情况下,"最好"已经不同程度地连词化了。"最好"连词化后对分句的独立性也可能产生影响,如例(29)(31)若删除"最好",复句的可接受度会受到明显影响(李晋霞、刘云,2017)。

"最好"是正在形成和发展中的语用型衔接副词。具体表现为:首先,"最好"居句首的比例虽高于句中,但是居句首前位的比例却不高。据 CCL 统计,句首前位的"最好"仅有 15 例;其次,"最好"的衔接功能目前还没有专职化,在表衔接关系的同时,还兼表说话人的语气和主观情态;再次,"最好"与前后分句的语义关系较为灵活和自由,衔接关系依赖于具体语境,而且各种衔接关系存在分工和配合的关系;最后,"最好"的衔接功能由于用频不一以及固化程度的不同,形成了双层多样式的语篇模式。即第一层次为核心衔接关系:追补性衔接(用 S_1 表示),第二层次为非核心衔接关系,包括因果、假设、目的等语义关系(用 S_2 表示)。例如:

(36) 具体做法是(P)每月交纳固定保险费,也可以一年交纳一次或一次全部交清保险费,直至被保险人达到退休年龄时,一般是五十岁、五十五岁、六十岁或六十五岁时开始每月从保险公司领取一笔保险金。如果(S_2 假设)在某地连续工作一年以上,在投保人身意外伤害保险及其附加意外伤害医疗保险或疾病住院医疗保险时,最好(S_1)在工作所在地的保险公司办理投保手续,以便于(S_2 目的)一旦发生意外伤害事故或因疾病住院保险事件时,可以及时地从保险公司领取保险金。(1994 年《人民日报》)

例(36),"最好在工作所在地的保险公司办理投保手续"是对

"每月交纳固定保险费"的追补性说明,而"如果……最好……以便……"所组成的语篇,又对这一追补信息进行了扩展。

上述分析体现出"最好"在篇章中的连接观和层次观。即"最好"以追补性衔接功能作为核心功能,与前导句 P 发生联系。前导句 P 与 S 句的组合分为两种情况:一是 P 直接连接追补信息 S,组成顺接式,码化为:P+S;二是,P 连接以 S 为核心所扩展出的更为详实的追补性信息,组成扩接式,码化为:P+S扩。后者在语篇上表现为,P 与 S 之间可以插入信息,S 前后会有表原因、假设及目的关系的信息出现。"最好"的语篇层次可以图示如下:

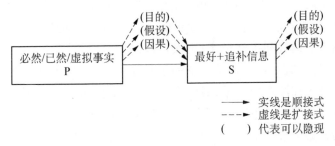

图 1　"最好"的语篇层次图

从说话人信息编码的角度来看,信息是按语块来划分的,前语块为 P,后语块是以 S 为核心的单句或复句。"最好"句既可以直接充当 P 的追补性信息,也可以先形成因果、假设或目的复句,再共同充当前导句 P 的追补性信息。以例(36)为例,我们可以抽取 S_2 简化为顺接式"P+S",改为:

(37) 具体做法是每月交纳固定保险费(P),最好(S_1)在工作所在地的保险公司办理投保手续。

此外,我们也可将顺接式"P+S"拓展成为扩接式"P+S扩",例如:

(38) 她想有一个知心的伴侣,那须得是一个同国的人,最好

是一个亲人。(苏雪林《棘心》)

扩接式：她想有一个知心的伴侣，那须得是一个同国的人。实在是因为她太渴望亲情的慰藉了(S_2 因果)，最好(S_1)是一个亲人，这样能让她感到更亲切、更安全(S_2 目的)。

从信息焦点的角度来看，顺接式的语义重心在 P 段，而扩接式的语义重心在 S 段。这符合语言相似性原则，即占据的篇幅越长，越说明说话人对该信息的重视程度。篇幅的长短与表述重心呈正比关系。

4.2　篇章研究的启示

通过对"最好"语言事实的挖掘，得到如下几点启示：

首先，句法位置是副词产生衔接功能的重要诱因。"篇章中绝大多数连接成分位于句首，在主语之前，只有少数位于句中，在谓语之前。"(廖秋忠，1986：413)评注性副词"最好"处于主谓之间或状语位置时，主要对谓语起限制作用，其评注的辖域为半幅评注，表说话人的主观意愿或主观建议。但是，当"最好"处于句首位置时，其语篇环境就变得相对复杂了，具体表现为：从评注范围看，"最好"的评注辖域扩大到整个句子，从而能够引导受话人对句子命题进行推理，起到一定的预示下文和组织话语的功能；从意义连贯的角度来看，"最好"句可衔接前句，也可衔接后句。由于"最好"句与前后粘连的句子存在着不同的语义关系，这就有可能为"最好"的衔接功能的形成提供土壤。一旦这样的语篇环境被高频使用，并在人们的头脑中规约化和定型化，这种语篇意义就有可能成为"最好"语法意义的一部分。

其次，具有篇章衔接功能的评注性副词兼具双重身份。一方面，对于句子内部而言，"最好"参与基本命题的意义的构建，具有表达言者主观情态的评注功能；另一方面，对于篇章而言，"最好"体现程序意义，显化篇章语义结构，为听话人理解话语留下提示和线索，体现说话人组织话语的策略以及人际互动的功能。

　　最后,具有衔接功能的副词总是处于一定的语义背景之下,较为固定地出现在某几种语义关系的句组中。由于源语义及语用推理的不同,副词与前后分句的衔接关系可分为两种:核心衔接关系和非核心衔接关系。形容词性短语中的"最"是极性程度副词,从源语义来看,"最好"的本义具有极限义,这就决定了说话人不能强求结果都能实现。说话人通常会在叙述完某一情况之后,再将最佳状况顺带说出。这是"最好"常处后继句的主要原因,而后继句是追补性衔接的典型位置。此外,"最好"具有的[－必选][＋建议]的语义特征决定了"最好"表述上具有附带性、追加性的特点,这正是"最好"产生追补性衔接功能的语义基础。

　　追补性衔接功能是"最好"的核心衔接功能,但是当说话人想强调追补信息时,就会以"最好"句为核心,不断扩充追加相关信息,从而转移表述重心,推进篇章的展开。徐赳赳(2014:97)就曾指出"当人们把视线投入超句形式时,他们就会发现进入一个自由选择和自由变化的世界。"

5. 结语

　　"最好"在句首并表示追补性关系时,具有篇章衔接功能。"最好"的追补事实有三种情况:对必然事实的追补、对已然事实的追补、对虚拟事实的追补,其衔接类型有:承接性追补、解注性追补和递进性追补。追补性衔接功能是"最好"的核心衔接功能,此外,"最好"还常见于表因果、假设、目的等复句关系中,充当承前词或启后词。这三种语义关系也可以共同组合,形成更为复杂的语篇结构。

　　"最好"以追补性衔接功能作为核心功能,与前导句P发生联系。前导句P与追补信息S的组合分为两种情况:顺接式和扩接式。"最好"的衔接功能由于用频不一以及固化程度的不同,形成了双层多样式的语篇模式。即第一层次为核心衔接关系：追补性衔接。第二层次为非核心衔接关系，包括因果、假设、目的等语义关系，非核心衔接关系对语境具有较强的依赖性，"最好"的衔接功能尚未专职化。这从侧面证明了，"最好"只是初步具有了一定的衔接功能，是正在形成和发展中的语用型衔接副词。

注释

① 目前学界对"好"具有助动词用法仍存在争议。

② 以 CCL 语料库"现代文学"的南、北方作家（各 12 位）的作品为统计范围，对其作品进行了穷尽性的统计。

③ 笔者查阅了八本现代汉语词典，只有《现代汉语词典》、张斌版和朱景松版《现代汉语虚词词典》等三本词典认为"最好"是副词。

④ 邵敬敏（2001：251）指出递进复句的分句之间是"基事——递事"关系。

⑤ 徐赳赳（2014：451）指出"有些语句中，有个关键词，起到给读者提供启后性的关键作用，我们称之为'启后词'，以此类推，起到承前作用的词可称为'承前词'。"

参考文献

卢普生　2010　语气副词"最好"的词汇化，《阜阳师范学院学报》第 4 期。

廖秋忠　1986　现代汉语篇章中的连接成分，《中国语文》第 6 期。

廖秋忠　1991　篇章与语用和句法研究，《语言教学与研究》第 4 期。

吕叔湘　2002　现代汉语语法（提纲），《吕叔湘全集（第 13 卷）》，沈阳：辽宁教育出版社。

李雪　2014　汉语语气副词"最好"溯源，《韶关学院学报》第 9 期。

李晋霞、刘云　2017　论汉语复句分类的形式特征，《语文研究》第 3 期。

罗主宾　2012　"最好"的主观性分析，《中南大学学报》第 5 期。

罗主宾、唐贤清　2015　明清时期语气副词"最好"的主观性分析，《古汉语研究》第 3 期。

马首杰　2008　《现代汉语"规劝类"语气副词研究》，河南大学硕士学位论文。

齐春红　2006　《现代汉语语气副词研究》，华中师范大学博士学位论文。

屈承熹　2006　《汉语篇章语法》，潘文国等译，北京：北京语言大学出版社。

戚国辉、杨成虎 2010 "最好"的词义演变与主观化,《宁波大学学报》第2期。

邵敬敏主编 2001 《现代汉语通论》,上海：上海教育出版社。

沈家煊 2005 汉语语法研究的新探索(代序),《现代汉语语法的功能、语用、认知研究》,北京：商务印书馆。

陶双 2013 《现代汉语"好"族词的情态研究》,浙江大学硕士学位论文。

吴福祥 2004 近年来语法化研究的进展,《外语教学与研究》第1期。

邢福义 2000 "最"义级层的多个体涵量,《中国语文》第1期。

邢福义 2001 《汉语复句研究》,北京：商务印书馆。

徐赳赳 2014 《现代汉语篇章语言学》,北京：商务印书馆。

邢素丹 2015 《语气副词"最好"的多角度研究》,上海师范大学硕士学位论文。

肖奚强 2003 非典型模态副词句法语义分析,《语言研究》第4期。

姚小鹏、姚双云 2009 "不妨"的演化历程与功能扩展,《世界汉语教学》第4期。

乐耀 2010 汉语中表达建议的主观性标记词"最好",《语言科学》第2期。

张谊生 1996 副词的篇章连接功能,《语言研究》第1期。

张谊生 2014 《现代汉语副词研究》,北京：商务印书馆。

"怎么"新说 [*]

陈振宇　杜克华（复旦大学　国家开放大学）（成都）

1. 引言

本文讨论"怎么"的两种基本用法：1）询问方式，2）询问原因目的[①]或表意外。

专属的询问方式的复合形式，不可能询问原因。尤其现代汉语"怎么（一）个 X（法）""怎么（一）（个）X 法"（参见饶宏泉，2012）等结构，是询问方式（包括方法、过程、内容特征三个方面）的专用构式，具有"构式强制"功能，即一般不与方式共现的 X，也可以进入该构式，并询问其方式。如：

（1）他怎么应该去？　他怎么个应该去法？（问有哪些条件强迫他去）

前人对此已有很多的研究，本文不再赘述。我们主要关注的是同形的"怎么"，在询问方式与询问原因时的不同条件。

我们把"怎么"的句法环境码化为"Y（＋怎么（＋X））"，其中 X

＊　本文作于 2013 年，有关内容曾在"第四届上海青年语言学论坛疑问范畴专题工作坊"（2014）和复旦大学中文系语法沙龙报告过，谢谢盛益民、王健等会议和沙龙参与者的宝贵意见，当然，文中若有错谬之处，概由作者负责。

为"怎么"句法辖域之内的实义成分,它代表一种情况,自身应具有事件的完整性,即在论元、时间以及其他事件必有性质方面得到了充分的解释,故 X 在形式上可以是小句,也可以是 VP 或 AP,但在功能上一定是一个小句。

这里的充分解释,是一个语义概念,而非句法要求。例如 X 部分可以有句法空位,但它一定受到高层结构的控制,或由语境上下文影响,使该论元在意义上得到解释。如"怎么来了?!"中,"来了"主语位置有句法空位,但在这一语境中,就是指听话者,所以得到了充分解释。

Y 是更高层的谓词或谓词性成分(包括副词),它以"怎么(+X)"为其句法辖域之内的成分。

另外,吕叔湘(1985)等曾进行过如下概括:"怎么"在句首主语之前时,不表方式,本文接受这一观点,不再讨论。

2. "方式"的类型与各自的性质

方式分为方法、过程与内容特征三个子范畴。

2.1 共性

[-当前持续]:即该事件不能是正在言者当前可以充分感知的范围内进行,因为言者既然已充分感知,那所用之方式都已了然,对已知信息不能询问,所以一般不可以问"﹡你怎么站着?""﹡你怎么在跑步?""﹡水怎么在流?""﹡你怎么还记在心上?"(询问原因目的或表意外时句子成立)

2.2 个性

2.2.1 方法

指事件中存在着一个有自主性的施事角色,它可以主动采取某种方法,以使事件得以成真。它对 X 有以下语义特征:

[+事件可假]:即该事件可能不全成真。因为对无论如何一

定成真的事件来说,不需要采取任何方法,故一般不可问"?? 人怎么$_方$呼吸?"(当是询问过程或内容特征时可以问)但在一个高度缺氧的环境下,人可能无法呼吸,这时就可问"在深海时人怎么$_方$呼吸? 用氧气瓶通过呼吸器呼吸。"再如"我们又没有钱,怎么$_方$住旅馆呢?"若倾向于认为 X 很可能不能成真,则倾向于是问方法,即挽救的方法。

"怎么…才/能…""怎么 V 得$_{[能性补语]}$…"是典型的克服障碍使事件为真的格式(另见贺凯林,1992;彭可君,1993),它们都是问方法的,如"怎么$_方$才能到对岸去?""怎么$_方$(才)走得出去?"

[＋事件自主]:即该事件可以由自主性的施事来施以影响,使之发生不同的结果。

注:"事件自主性"不同于"动词自主性",后者指动词自身的内容表明事件是主语可控的,如"跑步",跑者可控制这一行为,故是自主动词;"生病",病者一般不可控制这一行为,故是非自主动词。在简单肯定结构中,自主动词构成自主事件,非自主动词构成非自主事件,故可问"怎么$_方$跑步?"而一般不可问"?? 怎么$_方$生病?"(主动采取措施去生病时变为自主事件,可问)。但在复杂句中,非自主动词可以构成自主事件,故可问"怎么$_方$才/能够不生病?"这是指可以通过一些措施来防止生病;自主动词也可以构成非自主事件,故一般不可问"＊怎么$_方$应该/能/会跑步?"[②]因为"应不应该""能不能(一般能力)""会不会"是外在于施事意志的、内外各种客观条种的要求,所以施事无能为力。但当外部有一个力量阻止他做什么,而他付出特别的努力去克服这一障碍,此时事件就是自主的了,如可以问"好本事啊! 你怎么$_方$能/可以不去上课的?"(你用什么方法达到不上课的目的)"这墙怎么$_方$能不倒?"

归根到底,"怎么"要求的是事件自主性,而非动词自主性。

[＋施事作功]:即施事角色必须主动采取某种方法,以使事件得以成真。例如"跑步"与"不跑步"都可以由主语控制,即主语

可以选择其一。但"跑步"时他必须做出努力，进行运动，所以可以问"你怎么_方跑步？"但"不跑步"则他不须做出任何努力，任其自然，就可以不跑了，所以一般不可以问"＊你怎么_方不跑步？"

"怎么"要求事件中存在施事角色，并且他主动采取某种使事件得以成真的方法。

［＋目标］：即事件必须具有某种预期的目标，如可以问"怎么钻进去""怎么说清楚""怎么挖深"，而如果不是预期的目标，则不可以问，如"？怎么_方走错路？""？？怎么_方挖浅？"（问原因等其他用方法时可说）"？？怎么_方说糊涂？"（除非预期目标就是要把听众说糊涂，这时就可问"怎么把他说糊涂？"）

"怎么"要求事件中存在施事角色，并且他主动采取某种使事件得以成真的方法。

［±事件动态］：即该事件既可以是动态事件（有变化），也可以是静态事件（无或不涉及变化）。后者如"你们晚上怎么_方顶门（的）？""他怎么_方站桩？"

［±已然］：即该事件可以是但不必是已发生的事件，如可以问"？你怎么_内安排他们的？"（过去），也可以问"你怎么_内安排他们？"（未来）

(2) 两个席位五名代表怎么安排？（《一鸣惊人的外交家——顾维钧》）（例引自肖治野，2009）

可能安排不下

"安排"是可控的、自主的

安排者做功

是行为的目的

未来发生

2.2.2　过程

指事件在发展中存在着一个具有一定延续性的过程，使它可以区别于同类的其他事件。它对 X 有以下语义特征：

［±事件可假］：无论如何一定成真的事件也可以问，如"物质怎么_过永恒运动的？""人怎么_过呼吸？先吸一口气，稍停呼出一口气，再吸，再呼，如此反复。"

［±事件自主］：即该事件可以由自主性的施事来施以影响，也可以无施事，自发发生。前者如"你怎么_过到他家去的？我先坐飞机到上海，再换高铁到常州，最后找了辆的士，又问了他小区的门卫，这才找到的。"后者如"水怎么_过浸进来的？管子漏了，水先浸到砖缝里，然后顺着缝隙慢慢地，就浸到里面来了。"

［±施事作功］：有没有施事角色都无所谓。可以问"人类是怎么起源的？类人猿使用简单的工具，慢慢学会了直立行走，……""你们俩怎么认识的？我上地质大学找朋友玩儿，他也去那儿玩儿，于是……"（例引自郭继懋，2001）都没有任何施事者。

［＋事件动态］：即该事件必须是动态事件（有变化），这才有过程。不可以是静态事件（无或不涉及变化），所以一般不能问"＊水怎么_过在池子里？"而可以问"水怎么_过流下来（的）？"可以问"你怎么_过会游泳的？"因为从"不会"达到"会"的状态是动态的过程。

［＋已然］：即该事件必须是已经发生的事件，这才能进一步讨论其过程。"（是）怎么…的…"结构是典型地叙述过去的事的格式，它是问过程或内容的，如"他怎么_过游到对岸去的？""他怎么_过说的？"

［±目标］：事件有无预期目标不重要，如可以问"你怎么_过挖浅的？我一点点儿挖，只挖了一会儿。"

（3）我怎么爱吃起羊杂碎的呢？其实不过是逼出来的而已。
（《羊杂碎》）——问培养起爱吃羊杂碎这一习惯的过程。
（例引自肖治野，2009）

"爱吃"习惯是非自主、不可控的

无人促使他爱吃

"爱吃"习惯的养成,动态过程

过去发生

下面看一个兼类的情况:

(4) 华大夫,您怎么认出他来的?(《市井人物》)——可以是
问辨认的方法,也可以是问辨认的过程。(例引自肖治
野,2009)

可能认不出来

"认人"可以是可控的、自主的

认人者可以做功

认识的达成,动态过程

过去发生

2.2.3 内容/特征

指事件存在着某一方面的重要内容,或重要特征,可以细节
化,把它与同类的其他事件区别开来。它对 X 有以下语义特征:

[＋事件可真]:X 事件一定可以为真,只是问其某一方面。
一定为假的事不可问,如"＊你怎么内是我?"

[±事件自主]:即该事件可以由自主性的施事来施以影响,
也可以无施事,自发发生。前者如"你怎么内问(他)?"问你问的内
容,后者如"他怎么内害怕?"问害怕的样子或程度。

[±施事作功]:有没有施事角色都无所谓。

[－事件动态]:即事件必须是静态的,如可问"甲:你怎
么内不舒服? 乙:我头疼,眼花。"问不舒服表现在哪些方面。
"甲:说说他怎么内疼老婆的? 乙:他天天接送她上下班。"问疼的
具体内容。不能问动态的"?? 你怎么内又不舒服了?"(问原因时
句子成立)

[－判断]:即事件不能是对性质、状态、归属等的判断,如可
以问"他怎么内调皮了?""他怎么内喜欢她了?"问调皮的内容和喜

欢的表现,但不可以问"?? 他怎么_内这么调皮?""?? 他怎么_内那么喜欢她了?"(问原因时句子成立)因为"这么、那么"表明这是对调皮程度的判断。同理不可以问"?? 我怎么_内比他矮(不少)?""?? 一加一怎么_内等于二?""?? 他怎么_内是你姐夫?"(问原因时句子成立)

[±已然]:即该事件可以是过去的、现在的、未来的事件,如可以问"你怎么_内说的?"(过去)"你怎么_内说?""你会怎么_内说?"(未来)

[±目标]:事件有无预期目标不重要。

(5) 大家都叫你"穴头",你怎么想?(《"新闻穴头"闹京城》)——询问想的内容。(例引自肖治野,2009)

"你想"不会一定为假

"想"可能自主,也可能不自主

"想"时想者可能努力,也可能是自发地想

强调"想"的静态一面,这是与时间无关的,故不用持续、延续。

过去/现在/未来不定

不强调事件为真

非判断

下面看一个兼类的情况:

(6) 我到底是怎么说的呢?现在已经记不清楚了。(戴厚英《人啊人》)——可以是问说的内容,也可以是问说的过程(包括过程中发生的事)。不过在实际语料中,内容占大多数。

"说"是可控的、自主的

说者可以做功

说的过程,动态过程

过去发生

不强调事件为真

非判断

所谓内容或特征,涉的方面比较多,下面各句都是:

(7) 怎么尊重真理?（尊重的表现）

人们怎么看他?（看法）

西红柿怎么卖?（卖的内容即价格）

你姐夫怎么好啊?（好的表现）

他怎么趴着的?（趴的样子、姿势）

圣人怎么思考?（思考的角度、深度等）

这孩子怎么说话?（说话的样子或其他外在表现特征）

企鹅怎么走路?（走路的样子）

当不再指行为或活动的发生,而是指它的某一方面的内容或特征时,它们是静态的,不能使用动态时间助词或副词"了、过、已经、曾经、在"等,但可用表示静态状态延续的"着"。

2.3 若干现象讨论

2.3.1 "怎么+neg"是否不能表方式

丁声树(1961)等认为,"怎么"后头有否定词,总是问原因的,不是问方式的。一般来说,这是对的,但不是绝对的,甚至在一些情况下根本不是这样的。

一般而言,否定事件不需要施事做功就可以实现,故不合[+施事作功],不能问方法;是静态事件,不能问过程;但常常可问内容:

(8) 甲:他怎么不舒服?   乙:背也疼,头也疼,躺在床
　　　　　　　　　　　　　　　　　　　　上直哼哼。

　　甲:他怎么不高兴啦③?   乙:两三天都不说话了。

　　甲:这人怎么不好了?   乙:他爱撒谎。

　　甲:你爸爸怎么不爱你了? 乙:他都不给我零花钱。

　　甲:我怎么不理你了我?   乙:叫你三遍你都不答应
　　　　　　　　　　　　　　　　　　　　一声。

　　甲:我怎么不如他了?   乙:人家一个月挣十万,你
　　　　　　　　　　　　　　　　　　　　才挣多少!

其中不少是可加"很"的"不＋形容词"结构,问这种性状的具体内容。

有时,否定事件也需要做功才可以实现,故可问方法,如:

(9) 我怎么才/能不失败?

　　这板儿怎么才压不断?

不过,上述例子"怎么"实际上是做谓语。

有时,否定事件也可以是动态的,故可问过程,如:

(10) 说说他(考驾照)怎么不及格的? 他一上车,没打方向灯
　　就起步,于是考官就把他关了……就不及格了。

2.3.2　询问方式排斥实现性

即不能有成分强调该事件的已然实现。

因为事件能否实现,能否达到结果,不是施事可控的,所以不能询问方法(已然实现何来方法的选择可言);而强调结果与变化,则不会再关心过程,所以不能询问过程;而实现又不是静态事件,所以不能询问内容。一般不可以问" * 水怎么$_过$流了?"" * 你怎么$_方$跑了?"" * 你怎么$_方$看三本了?""?? 他怎么$_内$说了?"(当"了"是"啦"式语气意义,表示催促对方回答时句子可以说。另请注意"怎么都洗了""怎么$_内$都洗掉"的区别)

除了"怎么＋了$_2$"格式外,其他受限的具有实现义的格式还有:

(11) ?? 怎么(三点)才走?

　　?? 怎么刚下课?

　　?? 怎么去了学校?

但只要加上"能",就可以把实现性去焦点化,从而可以用询问方式的"怎么":

(12) 怎么(才)能三点才走?

　　怎么(才)能代表团走进学校时刚下课? (言者正在设计
　　行程)

2.3.3 询问方式排斥情态性主观性

因为情态性主观性一般而言都是施事不可控的,所以不能询问方法;而情态性主观性是静态的,所以不能询问过程,以下问题一般不能问(询问原因目的时可以用):

(13) 怎么吃这么多?

怎么还(在)说话呢?

怎么又抽烟?

怎么要说清楚?

怎么应该是他说清楚?

情态性主观性本身无法展开成可描写的内容,所以不能询问内容。④

情态性主观性中有一个"异类",就是"能"⑤,陈振宇、吴越(2012)区分出一般能力与强制能力。一般能力指主体突破自然障碍的能力,往往由主体自身的性质及稳定的外部环境决定,如"他能举起这块石头";强制能力指当外界存在与主体意愿不同的外在要求,二者发生矛盾冲突,主体突破这些外在要求的干扰以实现自身意愿的能力。如"虽然妈妈不同意,但他终于能去/不去上学了"。二者的区别是:

自然能力无自主性,而强制能力一定要有自主性,所以这里的"异类"是强制能力,如例(12)所示,它是询问方法的一个几乎"万能"的格式。

又,自然能力无可控的负极性,所说不能后接否定形式,一般不能说"??他能不举起这块石头";但强制能力无此限制,此时可以说"虽然妈妈不同意,但他终于能不去上学了""他能不举起这块石头吗?"(别人要他举他不想举)因此,在强制能力用法中,具有大量能产的"怎么+能+neg"句子,如"我怎么能不爱你?"(用什么方法达到不爱你。但实际上更是语用否定,表示没有方法能达到不爱你,即我总是爱你的)

但不论自然能力,还是强制能力,"不＋能""没＋能"都是不可控的,一般是静态的,所以不可以询问方法和过程,如不能问"他怎么$_{方/过}$不能举起这块石头?""他怎么$_{方/过}$不能不去学校?"但有时是动态的,就可以询问过程,"说说,他怎么$_{内}$没能举起那块石头的? 他抓住石头两个角,都举到胸口,突然一口气上不来,石头就掉下来了。"(问过程)

和其他情态性成分一样,"不＋能""没＋能"不可以问内容。

2.3.4　已有方式状语时怎么办

方式各子范畴之间存在着一个层次:

$$[方法＋[内容／过程＋X]$$

当内层方式状语已存在时,还可进一步询问外层方式,只要合乎外层方式(即方法)的语义要求;但如果外层方式状语已存在时,就不能再询问方式了,不管是哪种方式。

下面的"绕着弯子"等是内容或特征方式,在它们外层还可问用什么方法去做到它:

(14) 请教怎么绕着弯子骂人?

　　　怎么倒立着喝酒?

　　　怎么闭着眼睛吃饭?

　　　怎么像圣人一样思考?

3. "感叹——原因"的句法位置与限制条件

3.1　意外范畴

3.1.1　"怎么$_{原/目}$"的根本意义是表意外

询问原因目的,与表示意外,本来是不同的功能范畴。但有一些问原因目的的词,其本质是从"意外"而来的疑问语气成分,最初带有很强的语气,因为对 X 感到"意外",也就会否认 X 的合理性，即所谓"反诘"用法。

唐代的"争"，做副词时，常见的用法就是表示"反诘"。如：

(15) 然相合之时，争忍见其丑貌？（《敦煌变文集·丑女缘起》）

手中无寸刃，争不惧惧？（寒山《诗三百三首》）

自宋代以后，"争"渐趋消亡，单音节的"怎"兴起后，也大多是"反诘"用法，如：

(16) 又怎禁夜深风雨，一声声。（元·张翥《绮罗香·雨中舟次但上》）

小生终是个凡人，怎敢就到海中去？（《张生煮海》三折）

这与双音节或三音节的"怎"系词形成对比，《水浒传》中的"怎"系词见下表：

怎	怎么		怎地							
感叹原因	感叹原因	方式（怎么地）	感叹原因	判断主语	方式	定语	感叹原因	判断主语	方式	定语
20	5	2	56	2	34	3	8	5	33	8

可以看到，从"怎"到"怎么"到"怎地"到"怎生"，左边"反诘"或问原因居多，而从左到右，方式用法由少到多，再到主导性地位的转变。在现代汉语中，"怎么、怎地、怎生"都统统合流在"怎么"之中，使得"怎么"的方式用法成为主流。

意外范畴的三位一体关系是：

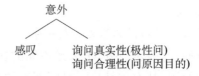

其中感叹与询问是两个不同的范畴，它们属于不同的句类，

无法直接相关联,必须通过意外作为沟通的桥梁,当它们有意外性质时,就可以互通了。询问原因目的是最容易从意外中被提示出来的,其语用推理与语法化过程是:在甲、乙对话语境中,

甲对X感到意外

甲不相信X的合理性

乙说明X是有原因或目的, 证明其合理性。

规约化

甲在问X的原因或目的

　　这里的原因或目的实际上都是所谓"理由"(reason),即所表达的所谓"原因、目的"更多地是为了辩驳时证明 X 的真实或合理性的证据,又称为"说法",而不一定是真正导致 X 的致使之因或目的。例如下面乙实际上是不想来,但她随意找了个理由:

　　(17)甲:你怎么不来参加舞会?

　　　　乙:没有合适的衣服。/为了不影响你呗。

　　正是因为如此,"意外——询问理由"的"怎么"最为自由,不管事件本身是不是有原因有目的,都可以主观上强加给它一个理由,所以几乎可以将各种事件都置于其句法辖域之内,除了少数例外。

　　关于"意外"这一语义语法范畴,参看陈振宇、陈振宁(2014),以及唐正大、强星娜关于"意外"范畴的论述。需要特别说明的是,吕叔湘(1985)、刘月华(1989)等学者已有类似观点。吕叔湘(1985)《近代汉语指代词》说,"争"字的作用,与其说是问方式,不如说是问情理,不像"怎"字兼有这两方面的用法。他说,"争"字的语气,大多数是藉反诘来表否定。但他的这一观点未用于现代汉语"怎么"解释中。李景泉、李文星(2004)认为,最初所单音节的"怎"字同"争"字一样,我们对《水浒传》的统计也支持这一观点。由于双音节的"怎么"等怎系词在初期并不以表意外为主,因此我们怀疑问原因目的的"怎么"是受单音节的"怎"甚至更早的

"争"的影响的结果。在现代汉语研究中,刘月华(1989)基本上已经是用诧异来解释问原因的"怎么"了,只不过尚未进行充分的理论阐释,并未着重说明怎么用它来解释各种语法现象而已。

3.1.2 与"意外"的距离及其语法后果

上述分析表明,询问原因目的的"怎么",实际上是评价性语气性副词,它遵从这一类副词的共同特征,即它在整个小句的最外围,仅比主题或表情感的语气词的句法位置低,所以它的外围(一般而言也即其左边,有时也包括其右边)的 Y,只能是主题(如下例中在句首的"他们")或表情感的语气词(如下例中的"啊")等非结构性成分,不能是任何的谓词性成分、副词、助动词或表认识、言语活动的语气成分等等。

(18)他们怎么昨天没来啊?

　　a* 是他们怎么昨天没来(的)?

　　b* 他们(是)怎么昨天没来的?

　　c* 他们应该怎么昨天没来啊?

　　d* 因为/?? 所以他们怎么昨天没来啊?

　　e* 你到底/究竟怎么没来?

"是…的"这里标记焦点成分,按祁峰、陈振宇(2013)所说,在 a 的"是他们…"中,"他们"充当焦点成分,就必须将"怎么"去焦点化,但"怎么"一般没有不定代词等非疑问的用法,而表疑问的成分一定要自己当焦点,所以不能去焦点化,故句子不成立。

但这一观点对 b 无解释力,因为"是"在这儿是加在"怎么"上的,以"怎么"为焦点成分,而这与表疑问的"怎么"的功能不矛盾,是一种成功的"焦点融合"模式,例如"＊是他在哪儿毕业的?"不能说,但"他是在哪儿毕业的?"就很好了。为什么 b 句仍然不能说呢?

我们认为,这正是因为询问原因目的的"怎么"本质上不是疑问范畴,而是意外范畴,其疑问功能是从意外功能推导出来的,而表意外的成分,在句法高位,它的上面只能容纳主题或表情感的语气词等,而"是…的"是表认识的,故本句不成立。这也是"怎么+的"不能询问原因目的的根本原因。

与之对立,"为什么"在历史上是由连动式演变而来的,它更纯粹地询问原因目的,当无任何意外成分在其中时,它可以被"是…的"所约束,可以问"那么你是为什么没来上课的?"(祁峰、陈振宇,2013)

也是因为同样的原因,例 c、d 都不成立。

c 中的"应该",有道义与认识两种情态用法,蔡维天(2007)研究了它与询问原因、方式、目的 wh 词的互动,是完全用句法位置高低来解释的。我们认为,这一解释对询问原因的"怎么"适合,但在其他情况下还得要考虑语义。

表道义的"应该"是一种要求,所以其句法辖域内的成分必须具有事件自主性,故它可加在有事件自主性的方式"怎么"上,如"我们应该怎么做? 应该怎么去上海?"而不能加在没有事件自主性的方式"怎么"上,如一般不能说"?? 这场雨应该怎么下下来?"(人工降雨时可以说)它与表判断与时间的"的"不相容,不能说"﹡这场雨应该怎么下下来的?"当目的是施事可以选择的时候,即具有事件自主性时,表道义的"应该"可加在上面,如"希望大家都想一想,我们青年人应该为(了)什么而奋斗?"但是,同样询问目的"怎么"无论如何不能出现在这里,不能说"﹡希望大家都想一想,我们青年人应该怎么目奋斗?"这是因为询问目的的"怎么"其本质也是表意外,故不能被情态成分约束。

纯粹依靠句法位置的解释,对表认识的"应该"解释不力。从句法位置看,认识情态一般比道义情态高(参看彭利贞,2007),则可加道义"应该"的也应该可加认识"应该",然而其实不然,我们一般不可以问"?? 我们应该是怎么做?""?? 应该是怎么去上海?""?? 我们青年人应该是为(了)什么而奋斗?"(在某些方言中

"应该是"可表道义,这时句子可以说)。因为认识情态由于是"主观的认识",所以一般不容许辖域内有疑问成分,是陈振宇(2007)所说的"非疑问标记"。但对表目的"为什么",在特殊的情况下,如反过来问对方意见的特殊场合下,"应该是"是辩驳性质的东西从而去焦点化,就可以问"既然他不是为了钱而做事,那么你觉得,他应该是为了什么(在努斗)?"

d 中的"所以"有一种语境可以说,即当"所以"是语篇标记,而非"原因—结果"关联词时,就可以说了,因为语篇标记在句子之外,与句子无关,如"你看我对你那么好!所以,……你怎么要背叛我!"

同理,存在一种同类的篇章性的"例外",如:

(19)他们都/全都,……怎么没来啊?!

注意,当"都、全都"重读并且后面无停顿时,这个句子是不成立的,因为这时违反上述句法限制,这里之所以可以说,正是因为"都、全都"轻读,从而更为虚化为表情感的语气成分,或者是因为后面有停顿,破坏了小句结构,成为两个零句,因此不再受句法限制。

e 中的"究竟、到底"都是表示究问语气的"疑问标记",所以可用于询问原因的"为什么",如"你到底为什么没来?"(陈振宇,2010)。但由于"怎么"是表意外的,所以不能用。(张秀松,2008)这一限制对询问方式的"怎么"无效,如邓思颖(2011)的例子"我的域名到底怎么不安全了?"就是问"不安全"的具体表现,即前述询问内容特征的用法。

又,询问原因目的的"怎么""为什么"与原因目的分句(如"因为"类从句)不是一回事。询问原因目的的"怎么"本来就表意外;询问原因的"为什么"可以通过疑问语气强化,从而获得反问来表示意外;询问目的的"为什么"一般无反问用法(因为目的总是有的),离意外较远;询问方式的"怎么"从历史看也许是从复合形式

"作么生"("做什么")一系而来的(参看吕叔湘,1985),也离意外很远。与它们不同,原因目的分句(从句)从本质上讲本身并不具有任何意外意义,所以更加是离意外相当相当地远。

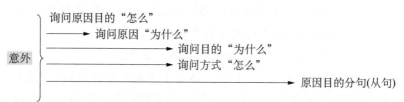

所以在上述例句中,原因目的分句(从句)一般都可以自由使用:

(20) 是他们因为生病/为了考试昨天没来(的)。

他们(是)因为生病/为了考试昨天没来。

他们应该是因为生病/为了准备考试昨天没来的。

所以他们是因为生病/为了准备考试昨天没来的。

我们应该为了实现理想而努力工作。

他应该是因为生病而没来。

?? 他应该因为生病而没来。

当"应该"为道义情态时,最后一句是不成立的,因为施事对"原因"是没有任何自主性的。

例(20)说明,抽象地谈原因、目的、方式与情态、否定的句法位置是不妥当的,必须具体地分析每种形式的语义要求,我们才能解释纷繁复杂的汉语现象。

另外,一些学者认为,"怎么"主要表示诧异,"为什么"主要用于询问。(刘月华,1989)请注意,这些研究者所说的仅是对询问原因而言,而询问方式的"怎么"一般很少表示诧异。

另外,与"怎么"不同,询问原因的"为什么"问的是事物或对象的原因,而不是言语活动中的理由,理由无所不在,但真正的原因并非每个事物都有。一些话语如果仅仅或太过强调表示意外,

而这类事物或对象很难说出原因的话,就只能用"怎么"而不能用"为什么":(例引自刘月华,1989)

(21) 陈白露:(向小东西)你怎么单碰上这个阎王。

张乔治:(惊愕)oh, My good gracious! 你简直是上帝,你怎么把我心里的事都猜透了?

今天咱们开始放暑假? 我怎么不知道?

刘月华(1989)认为,上面这些句子主要不是在发问,所以不要求回答,也很难直接回答。另外他还发现,"怎么"用在句首,以及表示"反诘",并有"能、会、肯"等情态词时,其纯粹表示诧异的语气更为明显,这时往往很难用"为什么"替换。吕叔湘等(1980:579)注意到位于句首、后有停顿的"怎么"表示惊异,而邓思颖(2011)干脆认为句首"怎么"已经是一个纯粹的"否认"用法,不存在疑问了。

3.2　其他次要的条件

3.2.1　强事件性

询问原因目的都只能针对一个事件,而不是抽象的动作,事件或者是发生,或者是没发生,或者是将发生,或者是将不会发生,有判断真值的可能,而抽象的动作则可能发生也可能不发生,没有真值价值。

同样是询问原因目的,"怎么"与"为什么"不同。汉语中光杆谓词("看")或再加上其类化宾语("看书"),可以表示事件,所以可以较自由地加上"为什么",只不过由于韵律的原因,单音节光杆谓词稍有限制,但问题不大,如"你为什么看书?""你为什么走? 为什么离开?"

但是,由于询问原因目的的"怎么"本质是表意外,而意外必须只能针对有社会价值意义的事件(即合理性因素),而抽象的事件毫无社会价值,"怎么"更特别地强调有明确地标记和符号,来表明事件有判断真值的可能。

　　汉语动词中,表示静态的状态、性质、等同、归属等意义的谓词,不少可以用光杆形式来表示在可能世界中存在的状态、性质、等同、归属等,即以光杆形式获得真值可能,故它们可以直接加上"怎么"以询问原因目的或表意外,如"一加一怎么等于三?""他怎么知道?""我怎么归老年组啊?"

　　而像"看"这种行为或动作动词(包括述结式),在光杆或再加上其类化宾语时一般表示抽象的动作,很难表示具体的事件,只有当加上一些与时间有关的成分时,它才会"具体化",表示有真值的事件,故"怎么"加上这种光杆动词就很难询问原因目的或表意外,而只能表方式;在加上一些与时间有关的成分才行。(参看彭可君,1993)

　　(22) 方式　　　　　　　　原因目的意外

　　　　怎么看(书)?　　　　　怎么看了两本书?

　　　　怎么离开?　　　　　　怎么离开了?

　　　　怎么讨论?　　　　　　怎么要讨论?

　　　　怎么钻过去?　　　　　怎么想钻过去?

　　　　这么多路怎么走出去? 这么多路怎么一会就走出来了?

　　　　他怎么看?　　　　　　＊怎么他看?

　　　　怎么他看见了?

　　　　那个螺丝怎么拧紧?　　＊怎么那个螺丝拧紧?

　　　　怎么那个螺丝拧紧了?

　　　　在现代汉语普通话中,单音节"怎"更趋向问原因目的或表意外,询问方式颇受限制,所以一般不能说"＊怎看(书)/离开/讨论/钻过去/看/拧紧?"(有列方言的单音节"怎、乍"功能更强大,可以问方式)

　　这就是不少学者都提到过的"怎么＋光杆谓词"趋向于询问方式的原因。但是,这样说太简单,因为存在"例外",比如重音会改变它。

叶婧婷、陈振宇(2014)认为,焦点性特别重音的功能是判断,而判断是静态的状态、性质、等同、归属等意义范畴一类的东西。因为特别重音可以改变真值属性,即当行为或动作动词(包括述结式)的光杆形式或再加上其类化宾语构成的小结构被赋予了焦点性特别重音时,就变为了静态判断,有了真值可能,故可以询问原因目的或表意外了,如"你怎么看**书**?(而不是电视)""你怎么**钻进去**?(而不是出来)""他怎么**卖鱼**?(而不是做别的体面的工作)"(加粗黑体为特别重音成分,下同),再如:

(23) 墙上有个洞,甲四下比划,看自己能不能出去,乙却一低
　　　头就钻了出去,甲不禁说:"嗨!这还是不是人!怎么**钻**
　　　啊!(而不是走)"

彭可君(1993:122)谈到的"歧义"现象,基本上都是无焦点性特别重音时询问方式,有焦点性特别重音时询问原因目的或表意外。

(24) 方式　　　　　　　　　原因目的意外

怎么阅读外文资料?　　　怎么阅读**外文资料**?(不看中文
的)　　　　　　　　　　的)

怎么去北京?　　　　　　怎么去**北京**?(不去别的)

怎么对他说?　　　　　　怎么对**他**说?(不对我说)

怎么给她带路?　　　　　怎么给**她**带路?(不给别人带
路)　　　　　　　　　　路)

3.2.2　"怎么"与焦点性特别重音

朱德熙(1982)指出了两类情况在语音上的区别,就是指句法重音问题,问方式的时候,重音在"怎(么)"上;问原因的时候,重音在"怎么"后面的实词上。

我们认为,疑问词一般都会要求自己担任句子的焦点成分,即疑问焦点,所以一般而言,重音总是在疑问词上,问方式的"怎么"正是如此;但问原因目的的疑问词是个"另类",它的性质更是

一个"焦点敏感算子",它自身不充当焦点成分,而是让其辖域内的一个受其约束的实义部分充当疑问焦点,"为什么、怎么"都是如此(另参看祁峰、陈振宇 2012 中的证明)。

需要补充一点的是,评价性副词也是"焦点敏感算子",也让其辖域内的一个受其约束的实义部分充当疑问焦点,所以也有汉语焦点算子的"浮动性"特征,如:

(25)幸好**他**没来　他幸好**没**来

询问原因目的的"怎么"本质是表意外,所以也如其他评价性副词是焦点敏感算子。

不过,汉语句子的重音特征并不明显,大多数情况下不需要重音这种手段,故朱先生的论断更准确地讲,应该是:**如果要加上特别重音**,则问方式的时候,重音在"怎(么)"上;问原因的时候,重音在"怎么"后面的实词上。

而像例(24)这样的例子,是属于必须要加特别重音的,不在朱先生谈论范围之内。

4. 结语

本文把询问方式分为三个子范畴:询问方法、询问过程、询问内容/特征。它们各自都有自己的语义特征要求,从而控制着"怎么"句的合格度。

我们还认为询问原因目的的"怎么",其基本语义是表示意外,询问功能是语用推导的结果,所以它的语法表现既不同于询问方式的"怎么",也不同于询问原因目的的"为什么"。

本文讨论了"怎么"句的各种限制条件,除上述两大块外,还有实现性、情态性主观性、多重方式状语、事件性和特别重音等方面的要求。

注释

① 我们认为目的是原因的一个下位范畴,是一种特殊的原因,遵循"行为的目的→行为的理据→行为的原因"这一衍生途径,故本文放在一起讨论。至于"为什么"的两种用法,是在不同语境及上下文中的功能分化,而在"怎么"中没有分化而已。关于这一观点,我们有另一篇文章进行讨论,此处不再详述。总之,对"怎么"而言,原因和目的是混和在已往称为询问原因的用法中的,如下面的对话很难区分是目的还是原因,应该说既是目的,也是原因:

　　　　甲:她怎么会嫁给他? 乙:为了不再挨饿,早点过上好日子呗。

② 参见蔡维天(2007)关于方式与情态的关系。

③ 这里的"了"不表动态,不是"了2"。不少时候,这里不用"了"而用"啦",可见它主要是语气性的。

④ 怀疑客观道义情态有可能可以询问内容,但尚未找到例句。

⑤ 英语 can 也有同样的功能,如"How can webecome good learner?"

参考文献

蔡维天　2000　为什么问怎么样,怎么样问为什么,《汉学研究》第 1 期。

蔡维天　2007　重温"为什么问怎么样,怎么样问为什么",《中国语文》第 3 期。

陈振宇　2010　《疑问系统的认知模型与运算》,上海:学林出版社。

陈振宇、陈振宁　2014　"去主观化与语法化",主观化理论与汉语语法研究学术研讨会论文,山东威海上海师范大学/山东大学。

陈振宇、吴　越　2012　"要求"与"允许"情态的逻辑语义分析,2012 年语言的描写与解释学术讨论会论文,复旦大学。

邓思颖　2011　问原因的"怎么",《语言教学与研究》第 2 期。

郭继懋　2001　"怎么"的语法意义及"方式""原因"和"情状"的关系,《汉语学习》第 6 期。

贺凯林　1992　"怎么"的功能和意义,《湖南师范大学社会科学学报》第 4 期。

蒋绍愚、曹广顺主编　2005　《近代汉语语法史研究综述》,北京:商务印书馆。

彭可君　1993　说"怎么",《语言教学与研究》第 1 期。

彭利贞　2007　《现代汉语情态研究》,北京:中国社会科学院出版社。

李景泉、李文星　　2004　"争、住（乍）"及"忌"字前由来,《汉字文化》第 4 期。

刘月华　　1989　"怎么"与"为什么",《汉语语法论集》,北京：现代出版社。

吕叔湘等　　1980　《现代汉语八百词》,北京：商务印书馆。

吕叔湘　　1985　《近代汉语指代词》,上海：学林出版社。

吕叔湘　　1957　《中国文法要略》,北京：商务印书馆。

祁峰、陈振宇　　2013　焦点实现的基本规则——以汉语疑问代词为例,《汉语学报》第 1 期。

饶宏泉　　2012　构式"怎么个 X 法"的特征解析及其固化过程,《汉语学习》第 6 期。

邵敬敏　　1995　"怎么"疑问句的语法意义及功能类型,中国语文杂志社编《语法研究和探索（七）》,北京：商务印书馆。

肖治野　　2009　"怎么$_1$"与"怎么$_2$"的句法语义差异,《汉语学习》第 2 期。

叶婧婷、陈振宇　　2014　再论汉语完句条件,《语言研究集刊》第十三辑,上海：学林出版社。

张秀松　　2008　"到底"的共时差异探索,《世界汉语教学》第 4 期。

朱德熙　　1982　《语法讲义》,北京：商务印书馆。

Tsai Wei tien Dylan（蔡维天）2008 LeftPeriphery and How-Why Alternations. *Journal ofEastAsian Linguistics* 17, 83 – 115.

汉语中约量到可能认识 情态的语义演变[*]
——以"多半"为例

董正存(中国人民大学)

1. 引言

在汉语中,表达说话人对某一命题发生或实现的可能性进行推测或估计时,常常使用下列例中划线部分的词语,这些词语均可表达"大概;或许;可能"义,具有[＋不确定性][＋推测性][－结论真]等语义特征(罗耀华、刘云,2008),具有认识情态(epistemic modality)功能,如:

(1) a. 天气这样闷热,回头<u>多半</u>下雨。(曹禺《雷雨》)^①

───────────────

＊ 本研究得到国家社科基金重大项目"功能—类型学取向的汉语语义演变研究"(项目批准号:14ZDB098)、"中国境内语言语法化词库建设"(项目批准号:15ZDB100)和中国人民大学科学研究基金(中央高校基本科研业务费专项资金资助)项目"语义范畴和语法演变的接口研究"(项目批准号:13XNI01)资助。初稿曾在"第三届《中国语文》青年学者沙龙"(湖南师范大学,2015年10月)和"第八届汉语语法化问题国际学术讨论会"(中国人民大学,2015年10月)上宣读,此次发表有重大修改。感谢《中国语文》匿名审稿专家及洪波、吴福祥、张谊生、方梅、邢志群、赵长才、张璐、丁健、白鸽、马晓伟、陈雨晴等诸位师友在论文写作及修改过程中给予的建议与帮助,此致谢忱! 尚存谬误,概由作者负责。

b. 如果在这个事上法庭打官司,证据也许不那么足够,但是多半这个事是有的,就看你认不认。(凤凰卫视\锵锵三人行\2009.08.12)[②]

c. 郭德纲:反正挺感动的,那天于谦老师也是一直揉眼。他八成有沙眼。(鲁豫有约)

d. 说句迷信话,八成儿他命中绝子。(中国传统相声大全)

e. 我看你这个肚子大啦,大半是有小孩子啦!(中国传统相声大全)

f. (韩松云)伺候着,七八丢下绣球儿来也。(无名氏《赵匡义智娶符金锭》第三折)[③]

g. 同学表示,周小姐十有八九是上当受骗了。(深圳人民广播电台\新闻调查\2008.08.01)

从以上几例可以看出:

1) 这些词语口语性较强,常出现在口语中,有的可以儿化,书面上显示为其后出现后缀"儿";

2) 它们常用作修饰性成分,多出现于谓词性成分前,也可以出现在句子前,在命题之上的超命题层面发生作用,它们的存在与否并不影响命题真值意义的表达,应该视为表达或然性或可能性(probability)的认识情态副词(epistemicmodal adverb)[④];

3) 这些语言形式尽管在构形上几无共同点,但在表义和用法上却具有相同之处。除了都能表达对命题可能性的推测或估计之外,它们在字面义或内部构成上都具有"表量"这一共性特征。这些语言形式的组成成分中都含有数字[⑤],而数字是计算和测度量最直接的手段,可知"表量"应该是这些语言形式最初始的用法。从量的特征或本质上来看,这些语言形式所表达的是约量[⑥],并且是表多或表大的约量,而不是表少或表小的约量。约量是实量的一个下位小类,数字所体现出来的量是显性量,具有具体直观、客观实在的特点;而上述例中这些表达约量的语言形式又同时具有表达可能认识情态这一用法。在表达可能认识情态时,它们的意义抽象空灵,具有强烈而鲜明的主观性,这种意义已不能通过字面解读出来,也不宜理解作客观具体的显性量。从语言演变的角度来看,一个语言形式同时兼有具体和抽象两种意义时,意义具体的一般出现在前,意义抽象的一般出现靠后。因而,本文认为,汉语的约量范畴与可能认识情态范畴之间存在着语义衍生规律,汉语中应该存在着从约量到可能认识情态的语义演变序列。

为了验证这一结论的合理性,本文以"多半"为例,考察其由约量发展出可能认识情态的演变过程,探究约量与可能认识情态之间发生关联的语义前提,在此基础上揭示这种语义演变的机制与动因。

2. 副词"多半"的可能认识情态用法

从目前所能掌握的文献来看,"多半""大半""八成儿"等可能认识情态副词基本被罗列在某些专门讨论副词或副词小类的工具书、专著或学位论文中⑦,专门对它们进行研究的单篇论文相对较少。以可能认识情态副词"多半"为例,在对中国知网期刊数据库和学位论文数据库进行了全面检索之后,我们只发现了 3 篇以"多半"作为研究对象的论文,其中有 2 篇谈论它的语义指向(高松,2008;刘海生,2012),1 篇对"大半"和"多半"进行了共时比较,并对二者的历时演变进行了探讨(石文娟,2013)。结合已有的相关研究成果及语言事实,本节主要对副词"多半"的可能认识情态用法进行详细说明。需要说明的是,由于"多半"的情态用法产生较晚且用例较少,要想窥探其情态用法的全貌有所困难。考虑到其刚产生时所具有的情态用法在现代汉语中也有所保留,因而本节在说明"多半"的可能认识情态用法时以现代汉语为例。

在现代汉语中，可能认识情态副词"多半"的主要用法表现在如下几个方面：

1）位置相对自由灵活，既可以出现在谓词性成分前，也可以出现在句子前，以前者最为常见，例见引言 1a—b 例；

2）除了多与表达认识情态的助动词"会"连用外，"多半"还可以与其他表达道义情态和动力情态的助动词连用。不过，从语料数量和出现频率来看，在与助动词连用时，"多半"倾向坚持"认识情态＞道义情态＞动力情态"的选择顺序，与表达认识情态的助动词连用的用例最为多见。不管与哪类助动词连用，"多半"都倾向于出现在助动词前，如：

(2) 日后如果有人提起他的恶作剧，他多半会否认。（汪曾祺《钓人的孩子》）

(3) 南海鳄神笑道："这小子真像我，学我南海一派武功，多半能青出于蓝。……"（金庸《天龙八部》）

(4) 不过，基恩的美好打算多半要落空。（新华社 2002 年 7 月份新闻报道）

(5) "如果现在是上世纪 80 年代，我毕业后多半得被'发配'回东北老家，我男朋友多半得回湖南，可现在，我们都留在了北京，这是时代的进步。"（网络语料）

(6) 阿朱道："只怕他(智光大师，笔者注)不肯跟你说。"乔峰道："他多半不肯说，但硬逼软求，总是要他说了，我才罢休。"（金庸《天龙八部》）

3）除了助动词，"多半"还可以与同样表达推测的情态副词"可能""大概"对举使用或连用，以"可能"多见。在与"可能"对举使用或连用时，既可以位于"可能"前，也可以位于其后，以前者常见，如：

(7) 等奥运开幕的时候，李安明可能不在北京，多半在家里和一家人看着电视。(北京电视台\7日7频道\2008.01.
13)

(8) 要关注一下华南地区,虽然雨不大,但<u>多半</u>会是那种雨雾
蒙蒙的状态,<u>可能</u>会给出行带来一些影响。(中央人民广
播电台\新闻纵横\2012.03.15)

(9) 如果你仅凭说咱讲故事,然后说行,我跟你签合约,<u>多半</u>
<u>可能</u>你就掉沟里了,你就被人家利用了。(凤凰卫视\锵
锵三人行\2008.01.14)

(10) 王佳一:电脑到底是男是女你们怎么认为?

嘉宾:我觉得<u>可能多半</u>像女性一些,因为是大家的好朋
友,好伴侣,好帮手。(北京人民广播电台\一路畅通\
2008.12.01)

综合2和3两种用法可知,"多半"的语义辖域大于助动词和
其他与其同类的表推测义的情态副词,因而会出现于它们之前,
这说明"多半"与命题的关系比较疏离,是凌驾于命题层面的超命
题成分。

4)"多半"常出现于肯定句,也可以出现在否定句中。否定词
既可以是否定动词或否定副词"没/没有",也可以是否定副词
"不",未见否定副词"别"即用于祈使句的用例,如:

(11) 他痛苦地想着:"我们<u>多半没有</u>再见的机会了!我走出
去,就好像一只出笼的鸟,不会再飞回家来。"(巴金
《家》)

(12) 如果还没见面,就让您花钱买这买那,那么这个人<u>多半</u>
<u>没</u>安好心,您最好立刻报警。(北京电视台\法治进行时
\2011.06.01)

(13) 以瑞宣的聪明,当然也会想到钱先生既不喜欢见金三爷
与野求,明天——或者永远——他<u>多半不</u>会再到那里
去。(老舍《四世同堂》)

否定词作用于谓词性成分,而谓词性成分是命题真值表达所不可或缺的必备成分,而"多半"是凌驾于命题层面的超命题成分,它的语义辖域比否定词的大,因而倾向于出现在否定词前。

5)"多半"可以与强调结构"是……(的)"连用,以出现于高位谓语"是"前常见,高位谓语"是"通常表达说话人对某一命题的立场、态度或情感,如:

(14)周炳伸手摸了一下道:"多半是蚊子咬的。"(欧阳山《苦斗》)

(15)男人到了35岁,能成事的就成了,要是35岁还成不了事,多半是没啥前途的。(李可《杜拉拉升职记》)

(16)1995年是全世界反法西斯战争胜利50周年,若用卢沟桥事变、诺曼底登陆、攻克柏林等历史事件的精彩场面印挂历是多半会有市场,却不见有人干这类活儿。(1994年人民日报)

6)"多半"常出现在表达说话人观点或看法等主观性较强的语用环境中,上文常出现心理动词或认知动词,"多半"常位于它们的小句宾语中,如:

(17)据笔者推断,多半因为蒋介石潜意识中的"宗教隔膜"所致。(蒋氏家族全传)

(18)我离开尉迟快一年半了,我想,旧尉迟多半早已不复存在了。(1994年人民日报)

(19)他们刚打开地图寻找方向,一个青年男子就主动上前"搭腔"。按照经验,王先生觉得此人多半是小旅馆老板或者拉生意的出租车司机。(新华社2004年5月份新闻报道)

即使在心理动词或认知动词不出现时,"多半"也可以照样出现于表达说话人看法或观点的语用环境中,如:

(20)鉴于中国游泳目前并不景气,缺乏有实力的选手,金牌

多半指望不上。（新华社 2001 年 8 月份新闻报道）

7）"多半"常出现于表达非现实语义的语用环境中，多出现在假设关系复句或让步条件关系复句的主句中，如：

(21) 我们可以发现，在我们的日常生活里边，如果出现这样的情况，多半这个男的已经出轨了。（张颐武《从中国式离婚看家变》）

(22) 就算师兄弟两人齐上，多半也敌不过洪七公这位弟子郭大侠。（金庸《神雕侠侣》）

此外，"多半"还可以出现在表达未然猜测义动词如"估计""预计"等的小宾宾语中，如：

(23) 这科学家估计也多半就是球迷，他研究这个问题，怎么能够在点球大战当中取胜呢？（北京人民广播电台\话里话外\2010.06.12）

(24) 预计这位 32 岁的前锋球星多半将自由转会至英格兰足球赛坛。（新华社 2001 年 7 月份新闻报道）

8）"多半"可出现于回溯推理句的原因小句中，其后常与"因为""为了""由于"等词连用或共现，前一小句中可以出现"（之）所以"等连词，如：

(25) 咱们的日子是够紧的，多半就是因为您跟嫂子好吃懒做！（老舍《女店员》）

(26) 她所以留下来没走，多半是为了那两个大的，由她带大，又是在家道正旺的时候，小孩子享了福，自然有许多讨人喜欢的风度养成。（王安忆《逃之夭夭》）

(27) 小陈是个营养不良的蜡黄的面孔。而马伯乐的面孔则是青黝黝的，多半由于失眠所致。（萧红《马伯乐》）

回溯推理是从"果"追溯到"因"的一种推理形式，和归纳推理与演绎推理不同，它属于或然性推理，是建立在推理者知识基础上所作的一种主观推测（蒋景阳，2006），这正与"多半"表达或然性或可能性推测这一表义特征相契合。

通过以上几个方面可知,现代汉语的"多半"能够表达情态意义,已完全可以视作一个表达说话人对某一命题实现的可能性进行推测或估计的认识情态副词,具有较强的主观性,常常用作状语性成分,修饰其后出现的谓词性成分或命题,常出现于表达非现实语义和由果及因的语用环境中。

3. "多半"语义的历时发展

上文对现代汉语中副词"多半"的认识情态用法进行了说明,吕叔湘(1999:187)曾指出现代汉语阶段的"多半"有三种用法:1.表示某一数量内的半数以上;大部分。可儿化。2.通常。3.表示对情况的估计;很有可能。但是,这三个用法之间是一种怎样的关系,未见有人探讨过,因而,有必要从历时的角度对"多半"的语义发展过程进行梳理与说明。

3.1　根据对北京大学中国语言学研究中心 CCL 语料库古代汉语库的考察发现,"多"与"半"唐代始连用,用例仅 3 见,如:

(28) 郭外相连排殿阁,市中多半用金银。(张籍诗)

(29) 更有仙花与灵鸟,恐君多半未知名。(方干诗)

此时的"多半"还未凝合成词,应理解为短语,义为"多于一半;超过一半"。

到了宋代,"多半"的用例仍很少见,如:

(30) 两鬓萧萧、多半已成丝。(王之望词)

(31) 今人往往过严者,多半是自家不晓,又虑人欺己,又怕人慢己,遂将大拍头去拍他,要他畏服。(《朱子语类》卷一百八)

此时的"多半"似可看成一个词,表达约量,义为"大都;大多数"。例(31)"多半"回指位于其前的具有多数意义的名词性指称集合"过严者"。到了明代,表达约量、用于此种句法环境的"多半"依然使用,"多半"与其所回指的具有多数意义的名词性指称集合之间的关系更加紧密,表现为二者挨邻出现,中间可以不出现逗号,"多半"直接出现在谓词性成分前这一句法位置上,如:

> (32) 魏延、马岱奋力杀出,蜀兵多半落于水中,余众奔逃无路。(《三国演义》第一百二回)

> (33) 张天师在九间金殿上立了坛场,文武百官多半都是他的心腹。(《三宝太监西洋记》第十三回)

我们认为,这种句法环境和句法位置为"多半"发展出可能认识情态用法提供了句法基础。

3.2 "多半"作为情态副词,始见于明代,出现于谓词性成分前,例仅 2 见,如:

> (34) 帖木儿说道:"这个贼多半不是人,是个甚么精灵鬼怪。"(《三宝太监西洋记》第五十三回)

> (35) 晁书媳妇在那厢房吃着饭,听见舅爷合夫人说的话,心里道:"苦哉!苦哉!撞见这个冤家,好事多半不成了!"(《醒世姻缘传》第十八回)

到了清代,情态副词"多半"虽用例相对较少,但已开始出现与现代汉语相同的部分用法,如:

> (36) 这廖天成原是个谄媚之人,立刻逢迎道:"若据门生想来,多半是开封府与老师作对。……"(《七侠五义》第四十三回)

> (37) 宋起凤说:"岳父,千万别叫他进来,多半他是彭大人那边的奸细。"(《彭公案》第一四三回)

> (38) 据我看来,他并不是赌气投井。多半他下去住着,或是在井跟前憨顽,失了脚掉下去的。(《红楼梦》第三十二回)

> (39) 我与这朋友上街有事,多半今晚不能回来。(《狄公案》第十七回)

> (40) 我索性告诉你细细致致吧!你多一半许没安着好心眼。

（《小五义》第七十一回）

(41) （艾虎）自己就知道这个骑驴的多一半准是个贼。（《小五义》第八十六回）

(42) 据我看起来，那陈人多半是愿去的。（《侠女奇缘》第六十二回）

(43) 他必定嫌我老了，大约他恋着少爷们，多半是看上了宝玉，只怕也有贾琏。（《红楼梦》第四十六回）

通过由唐代至明代的语言事实，我们未能发现"多半"由约量演变出可能认识情态用法的详细过程，也未能发现"多半"存在语义理解两可的过渡桥梁阶段。

3.3　除了约量和可能认识情态用法之外，到了清代，"多半"发展出了一种新用法，常出现在表达风俗习惯、性格品质等具有惯常意义的语用环境中，义为"通常；大多数情况下"，此时句子一般为具有判断功能的说明型指类句（generic sentence）（徐盛桓，2010；张磊、姚双云，2013），如：

(44) 北边人多半是扎着裤腿，那眉梢眼角都是吊得高高的，全没有一些儿温柔袅娜的丰神。（《九尾龟》第一百四十四回）

(45) 脉象都和前头差不多，不过两尺沉迟一点，这是年老人多半如此，不要紧的。（《二十年目睹之怪现状》第一百一回）

这种用法在民国及现代汉语时期也一直在使用，如：

(46) 河南妇女，尚仍旧俗，多半缠足。（《民国演义》第三十二回）

(47) 所谓"包身婆"多半指与男人有性契约关系而无婚姻关系的女人。（1994年报刊精选）

在现代汉语时期，还出现了"多半来说"这样的固定搭配，义为"通常来说"，如：

(48) 民进党过去跟国民党比起来的时候，<u>多半来说</u>，他是比
　　　较倾向于跟农、渔、劳，就是农民、渔民、劳工，还有一些
　　　乡村地区的老年人口，也是他们最主要的支持对象。
　　　（中央电视台\海峡两岸\2008.06.27）

　　"多半"还可以与"通常""往往"连用或对举使用，可见它们意
义较为接近，如：

(49) 价值一元论究竟满足了人类的什么要求，价值多元论又
　　　为什么总是难以为人接受？……人们<u>通常多半</u>会以为，
　　　价值一元论和价值多元论的根本区别无非在于，前者只
　　　要一个价值或较少的价值，而后者则要多种价值乃至全
　　　部价值……（《读书》）

(50) 没有看上的还要愣买，买回去<u>多半儿</u>也扔柜角，而不经
　　　意间喜欢上的，<u>往往</u>爱不释手。（北京电视台\7 日 7 频
　　　道\2008.01.24）

　　3.4　综合上述，从唐代到现代，"多半"经历的语义演变过程
可概括为下表：

表1　"多半"的语义发展过程

角度　　分类　　时代	语义及用法		
	约量	可能认识情态	惯常
唐	－	－	－
宋	＋	－	－
明	＋	＋	－
清	＋	＋	＋
清代以降	＋	＋	＋

（注："＋"表示该时期已具备该种语义和用法，"－"表示不具备）

　　由此表可以看出，1)"多半"的约量用法产生最早，可能认识
情态用法次之，惯常用法产生最晚；2)吕先生所指出的"多半"在

现代汉语中的三种用法最晚在清代就已全部出现。因此,本文认为,"多半"的可能认识情态用法由约量用法直接发展而来,约量是可能认识情态的直接语义源,这可以得到三方面语言事实的支撑:1)"多半"的可能认识情态用法产生与出现得较为突然,未能从唐代到明代的语言事实中发现"多半"语义两解的过渡桥梁阶段;2)"多半"惯常用法的产生与出现晚于可能认识情态用法,因而不太可能违逆时间而存在着由惯常到可能认识情态发展的语义演变序列;3)其他表约量的语言形式如"大半""八成儿""十有八九"等也都只有约量和可能认识情态两种用法,没有惯常用法,可见约量和可能认识情态之间的语义关联比较紧密,两个语义范畴之间存在的语义衍生关系具有一定的规律性,不单只出现在"多半"的语义发展过程中。

4. "多半"由约量发展出可能认识情态的机制与动因

上文已述,"多半"的可能认识情态用法由约量用法发展而来,那么约量缘何会发展出可能认识情态用法? 在其发展过程中,什么因素对其语义演变起着决定性的制约作用? 本节着力解决这两个问题。

4.1　根据考察可知,无论是表达约量还是可能认识情态,"多半"都常出现在谓词性成分 VP 前的句法位置上[⑧],其前常出现名词性成分 NP,所对应的句法结构为"NP＋多半＋VP",由此可知,"多半"发生语义变化最典型的句法位置是谓词性成分 VP 前。我们认为,在"多半"常规化、固定化地出现在谓词性成分 VP 前这一句法位置上之后,句法因素在"多半"语义发展过程中所起的作用就相对不大了,而"多半"前名词性成分 NP 的内部语义结构及其变化对"多半"语义演变的发生起着较为重要的作用,因而有必要对两种用法中位于"多半"前的名词性成分 NP 的语义结构进行深入分析,找出其语义结构的变化规律,这对于厘清"多半"如何从约量用法发展出可能认识情态用法是非常有必要和有价值的。

4.1.1   在表达约量用法时,"多半"常出现在名词性成分 NP 后,回指 NP 所构成集合内的"大多数"即在数量上超过 1/2 的个体成员,此时该集合须具有[＋个体]和[＋多数]两个语义特征,所对应的句法结构为"[NP$_{[+个体][+多数]}$＋多半]＋VP",强调名词性成分 NP 所构成的指称集合内部的多于 1/2 的个体成员都和谓词性成分 VP 发生语义关联,例见(30)(31)。

4.1.2   在表达可能认识情态用法时,"多半"所在的句子往往表达说话人对命题实现的可能性的一种推测,因而"多半"常常出现在表达说话人态度、观点或情感和表达非现实语义的语用环境中,此种用法的"多半"语义后指,所对应的句法结构为"NP＋[多半＋VP]",其前名词性成分 NP 的内部语义结构比前一种用法丰富而且复杂,可分为四种情况:

a) 名词性成分 NP 作为一个整体或以整个集合的面目出现,虽然通过 NP 所含的外延范围仍可将其理解为具有多数意义,但是此时并不强调名词性成分 NP 所构成指称集合的内部个体成员的数量,其语义结构可概括为"NP$_{[-个体][+多数]}$",如:

(51) 梁文道:(世界末日,笔者注)一定会来的。

许子东:地球末日至少是。

梁文道:对,然后<u>人类</u>也都<u>多半</u>会灭绝吧。

窦文涛:我估计地球末日的时候人早就没了。(凤凰卫视\锵锵三人行\2012.12.19)

b) 名词性成分 NP 为由两个个体成员构成的复数集合,语义上无法再满足约量用法所必须具备的[＋多数]语义特征,其语义结构可概括为"NP$_{[+个体][+复数][-多数]}$",例见(39)。

c) 名词性成分 NP 为只包含一个个体成员的集合,语义上也同样无法再满足约量用法所必须具备的［＋多数］语义特征,其语义结构可概括为"NP[＋个体][＋单数][－多数]",例见(36)—(38)、(41)—(43)。

　　d)"多半"前出现述谓性成分 VP,因占据主语或话题的句法位置,其述谓性减弱、指称性增强,因而可具有指称化解读,可以将其理解为与其自身语义相应的体词性事件,该事件不具备量性特征,语义上无法满足约量用法所必须具备的［＋个体］和［＋多数］这两个语义特征,其语义结构可概括为"NP[－个体][－多数]",如:

(52) 大人此次出京,多半为这案件。(《施公案》第三百九十一回)

(53) 就是说你好像认定了中国人,多半用伪钞的话,说他们用伪钞,多半是很可信,就是你觉得一帮中国游客都有可能用伪钞。(凤凰卫视\锵锵三人行\2008.03.04)

(54) 田文华心贴职工,多半因为她是从职工中走来的。(1995 年人民日报)

　　需要说明的是,在"多半"的可能认识情态用法日益成熟和稳固之后,它的使用范围也进一步扩大化了,这是语义发展所带来的必然结果,这种泛化现象可以从两个方面来说明,1)"多半"通常对未然性事件进行推测,但有时也可以对已然性事件进行推测,推测范围从未然扩大到已然,如:

(55) 立新:这个星期容易被大家忽略的新闻还有一件,叫做"希拉里效应",您听说过吗? 您多半没听说过,为什么?(北京人民广播电台\话里话外\2010.01.16)

(56) 昨天是正月十五元宵节,想必您多半会跟家人围坐在一起,热热闹闹地吃元宵。(天津人民广播电台\新闻广播\2013.02.25)

(57) 考虑到丈夫多半已经遇难,但是在向丈夫所在单位报告情况的时候,她选择了失踪的说法。(中央电视台\东方

时空 2008.06.23)

2)"多半"前名词性成分 NP 的内部语义结构与表达约量用法的一样即"NP$_{[+个体][+多数]}$"时,"多半"不能理解作约量,而是依然理解为表达可能认识情态,这是新出现的用法,用例较为少见,如:

(58)离开普里兹伦,醒目的马其顿阿族"民族解放军"的标语一掠而过,接着又看到城郊增加了许多新坟头。估计,<u>这些新坟多半</u>是今年马其顿冲突中阿族阵亡者的归宿。

（新华社 2001 年 8 月份新闻报道）

4.1.3　综合上文所述,名词性成分 NP 的内部语义结构及其变化对"多半"的语义发展起着重要的制约作用,伴随着名词性成分 NP 语义结构的变化,"多半"的语义演变过程呈现出如下几个特点:

a) 指称对象由有到无。表达约量时,"多半"具有明确的指称对象,回指其前出现的名词性成分 NP;而表达可能认识情态时,"多半"前的句法位置上出现具有复数或单数意义的名词性成分,甚或是不具备量性特征的谓词性成分时,就无法构成一个满足"多半"字面语义要求的指称集合,造成其指称对象的缺失。

b) 指称集合表量意义的消解。表达约量时,"多半"要求其所回指的名词性成分 NP 具有多数意义;而表达可能认识情态时,与"多半"具有直接语义联系的名词性成分(含指称化的谓词性成分)不能再作多数意义解,不再强调量的表达。

c) 语义指向的位置转移。在"多半"由约量向可能认识情态发展的过程中,其语义指向发生了由前到后的位置转移。表达约量时,"多半"的语义前指,与其前名词性成分 NP 的关系紧密;而表达可能认识情态时,"多半"常常后指,与其后谓词性成分 VP 的关系紧密。有时,"多半"也可以出现在句子前,其语义仍然后指。

结合名词性成分 NP 的语义结构和上述几个特点,"多半"由约量用法发展出可能认识情态用法的演变阶段可归纳为下表:

表2 "多半"语义发展过程中句法、语义、语用关系匹配表

分类角度　用法	名词性成分NP的内部语义结构	所出现的句法格式	所出现的语用环境	"多半"的意义解读
约量	[+个体][+多数]	[NP+多半]+VP	客观;叙实;已然	大多数;大部分
可能认识情态	[-个体][+多数] [+个体][+复数][-多数] [+个体][+单数][-多数] [-个体][-多数] [+个体][+多数]	NP+[多半+VP] 多半+[NP+VP]	主观; 非叙实/叙实; 未然/已然	可能; 大概; 也许

(注:"内部语义结构"栏下加粗显示的部分表示所强调的语义特征,"句法格式"栏下"[ ]"内加粗显示的部分表示它们之间的关系密切)

4.2　我们认为,在"多半"由约量发展出可能认识情态的语义演变过程中,隐喻(metaphor)起着至关重要的制约作用。

Traugott 和 Dasher(2002：29,80—81)指出,隐喻的作用是在演变初始对推理进行限制,并且通常也是演变的结果。"多半"的约量用法作用于数量域(quantification domain),此域本质上属于行域,表述视角基于客观事物或事件,客观性较强,主要用于陈述客观事物或事件的数量,强调多数义名词性指称集合中的个体数量多于一半;"多半"的可能认识情态用法则作用于认识域(cognitive domain),此域本质上属于知域,表述视角基于说话人的认识,主观性较强,主要用于强调说话人对某一命题或事件实现可能性的推测与判断。概而言之,"多半"的作用域经历了"数量＞认识""行域＞知域"的语义转移,这一转移与隐喻密切相关。

沈家煊(2009)曾指出,"隐喻是用一个概念来表达另一个相似的概念,或者说,是从一个概念到另一个概念的'投射'",而"投射是一种突变"。从本质上来讲,约量用法的"多半"强调对"数量"进行"估量",而可能认识情态用法的"多半"则是强调对事件或命题实现的可能性进行"估量",[＋估量]是"多半"的核心语义,两种用法的"多半"在"估量"上具有相似性或一致性,这是隐喻起作用的重要前提与基础。上文已述,"多半"可能认识情态用法的产生与出现较为突然,在从唐代到明代未能发现"多半"语义两解的过渡桥梁阶段,这一语言事实能够说明从约量到可能认识情态是一种概念投射,是隐喻对语义演变过程起作用的重要表现,约量到可能认识情态的发展是一种突变,不具有渐变性,可能认识情态用法直接由约量用法发展而来,约量是可能认识情态的直接语义源。

5. 结语和余论

"多半"在隐喻的作用下,由约量用法发展出可能认识情态用法,"多半"前句法位置上名词性成分 NP 内部语义结构的变化使得"多半"的语义演变得以发生。约量是可能认识情态的直接语义源,汉语中存在着"约量＞可能认识情态"的语义演变序列。

需要进一步补充和说明的是,1)在汉语中,通过表约量的语言形式来表达可能认识情态,而通过表确切大量的语言形式来表达必然认识情态,如"百分之百""百分百",例如:

（59）如果刚上岸时老师就采取控水、人工呼吸等急救措施,明亮<u>百分之百</u>不会死去。（1994 年报刊精选）

（60）这段话真的是非常有名,在日本,只要是提到项羽和刘邦的时代,就几乎都会提到这段话,尤其是写给那些商务阶级所看的历史书中,更是<u>百分百</u>一定会出现。（中国武将列传）

2)在汉语中,量与情态之间的关系密切,量对情态敏感,表量成分易于走上情态化的道路。除了上文所述"多半""大半""八成""十有八九""百分（之）百"等语言形式外,汉语中还有许多表量的语言形式同时具有情态用法,下面只以"庶"和"概"为例进行简要说明。"庶"在表量时,义为"众多";同时"庶"也具有"可能"义,表达可能认识情态,例如:

（61）君子之本,既<u>庶</u>且多。（《诗经・大雅・卷阿》）

（62）君姑修政而亲兄弟之国,<u>庶</u>免于难。（《左传・桓公六年》）

"概"在表量时,用作全称量化副词,义为"一律,一概",如:

（63）余以所闻由光义至高,其文辞不少<u>概</u>见,何哉?（《史记・伯夷列传》）

这种用法在现代汉语书面语性较强的语言中仍在沿用,如

"概不赊欠"。随着语言的发展和双音化的倾向,由"概"作为构词语素的双音节副词"大概"在近代汉语发展出来了"也许,可能"义,表达可能认识情态,如:

> (64) 大概风光霁月之时少,阴雨晦暝之时多。(《大宋宣和遗事·元集》)

董正存(2016)通过对汉语、英语和日语的考察发现,情态倾向于依附在表量的语言形式上,量是情态表达的一个前提和基础,情态是量发展演变的目标和方向之一,情态常常会借助和依附于量来进行表达。虽然根据 Van der Auwera 和 Vladimir A. Plungian(1998)对 30 多种语言的调查,情态的源语义中没有表量这一语义项,但是根据汉语等几种语言的语言事实可知,"量>情态"的语义演变在这几种语言中有一定的现实性,这一语义演变是否具有语言类型学意义上的普遍性,是否为人类语言语义演变的共相,还有待于对大量其他语言进行广泛调查和深入挖掘。

注释

① 本文采用"媒体名\栏(节)目名\日期"格式的用例出自中国传媒大学文本语料库,其余用例来自北京大学中国语言学研究中心 CCL 语料库。

② "多一半"与"多半"具有相同的用法(吕叔湘,1999:188),下文举例时对二者不做严格区分。a 例用于谓词性成分前,b 例用在句子前,如:

a) 瞅着芸生道:"你这个东西,敢情这么扎手哪! 咱们这个事情,多一半是闹个阴错阳差,那个高相公多一半是教你给结果了吧?"(《小五义》第八十九回)

b)(北侠)又见杯中酒浑说:"二位贤弟慢饮。你们还看这酒,怎么这样发浑?"二爷说:"多一半这是酒底子了。"(《小五义》第九十一回)

③ 罗主宾(2013)指出,"七八""八分""八成"都是由数词虚化成的语气副词,表示较大可能性的推测语气。"八成"出现于清代,共 4 例,在《儿女英雄传》都带"儿",后来"八成"取代"八分"沿用到现代汉语。

④ 对此类词,不同学者有不同的称法。有的学者称之为"揣度"或"揣测"类语气副词(如杨荣祥,1999;史金生,2003;盛丽春,2003;朱丽,2005;徐晶

凝,2007;罗主宾,2013 等);有的称之为"或然性"情态副词(如贺阳,
1992;崔诚恩,2002;朱宁,2005;郭瑞娟,2014 等);有的将其称为情态词
(如李宗江、王慧兰[2011]对"八成""多半""大半"的判定);有的从语气副
词的语用功能出发,认为"多半"等词在"传疑评价"中起重要的作用(如齐
沪扬,2003),有的认为"多半"属"表主观估量"的语气副词(如齐春红,
2006)。本文重在揭示约量和可能认识情态之间的语义关联,无意纠缠于
称名及其差别。结合我们的语言理论观及所认同的看法,本文将"多半"
等这类词称为"可能认识情态副词"。

⑤ "七""八""九"都是数字,这无需特别指出,需要说明的是"半","半"是数
词兼量词(邢福义,1993),《现代汉语词典》(第 6 版)也认为其有"数"词
性,义为"二分之一;一半",因而,视"半"为数字是没问题的。

⑥ "约量"和下文的"实量""显性量"见李宇明(2000)。如无特别说明,下文
的"约量"均指表多或表大的约量。

⑦ 工具书如北京大学中文系 1955、1957 级语言班(1982)、王自强(1998)、吕
叔湘(1999)、朱景松(2007)、齐沪扬(2011)等,专著或学位论文除了注⑤
所列之外,还有如李泉(1996)、肖奚强(2002)、郭新雨(2003)、王振广
(2009)、潘田(2010)、季薇(2011)、余琼(2013)等。

⑧ "多半"也可以作为修饰限定语出现于名词性成分前,如"全国多半土地干
旱连连","多半"可能认识情态用法的产生与此种用法关系不大,因而对
此种用法本文不作讨论和说明。

参考文献

北京大学中文系 1955、1957 级语言班　1982　《现代汉语虚词例释》,北京:
　　商务印书馆。

崔诚恩　2002　《现代汉语情态副词研究》,中国社会科学院研究生院博士
　　学位论文。

董正存　2016　结构省缩与情态依附——以让步条件结构式为例,《世界汉
　　语教学》第 4 期。

高松　2009　副词"多半(儿)"的语义指向,《现代语文》第 1 期。

郭瑞娟　2014　《现代汉语语气副词研究》,吉林大学硕士学位论文。

郭新雨　2003　《现代汉语语气副词研究》,天津师范大学硕士学位论文。

贺阳　1992　试论汉语书面语的语气系统,《中国人民大学学报》第 5 期。

季薇　2001　现代汉语副词问题研究,天津师范大学硕士学位论文。

蒋景阳　2006　溯因推理对幽默的解读,《外语与外语教学》第 3 期。

李泉　1996　《副词和副词的再分类》，载胡明扬主编《词类问题考察》，北京：北京语言学院出版社。

李宇明　2000　《汉语量范畴研究》，武汉：华中师范大学出版社。

李宗江　王慧兰　2011　《汉语新虚词》，上海：上海教育出版社。

刘海生　2012　"多半"的语义指向及其制约因素，《语文知识》第 1 期。

罗耀华　刘云　2008　揣测类语气副词主观化与主观性，《语言研究》第 3 期。

罗主宾　2013　《明清时期语气副词研究》，湖南师范大学博士学位论文。

吕叔湘　1999　《现代汉语八百词》（增订本），北京：商务印书馆。

潘田　2010　《现代汉语语气副词情态类型研究》，武汉大学博士学位论文。

齐春红　2006　《现代汉语语气副词研究》，华中师范大学博士学位论文。

齐沪扬　2003　语气副词的语用功能分析，《语言教学与研究》第 1 期。

齐沪扬（主编）　2011　《现代汉语语气成分用法词典》，北京：商务印书馆。

沈家煊　2003　复句三域"行、知、言"，《中国语文》第 3 期。

沈家煊　2009　《跟语法化机制有关的三对概念》，载吴福祥、崔希亮主编《语法化与语法研究（四）》，北京：商务印书馆。

盛丽春　2003　《或然语气副词"大概"、"也许"和"恐怕"的功能分析》，延边大学硕士学位论文。

石文娟　2013　《"大半"和"多半"共时比较与历时演变》，华中师范大学硕士学位论文。

史金生　2003　语气副词的范围、类别和共现顺序，《中国语文》第 1 期。

王振广　2009　《多维视野下的现代汉语语气副词研究》，西北师范大学硕士学位论文。

王自强（编著）　1998　《现代汉语虚词词典》，上海：上海辞书出版社。

肖奚强　2002　《现代汉语语法与对外汉语教学》，上海：学林出版社。

邢福义　1993　现代汉语数量词系统中的"半"和"双"，《语言教学与研究》第 4 期。

徐晶凝　2007　《现代汉语话语情态研究》，北京：昆仑出版社。

徐盛桓　2010　指类句研究的认知—语用意蕴，《外语教学与研究》第 2 期。

杨荣祥　1999　现代汉语副词次类及其特征描写，《湛江师范学院学报》第 1 期。

余琼　2013　《现代汉语语气情态副词的构句、联句能力研究》，华中师范大学硕士学位论文。

中国社会科学院语言研究所　2012　《现代汉语词典》（第 6 版），北京：商务印书馆。

张磊　姚双云　2013　从语体视角考察指类句的句法特征和分布情况,《语言教学与研究》第 2 期。

朱丽　2005　《揣测语气和揣测语气副词》,上海师范大学硕士学位论文。

朱宁　2005　《价值判断语气副词表达功能中的锚定效应》,北京语言大学硕士学位论文。

朱景松(主编)　2007　《现代汉语虚词词典》,北京：语文出版社。

Traugott. Elizabeth Closs & Richard B. Dasher. 2002 *Regularity in Semantic Change*. Cambridge：Cambridge University Press.

Van der Auwera，Johan & Vladimir A. Plungian 1998 *Modality's semantic map. Linguistic Typology*，2：79 - 124.

副词易位的类型、功能及约束条件

樊中元（广西师范大学文学院）

1. 引言

　　副词易位是口语交际中句法成分易位的主要现象，它是指处于句中的副词从状语位置移动到句末位置，形成副词后置。例如：

　　（1）我［　］说到哪儿了，刚刚？（电视剧《我爱我家》）

　　（2）［简直］都糊涂了简直。（相声《皮猴儿》）

　　例（1）中，说话者将"刚刚"从状语位置移置到句末，而原状语位置形成空位；例（2）中，说话者将处于状语位置的"简直"复制到句末，形成副词"简直"在句中的复现现象。

　　目前，对汉语易位现象的讨论主要有三个方面：一是易位与相关句式的区别。陆俭明（1980）从语义关系、语气词位置以及功能角度区分了易位句与倒装句；孟琮（1982）区分了易位句与重复现象以及易位句与呼语的不同；王定芳（1983）把易位句称为移位句，认为移位句是指单个成分或短语在句中的位置次序发生移动变化，而其功能和结构关系也发生改变。二是易位的句法和语义类型。陆俭明（1980）、孟琮（1982）、王定芳（1983）、高岳（2016）等通过对口语材料的分析，从易位成分的句法角度概括了易位关系中的主谓易位、状中易位、述宾易位、连动结构易位以及兼语结构易位等类型；张伯江、方梅（1995）则从语义角度说明了易位成分的主要类型，包括时间和空间、人或事物、非直接参与者、原因、目的、方式、条件等成分的易位。三是形成易位的语音条件和功能关系。陆俭明（1980）认为易位成分语音上不承担重音，必须轻读，句末语气词紧跟前置部分，不能在后移部分之后。因而，易位成分在功能上不能是意义重心，其主要功能是语义补充。孟琮（1982）认为易位成分主要是起加强语气作用。张伯江、方梅（1995）根据主位和述位的信息地位以及话语场景认为，易位成分处于次要信息地位，在语义上起补充作用。杨德峰（2001）、张燕春（2001）则认为易位成分在语音上有的轻读，有的不轻读，因此，易位成分有时起补充说明作用，有时也可以是语义中心。

　　关于副词的易位，陆俭明（1980）从音节角度列举了能发生易位的部分单音节和双音节副词，同时也指出易位在语音条件上的体现；刘全利（1984）、高岳（2016）也指出了副词易位的主要类型及其易位的频率等。但是，目前有关副词易位的研究中，还尚未对副词易位进行比较深入的讨论。我们认为，不同句法成分的易位要受不同条件的约束，并且会形成不同的类型及产生不同的功能。因此，本文在已有讨论的基础上，进一步从类型、功能以及约束条件等角度探讨副词的易位现象，以期对副词易位有较为全面的认识。本文的语料来自北京大学语料库（CCL）、北京语言大学汉语语料库（BCC）以及部分电视节目中的对话转写，部分为自拟。

2. 副词易位的类型

　　副词易位的类型可从易位副词的表现形式和副词的语义类别进行划分。

2.1　副词易位的形式类型

副词易位的形式分类包括副词易位时是移置易位还是复置易位、单项易位还是多项易位以及是独立易位还是附属易位。

2.1.1　移置易位和复置易位。移置易位是指副词离开原句法位置而移到句尾,副词的原句法位置形成空位,不形成句法成分的同现关系。例如:

(3) 那里头好像应该是,调一下儿空气,窗口儿[　]太小了都。

(4) 我这样的,[　]只有八人,总共。

(5) 到时候儿那个去去那个什么去,嗯,带着个牌儿,[　]到一定的时间,反正也。

上面各例中的"都""总共""反正也"都是离开了原有的状语位置而移至句末,原句法位置形成空位,"都""总共"和"反正也"属于状语成分的追补。

复置易位是指易位副词在原句法位置上出现后,又在句末重复出现,形成副词的复制现象,因而与原副词在句法上构成前后同现关系。例如:

(6) 至多是给,给她点儿钱,让做件儿衣裳去[就]算了就。

(7) 再早以前[还]都是都是什么呢还,叫妈不叫妈,叫阿妈。

(8) [也许]我真的没有出息,也许。

上面各例中,"就""还"和"也许"在句中状语位置上出现后,又在句末进行复制,形成前后句法成分的同现关系。

陆俭明(1980)、杨德峰(2001)、张燕春(2004)等都认为句法成分的复位是易位的基本条件。在副词的易位中,复置易位由于易位的副词与原副词形成照应关系,因此,易位副词的句法位置非常明确。但对于移置易位的副词来说,由于副词具有饰句副词和饰谓副词的功能区别,因此,对于移置副词的复位来说,就存在句首复位与句内复位的区分,或者说,移置副词是属于句首易位还是句内易位。例如：

(9) 先别走，外边儿下雨呢，正。

→先别走，外边儿[正]下雨呢。

→＊先别走，[正]外边儿下雨呢。

(10) 那个像我弟弟刚刚，他是插队儿回来的。

→[刚刚]那个像我弟弟，他是插队儿回来的。

→＊那个[刚刚]像我弟弟，他是插队儿回来的。

(11) 俺倒无所谓，猴哥以前看了俺老猪那么多笑话，老猪看他一回也不算过分，也许。

→俺倒无所谓，猴哥以前看了俺老猪那么多笑话，[也许]老猪看他一回也不算过分。

→俺倒无所谓，猴哥以前看了俺老猪那么多笑话，老猪看他一回[也许]也不算过分。

例(9)的"正"只能复位到句内位置，不能复位到句首，属于句内易位，例(10)的"刚刚"只能复位到句首位置，不能复位到句内，属于句首易位，而例(11)的"也许"既可以复位到句内位置，也可以复位到句首位置，因此，这就存在是句内易位还是句首易位的问题。

饰谓副词是修饰句子谓语的副词，句法位置在主语和谓语之间，这类副词主要包括表示程度、范围、处所、重复、否定、方式、关联等意义的副词。饰谓副词如果产生易位，则其只能复位在句内位置。饰句副词修饰的对象是整个句子，句法位置既可在整个句子前，也可以在谓语前。这类副词主要包括评注副词和时间副词等。因此，易位副词存在句首移位还是句内移位的主要是饰句副词。尹洪波(2013)、杨德峰(2016)、方梅(2017)等从句法、语义以及语用因素考察了饰句副词的位置问题，其中主要是饰句副词位于主语前或者谓语前的条件限制。尹文认为，饰句副词位于句子前(话题化)的条件是：在话题句中，如果话题是该句子的必有论元,那么饰句副词不能位于句子前话题化。杨文则认为影响饰句副词话题化的因素是多方面的,既有句法因素,也有语义因素,还有语用因素。方文从分布和语义、话题效应以及韵律独立与篇章功能角度讨论了饰句副词在句内与句首的不同,比较全面地解释了饰句副词在句内和句首的功能差异。从相关研究来看,饰句副词位于主语前要受比较复杂的条件约束,同时,位于主语前和谓语前的饰句副词还存在句法、语义和语用的不同。如果从易位副词的复位角度看,人们的研究结果提供了副词复位的依据,特别是饰句副词复位至句首或句内的条件。以下略择两例进行简要说明。例如:

(12) a:那回大火消防队来得及时,幸亏。→那回大火幸亏
消防队来得及时。(尹文例子)

b:这件事她不知道,幸亏。→幸亏这件事她不知道。

该例中,如果"幸亏"易位至句末,根据尹文的解释,则其复位的结果和条件不同。a 句中的话题和谓语动词之间语义比较松散,不是动的必有论元,因而,"幸亏"不能移至句首作话题;b 句中的话题与动词的语义关系比较密切,是谓语动词的必有论元,"幸亏"可以移至句首。

(13)他看清了小伙子那张丑恶的嘴脸,顺便。(杨文例子)

→a:他顺便看清了小伙子那张丑恶的嘴脸。

→b:顺便他看清了小伙子那张丑恶的嘴脸。

该例中,如果"顺便"易位至句末,根据杨文的解释,则其复位既可在句中,也可在句首,只是在句中是常规位置,在句首时时为了突显"顺便"的语义。

2.1.2　单项易位和多项易位。这是根据易位副词的数量进行的分类。单项易位是指单个副词的易位,多项易位是指多个副词同时移位至句末,一般是两项。例如:

(14)原来我们住得比较窄,原来住两间屋,二十二米才。

(15) 快要出发了,可他又改变主意了,忽然。

(16) 乔落不能不承认,贺迅那时做的太好,几乎使她忘记屈
　　　辱忘记身份,几乎。

(17) 亲,不好意思,天天看着你发的东西我都替你累。取消
　　　关注吧互相都。

(18) 那会儿日本就,侵略咱们了就已经。

(19) 对于这两家公司的实力和背景,周治平还是有所了解
　　　的,最起码。

(20) 站也站不住啊,全都。

(21) 反正到现在呢已经,是二十多年了不都。

(22) 祖国山河一片红那个,反正这我都没听说过价,几乎都。

例(14)(15)(16)分别是"才""忽然""几乎"单个副词后移至
句末。例子(17)至(22)是多项易位。多项易位中,比较多的是
"反正也""互相都""也就""也都""几乎都""就已经"等双项易位。

2.1.3　独立易位还是附属易位。独立易位是指副词独立形
成易位(或单项或多项)。在以上的两种分类中,都是独立易位。
附属易位是指副词附着于其他成分共同易位。例如:

(23) 我现在总想,那时我们相处的多好啊,没那么多事儿大
　　　家都。

(24) 我那天见到了我妈妈,我终于。

(25) "你干什么来的今天又? 是不是又抽烟了?"

(26) 今年都到牛年了,集了这么六七年了吧,五六年了将
　　　近有。

(27) 是啊,一个是从整体来看是重视知识,当然也有是被文
　　　凭驱使,啊,也有是。

(28) 嗯,今年,五十三了吧,可能大概是。

例(23)(24)(25)分别是副词"都""终于""又"附着于"大家"
"我"和"今天",形成的是后粘附。后粘附主要是副词与充当主语

的代词、名词性成分形成跨层组合关系后的易位。例(26)(27)(28)分别是副词"将近""也""大概"附着于"有"或者"是",形成的是前粘附。前粘附主要是副词与其修饰的谓语中心成分(特别是"是""有"以及一些能愿动词)共同移位至句末。前粘附和后粘附都是副词与其他成分形成复合式易位。

本文是在收集的 567 条语料基础上进行讨论的。从语料的角度看,上述不同易位的类型具有比较大的数据差异。以下是笔者的统计结果(分别按照不同的类型进行统计),从统计数据看,各类易位情况是:

数据＼类型	移置易位	复置易位	单项易位	多项易位	独立易位	附属易位
数量	491	76	493	74	457	110
比例	86.5％	13.5％	86.9％	13.1％	80.6％	19.4％

2.2　副词易位的语义类型

目前,对于副词的分类主要是基于语义进行的,如朱德熙(1981)将副词划分为范围、程度、时间和否定四类,黄伯荣、廖序东(2002)把副词分为程度、范围、时间、处所、肯定否定、情态方式和语气七类等,张谊生(2000)对副词的分类除了关注副词的意义之外,也结合了副词的句法功能和共现顺序,因此将副词分为描摹性副词、评注性副词、关联副词、否定副词、时间副词、频率副词、程度副词、范围副词、协同副词和重复副词等十类。从副词易位的角度看,根据张谊生等的分类,副词易位的语义类别主要包括下面几类。

2.2.1　评注性副词的易位,评注性副词是对相关命题或述题进行主观评注的副词,如反正,大概、简直、竟然、究竟、难道、恰好、何苦、何必等。这类副词常常发生易位。例如:

(29)一直觉得星际迷航属于冷门,竟然有贴吧,竟然。

(30) 你看我穷困潦倒,你也孤苦伶仃,咱多合适啊,天作之合啊简直是。

(31) 反正不能忘掉阶级反正,肯定的这点儿。

2.2.2　范围副词。包括都、总共、起码、全、就等。例如:

(32) 这个,就他妈来了,就。

(33) 饱受苦难的我们要大吃特吃,结果折算下来才 60 块人民币 3 个人总共。

(34) 生我们大学生就,就二十岁才。

(35) 想着是自己,最后不是人家医院推出来的,你自己不准备要了考虑起码儿。

2.2.3　时间副词。表示动作发生的时间的副词,如马上、正、在、刚刚、终于、先、早晚、赶快、随时等。例如:

(36) 但是那我们怎么办? 纸里包不住火,早晚。

(37) 老王呢? 下棋呢,在。

(38) 田雨师兄,你立刻与晨儿回到天王殿去赶快。

(39) 他们在不断逼进的德军坦克面前失去了继续战斗的决心,终于。

2.2.4　频率副词:偶尔、还等。例如:

(40) 干了一上午连一口水没管还。

(41) 大多数时候都是你打我的注意,我只是……偶尔也那么做做,偶尔。

2.2.5　重复副词:又、也、还等。例如:

(42) 打住打住,怎么说着说着就冲我来了又。

(43) 七零七保密厂子,嗯,七零七保密厂子,他在那儿维修,一直的也。

(44) 哎,这个电冰箱、电视机、电风扇、洗衣机都要日本原装的还。

2.2.6　程度副词。程度副词基本不能易位,下面是我们收集到的两个例子。

(45) 不过因为现在嘛,好像体育运动挺热门的哈,都挺。

(46) 总感觉到这事怪怪的有点儿。

例(45)是程度副词"挺"与"都"形成多项易位。例(46)是"有点儿"的单项易位。

高岳(2016)通过对语料的统计,发现在状语成分的移位中,副词易位占40%,而副词易位出现频率的高低是:语气副词>时间副词>范围副词>频率副词。刘全利(1984)也认为在口语中用做状语后置的副词,大多是适用于从不同角度表达语气的副词,包括语气副词、时间副词,另外包括一些表示比较、估量、程度、范围、重复、强调的副词。根据以上的语义类别以及我们对语料的统计,副词语义类别易位的情况是:评注性副词(47.3%)>时间副词(25.1%)>范围副词(23.7%)>频率副词/重复副词>程度副词(3.9%),这与人们的观察基本一致。

3. 副词易位的功能

口语交际是在线话语生成的行为,该行为的基本特征是说话者的语言心理演算和组织与话语的形式表达基本处于无缝对接的状态,即是边想边说的非计划性表现。受口语交际特征影响,交际中的话语往往具有连续、犹豫、出错、停顿、啰嗦、重复等特征。(梁丹,2012)副词易位是口语交际中产生的话语行为,体现了口语交际的话语特征,因此口语的非计划性行为是产生副词易位的基本促因。但从功能角度看,说话者在交际中为什么要把原应在状语位置的副词移至句末,这是人们探讨的一个主要问题。目前,关于副词易位的功能解释基本上在于语义角度,这有两种看法,一种是陆俭明(1980)、陈建民(1984)、张伯江、方梅(1995)等的语义补充功能。陆俭明(1980)认为易位句中,前置部分总是说话人急于要传递给听话人的东西,因而往往带有被强调的色彩,后移部分则是稍带补充性的东西,后移成分永远不能成为强调的对象。张伯江、方梅(1995)把副词性的后置成分看作是语义上的追补成分,认为副词对它所修饰的述位成分语义上作出程度、方式、范围、时态等方面的限制,在前时,首先为一个陈述定了一个调子;在后时,是语义的补充。另一种是杨德峰(2001)、张春燕(2001、2004)、刘全利(1984)等的语义补充和强化功能说。杨德峰认为,后移成分有时是可有可无的,有时起着补充说明的作用,有时也是语义重心。刘全利也认为副词后置起到的是补充修饰谓语并加强全句的语气作用。

　　人们关于副词易位的语义功能研究反映了副词易位的基本功能,但是,根据我们的观察,副词易位所体现出来的语义补充和强化功能在不同的易位形式中会有不同功能特征的表现和倾向。对此,我们下面作进一步的讨论。

　　首先,在副词的移置易位中,从句法上看,易位副词是从状语位置移至句末,而在其原位置上留下空位。[①]从话语语义的生成角度看,副词的移置易位是当说话者说出某个话语结构时,把主要的语义信息表述完了后,发现有些语义还没有表达准确或者完整,需要再补充,因而就在句末进行成分追补,完成说话者认为需要表达的完整意义。因此,在这个角度看,副词的移置易位的语义功能是补充。例如:

(47) 是真正地,彻底地从人们的视线中消失了,没有多少人知道他究竟去了哪里,但是谁都知道,陈兆军还在,偶尔。

(48) 他们在惊叹之余也立即行动起来,又花了几贯钱偷偷。

　　例(47)中,当说完"陈兆军还在"时,意识到话语表达的意义不够明确和完整,接着用"偶尔"来补充"还在"的时间义。例(48)中,当说完"又花了几贯钱"后,认为花钱的方式义尚未表达出来,就很快用"偷偷"补充花钱的方式。

在移置移位中,还有另外的情况,即从句法上看,易位副词从状语位置移至句末后,其原位上留下空位,但在语义上,易位副词所要表达的语义已由其他成分表达出来了,或者有语境参照能得到提示,因而并不形成语义缺失。此时,我们认为,易位副词的功能倾向于语义强化或者语气强调,而补充功能则相对弱化。例如:

(49) 这个房呢,就是,好像是我的姥姥的,姥爷的房子大概。

(50) 四八,四八年结的婚,那才十八岁。生我们大学生就,就二十岁才。

例(49)中副词"好像"已经表达了说话者对房子的推测性的模态判断,话语所表达的语义也比较完整,后置副词"大概"与"好像"意义基本一致,说话者在句末追补"大概",目的是对推测义的强化。例(50)中,副词"就"已经对"二十岁"的小量特征作了限制,但句末追加"才",也是进一步对小量的强调。

其次,在复置易位中,副词移至句末,原位置上的副词与移至句末的副词形成复制现象。从话语生成的角度看,因为当说话者说出某个话语结构时,该话语结构中已经生成了某个副词,从语义上来看,该副词的语义已经作了明确和完整的表达。因此,当说话者再次在句末重复该副词时,该副词并非对语义进行补充,而是通过语音的重复方式进行语义强化。例如:

(51) 我又跟谁了我又。

(52) 虽然是满族,但是满族的风俗啊什么的已经改变了,已经。

例(51)中的"又"与"我"构成附属易位,说话者重复"我又",目的是加强语气,强化"跟谁"的重复语义。例(52)中重复"已经",句末的"已经"是说话者对"改变"的时间状态义进行强化。从语音条件上看,对语义的强化一般实现为重音和音节重复。如

"小王看了电影",可分别对"小王""看""电影"进行重音操作,使它们分别成为语义重心,而"干干净净""走着走着"等则是分别是对"干净""走着"进行音节重复操作,达到语义强化目的。易位副词不能是重音,但属于音节重复。因此,复置易位也主要是通过音节的重复方式达到语义强化的目的。

我们认为,在副词易位的语义功能解释中,无论是语义补充说还是语义强化说,都还不够完整。要说明副词易位的语义功能,应该根据具体的易位形式进行分析。同时,我们还认为,副词易位的语义补充功能是一种话语调整行为,即在说话人进行话语组织和处理过程中,依据语境提示或表达目的而进行的语义调整,目的是想把话语表述完整,此时,说话者违背句法原则,强调语义表达,是语义优先于句法,形成的是语义完整而句法非法的话语结构。而语义强化是一种话语策略行为,是说话者为了对语义进行强化的语用目的,此时,是说话者为了从语用上达到语义强化,是语用优先于句法,形成的是语用突显而句法非法的话语结构。在前面的类型统计中,移置易位占 86.5%,复置易位占 13.5%,因此,从功能上看,副词的易位功能是语义补充功能明显多于语义强化功能。

4. 副词易位的约束条件

副词易位主要在句法语义和语用上受到一定的条件约束。

4.1 句法语义约束

副词的主要功能是作状语,具有唯状性。但副词是个性大于共性的词类,副词个体或类别的功能研究是其主要目标。实际上,副词的易位同样体现出个体或类别差异,即副词的个体或类别不同,易位发生的可能性或倾向性也不同。从我们考察的副词易位情况看,影响副词易位的主要因素是副词的语义类别。副词的语义类别不同,所表现出的句法功能也不同,因而对副词能否易位或者易位的发生几率的影响也不同。因此,副词的句法语义是构成副词易位的约束条件。具体来看,主要体现在下面几个方面。

4.1.1　副词句法功能独立性的强弱。副词句法功能的独立性是指副词单独回答问题或独立成句的独立运用能力。根据陆俭明(1982)、李泉(2001)、罗耀华(2010)等的考察,部分副词可以独立运用。陆俭明检验了 468 个口语或书面语常用的副词,其中 65 个能独用,占 13.4%。李泉考察了 666 个副词,发现能独用的有 87 个,占 13.06%。而罗耀华的考察比较全面,他在大规模的语料基础上进一步做了详细的考察,发现能独用的副词有 77 个。在这 77 个副词中,语气副词占 46.75%,时间副词占 23.38%,否定副词占 7.79%,情状副词(包括方式、协同、交互性副词)占 14.29%,范围副词占 6.49%,程度副词占 1.29%。如果我们把不同类别的独用副词所占比例的高低和易位副词的语义类别的频率高低相比较,则为:

独用副词类别的比例　　　　多———→少

　　　　　　　语气＞时间＞否定＞情状＞范围＞程度

易位副词频率高低　　　　　高———→低

　　　　　　　评注＞时间＞范围＞频率/重复＞程度

通过比较就会发现,能独立运用的副词和产生易位副词的语义类别具有较大的一致性(否定副词和情状副词能独立运用,但不能易位,下文再解释),即越容易产生独立运用的副词一般也越容易发生易位,越不容易产生独立运用的副词一般也越不容易产生易位。

4.1.2　副词句法位置的嵌入程度。句法位置的嵌入是指句法成分在句子中的位置关系。处于句子外面的成分为外围成分,嵌入程度最低,处于句子内的成分为内嵌成分,嵌入程度相对较高,而同处于句子内的成分,越靠近主语的,嵌入程度越低,越靠近谓语中心成分的,嵌入程度越高。副词的嵌入程度可在副词的连用顺序中得到体现,而副词的连用顺序又和副词的语义类别密切相关。黄河(1990)对出现在状语位置的连用副词同现的排列顺序是:语气＞时间/总括＞限定＞程度＞否定＞协同＞重复＞方式;张谊生(2000)归纳的副词连用顺序是:评注性＞关联＞时间＞频率＞范围＞程度＞否定＞协同＞重复＞描摹。在人们的排列顺序中,越是左向的副词嵌入越低,越是右向的副词嵌入越高。副词连用的排列顺序反映了不同副词的嵌入高低,也反映了不同语义类别的副词在句法位置上的嵌入程度。同样,我们把句法成分的嵌入关系和副词的易位联系起来看,则构成下面的对应关系:

句法位置的嵌入程度　　　　低——→高

语气＞时间/总括＞限定＞程度＞否定＞协同＞重复＞方式

易位副词频率高低　　　　　高——→低

评注＞时间＞范围＞频率/重复＞程度

比较发现,副词句法位置的嵌入程度与副词语义类别的易位频率有比较平行的关系,即嵌入越低的副词发生易位的几率越高,嵌入越高的发生易位的几率越低。例如:

(53) 李家二老表面上也是冷眼旁观,其实。→ ＊其实李家二老表面上是冷眼旁观,也。

(54) 人家亲自下厨的,都。→ ＊人家都下厨的,亲自。

(55) 那里头好像应该是,调一下儿空气,窗口儿太小了都。
→ ＊那里头好像应该是,调一下儿空气,窗口儿都小了太。

从嵌入程度看,上面各例中,例(53)中,评注副词"其实"＜"也",例(54)中,范围副词"都"＜"亲自",例(55)中,范围副词"都"＜程度副词"太",因此,发生易位的分别是"其实""都",而不是"也""亲自""太"。再看下面的例子:

（56）虽然是工资比较低呀，都还是干劲儿都挺足，啊，都。

该例中，易位的"都"应该是左向嵌入较低的"都"，而不是右向嵌入较高的"都"，这从复位的比较可以进行证实。该例可以进行下面的 a 复位，而不能进行 b 复位。

a：虽然是工资比较低呀，[　]还是干劲儿都挺足，啊，都。

b：＊虽然是工资比较低呀，都还是干劲儿[　]挺足，啊，都。

4.1.3　副词与修饰成分的粘附程度。句法成分的粘附程度是指成分和成分之间在句法结构、语义关系上形成的亲疏关系。检验句法成分之间的粘附度可以从语音停顿、位置调换、成分悬空和成分插入四个方面进行。例如：

（57）我幸亏还没去。

　　→幸亏我还没去。　　　　　　　　　→我幸亏啊，还没去。

　　→幸亏[我还没去]，要不然就尴尬了。　→我幸亏电影开始的时候还没去。

（58）你也还不错吧。

　　→＊也你还不错吧。　　　　　　　　→你也啊，还不错吧。

　　→＊你也[还不错吧]，看起来气色这么好。→你也一直还不错吧。

（59）风景太漂亮了。

　　→＊太风景漂亮了。　　　　　　　　→＊风景太啊，漂亮了。

　　→＊风景太[漂亮了]，非常喜欢。　　→＊风景太一直漂亮了。

上面的例子中，"幸亏""也""太"的粘附关系分别是：

幸亏：[＋移位]、[＋停顿]、[＋悬空]、[＋插入]

也：　[－移位]、[＋停顿]、[－悬空]、[＋插入]

太：　[－移位]、[－停顿]、[－悬空]、[－插入]

因此,三者的粘附的程度是:太>也>幸亏(>表示大于)。

通过对不同语义类的副词粘附度的考察,并结合相关研究(张谊生,2000),我们对副词的粘附度有一个相对的梯级表示:评注<时间<协同/范围<频率/重复<程度<关联/否定/描摹。同样,我们把易位副词的频率高低与副词依附度进行比较:

副词粘附度:　　　　　　　　低————→高

评注<时间<协同/范围<频率/重复<程度<关联/否定/描摹

易位副词频率高低:　　　　　高————→低

　　　　评注>时间>范围>频率/重复>程度

比较中可以看出,副词粘附度的高低与其易位频率成反比关系,粘附度越高的副词,易位的频率就越低,粘附度越低的副词,易位的频率就越高。(关联副词和否定副词虽然独用能力比较强,嵌层程度也比较低,但是由于粘附度比较高,因而一般也不产生易位)例如:

(60) 看了十来遍,忽然豁然贯通,悟出个道理来。(李宝嘉《官场现形记》)

　　→看了十来遍,豁然贯通,忽然,悟出个道理来。

　　→＊看了十来遍,忽然贯通豁然,悟出个道理来。

(61) 他的成绩总是非常优秀。

　　→他的成绩非常优秀总是。

　　→＊他的成绩总是优秀非常。

例(60)中,"忽然"是时间副词,"豁然"是描摹副词,前者粘附度低于后者,所以"忽然"可以易位,"豁然"不能;例(61)中,"总是"是范围副词,"非常"是程度副词,前者的粘附度低于后者,因此"总是"能易位,"非常"不能。

4.2　语用约束

口语交际是产生副词易位的基本功能条件,只有在口语中才能发生易位现象,关于这一点,陆俭明(1980)、陈建民(1984)、张伯江、方梅(1995)等都有说明,这里不在赘述。但除此外,副词易位的语用约束还与信息焦点有关。

汉语中,句子的句法结构与焦点之间存在常规化的对应关系,在没有语境影响的状态下,句末位置上的成分往往成为句子的自然焦点,因此,汉语作为 SVO 语言,V 或 O 成分常常就是句子中语音赋重、语义突显的信息焦点。但是,除了自然焦点外,句子还可以通过焦点标记或者语境对比等手段转移自然焦点。如果我们把焦点和易位结合起来看,就会发现,被赋予信息焦点的成分不能产生易位。首先我们看主语易位的情况。主语易位是最常见的易位现象,但主语易位首先要受信息轻重的约束,当说话者对主语信息赋重,主语成为信息焦点时,此时的主语是不能易位的。比较:

(62) 他也看过这部电影了。→看过这部电影了,他也。

　　a:连他也看过这部电影了。→ * 看过这部电影了,连他也。

　　b:是他也看过这部电影了。→ * 看过这部电影,是他也。

　　c:′他也看过这部电影了。→ * 看过这部电影,′他也。

例(62)中,不是信息焦点的"他"能产生易位,而在例 a、b、c 中,由于分别通过标记手段将主语标记为焦点,因而就不能产生易位。

同样,在句子中有信息赋重、并成为信息焦点的副词也不能产生易位。根据徐杰、李英哲(1993)等,否定词是句中的焦点算子,由否定词管辖的成分往往是句子的焦点成分。因此,当句中的副词成为焦点时,该副词是不能易位的。例如:

(63) 小李不马上去桂林。　　 → * 张三不去桂林马上。

(64) 老李没有再三强调这事。　→ * 老李没有强调这事再三。

李湘、端木三(2017)在关于句子中的自然焦点讨论中,对方式状语进行了调查,结果表明方式状语容易作为句子的自然焦点,语音上重读。因此,作为自然焦点的方式副词也不能发生易位。例如:

(65)他疾步走向纪念碑　　　　→＊他走向纪念碑疾步

(66)医院正在全力抢救伤员。　→＊医院正在抢救伤员全力。

另外,副词在句中也可作为信息焦点算子,对其他成分进行焦点标记,这时,作为焦点标记的副词也不能易位。例如:

(67)只他一个人去了上海。　→＊他一个人去了上海只。

(68)仅仅五个人就搬完了。　→＊五个人就搬完了仅仅。

5. 余论

有的副词可以独立构成非主谓句,而当能独立成句的副词非主谓句放在句子后面时,要与副词易位区别开来。两者的区别主要在于:

一是从语音上看,易位副词要轻读,并与前置的成分基本没有语音间隔,形式上一般不需要标点隔开,易位副词可以是单音节,也可以是双音节。而副词非主谓句则要重读,并与前面的句子有一定的语音间隔,形式上需要标点隔开,并且基本上是双音节或三音节,不能是单音节(除"不""没""快"外)。例如:

(69)杭州酒店这么优惠的价格,去抢啊赶紧,嘿嘿。

(70)谢文俊伸着手,"拿币来,赶紧。"

(71)一个班就六十人。

例(69)的"赶紧"轻读,并与"去抢啊"在语音上紧连,是副词易位,例(70)的"赶紧"是重读,并与前面的句子有语音间隔,是副词非主谓句。例(71)是有歧义的,如果"就"轻读,则表示人数多,如果重读,则表示人数少。而从易位角度看,"就"轻读时,可以易位,重读时不能易位。例如:

a:一个班就六十人。   →一个班六十人就。   ("就"轻读,表示人数多)

b:一个班′就六十人   →*一个班就六十人′就   ("就"重读,表示人数少)

张燕春(2001)等根据普通重音规则认为,易位句中的前置部分和后移部分之间没有语音停顿时,易位句的重音结构和正常的语序句子的重音结构是一致的,如果发生易位,后面的追加成分要轻读。因此,在例(71)中,普通重音是短语"六十人",当"就"发生易位时,不能改变原来结构的重音结构,"就"应该是轻读成分,像例a;但是如果把重读的"就"移位至句末后,则改变了原来句子的重音结构,变成了双重音结构,这违背了重音规则,如例b。

二是副词易位时,句末语气词一定是在前置部分之后,不能在易位副词后面。但副词非主谓句可以添加语气词。例如:

(72) 到底要哪件啊到底?

(73) 还惹出别人对你不放心,何苦呢?

例(72)的"到底"是副词易位,语气词"啊"只能在易位的"到底"前面;例(73)的"何苦"是非主谓句,可以后带语气词。

三是副词非主谓句有时为了强调可以追加副词,形成非主谓句的并列关系。例如:

(74) 而我要心脏,活体心脏,马上,立刻。

(75) 那你立刻给我滚,现在,马上。

四是从句法结构关系看,易位副词与前置成分属于非句法关系,副词非主谓句和前面的句子有一定的句法关系。例如:

(76) 干了一上午连一口水没管还。

(77) 好啦,突然一条短信过来吓了我一跳,都要睡着了,刚刚。

例(76)的"还"与前置的"干了一上午连一口水没管"没有句法关系,是非法结构;例(77)的"刚刚"与前面的句子具有并列关系。

注释

① 如果从话语生成的角度看,这种副词易位准确地说应该是成分补充,而不是成分移位。因为,当说话者说出某个话语结构时,并没有在该结构中有意留出空位,而是在说出该结构后,认为说完主要信息部分时,发现有些成分说漏了,需要再补充,就在句末进行成分追加,完成说话者认为需要表达的完整意义,因此,追加的成分此时主要是在语义上起补充作用。实际上,当我们以易位的角度说明这种现象时,是在静态角度下对话语结构的分析和操作。

参考文献

陈建民　1984　汉语口语里的追加现象,《语法研究和探索(二)》,北京:北京大学出版社。

方梅　2017　饰句副词及相关篇章问题,《汉语学习》第6期。

高岳　2016　当代北京口语语序易位现象的功能研究,《互动语言学与汉语研究(第一辑)》,北京:世界图书出版公司。

黄河　1990　常用副词共现时的顺序,《缀玉二集》(北京大学中文系编),北京:北京大学出版社。

黄伯荣、廖序东　2002　《现代汉语(增订二版)》,北京:高等教育出版社。

李泉　2001　《汉语语法考察分析》,北京:北京语言文化大学出版社。

李湘、端木三　2017　"自然焦点"有多"自然"?《世界汉语教学》第4期。

梁丹丹　2012　《自然话语中的重复现象》,北京:世界图书出版公司。

刘全利　1984　试从某些副词性状语的位置看语法手段的制约性,《语言学和语言教学》,合肥:安徽教育出版社。

陆俭明　1980　汉语口语句法里的易位现象,《中国语文》第1期。

陆俭明　1982　现代汉语副词独用刍议,《语言教学与研究》第2期。

罗耀华　2010　《现代汉语副词性非主谓句研究——副词成句问题探索》,武汉:华中师范大学出版社。

孟琮　1982　口语里的一种重复——兼谈"易位"，《中国语文》第 2 期。

齐沪扬　2003　语气副词的语用功能，《语言教学与研究》第 1 期。

史金生　2011　《现代汉语副词连用顺序和同现研究》，北京：商务印书馆。

王定芳　1983　汉语语序问题，《湘潭大学社会科学学报》第 4 期。

徐杰、李英哲　1993　焦点和两个非线性语法范畴，《中国语文》第 2 期。

杨德峰　2001　也论易位句的特点，《语言教学与研究》第 5 期。

杨德峰　2016　也说饰句副词和饰谓副词，《汉语学习》第 2 期。

尹洪波　2013　饰句副词和饰谓副词，《语言教学与研究》第 6 期。

袁毓林　2002　多项副词共现的语序原则及其认知解释，《语言学论丛（第
26 辑)》，北京：商务印书馆。

张伯江、方梅　1995　北京口语易位现象的话语分析，《语法研究和探索
（七)》，北京：商务印书馆。

张燕春　2001　易位句中的语音问题，《汉语学习》第 4 期。

张燕春　2004　再谈易位句的特点，《常州工学院学报》第 1 期。

张谊生　2000　《现代汉语副词研究》，上海：学林出版社。

朱德熙　1981　《语法讲义》，北京：商务印书馆。

近代汉语契合类重叠式语气副词

方　红（大阪产业大学）

1. 引言

　　关于副词的重叠，朱德熙（1982）认为副词是有重叠形式的，基本式是单音节副词，重叠式是 AA，他认为像"常常""稍稍""恰恰"等这些副词就是由单音节副词重叠而形成的。唐贤清（2003）也认为副词有重叠形式，并对《朱子语类》中的重叠式副词做了考察。那近代汉语中的契合类重叠式副词有哪些？他们有哪些特点？他们和单音节副词之间有什么关系？对此目前还鲜有人研究。

　　汉语中有一类副词表示"某种情况或现象的发生，正好恰到好处，不期而遇，不谋而合，时机条件等正好符合要求或正好是不希望的"。我们称之为"契合"类副词（注：张谊生《现代汉语副词研究》提到这个术语），也有的称之为"巧合"类语气副词。

　　在近代汉语中契合类语气副词有"恰、恰恰、恰好、正好、刚好、凑巧"，"偏、偏生、偏偏"，"可巧、偏巧、刚巧、恰巧、碰巧、适巧"；以及现在主要存在于方言中的"赶巧、可可儿、可巧巧儿"等。其中契合类重叠式语气副词有："恰恰"（"恰恰的"）、"巧巧"（"巧巧儿的"）、"刚刚"（"刚刚的""刚刚儿的"）、"可可"（"可可的""可可儿的")、"偏偏"（"偏偏的"）和"将将"等。

唐贤清（2003）把重叠式副词分为两种形式类型：类型一：A 为单音节副词；类型二：A 为非副词。我们发现近代汉语 AA 式契合类副词都有所对应的原式副词 A。即"恰恰"的原式为"恰"，"巧巧"的原式为"巧"，"刚刚"的原式为"刚"，"可可"的原式为"可"，"偏偏"的原式为"偏"以及"将将"的原式为"将"。

本文将从语义功能和语法功能等方面来分析这些重叠式副词与他们的原式之间的相同和不同的地方。另外本文也尝试调查了一下这些重叠副词在方言中的一些情况。

2. 语义分析

根据重叠式副词和其基式的语法意义，我们把他们的关系分为三种类型：义项的等同，义项的减少，义项的增加。

2.1 义项的等同

义项的等同是指基式所表达的语法意义重叠式也具有。我们所考察的这 6 组契合类副词中，其中"刚"和"刚刚"以及"巧"和"巧巧"这两组副词的语法意义基本是等同的。下面将分别讨论。

2.1.1 "刚"和"刚刚"

"刚"本义为形容词"坚硬，坚强"，后虚化为副词。"刚刚"要比"刚"出现得要晚得多，根据语料考察，可能到宋元时期才出现。《虚词历时词典》和《近代汉语大词典》中都有收录，《虚词历时词典》认为"刚"和"刚刚"作为副词，意义相同，都有三个义项，a）时间副词用法，表示"方才，刚才"，如例（1）和例（2）；b）范围副词用法，表示"仅仅"义，如例（3）和例（4）；c）语气副词用法，表"正好"义，如例（5），例（6）。

（1）臣该万死！〔倘秀才〕臣披不的金章紫绶，刚道的个诚惶顿首，臣讲不的舞蹈扬尘三叩头。（元刊杂剧三十种/承

明殿霍光鬼谏)

(2) 刚刚二少已经和我说明,这件事情恰是大家不好。我虽然性急了些,你也不消动气。(《九尾龟》第三十六回)

(3) 丫头:"(丫头又忙掇过一碗汤来)饭干燥,吃些汤吧!"(玉姐刚呷得一口,泪如涌泉,放下了。问:"外边是甚么响?"(《警世通言》第二十四卷)

(4) 谁知好人不长寿,这晁近仁刚刚活了四十九岁,得了个暴病身亡。(《醒世姻缘传》第五十三回)

(5) 偏生又要小解,因下了甬路,找微草处走动,行至一块湘山石后,大桂树底下来。刚转至石后,只听一阵衣衫响,吓了一惊不小。(《红楼梦》第七十一回)

(6) 想道:"人不可貌相,海水不可斗量。"慌忙架起天平,搬出若大若小许多砝码。秦重尽包而兑,一厘不多,一厘不少,刚刚一十六两之数,上秤便是一斤。(《醒世恒言》第三卷)

2.1.2 "巧"与"巧巧"

"巧",形声,从工,"工"有精密、灵巧义。本义为"技艺高明、精巧";此外还可以表示巧合,作形容词。副词"巧"可能就是由这个表巧合的形容词虚化而来的。作为副词最早的例子大概是在唐代,我们在韩愈的文章中找到一例。

(7) 两家各生子,孩提巧相如;少长聚嬉戏,不殊同队鱼。(《韩愈·符读书城南》,转引《汉语大词典》)

在近代汉语中副词"巧"单独使用的例句很少,它后面往往加上"了"与之一起使用,《儿女英雄传》3例,《孽海花》3例,《小五义》2例。

(8) 小的们这做贼有个试验,——不怕夜黑天阴,看着那人家是明亮亮的,下去不但不得手,巧了就会遭事。(《儿女英雄传》第三十一回)

　　"巧巧"这个词,《近代汉语词典》和《白话小说语言词典》中有收录,他们都列出了它的一个义项为"恰恰,刚好",这和副词的"巧"的语义相同。在所查的近代文学作品中《二十年目睹之怪现状》和《九尾龟》各1例,《镜花缘》6例以及《续济公传》22例等。

(9) 林之洋道:"今日有两只喜鹊,只管朝俺乱噪;又有一对喜蛛,巧巧落俺脚上,只怕又象燕窝那样财气,也不可知。"(《镜花缘第三十二回》)

(10) 淑士国王道:"小弟偶然想起天朝有部书,是夏朝人作的,晋朝人注的,可惜把书名忘了。上面注解曾言'长股人常驮长臂人入海取鱼',谁知长臂王兄今日巧巧也说此话,倒像故意弄这故典,以致诸位王兄从中生出许多妙论。"(《镜花缘第三十九回》)

2.2　义项的减少

　　齐沪扬(1987)认为副词的重叠式与原式的区别在于义项的多少,一般是重叠式的义项比原式少。"偏"和"偏偏"、"将"和"将将"以及"可"和"可可"就属于这种类型。

2.2.1　"偏"和"偏偏"

　　"偏"的语义很多,各个词典的解释也不尽相同,但作为副词主要有以下四个义项:a)程度副词,表"最,很,特别"。如例11;b)范围副词,表"只""单单"义,如例12;c)语气副词,表反问,表示出乎意料或者与意愿相反,如例13;d)语气副词,相当于"正好""恰巧",如例14。

(11) [寄生草]我比他吃茶饭知个饥饱,我比他穿衣服知个暖凉。酒添的神气能荣旺,饭装的皮袋偏肥胖,衣穿的寒暑难侵傍。看谁人省悟是谁痴,怕不凤凰飞在梧桐上。(《元刊杂剧三十种下·严子陵垂钓七里滩》)

(12) 将他上了锁,脚上带了脚镣,放他出街讨饭。他这个傲气,别人讨两碗,偏他一碗也讨不出来,常是一两日水米

不得沾牙。(《醒世姻缘》第八十八回)

(13) 你和他好他**偏**不和你好你怎么样? 你不和他好他偏要和你好你怎么样? (《红楼梦》第九十一回)

(14) 两下少年,多是美丽人物,你贪我爱,自不必说。但蒋生未成婚之先,先有狐女假扮,相处过多时,**偏**是他熟认得的了。(《二刻拍案惊奇·第二十九卷》)

"偏偏"作为副词,最早可能是在明末清初了。它的语义基本上跟"偏"的义项三和义项四相同,多表示跟事实正好相反,而没有"偏"义项一和义项二的意思了。近代汉语"偏偏"的例子不少,《醒世姻缘传》16 例,《红楼梦》15 例,《儿女英雄传》27 例。如:

(15) 就是花瞭几个钱儿,也花得不伦不类的,全不着些腔板。那场面上的花钱,就如吃酒碰和等类,**偏偏**不肯花销,反说倌人敲他的竹杠;及至倌人私下放起差来,他却情情愿愿,一千八百、三百五百的双手奉送,去塞那无底的狗洞,全不见一些响声。(《九尾龟》第二十六回)

(16) 一头走着,一头落泪,想着:"姊妹在一处一场,更兼他那容貌才情,真是寡二少双,惟有青女素娥可以仿佛一二。竟这样小小的年纪就作了'北邙乡女'。**偏偏**凤姐想出一条'偷梁换柱'之计,自己也不好过潇湘馆来,竟未能少尽姊妹之情,真真可怜可叹!"(《红楼梦》第九十七回)

2.2.2 "将"和"将将"

"将"的语义很多,每个词典的解释也不尽相同。而《汉语大字典》和《汉语大词典》中都列出了二十多个义项。以《汉语大字典》(p.2543)为例,光副词就列出了 8 个小义项,1. 相当于"将要";2. 相当于"方""始";3. 相当于"比""必定";4. 相当于"当""应该";5. 表示疑问,相当于"尚""还";6. 表示数量,相当于"唯独""只";7. 表示性态,相当于"乃";8. 表示数量差不多,相当于"将近"。其中义项 7 就是相当于我们所说的契合类副词,表"刚刚",

着重于语气。如例(17)、(18)：

(17)"使疾其民，以盈其贯，**将**可殪也。"（《左传.宣公六年》）

(18)于是凤姐儿方移步前来。**将**转过了一重山坡儿，见两三个婆子慌慌张张的走来，见凤姐儿，笑道："我们奶奶见二奶奶不来，急的了不得，叫奴才们又来请奶奶来了。"（《红楼梦》第十一回）

"将将"这一词，有人认为它的意义古今有一个演变，就是在古代汉语中"将将"主要有四个义项：1)高大庄严的样子。2)广大的样子。3)交集，聚集的样子。4)金、玉撞击的声音。而到了近现代汉语中"将将"的意义则为"勉强达到一定数量、刚刚。"我们认为这个演变可能受到"将"的语义影响，也有可能受到方言的影响，它跟"刚刚"的语音相似。香坂顺一(1983)和太田辰夫(1988)都提到"将"和"刚"语音上的关系。近代汉语中这样的用例不是很多，主要出现在《续济公传》《老残游记》和《儿女英雄传》等作品中。

(19)可巧此时江标由棺材店里出来，走不多远，**将将**撞着了他，心中暗暗就有个计较，却又怕被惶恐。（《续济公传》第一百四十八回）

(20)言还未了，只听脑背后暴雷也似价一声道："不多，还有一个！"那声音像是从半空里飞将下来。紧接着就见一条纯钢龙尾禅杖撒花盖顶的从脑后直奔顶门。那女子眼捷手快，连忙丢下杠子，拿出那把刀来，往上一架，棍沉刀软，**将将的**抵一个住。（《儿女英雄传》第六回）

2.2.3 "可"和"可可"

"可"作为副词，一般的词典都只列出了两个义项。一是表示意思的转折，译为"可是，却"，二是用在数词前，表约计，译为"大约"等。但除了这两个义项，我们发现"可"也表"正""巧"的意思，如例21。但到了后来这样的意思的"可"就很少见了。

(21) 我这里观了相貌,觑了眼脑,不由我忿气怎生消！甚风
　　　儿今夜吹来到？也是天对付,可教我和兄弟厮寻着。
　　　(元·无名氏《争报恩》第一折)

"可可"很多词典都没有收入,对于它的解释,各家词典也不
尽相同。一般认为它主要有两个义项：a)语气副词,有时表示事
实和期望相吻合,有时也表示不如意的结果出现。我们通过语料
发现它们主要是表示不如意的结果,如例21。近代汉语的作品中
这种用法很多,《金瓶梅》见12例、《水浒传》2例、《醒世姻缘传》27
例以及《西游记》11例等。b)用于疑问句中,表"怎能""难道"等反
诘语气,主要是以"可可儿(的)"的形式出现,如例23,多见于《金
瓶梅》中。

(22) 积年风月中走,甚么事儿不知道。**可可**今日妇人到明明
　　　开了一条大路,教他入港。(《金瓶梅词话》第十三回)

(23) 吴银儿笑道："二爹好骂。说一个就一个,百个就百个
　　　一般。一方之地,也有贤有愚,**可可儿**一个就比一个来？
　　　俺桂姐没恼着你老人家！(《金瓶梅词话》第四十五回)

2.3　语义的增加

语义的增加就是指重叠式在原式所表达的语法意义基础上
引申出另一种意义,而这种语义是基式所没有的。在本文所调查
的这6组副词中,"恰"和"恰恰"就属于这种类型。

"恰"。《玉篇心部》："恰,用心也。"最早可能出现在战国时
期,而作为"正好"义则到唐代才有用例,它们大部分用在"如,似,
同"这些词的前面。近代汉语中这样的例子很多,如例(24)。而
"恰恰"作为副词表"正好"义,可能是在唐代出现的。近代汉语中
这样的例子已不少见,如下文中的例(25)。但"恰恰"除了表"恰
好"义以外,还可表"时时"义,郭在贻(2002)指出"恰恰"是一个表
示时态或情状的副词,有"频频""时时"的意思,如例(26)。

(24) 我想这男儿受困遭磨难,**恰**便似蛟龙未济逢干旱。怎蒙

了战策兵书,消磨了盾剑摇环。(《元刊杂剧三十种·萧
何月夜追第二折》)

(25) 于是先从贾母起,次贾赦,一一接过。鼓声两转,**恰恰**在
贾政手中住了,只得饮了酒。(《红楼梦》第七十五回)

(26) 峻岭高岑总安致,**恰恰**遍布不容针。(《敦煌变文集新
书》)

2.4　小结

我们所考察的这 6 组契合类副词,单音节和重叠式的关系可
简单归纳如下:

关系	表达式	副词
等同	A＝AA	刚刚,巧巧
语义的减少	A＞AA	将将,偏偏,可可
语义的增加	A＜AA	恰恰

3. 语法功能分析

重叠式副词在语法功能上和原式之间有什么特点呢? 我们
将从音节搭配、句中位置、后加成分"的"以及否定形式等四个方
面来加以讨论。

3.1　音节搭配

音节搭配就是指原式或重叠式与它们所修饰谓语成分之间
的音节上的组合限制关系。

在我们要研究的这 6 组副词中,原式基本修饰单音节词,如
例(27)、(28)、(29);而重叠式则主要修饰双音节词,如例(30)、
(31) 和(32)。但原式修饰双音节谓语词的例子也不少,如例
(33)、(34);而修饰单音节的重叠式副词则没有。正如张谊生所

指出的：这种音节上的搭配同汉语追求对称，讲究整齐的语言心理有关。而且随着双音节或重叠式副词的出现，原式修饰双音节词的功能就分工给双音节或重叠式副词了。如：

(27) 卢俊义与乔道清合兵一处，奏凯进城。卢俊义**刚**到府治，只见鲁智深、戴宗将马灵解来。(《第一百二十回的水浒》下第九十九回)

(28) 今日正要请哥哥厮见，**恰**遇母亲病急，脱身不得。(《二刻拍案惊奇》卷三)

(29) 那知头一次飘洋！就遭风暴！**偏**遇连阴大雨，耽搁多日，缺了柴米，幸亏这物才救一船性命。(《镜花缘》第四十六回)

(30) 操右臂中了一箭，马亦中了三箭。亏得那马是大宛良马，熬得痛，走得快。**刚刚**走到淯水河边，贼兵追至，安民被砍为肉泥。操急骤马冲波过河，才上得岸。(《三国演义》第十六回)

(31) 多九公道："此是'清肠稻'。当日老夫曾在海外吃过一个，足足一年不饥。现在我们船上共计三十二人，今将此稻每个分作四段，**恰恰**可够一顿，大约可以数十日不饥了。"(《镜花缘》第五十一回)

(32) 从来妓女无情，优伶无义，你们做倌人的在客人身上虽然没有良心，独到和戏子轧了姘头，却是真心相待，**偏偏**遇着那班戏子，平时看待别人也还不到得这般刻毒，一到姘着了一个倌人，就出奇的天良尽丧起来。(《九尾龟》三集第一回)

(33) 算命的说我四十四岁方才得子，今**刚**交过四十四岁，果然得了儿子。(《醒世姻缘传》第二十五回)

(34) 大约不过那几个侄儿们不安静，家里没个正经人儿。我倒得走一趟。只得**偏碰**在今日，那里这么巧呢。(《儿女

英雄传》第二十四回)

3.2　句中位置

句中位置就是原式和重叠式副词在句中所处的位置。在我们所研究的这6组副词中,我们发现有的原式副词既可跟在谓语动词前充当状语,如例(35)和例(36),也可跟在主语前或者句子前,修饰整个句子,如例(37)和例(38)。重叠式也一样,既可跟在谓语动词前,例(39),也可跟在主语前或者句子前,如例(40)。

(35) 宝玉未知何意,只得随往。**刚**至园门,只见贾珍带领许多执事人旁边侍立。(《红楼梦》第十七回)

(36) 董承出阁,才过宫门,**恰**遇操来;急无躲避处,只得立于路侧施礼。(《三国演义》第二十回)

(37) 韩道国那边使的八老来请吃茶。经济心下正要瞧去,**恰**八老来请,便起身进去。只见韩爱姐见了,笑容可掬。(《金瓶梅》第九十八回)

(38) 二则,我们这些人常回老太太的话去,可不叫着名字回话,难道也称"爷"? 那一日不把宝玉两个字念二百遍,**偏**嫂子又来挑这个暌! (《红楼梦》第五十二回)

(39) 直至七点余钟,云生方才回栈,将衣箱行李打送起来,只带了一只衣箱、一个脚篮,其余箱笼一齐留在上海,先叫栈内轿夫把行李发下船去。那天**刚刚**是礼拜一,长江是招商轮船,恰恰正是江裕,又教家人同着先去招呼。(《九尾龟》第十八回)

(40) 前日夜头,双玉起初无拨局。**刚刚**我搭双宝出局去末,接连有四张票头来叫双玉。(《海上花列传》第二十四回)

我们对这类副词的原式和重叠式在近代文学作品的位置分布情况做了比较(见表一),发现除了"偏""偏偏"位置较灵活外,单式和重叠式大部分都用在谓语动词前。那么"偏""偏偏"位置不同,他们所表达的语义是否存在差异呢? 我们发现位于主语后时,它的语义指向是后面的谓语成分,而其主语往往是上文所提到的已知信息。一般表示与主观愿望、想法等相反,含有"故意"义,如例(41)、(42)。而位于主语前,它们的语义指向则是后面的整个句子,表示与前句所表达的事实正好相反,如例(43)和例(44)。有时含有"仅仅""单单"义,如例(45),也用于反问句中,如例(46)。

(41) 梁永大怒,叫军汉:"打那三个奴狗跪着!"军汉拿起杆棒便打,只打得跌仆,那里有一个肯跪。三人骂不绝口。梁永道:"你每要一刀两段,俺**偏**要慢慢地摆布你。"喝叫军士:"将这三个奴狗,立枷在辕门外,只顾打他两腿,打折了驴腿,自然跪将下来。"(《水浒传下》第一百八回)

(42) 他别叫他不得所。指望你再生个儿,过给你哥,你**偏偏**的不肯生。停在乡里这们些年,也不是事,替我出殡。(《醒世姻缘传》第九十回)

(43) 那年在这里,把他许了梅翰林的儿子,**偏**第二年他父亲就辞世了,他母亲又是痰症。(《红楼梦》第五十回)

(44) 那科就可中得,果然头场荐了解,二场也看起来,**偏偏**第三场落了一问策草,誊录所举将出来,监临把来堂。(《醒世姻缘传》第十六回)

(45) 郭泛竟将众官尽行监下。众官曰:"我等为好而来,何乃如此相待?"泛曰:"李催劫天子,**偏**我劫不得公卿!"(《三国演义》第十三回)

(46) 带了脚镣,放他出街讨饭。他这个傲气,别人讨两碗,**偏**他一碗也讨不出来,常是一两日水米不得沾牙。(《醒世姻缘传》第八十八回)

从表一我们也可以看到由于受到音节的影响,到清朝特别是晚清,"偏"用在主语前的用法也越来越少,基本上让位于"偏偏"了。

表一①　契合类语气副词在近代文献中的位置分布情况

作品	将		恰		巧		偏		刚		刚刚		将将		可可		恰恰		偏偏		巧巧	
	谓前	主谓前	谓前	主谓前	谓前	主谓前	谓前	主谓前	谓前	主谓前	谓前	主谓前	谓前	主谓前	谓前	主谓前	谓前	主谓前	谓前	主谓前	谓前	主谓前
元刊杂剧	1	0	64	0	0	0	6	12	0	0	0	0	0	0	0	0	0	0	0	0	0	0
平妖传	1	0	2	0	0	0	10	14	0	0	0	0	0	0	0	0	0	0	0	0	0	0
水浒传	1	0	2	0	0	0	8	6	0	4	0	0	0	0	2	0	0	0	0	0	0	0
三国演义	0	0	20	0	0	0	3	1	0	0	0	0	0	0	0	0	0	0	0	0	0	0
西游记	1	0	6	0	0	0	12	7	0	2	0	0	0	0	8	3	2	0	0	0	0	0
金瓶梅	2	0	21	1	0	0	35	9	0	5	0	0	0	0	21	6	6	0	0	0	0	0
醒世姻缘	6	0	15	1	1	0	39	19	0	40	0	0	0	0	21	6	5	0	13	3	0	0
红楼梦	4	0	15	0	0	0	149	32	0	79	0	0	1	0	5	0	8	7	3	0	0	0
儒林外史	2	0	5	0	0	0	10	1	0	0	0	0	0	0	0	0	0	0	0	0	0	0
儿女英雄传	5	0	11	0	0	0	31	2	0	7	0	0	0	0	13	1	10	0	17	0	0	0
三拾	0	0	21	0	0	0	9	1	0	0	0	0	0	0	0	0	7	0	0	0	0	0
镜花缘	0	0	10	0	1	0	16	5	0	1	0	0	13	0	33	0	32	8	8	0	8	0
海上花列传	0	0	6	0	0	0	20	17	0	52	0	1	0	0	74	0	1	1	1	0	0	0
九尾龟	0	0	15	5	1	0	30	6	0	282	1	1	54	16	0	0	74	32	39	32	1	0
小计	23	0	213	7	3	0	378	200	0	407	1	1	54	16	139	2	103	60	39	32	9	0

3.3　加后附成分"的""儿"

原式一般后面不加后附成分"的"，而我们所讨论的这几个重叠式副词一般后可加后缀"的"或"地"，如例（47）到例（53）。除了可加"的"或"地"以外，"巧巧"和"可可"也经常在后面带"儿"，如例（54）和例（55）。而"刚刚"和"偏偏"经常是加上"儿"后再加"的"。如（56）和（57）；"可可儿的"的例子也不少，如例（58）。

（47）等了一会，竟是石沉大海，那有什么人影儿回来？李子霄暴跳如雷，急叫当差的再到戏园去看，自己一面开了铁箱查点对象。**巧巧的**不见了张书玉的一张婚书，三千多洋钱的钞票，还有些翡翠玉器珠子也不见了，约摸着也值六七千银子，连自己帽子上的一个玻璃绿翎管也带了去。（《九尾龟》第七十六回）

（48）凤姐听了，诧异道："那有这样傻丫头，**偏偏的**就碰见这个傻小子！怪不得那一天翻出那些东西来，她心里没事人似的，敢只是这么个烈性孩子。"（《红楼梦》第九十二回）

（49）问："馅子是魏家送来的吗？"答称："是。"问："做二十斤，就**将将的**不多不少吗？"说："定的是二十斤，做成了八十三个。"（《老残游记》第十八回）

（50）宝钗只顾着活计，便不留心，一蹲身，**刚刚的**也坐在袭人方才坐的坐上；因又见那活计实在可爱，不由的拿起针来替他代刺。（《红楼梦》第三十六回）

（51）又下了雨，要先一日就要出到庄上，**可可的**晁思才的老婆害急心疼的要死不活。（《醒世姻缘传》第二十回）

（52）在黑影里潜探关中消息。唐斌那枝箭，**可可地**射着一个军卒右股。但射的股肉疼痛。（《水浒传下》第九十四回）

（53）也只略梳了梳头，罩上块蓝手巾，先叫人去看儿子、媳妇，**恰恰的**他三个前来问安。（《儿女英雄传》第三十一回）

（54）前月初十日，是你姐姐生日，过了。这二十四日，**可可儿**

又是你妈的生日了。原来你院中人家,一日害两样病,做三个生日。(《金瓶梅词话》第五十二回)

(55) 及至细细的诊他脉象,却又不是,仍旧胡乱开了个宁神方子给他。叫他缠了我六七天。上前天我到苟公馆里去,可**巧巧儿**碰了那个人。他一见了我,就涨红了脸,回身去了。(《二十年目睹之怪现状》第九十六回)

(56) 没什么说的,你好好儿的赔我们的鱼罢.刚才一个鱼上来,**刚刚儿的**要钓着,叫你嗐跑了。(《红楼梦》第八十一回)

(57) 你这位公公呵,我告诉你,讨人嫌着的呢!他最嫌人斗牌,他看见人斗牌,却也不言语,等过了后儿提起来,你可听么,不说他拙笨懒儿全不会,⋯⋯又是甚么'此非妇人本务家道所宜'了,绷着个脸儿,嘈嘈个不了。**偏偏儿的**姑太太合我。又都爱斗个牌儿。等他不在家偷着斗。今日我可要赢我们亲家太太俩钱儿了。(《儿女英雄传》第二十九回)

(58) 及至他昨晚得了信。今日天不亮便往这里赶。赶到青云堡褚家庄,**可可儿的**大家都进山来了。他们也没进去。一直的又赶到此地。(《儿女英雄传》第二十一回)

我们对这类副词的重叠式加"的""地"以及"儿"在近代汉语文学作品中做了粗略统计,数据如下:

表二   重叠式契合类副词加"的""地"以及"儿"的分布情况

A	AA	AA 的	AA 地	AA 儿(AA 儿的)
恰	恰恰	22	0	0
刚	刚刚	69	0	3(3)
将	将将	4	0	0
偏	偏偏	96	9	17(17)
巧	巧巧	18	0	2(1)
可	可可	61	5	28(7)

从上表我们可以看出这六个重叠式副词都可加"的"，但只有"偏偏"和"可可"后加了"地"，另外"恰恰"和"将将"也没有加"儿"的形式。我们认为加上"儿""的"是书面语更加口语化的表现。我们分析了"可可"和"可可儿"分别用在对话部分和叙述部分所占的比例，发现"可可儿"基本用在对话部分中。（见表三）

表三　"可可"和"可可儿"在对话和叙述体中的分布情况

	可可		可可儿	
	对话	叙述	对话	叙述
水浒传	2			
西游记	7	5		
金瓶梅	10		15	
醒世姻缘传	7	17		
儿女英雄传	1		2	1
小计	27	22	17	1

3.4　否定形式

关于否定形式，主要是后加"不"的否定句。对此我们考察了这六组副词的否定情况，我们发现单式能用于否定形式的主要是"恰"如例（59），和"偏"如例（60）。

（59）那伍小川两个受了晁大舍的嘱托，那凌辱作贱，一千个也形容不尽那衙役恶处！一日，又到了计家，计都父子俱**恰**不在，那伍小川就要把计巴拉的娘子拿出去见官监比。（《醒世姻缘传》第十一回）

（60）西门庆道："我儿，你先走一步儿，我吃了这些酒来。"那金莲一直往前去了。月娘道："我**偏**不要你去，我还和你说话哩。你两个合穿着一条裤子也怎的？（《金瓶梅词话》第七十五回）

重叠式用在否定句中的有"刚刚""偏偏""将将""巧巧""恰

恰",其中"将将""恰恰"则经常加"的"以后用于否定句。如:

> (61) 秋谷急忙一碰,却故意装作懊悔道:"早晓得还有南风出来,**刚刚**<u>不</u>该把北风发掉。"(《九尾龟》卷1第十四回)

> (62) 潘尚书拉长耳朵,只等第一名唱出来,必定是江苏章骞。谁知那唱名的**偏偏**<u>不</u>得人心,朗朗地喊了姓刘名毅起来。尚书气得须都竖了。(《孽海花》第十三回)

> (63) 书里交代过的。这张弓原是他刻不可离的一件东西。只因他母亲已故,急于要去远报父仇。正等这张弓应用。却不知安公子何日才得着人送还,不能久候,所以才留给邓九公。如今**恰恰的**<u>不</u>曾动身,这个东西送上门来,楚弓楚得,岂有再容他已来复去的。(《儿女英雄传》第十七回)

> (64) 陈师娘是个苦人儿,既养活着他,休叫人下觑他,别叫他不得所。指望你再生个儿,过给你哥,你**偏偏的**<u>不</u>肯生。停在乡里这么多年,也不是事,替我出殡,带他出去罢。(《醒世姻缘传》第九十回)

另外我们发现这些重叠式副词后面经常跟"不 A 不 B"的形式也不少见。如:

> (65) 问:"馅子是魏家送来的吗?"答称:"是。"问:"做二十斤,就**将将的**<u>不多不少</u>吗?"说:"定的是二十斤,做成了八十三个。"(《老残游记》第十八回)

> (66) 正看到好处,忽然听得"豁啷啷"一声响亮,一个茶碗从头包里面直飞到二包里来,**刚刚的**<u>不歪不斜</u>,正飞在姚月仙的头上,直把个姚月仙吓了大大的一惊,头上淋淋滴滴……(《九尾龟》第一百六十回)

> (67) 老袁还道她是顽话,至摊牌一瞧,果然是一幅平和,**巧巧**<u>不先不后</u>,被她拦住,便是帝制不成之兆。(《民国演义》第六十五回)

根据以上分析,我们把原式和重叠式在语用上的功能总结如下:

表四　原式和重叠式契合类副词在语用功能比较

	跟单音节	跟双音节	谓语前	主语前	加"的"或"地"	加"儿"	加"不"
恰	＋		＋	＋			＋
刚	＋		＋				
将	＋		＋				
偏	＋		＋	＋			＋
巧	＋		＋	＋			＋
可	＋		＋				
恰恰		＋	＋		＋		＋
刚刚		＋	＋		＋	＋	
将将		＋	＋	＋	＋		＋
偏偏		＋	＋	＋	＋	＋	＋
巧巧		＋	＋		＋	＋	
可可		＋	＋	＋	＋		

4. 方言中的契合类重叠式副词

4.1　契合类重叠式副词在南北文学作品中的分布

表五　在南北方文学作品中的分布情况

		将	将将	恰	恰恰	巧	巧巧	偏	偏偏	刚	刚刚	可可
北方作品	金瓶	＋		＋				＋		＋	＋	＋
	醒世	＋		＋				＋	＋	＋	＋	＋
	红楼	＋		＋	＋			＋	＋	＋	＋	
	儿女		＋	＋	＋	＋		＋	＋			

		将	将将	恰	恰恰	巧	巧巧	偏	偏偏	刚	刚刚	可可
北方作品	老舍作品		+		+			+	+		+	
	王朔作品				+			+	+		+	
南方作品	西游记			+	+					+	+	
	二十				+			+	+	+		
	九尾				+			+	+	+	+	
	海上花列传	+		+				+	+	+		
	巴金作品								+	+		
	张爱玲作品			+				+	+		+	

　　我们从近代汉语以及现代汉语中选取了一些具有北方话背景和南方方言的作品,比较了这些契合类副词在这些作品中的分布情况(见表五)。从表中我们可以发现"偏""偏偏""刚""刚刚"的分布比较广泛,基本用在所有的作品中;其次是"恰恰"和"恰"。而"可可"和"将将"则主要分布在北方方言的作品中,南方作品中没有一例。但"可可"在现当代文学中没有找到用例,"将将"在现当代也很少使用,不过我们在老舍作品中找到几例,如例 68。

(68) 祁老人的父母是葬在德胜门外土城西边的一块相当干
　　　燥的地里。据风水先生说,这块地背枕土城——北平城
　　　的前身——前面西山,主家业兴旺。这块地**将将**的够三
　　　亩,祁老人由典租而后又找补了点钱,慢慢的把它买过
　　　来。(老舍《四世同堂》)

4.2　契合类重叠式副词在官话和方言中的分布情况

　　为了进一步了解这些契合类副词在南北方言中的分布情况,我们查阅了许宝华、宫田一郎《汉语方言大词典》并结合了李荣主

表六　契合类重叠式副词在官话和方言中的分布情况

		将	将将	恰	恰恰	恰恰儿	恰恰的	刚刚	刚刚的	刚刚儿	可可	可可的	可可儿的
官话	东北	＋											＋
	北京		＋									＋	
	冀鲁										＋	＋	
	胶辽		＋									＋	
	江淮	＋	＋		＋					＋			
	西南		＋			＋	＋						
	兰银		＋	＋				＋		＋			
	中原					＋	＋		＋				
方言	晋语			＋						＋			
	吴语				＋	＋		＋	＋	＋	＋		
	湘语								＋				
	赣语												
	客家话							＋					
	粤语												
	闽语												

编《现代汉语方言大词典》苏州、南昌、长沙、梅县、东莞、南京、广州、福州等部分分卷,将这 6 组契合类副词在各个方言区的分布情况列表如上(表六)。表中我们没有列入"偏偏"和"巧巧",因为《汉语方言大词典》中没有收录这两个词。"偏偏"可能是因为通行地域广,常见常用等的特点,而没收录;至于"巧巧"这个词,虽然一般作品中基本没有,但《镜花缘》《续济公传》中却出现不少,《镜花缘》作者一生大部分生活在江苏海州,而海州属于江淮方言,那能不能推算"巧巧"是个江淮方言词呢?

另外由于这几组契合类副词意思基本相近,一个地区一般使用一到两个这样的副词,如"可可""可可的"以及"可可儿的"现在主要用于胶辽和中原官话区;表"刚好"的"将"以及"将将"用在北京、冀鲁、兰银、西南和江淮地区;而"刚刚""刚刚的""刚刚儿"则用在胶辽、兰银官话和吴语晋语等一些方言中。

从表中我们也可以看出,除了晋语吴语赣语以外,其他方言好像都不使用这些副词。那么,方言中用哪些词来表达这些契合类的意思,为此我们查阅了《汉语方言词汇》,从中我们找到了答案,请看表七。

表七   "刚"和"恰巧"义在不同的方言区的表达情况

	刚	恰巧
北京	刚;将	正好;碰巧;可可儿的
济南	将	正好;刚好
西安	刚	正好;刚好;妙的
太原	刚	正好;正巧
武汉	将将;刚刚	恰恰;神神
成都	将将	刚好;将好;恰好;恰恰
合肥	将;将将	正好;将好;碰巧

	刚	恰巧
扬州	才	正好;将好
苏州	刚刚	正好;将好
温州	新(刚儿)、新	恰恰儿;扣扣;扣门儿
长沙	严将	正好;恰好
双峰	当好	正好
南昌	将脚;刚刚	合适;碰巧
梅县	正	岩岩;岩岩
广州	岩;正话;就至	碰岩;凑岩
阳江	哏	哏好
厦门	拄;寝;拄拄	拄好
潮州	正	堵堵;堵好
福州	乍	正正好;嘟嘟好
建瓯	坎	坎坎好

5. 结语

　　总之,近代汉语契合类副词原式和重叠式在语义和语法功能上是有差别的,表现在几个方面:第一,在语义上,大部分的重叠式是在原式语义的基础上有所减少或转移。第二,在语法功能上,原式一般可用在主语前,但主要用在谓语动词前,而重叠式的位置相对来说灵活些;原式后面一般不跟"的"或"地",也不加"儿",而这6组重叠式都可加"的";关于后跟否定副词"不",除了"可可的",另5个副词加"的"后都可用于否定句,而单式只有"恰"和"偏"可用于否定句。第三,近代汉语中重叠式的使用频率明显高于原式,这跟汉语词汇发展呈现双音节化有很大关系。第四,像"可可"等现代汉语很少见的副词还存在于方言中。

附注

① 表1所列出的数据,其中《元刊杂剧三十种》《平妖传》《水浒传》《西游记》《金瓶梅》《醒世姻缘传》《红楼梦》和《儒林外史》中的数据是通过中央研究院近代汉语语料库所得出来的;其他的作品中的数据则是通过北京大学古代汉语语料库和黄金书屋 CD 盘而得出的。另外重叠式的数据也包括这些重叠式加上"的""地"和"儿"的数据。

参考文献

白维国主编　2011　《白话小说语言词典》,北京:商务印书馆。

李荣主编　2002　《现代汉语方言大词典》,南京:江苏教育出版社。

唐贤清　2004　《〈朱子语类〉副词研究》,长沙:湖南人民出版社。

太田辰夫　1988　《中国语史通考》,白帝社。

何劲松　1994　《虚词历时词典》,武汉:湖北人民出版社。

龙潜庵　1985　《宋元语言词典》,上海:上海辞书出版社。

许少峰　2008　《近代汉语大词典》,北京:中华书局。

高文达　1992　《近代汉语词典》,北京:知识出版社。

徐中舒　2010　《汉语大字典》,武汉:湖北辞书出版社,成都:四川辞书出版社。

齐沪扬　1987　谈单音节副词的重叠,《中国语文》第 4 期。

王媛　2003　重叠式副词研究,《北京大学校长基金论文集》,北京:北京大学。

香坂顺一　1983　《白話語彙の研究》,光生館。

许宝华、宫田一郎主编　1999　《汉语方言大词典》,北京:中华书局。

杨荣祥　1999　近代汉语副词简论,《北京大学学报》(哲学社会科学版)第 3 期。

张谊生　2000　《现代汉语副词研究》,上海:学林出版社。

张谊生　1997　副词的重叠形式与基础形式,《世界汉语教学》第 4 期。

朱德熙　1982　《语法讲义》,北京:商务印书馆。

北京大学中国语言文学系语言学教研室编　1995　《汉语方言词汇》,北京:语文出版社。

主观量度和"才、都、了₂"的句法匹配模式分析

胡建刚（华侨大学华文教育研究院）

1. 引言

语气副词"才"和"都"都能后接数量结构，如：

（1）他才 6 岁，不能上学。

（2）他都 6 岁了，早就可以上学了。

但二者在句中分别表达不同的意义。例（1）的意思是"他只有 6 岁，年龄太小了，不能上学"；而例（2）的意思则是"他 6 岁了，年龄不小了，早就该上学了"。类似的例句还有：

（3）是的，他才二十岁，还是个孩子哪。（孙少山《八百米深处》）

（4）直到我都二十岁了，对着小臂上一个伤疤，才把它完全想了起来。（王小波《革命时期的爱情》）

在以上例句中，"他已经 6 岁"和"我/他已经二十岁"都是已然事件，但在和"才、都"组合时却构成了不同的句法框架："才＋数量结构"和"都＋数量结构＋了₂"。可以看到，在各自的句法框架中，"才"不能和"了₂"同现，"都"却必须和"了₂"同现，如：

（1）a. ＊他才 6 岁了，不能上学。

(2) a. ＊他都 6 岁,早就可以上学了。

"才/都＋数量结构"与"了₂"的这一句法组合特点具有普遍性。我们分别以"才＄3 岁"和"都＄3 岁"为查询项①,在北京大学中文系 CCL 语料库中查找例句。我们共查找到含"都……岁"的例句 174 个,其中"都"为语气副词的句子 60 个,这 60 个句子在数量结构后全部接了"了₂"②;共查找到含"才……岁"的例句 765 个,选取前 200 个句子进行考察,"才"为语气副词的例句共 198 个,这 198 例没有一个后接"了₂"。这一抽样调查结果表明,"才＋数量结构"不能后接"了₂""都＋数量结构"必须后接"了₂"的句法特点具有强制性。既然同为语气副词,为什么"才/都＋数量结构"和"了₂"会有不同的组合结果呢? 邵敬敏、饶春红(1985)曾指出,某个副词可以出现在某些语言格式中,但却不能出现在另外一些语言格式中,这往往不是偶然的。这一思路指导我们,应该进一步探寻"才/都＋数量结构"和语气助词"了₂"形成不同组合结果的原因。

关于副词"都、才、就"和"了"的句法组合问题,张谊生(1996)曾指出:副词"都"在修饰顺序义名词时,顺序义名词后面都必须带上动态助词"了"。岳中奇(2000:27)以句中的信息中心是达到还是超过预设标准为尺度,从认知上解释了"才""就"与"了₂"对立分布的成因:"'才'字句强调的信息中心表述了所述事件没有达到预设标准的未实现或未完成的相对体意义,谓语中心词后通常不能附加动态助词'了'。……'就'字句强调的信息中心表述了所述事件已经超过预设标准的实现或完成的相对体意义,当句子的绝对体意义和相对体意义一致时,谓语中心词后常需附着动态助词'了'。"该结论的前提是"了"必须为表示实现或完成的动态助词"了"。但是如果要把句尾的"了₂"都看成动态助词"了",彭小川、周芍(2005)指出这不尽合理,并证明了"了₂"确实存在不具有动态的实现或者完成功能的情况。那么,是什么在深层决定着"才/都＋数量结构"和"了₂"的匹配选择呢?

2. 主观量和主观量度

为进一步解释上述问题,我们尝试运用主观量的相关理论和方法,来考察"才/都＋数量结构"和"了₂"的匹配特征。

主观量是说话人对相关数量的一种主观评价,施关淦(1988)、陈小荷(1994)、李宇明(1997)等都曾对此进行过探讨。陈小荷(1994:18)指出:"主观量是含有主观评价意义的量,与客观量相对立。"例如对于"学了多长时间?"这一提问,可以有以下三种回答:

(5) a. 五年。

　　b. 才五年。

　　c. 都五年了。

(5a)表达的是客观量,说话人对于"五年"这个数量没有进行主观性评价。(5b)和(5c)则表达了主观量,即对"五年"这个数量进行主观性评价:(5b)表示说话人认为"五年"这个数量比较小,是一个主观小量;(5c)则表示说话人认为"五年"这个数量相当大,是一个主观大量。当然,"主观量也包含对量的客观叙述,所以主观量与客观量的区别仅在于是否同时含有对量的大小的主观评价意义"(陈小荷,1994:18)。

主观量表达的是说话人对量大小的主观评价。说话人表达的是一个怎样的主观量,是主观大量还是主观小量,应能从言语的形式特征上寻找到客观依据。这些客观依据在汉语言语形式上就主要表现为句重音、副词、语气助词等。

陈小荷(1994)进一步指出了"才、都、就、了₂"的主观量,即:作为主观量的形式标志,副词"就"不管前指还是后指,都表示主观小量;副词"才"前指时帮助表示主观大量,后指时和"就"一样帮助表示主观小量;副词"都"用于后指时表示主观大量,用于前指时，如果存在正比例关系，那么是主观小量；如果存在反比例关系，那么"都"前的是主观大量。而语气助词"了"也是主观量的标志，因为"了"前面出现的数量词总是表示主观量的，如果说的是量的增加，则表示主观大量；如果说的是量的减少，则表示主观小量。一般情况下，因为语言中能表示减少意义的动词很少，所以语气助词"了"都是表示主观大量。

主观量理论的提出和运用为我们分析语言问题提供了一个新的角度，但该文的一些结论仍有值得商榷之处。如马真（2004：132）认为"'就'前的成分是重音所在，而'就'之后（包括'就'在内）无重音，那一定是言多"，而陈小荷认为此处的"就"不表示主观大量，因为它没有重音。陈的这一解释不太能成立，因为副词本身就是表示主观量的主要手段之一，不能说副词"就"没有重音强调就不能表示主观量了。另一方面，陈小荷认为语气助词"了$_2$"前面的数量词一般表示主观大量，副词"就"只能表示主观小量，如果真是这样的话，那么表示小量的"就"和表示大量的"了$_2$"就不能在同一个数量结构中共现，因为二者在语义上显然是互相矛盾的。但在语言事实中，它们却可以在同一个数量结构中共现，如："他今年就八岁了"。这表明，我们对"就、了$_2$"在主观量上的认识还不全面，仍值得进一步探讨。

在人类的认知体系中，凡含量的事物都可以进一步量化。为了精确表示事物在各个认知领域内的不同量情况，人们在概念系统中引入了"度"的概念，如：用"长度、宽度、高度"等概念来表示事物在空间上不同方向的距离，用"烧伤度、兴奋度"等概念来界定事物在一个连续状态中所处的层级等。那么，作为数量的一种表达方式，主观量也就同样可以进一步量化。为了清楚表示主观量在量化之后的情况，本文引入"主观量度"这一概念。"主观量度"就是主观量的量化等级。"才、都"和"了$_2$"都能表示主观量，因此也就都具有自己的主观量度特征。

3. "才、都"和"了₂"的主观量度

3.1 "才"的差量主观量度

语气副词"才"在《现代汉语八百词》中有 5 个义项：1. 刚刚，事情在不久之前发生；2. 事情发生或结束得晚；3. 表示数量少、程度低，只；4. 表示只有在某种条件下，或由于某种原因、目的，然后怎么样；5. 强调确定语气。白梅丽（1987）、邵敬敏（1990、1997a）、张谊生（2000）、陈小荷（1994）等从各个角度研究了"才"，对"才"的语义指向研究日益深化，并十分重视对"才"语法意义的分层次研究。在语义指向方面，邵敬敏（1990）认为"才"的语义只能后指，其余各家基本都认为"才"的语义为前后指。邵敬敏（1997a）也认为"才"可以前后指。各家确定"才"的语义指向的标准，基本都是依据"才"在句中和数量结构的相对位置：当数量结构在"才"前时，其语义就指向前；当数量结构在"才"后时，其语义就指向后。在结合主观量考察时，则一般认为"才"前指时为多量、大量或者增值，后指时则是不足量、小量或者减值。但问题是，如果仅仅以数量结构在句子线性排列上和"才"的相对位置来决定"才"的语义指向的话，那如果当"才"的前面和后面都是数量结构时，"才"的语义应该是指向前还是指向后呢？如：

(6) 八舅他们队里一个劳动日才八分钱，村民们常为买盐的钱犯愁，更不用说横遭天灾人祸之苦了。（张胜利《八舅》）

(7) 一年才三百六十五天，时间过得飞快。

对这一问题，邵敬敏（1997a：5）认为此处的"才"语义指向为前后指，是"从不同的角度显示对时间、数量、年龄等的看法"。我们认为这个解释存在欠缺。因为在一个线性序列中，方向的维度只有两个：或者前，或者后。如果处在线性排列序列上的某一事物既指向前，又同时指向后，那其实也就等同于没有方向。所以，

当我们说一个词的语义既指向前,又同时指向后时,其实也就冒着取消这个词的语义指向的风险。

邵敬敏(1990)认为,"才"不仅可以和数量结构发生联系,而且可以与动作行为发生语义联系,从而指出"才"的语义只能是后指,而不是被动地必须指向句中数量结构。我们支持这一观点,即"才"的语义指向只能后指,"才"在后指时它既可指向数量结构,又可指向其后的动作、行为、状态等。之所以支持这一观点,是因为:首先,"才"是一个评注性副词,它所指向的评注性内容往往都是句子的语义表达重心,是句子的语义焦点所在,而汉语的焦点信息一般分布在句子后半部分,那么"才"的语义自然也就跟着向后指;其次,就主观量来说,动作行为同样也可以表达主观量的特征,只是较之于数量结构,动作行为表达出的主观量不是直接的数量,而是一个比较性的结果量。因此,表示主观量的"才"指向动作行为也是成立的。如:

(8) 要不怎么闹腾了几十年才是个小工长?(孙少山《八百米深处》)

(9) 就这么点路,他走了三天才到永定门。(邓友梅《那五》)

例(8)说话人的意思是"闹腾了几十年"显然应该做更大的官,目前"是个小工长"应被视为一个低等级量上的结果;例(9)"到永定门"也是一个和说话人预期所要抵达的地点相差甚远的不足量结果。因此,动作行为也可以表达主观量,这就使具有主观量意义的"才"后指动作行为成为可能。

通过以上例句的语义分析,我们还可以看到,在主观量度上,"才"实际表示的是一个客观现实量和主观预期量之间的差距量。这个差距量我们称之为"主观差量",即句中所述的客观事实没有达到说话人主观上的预期标准。

表示"主观差量"的"才"后接数量结构时,体现为一个"数量差量",即主观认为句中数量结构所代表的量和句中动作行为要

发生所要求的量在数量上存在着差距,如:

> (10) 你想想,我才十七岁,忽然落到这地步,头次见到这世
> 面,谁知道该怎么做,我只想保住弟弟和我自己。(冯骥
> 才《一百个人的十年》)
>
> (11) 可是她说的三点钟在北海等我,现在才十一点。(邓友
> 梅《在悬崖上》)

例(10)指说话人认为"十七岁"就要应付这样一个场面在年龄量上显然是差距太大,例(11)"才"指向的"十一点"和动作"她在北海等我"发生的预期时间"三点"之间也存在着时间量上的差距。

当表示"主观差量"的"才"后接动作行为词语时,体现为一个"结果差量",即主观认为句中"才"指向的动作行为所表示的结果没有达到说话人的主观预期。如:

> (12) 姑母数了半天,才狠心地把钱交给小力笨兼专员。(老
> 舍《正红旗下》)
>
> (13) 人们费了一个时辰工夫才把这场火救下,总算没蔓延到
> 两侧邻居家中。(邓友梅《烟壶》)

例(12)"把钱交给小力笨兼专员"这一结果的发生显然在过程上没有达到说话人心目中的预期,即钱反正都是要交的,姑母可以交得更早、更爽快一些;例(13)"把这场火救下"这一结果的实现则是在时间上没有达到说话人希望在一个更短的时间内把火扑灭的心理预期。

由此我们认为,在主观量度上,"才"表示"主观差量",是现代汉语"主观差量"这一量度的标记词。根据其后所接语义成分的类型,"才"的"主观差量"意义又可以分为"数量差量"和"结果差量"。

3.2 "都"的超量主观量度

关于"都",《现代汉语八百词》中有三个义项:1. 表示总括全

部。2. 甚至。"都"轻读。3. 已经。句末常用"了"。王红(1999)、张莉莉(2001)、张谊生(2005)都认为"都"只有两个语法意义,一个为客观性的范围副词,一个为主观性的语气副词。前者是基本意义,后者是派生意义,《八百词》中的第三个义项"已经"一般被认为是语气副词的附带功能。本文要讨论的"都"为主观性的语气副词。

语气副词"都"的语义指向也有两种情况,一个是前指,一个是后指,判定标准也是"都"在句中和相关数量结构的相对位置。如果数量结构在"都"后,"都"的语义指向后面;如果数量结构在"都"前,"都"的语义就指向前面。因此,在语义指向的判定标准上,"都"存在和"才"一样的问题,即:当"都"的前面和后面都是数量结构时,"都"的语义是指向前还是指向后? 如:

(14) 他十五岁都一米八三了。

(15) 我爸爸二十五岁都三个孩子了。

王红(2001:41)指出语气副词"都"的语法意义是"强调某件事或某种情况的非寻常性",这就意味着,语气副词"都"的语义其实是既可以指向句中数量结构,也可以指向句中某件事或者某种情况的。由于"都"也为语气副词,它所要评价的内容往往就是句中的焦点信息,汉语焦点信息分布在后,因此,不管"都"后接的是数量结构还是动作行为,"都"的语义都应是后指,而不管其前面有无数量结构存在,如:

(16) 哥伦布这家伙可真了不起,大前年都五十岁出头了还率领船队冒险出航,听说去年冬天才历尽艰辛返回马德里。(刘心武《永恒的微笑》)

(17) 都七十来岁的人了,怎么越活越邪性,冒出个青年时代的恋人来? (梁晓声《冉之父》)

(18) 四十岁的矿工愿为一毛钱出上一身汗;这些二十岁的,给一块钱都买不了他们一动弹。(孙少山《八百米深处》)

（19）她一百斤都挑得起。

例（16）（17）数量结构出现在"都"后，"都"的语义就指向数量结构"五十岁出头了"和"七十来岁的人了"；例（18）（19）数量结构出现在"都"之前，"都"的语义也仍指向后，并且指向的是后接的动作行为"买不了他们一动弹"和"挑得起"。

陈小荷（1994）认为副词"都"语义后指时表示主观大量，这在一定程度上反映了"都"的语义特点，但仍不够准确。因为"都"是用来强调"某件事或某种情况的非寻常性"的，而且还"强调焦点处于层级的顶层"，如果把"都"仅仅定性为一个一般性的主观大量，它就很难表达出这"非寻常性"的含义。"都"之所以能表达出"非寻常性"，更主要的还在于，在主观量度上，"都"表达的是一个"主观超量"，即其所指向的语义成分在量上要极大地超出说话人的主观预期量。和"才"一样，当"都"指向其后的数量结构时，它是一个"数量超量"；当"都"指向其后的动作行为时，它是一个"结果超量"，即句中所述的动作行为在事件结果的范围、程度等方面极大地超出了说话人的主观预期。如：

（20）都三四天没好好休息了。

（21）艳春都二十岁了，又受到刺激，得赶快找个工作嫁个人。

　　　（池莉《你是一条河》）

（22）他挑两百斤都不觉得累。

（23）他半斤酒都会醉。

例（20）的"三四天"显然超出了一般人所能承受的时间长度，例（21）的"二十岁"在说话人看来也超出了女子工作和嫁人的正常年龄，以上都是"数量超量"。例（22）一般人"挑两百斤"肯定会觉得累，但"他都不觉得累"这一结果显然大大超出了说话人对这一情况的主观预期结果；例（23）中说话人主观认为一般人喝半斤酒肯定不会醉，但是他喝半斤酒就"会醉"也同样超出了说话人的结果预期范围，这些都是"结果超量"。

由此我们认为,在主观量度上,"都"表示"主观超量",是现代汉语"主观超量"这一量度的标记词。根据其后所接语义成分的类型,"都"的"主观超量"意义又可以分为"数量超量"和"结果超量"。

3.3   "了₂"的足量主观量度

彭小川、周芍(2005)指出:必须区分"了₁"和"了₂","了₁"是动态助词,"了₂"是一个语气助词,"了₂"的核心语法意义是表达对当前相关事态的肯定语气。在动态叙事句中,"了₂"的出现主要是加强对事态发展变化状况的肯定,起强调及提示作用。我们同意彭文这一观点,而且,语言事实表明,语气助词"了₂"同时也是一个重要的主观量度标记。

陈小荷(1994:20)认为语气助词"了₂"前的数量词总是表示主观量的:"如果说的是量的增加,就是主观大量,如果是量的减少,就是主观小量。"简而言之就是,句中数量结构的语义特点决定了"了₂"的主观量度。这就让人生疑:"了₂"的主观量属性到底是"了₂"的固有属性呢,还是由"了₂"前的数量结构所赋予的格式意义。如果"了₂"的主观量意义是由数量结构赋予的格式意义,那么"了₂"总是用来表示主观量的结论就有"把某个虚词所在的格式所具有的语法意义误认为是该虚词表示的语法意义"之嫌(马真,2004:18)。

为弄清这一问题,我们借鉴陆俭明先生在《关于现代汉语里的疑问语气词》一文中分析疑问词的性质时所采用的方法来考察"了₂"的语法意义,即观察由相同数量短语组成的句子,在有"了₂"和无"了₂"时语义上会有什么不同。例如:

(24) 他今年六岁。

(25) 他今年六岁了。

例(24)和例(25)都陈述了"他今年六岁"这一事实,例(25)更通过加"了₂"加强了对"他六岁"这一事实的肯定。由于以上例句仅仅是两个简单句,主观量的区别不太明显,为能更清楚地显现出它们的不同,我们把它们放到更大的句法环境中去观察,即通过考察它们对后续句的语义选择要求来分辨二者的异同。如:

(24) a. 他今年六岁,可以上小学。

　　　b. 他今年六岁,不能上小学。

(25) a. 他今年六岁了,可以上小学。

　　　b. ＊他今年六岁了,不能上小学。

我们看到,在国家规定儿童六岁可以上小学这一前提下,例(24)作为一个对事实的客观陈述,后续句既可以是肯定的(24a),也可以是否定的(24b);而例(25)加上"了₂"之后,后续句就只能是肯定的(25a),语义否定的(25b)不成立。(24b)和(25b)在句法上的唯一不同就在于(25b)多了一个"了₂",因此可以肯定,(25b)不成立就是由"了₂"决定的。究其原因,则是由于当"他今年六岁"后无"了₂"时,"他今年六岁"在主观量上既可以被主观认为是一个达标量,也可以被认为是一个不达标量,所以(24a)(24b)两句都能成立;而当"他今年六岁"后接了"了₂"之后,"他今年六岁"就只能被主观看作一个达标量,而不能被主观看作一个不达标量,所以就只有(25a)成立,(25b)不能成立。"了₂"的功能就在于它使一个客观量的主观量度得到确定,即只能表示达标量,不能再被看作未达标量。"了₂"表示的这一"主观达标量",我们称之为"主观足量","了₂"是现代汉语"主观足量"这一量度的标记词。

以上例句体现了当前后分句具有正比例关系,即前句数量条件越高,后句发生的可能性越大时的前后分句语义选择的情况。当句中前后分句为反比例关系,即前句数量条件越高,后句所述情况发生的可能性越小时,受"了₂"的制约,后续句选择和正比例关系句有所不同,例如:

(26) 他今年六岁，可以上幼儿园。

　　a. 他今年六岁，不能上幼儿园。

(27) ＊他今年六岁了，可以上幼儿园。

　　a. 他今年六岁了，不能上幼儿园。

按照国家规定，三岁是儿童上幼儿园的年龄，六岁是孩子上小学的年龄。没有"了$_2$"，例句(26)和(26a)都能成立，因为"他今年六岁"这一数量结构在主观量上可大可小，视说话人的需要进行主观调节；但当数量结构后接"了$_2$"后，"他今年六岁了"的"六岁"就只能是一个"主观足量"，即只能指他已经达到了上小学的年龄，不能再上幼儿园这一种情况，所以只有例句(27a)成立，例句(27)就不能成立。

陈小荷(1994)认为"都"和"了$_2$"都表示大量，也就是说，二者在主观量上相同。但语言事实表明，二者在主观量度并不等同。王红(1999：60)曾举过以下例子来说明有"都"和无"都"的"了"字句的不同：

(28) ＊都夜里十点了，办公室里没有人。

　　a. 已经夜里十点了，办公室里没有人。

(29) ＊他都是大学生了，有了自己的想法。

　　a. 他已经是大学生了，有了自己的想法。

王文认为，例句(28)(29)之所以都不成立，是因为前半句中"都"分别强调时间晚的程度和水平高的程度，而它们的后半句却是对"夜里十点"和"大学生"的正常情况的描述，反映不出其程度之深，因此和前半句意思不衔接；例句(28a)(29a)之所以能成立，是因为前半句用"已经"只是客观陈述，与后半句的一般状态正好吻合。而如果我们从主观量的角度去观察，我们可以更清晰地看到，(28)(29)中各句成立与否，其实都取决于"都"和"了$_2$"的不同主观量度意义。"了$_2$"表示达标性的"主观足量"，所以能够后接表示一般条件及其结果的小句；"都"表示超出性的"主观超量"，所以不能后接仅仅表示一般条件及其结果的小句。"都＋……＋了₂"更倾向于后接条件及其结果具有极大超出或强调意味的小句,如:

(30)都夜里十点了,办公室里早就没有人了。

(31)他都二十八岁了,不可能没有自己的打算。

综上所述,"才、都、了₂"在汉语中都表示主观量,但在主观量度的等级分布上各不相同,其中"才"为主观差量,"了₂"为主观足量,"都"为主观超量。

4. "才、都"和"数量结构＋了₂"的匹配模式分析

4.1　语义对句法的制约作用

邵敬敏(1997b)提出了句法语义的双向性选择原则,指出汉语语法的决定性因素是语义,而不是形式;两个词语如果能够组合成一个语言结构,那么,它们必定具有某个或某些相同的语义特征,否则两者是无法进行组合的,这一观点强调了语义在句法组合中的重要作用。主观量也是语义的一个重要组成部分,主观量度更是一个重要的语义特征,因此在句法形式的组合匹配过程中,主观量度具有重要的作用。

4.2　"才、都、了₂"与数量结构的匹配模式分析

数量结构在句子中通常可以分为两种形式:一种是光杆形式,即只有数量结构本身,不附带其他成分,如:"十八岁、三十米",在句中往往表示客观量;二是"数量结构＋了₂"形式,如:"十八岁了、三十米了",此时数量结构表示主观足量。数量结构的这两种形式与"才、都"在句法匹配中存在着以下几种模式:

表1 "才/都"和"数量结构/数量结构＋了₂"的匹配模式

	语气副词"才"			语气副词"都"		
	能否匹配	主观量度匹配模式	示例	能否匹配	主观量度匹配模式	示例
数量结构＋才/都	√	客观量＋主观差量	十八岁才见到亲生父母	√	客观量＋主观超量	二十岁都大学毕业了
数量结构＋了₂＋才/都	√	主观足量＋主观差量	快60了才当上参赞	×	主观足量＋主观超量	*快60了都当上参赞了
才/都＋数量结构	√	主观差量＋客观量	他才十八岁	×	主观超量＋客观量	*他都十八岁
才/都＋数量结构＋了₂	×	主观差量＋主观足量	*他才60岁了	√	主观超量＋主观足量	他都60岁了

从上表我们看到,"才、都、了₂"在与数量结构匹配时,"数量结构＋才/都、数量结构＋了₂＋才、才＋数量结构、都＋数量结构＋了₂"都能成立,"数量结构＋了₂＋都、才＋数量结构＋了₂、都＋数量结构"三个句法模式不成立。"才、都、了₂"和数量结构的匹配遵循着以下原则:

(1) 当数量结构位于"才、都"之前时,如果该数量结构为一个客观量,"才、都"皆能与之匹配;如果该数量结构为一个主观足量(后接"了₂"),则只有"才"能与之匹配,"都"不能。原因在于:"才"表示其后所接短语和其前数量结构之间的差量关系,"才"前的数量结构在意义上往往具有趋大性特征,所以它既可以是一个客观量,也可以是主观足量,甚至还可以是主观超量,如"都快60了才当上参赞"。而"都"表示其后所接短语和其前数量结构之间的超量关系,"都"前的数量结构在意义上往往具有趋小性特征,所以它既可以是一个客观量,还可以是主观差量,如"才 30 岁就都当上参赞了",但却不能是一个主观足量。因为当"都"前数量结构为主观足量时,二者之间在量度上接近,"都"的超量意义就很不显豁。

(2) 当"才"分布在数量结构之前时,只有表示客观量的数量结构才能与之匹配,不能后接表示主观足量的"数量结构+了₂"。因为一个客观量也可能被说话人主观视为一个不足量,从而和"才"的主观差量意义匹配;但是一个既有的主观足量则不可能再被视为一个不足量,因此不能和"才"匹配。

(3) 当"都"分布在数量结构之前时,只有表示主观足量的"数量结构+了₂"能够与之匹配,而不能后接客观量的数量结构。因为"都"表示主观超量,而主观超量是以主观足量为直接基础的,超量是在足量基础上的加量;但是客观量则需要主观化后才能确定它的主观量度,这一量度可能是足量,也可能是差量,具有不确定性。因此,当"都"在数量结构前出现时,确定表示足量的"数量结构+了₂"就自然成为了首选的匹配结构,而客观量结构则被排除。

根据"才、都、了₂"和数量结构的以上匹配原则,我们来看前言中例句(1)(2)成立,(1a)(2a)却不成立的原因。例句(1)中"才六岁"的主观量度匹配模式为"主观差量+客观量",符合匹配原则 2 的要求,句子成立;例句(2)中"都六岁了"的主观量度匹配模式为"主观超量+主观足量",符合匹配原则 3 的要求,句子成立。例句(1a)中"才六岁了"的主观量度匹配模式为"主观差量+主观足量",不符合匹配原则 2 的要求,句子不成立;例句(2a)中"都六岁"的主观量度匹配模式为"主观超量+客观量",不符合匹配原则 3 的要求,句子也不成立。

5. 结语

本文从主观量度出发,分析了语气副词"才、都"和语气助词"了₂"的不同取值特征,论证了"才"表示"主观差量","了₂"表示"主观足量","都"表示"主观超量",从而进一步量化了"才、都、了₂"的主观量意义。语言的每一个结构体都是语法形式和语法意义的统一体,语法形式和语法意义相互依存,语法研究的根本目的就在于探求二者之间的复杂对应关系。"才、都、了₂"的主观量度意义同样在句法形式上得到了体现,决定了其所处句法结构的形式特征。具体来说,就是"才、都、了₂"在和数量结构进行组合时,表现出了不同的组合匹配要求,构成了"数量结构+才/都、数量结构+了₂+才、才+数量结构、都+数量结构+了₂"等句法模式,排除了"数量结构+了₂+都、才+数量结构+了₂、都+数量结构"等不符合语义匹配要求的句法结构。而在对外汉语教学中,积极探求和发现汉语中这类语法意义和语法形式之间的简明对应关系,对我们的实际教学大有裨益,它将有助于帮助留学生深入理解汉语表层句法规则背后的内在决定因素,从而促使其在具体语言使用中表达得更为准确。

"才、都、了₂"的主观量度特征也构成了汉语主观量量度表达系统从低到高的一个连续统,即:

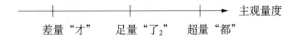

差量"才"   足量"了₂"   超量"都"   主观量度

"才、都、了₂"分别代表了这个连续统上的几个量度节点,而每一个量度节点其实都是一类主观评注性词语的聚合,如在"差量"点有"刚"等词语,在"足量"点有"已经"等词语,在"超量"点有"早就"等词语。这些量度节点上的词语在和数量结构匹配时,也都表现出和量度标记词"才、都、了₂"基本一致的句法特征。

附注

① 查询表达式"才 \$ 3 岁"的含义是：查出同时含有"才"和"岁"，并且"才"在先，"岁"在后，二者间隔 3 字以内的句子。"都 \$ 3 岁"同。

② 其中只有 1 例用了"啦"，应是"了＋啊"的合音。

参考文献

白梅丽　1987　现代汉语中"就"和"才"的语义分析,《中国语文》第 5 期。

陈小荷　1994　主观量初探,《世界汉语教学》第 4 期。

董秀芳　2002　"都"的指向目标及相关问题,《中国语文》第 6 期。

李宇明　1997　主观量的成因,《汉语学习》第 5 期。

吕叔湘主编　2005　《现代汉语八百词》(增订本),北京：商务印书馆。

陆俭明　1984　关于现代汉语里的疑问语气词,《中国语文》第 5 期。

马真　2004　《现代汉语虚词研究方法论》,北京：商务印书馆。

彭小川、周　芍　2005　也谈"了₂"的语法意义,《学术交流》第 1 期。

任海波　1995　"都"的语义功能与"都"字歧义句,《浙江大学学报》第 9 卷第 2 期。

邵敬敏、饶春红　1985　说"又"——兼论副词研究方法,《语言教学与研究》第 2 期。

邵敬敏　1990　对副词"才、就"语义的再认识,见《汉语论丛》(一),上海：华东师范大学出版社。

邵敬敏　1997a　从"才"看语义与句法的相互制约关系,《汉语学习》第 3 期。

邵敬敏　1997b　论汉语语法的双向选择性原则,《中国语言学报》第 8 期。

施关淦　1988　试论时间副词"就",见《语法研究和探索(四)》,北京：商务印书馆。

王红　1999　副词"都"的语法意义试析,《汉语学习》第 6 期。

王红　2001　语气副词"都"的语义、语用分析,《暨南大学华文学院学报》第 2 期。

岳中奇　2000　"才"、"就"句中"了"的对立分布与体意义的表述,《语文研究》第 3 期。

张莉莉　2001　谈"都……了"句式的认知特点,《南京师大学报》(社会科学版)第 6 期。

张谊生　1996　名词的语义基础及功能转化与副词修饰名词,《语言教学与研究》第 4 期。

张谊生 2000 《现代汉语副词研究》，上海：学林出版社。

张谊生 2005 副词"都"的语法化与主观化，《徐州师范大学学报》（哲学社会科学版）第 31 卷第 1 期。

周守晋 2004 "主观量"的语义信息特征与"就"、"才"的语义，《北京大学学报》（哲学社会科学版）第 3 期。

试论主观增量标记"好"
及其语用功能

姜其文(浙江师范大学人文学院)

1. 引言

在现代汉语中我们常常见到这样的例子:

(1) 他来了<u>好</u>一会儿才走。

(2) 他到过<u>好几个</u>国家旅游。

《现代汉语虚词例释》[1]和《现代汉语八百词》[9]认为上述 2 例中的"好"都是副词,用在形容词或数量词前,表示数量多或时间久。关于"好"的这种用法,吴志宵[13]、毛修敬[11]、侯兰笙[4]、陈群[2]都认为这种用法的功能是对数量的强调,具有夸张的语气。

随着研究的进一步深入,学界从主观量角度对其进行了重新阐释。"'主观量'是语言主观性在量范畴上的具体体现。"[7]主观量从取值大小来说,可以分为主观大量和主观小量;从动态变化来说,可分为主观增量和主观减量。李宇明[5][6]、李善熙[7]认为这里的"好"是用来表达主观大量的一种标记。李晋霞[8]指出主观化是"好"演化的动因。张谊生[15]、王倩[14]进一步认为,"好"由强化程度引申出积极义、增量义,已经由副词演化为语用层面的主观增量标记。它的演化动因就是语言使用过程中的主观化。

我们在前人的基础上将进一步阐述主观增量标记"好"在语用、认知上所具有的特殊功能。文章主要从以下几个方面来阐述：1.主观增量标记"好"的分布——范围与内容；2."好"的语用功能——反预期功能和主观情态功能；3."好"标记化的成因与历程；4.结论。本文语料主要来自北大语料库和国家语委语料库。

2. 标记的分布

2.1　标记范围

主观增量标记"好"可以标记约量性的名词。例如：

(3) 陈辰表示，自己身材其实属于正常范围，但上镜就胖了一圈。以前对这个问题耿耿于怀，就想着要断食两周来减肥，结果肥没减得了，倒落下了抑郁症，好半年才缓过来。（陈辰自爆曾因减肥险患抑郁症　自然真诚获赞　新华娱乐　人民网　2013-5-21）

(4) 不多时，他听辛楣呼吸和匀，料已睡熟，想便宜了这家伙，自己倒在这两张不挂帐子的床中间，做了个屏风，替他隔离孙小姐。他又嫌桌上的灯太亮，妨了好一会，熬不住了，轻轻地下床，想喝口冷茶，吹来灯再睡。（钱锺书《围城》）

(5) 寡妇也没请李梅亭批准，就主仆俩开了一个房间。大家看了奇怪，李梅亭尤其义愤填胸，背后咕了好一阵："男女有别，尊卑有分。"（钱钟书《围城》）

(6) 她告诉我们许多关于她那个当服务员的妹夫的情况，然后又把话题扯到了她原先的几个学生房客身上，有关他们的问题谈了好半天，还告诉我们他们的姓名，在什么医院工作。（柯南·道尔《福尔摩斯探案集》）

(7)"哦,对不起,你是克莱德·格里菲思先生吧,现在我才看清楚了。我想是我把你弄错了,当成吉尔伯特了。你站在灯光下,真叫我看不清楚。"<u>好半晌</u>她显得非常窘困不安,迟疑不决。(西奥多·德莱塞《美国悲剧》)

此外,它还可以与两、几等概数词共现,构成"好+两/几+时间词/度量词"组合。例如:

(8)鸿渐道:"我虽然当时没有在场,她们的家境我很熟悉。老二的丈人家尤其穷,我在大学的时候,就想送女儿过门,倒是父亲反对早婚,这事谈了一阵,又搁了<u>好几年</u>。"(钱锺书《围城》)

(9)你往"陕半天"去似乎要走<u>好两天</u>的准沙漠路,在那些时候倘若遇见风雨,大约是很舒服的,遥想你胡坐骡车中,在大漠之上,大雨之下,喝着四打之内的汽水,悠然进行,可以算是"不亦快哉"之一。(周作人《苦雨》)

综上所述,"好"所修饰的成分都具有[+概约量]语义特征。

2.2 标记内容

"好"所标记的范围含有[+约量]语义特征,而具有约量语义特征的量成分包括时间量、量度量、动量、名量等。

"好"所标记的成分可以是时量单位,标示时间的量度。如:秒(钟)、分钟、一会儿、刻、小时/钟头、时辰、天、星期/礼拜、月、年、世纪等。例如:

(10)斯巴达克思在采莱尔神庙的台阶上出现了;他的脸色是苍白的,可怕的。在极度的静寂中,约莫有<u>好几秒钟</u>,他都是把头垂在胸前,悲痛而沉思地站在那儿。(乔万尼里奥《斯巴达克斯》)

(11)我们来到后,狼群用一种受惊的嚎叫来欢迎入群的新来者。从低声呜咽到用假声尖叫,叫声回荡了<u>好几分钟</u>。(摩里斯·霍麦·欧文《人与狼》)

(12) 听了我们的汇报，他吸着香烟沉思了<u>好一会儿</u>，然后声音低哑地说："快去！告诉大使馆，两天后派专机去。"（沈图《罗瑞卿最后的日子》）

其次，"好"也可以标示［＋约量］的度量单位，如：斤、吨、两等。例如：

(13) 晚上，几个小伙伴像侦察兵一样躲在草堆里，一听到嚓嚓的声音，就知道一只大螃蟹爬过来了。等它爬近了，用火一照，它就呆了，"轻轻一抓就起来"。最多一个晚上能抓<u>好几斤</u>，高兴得一夜不合眼。（《1995 年人民日报》）

(14) 我想起另外一篇寓言体小说，一个贫穷的意大利男孩，收到一份从异国寄来的礼单，当他兴冲冲到海关领取的时候，没想到却是一位曾来那不勒斯旅游的印度王公，为了满足他的欲望，而送给他的一头活着的，有<u>好几吨</u>重的巨象。（李国文《危楼记事》）

还可以是动作量，如：下、次等。

(15) 史更新从小儿就身高力大，性子刚强，见义勇为，还会两下子拳脚。正当猪头曹长杀人的时候，史更新冷不防地抓住了他的枪，想一下子把枪给夺过来，跟敌人拼一拼，可是他夺了<u>好几下子</u>，猪头曹长也没有松手。（刘流《烈火金刚》）

(16) 这个病很难治，要做骨髓移植，需要很多钱。我复员后还没能为所在的单位做多少贡献，反倒给单位增加了负担；在部队时，我只献过一次 200 毫升血，可现在，医生已经给我输了<u>好几次</u>血。（《1995 年人民日报》）

还可以是名量，如：只、匹、个等。例如：

(17) 绿毛龟伤心地移开了目光，立即发现一个可怕的场面，<u>好几只</u>真正的甲鱼挤在一个筐里，让网套着，有的缩着

头,有的已经没有了头,淡淡的血痕染在同伴壳上。(宗璞《"甲鱼"的正剧》)

(18) 就我的记忆,大东门外,有一次日本飞机机枪扫射,田地里死的人较多。大西门外小树林里曾炸死了<u>好几匹</u>驮木柴的马。此外似无较大伤亡。(汪曾祺《跑警报》)

(19) 春节将至,几乎所有的劳务市场都在抱怨缺少家政服务员。记者近日在重庆市渝中区南纪门劳务市场见到合川农村女孩冯丽时,20出头的她正在和<u>好几个</u>雇主谈着待遇问题。(《新华社 2004 年新闻稿》)

"好"所标示的度量成分大多是表示短时或量度小的词语。以时间词为例,"好"与各个时量单位的共现频率各不一样。我们根据北大 CCL 语料库的统计,得出下表:

表 1 "好"与各时量单位共现频率统计表

	秒	分钟	小时	时辰	一阵	一会	半晌	半天	天	星期	月	年	世纪
好几	25	89	228	7	0	0	0	0	1329	122	434	947	106
好多	1	1	1	0	0	0	0	0	197	5	18	440	3
好些	0	0	0	0	0	0	0	0	98	1	0	75	0
好两	0	0	0	0	0	0	0	0	2	0	2	2	0
好	0	0	0	0	705	1168	123	440					

从上表[①]可以看出"好"能够修饰几乎所有的时间量度,表示一种[+概约量]的时间量。但是其所修饰的时间量成分频率较多的是小时、天、年、一会(儿)、一阵(子)、半天、月等时间小量(相对于百年而言),而标示时间大量的频率相对较低。

综上所知,主观量标记"好"所标示的"量"首先是一种概约量,而不是确量。确量是一种固化量、离散量,不可增减;而约量是一种动态量、连续量,可以增减。概约量在语义上的模糊性为主观量的增减提供了基础。其次，无论客观量度大还是小，都可以在其基础上添加主观增量标记"好"。但是，"好"所标示的量多为客观上的小量，很少是大量。客观小量在主观上更容易增加；而客观大量由于本身的量度较大，难以在主观上增加。

3. 语用功能

3.1 说话人的预期

按照说话人的主观认识，"好"是说话人对某个命题所占据的量进行主观强化评判的标记[15]，是一种具有反预期功能的语用标记。这种反预期性的语用功能，所反映的正是说话人的主观情感和态度。例如：

(20) 他苦涩地说。"我还只是一个学生而已。我还要好几年才有资格接受试炼……这都得要多谢父亲和母亲大人，"他压低声音咕哝道。（玛格丽特·魏丝、崔西·西克曼《龙枪传承》）

(21) 好久，他长叹了一声，还低着头，说："哼！都错了，我都算错了！我说北平的灾难过不去三个月；三个月？好几年了！"（老舍《四世同堂》）

例(20)中，帕林作为一个学生年纪的孩子，不知道别人这么早就要他试炼龙枪，传承家族的传统，这出乎他的意料，自己也心不甘情不愿。"还要好几年才有资格试炼"是为了说明自己年纪太小，为自己不愿意去找托辞。例(21)中说话人预设北京之战只会持续三个月，实际情况是已经大大超出说话人的预期，"好几年了"战事还没结束，令说话人内心郁闷，因此说话的时候"他长叹了一声，还低着头"。

说话人对量度信息的强调，是为了对其说话的语气进行强化，凸显夸张的语气。说话人的预期是以潜藏在说话人大脑中的理想化认知模型为标准设定的,因而常常处于隐含状态。"好"的这种反预期功能总体来说可以表示以下三种评价类型。

a. 对说话人主观上所希望的量度的进一步强化,表示满意、赞同等积极态度。

(22) 我安分了,没有奢望了,假如有可爱的女人肯大发慈悲,赏赐我些剩余的温柔,我像叫化子讨得残羹冷炙,感激涕零。她看我一眼,对我一笑,或脸一红,我都记在心上,贮蓄着有<u>好几天</u>的思量和回味。(钱锺书《猫》)

出乎说话人预料的是,女人对"我"的温柔,是那么让人感动。这种不一般的感动使人觉得非常值得回味和思量,同时这种反预期的感动也是说话人所希望的。

b. 对说话人主观上不希望的量度的进一步强化,表示不满意、抱怨等消极态度。

(23) 不错,在许多的小事情上,他的确得到了帮助:什么缝缝钮扣,补补袜子呀,现在已经都无须他自己动手了。可是,买针买线,还得他跑腿,而且他所买的总是大针粗线,秀华无论如何也不将就! 为一点针线,他得跑<u>好几趟</u>。(老舍《一筒炮台烟》)

说话人的预设是:买点针线这样的小事,本来是十分容易的事情。但是"秀华"绝不将就,非得买它所中意的不可,"好几趟"表现了说话人抱怨、不情愿的心理。

c. 说话人没有表明主观上希望与否,没有显现态度。

(24) 康生站起来,抱着膀子,在书房中来回踱了两圈,最后站在了墙上挂的那幅《雪峰图》前,细细地看了<u>好一会</u>。(刘军《张伯驹和陈毅的交往》)

说话人预设康生本来可能只是稍微看看书房里的摆设。但是出乎说话人预料的是,康生也具有较高艺术鉴赏水平。说话人主观上认为康生看《雪峰图》看了好长一段时间,出乎说话人的预期之外,同时也表明了这幅画的珍贵程度。

3.2　主观情态功能

主观增量标记"好"还具有其特定的表达主观情态的功能。"语言是说话人表达情感、情绪、意向和态度的基本需要,这种需要与对事物的描述同等重要,因而在交际中我们既要了解说话人所表述的命题内容,同时也要弄清说话人对于所述命题的情感指向。"[17]主观量的增减是在客观量的基础上融合了说话人的主观情感的变化,它反映了说话人的主观认识和情感。

3.2.1　说话人的认识

说话人大脑中的理想化认知模型是说话人对一段话语作出评判的标准。这种认识一般潜藏于说话人的心智当中,因而是隐含性的。说话人对话语的主观评判结果往往会在话语中留下印记,反映说话人的主观认识。例如:

(25) 命妇从正殿南面下得车来,太君一见官中来人,禁不住又悲从中来,哀哀切切,一时不能言语,好半天才哽咽道:"妾身命苦,如今落得孤身一人枉活人世。今势呈上的眷爱,风霜之中,驾临寒门,教老身感愧有加!"说罢,泪如雨下。(紫式部《源氏物语》)

(26) 陈毅停下手中的扇子,认真思考。谁也不再出声。于参议不断地擦汗。静了好一会,陈毅又把扇子摇起来,主意打定了。(邓友梅《我们的军长》)

例(25)中,客观量度同样是"半天",为了反映桐壶太君由于心情激动而"一时不能言语",叙述者在时间词"半天"前添加主观增量标记"好",反映了叙述者主观上认为被观察者(桐壶太君)"不能言语"的时间过长,以凸显桐壶太君当时十分激动的心情。例(26)是叙述者通过描述"静了好一会儿",表明陈毅思虑深入,反映了陈毅元帅临大事时深思熟虑又勇敢果决的性格。

3.2.2　说话人的情感

说话人的情感就是说话人在表达命题时,用移情的方式所流露出来的主观态度和情感。"移情是说话人将自己认同于他用句子所描写的事件或状态的一个参与者。"[16]说话人对某个事件的视角和认识的不同,会引起说话人情感的变化。例如:

(27) 他解释说,这招待所咋恁死,回去时关门了,叫也叫不开……我说您别说了爸,我知道! 父亲搓着手,不再吭声了。沉默了<u>好</u>一会儿,他才重又低沉地说:"也不是舍不得那几个钱,主要是不划算。"当天下午,父亲乘火车走了。还是没买上座位票。(《青年文摘2003人物版》)

(28) "我总是她的长辈,不便说她的是非,但听说她是香氏的外室所生,一直流落在外,争产业争了<u>好</u>一阵子才得到香港这个地盘,所以表现得很奇怪。"(亦舒《香雪海》)

例(27)中叙述者使用移情的手段,把自己也视为句中的一个角色。主观增量标记"好"附加在时间量度词"一会儿"上,表明"我"认为"父亲"的沉默过于长久,以凸显"父亲"对"我"深沉的爱。例(28)中,"争产业争了好一阵子",表明说话人对"她"争产业的艰辛的同情和怜悯之心。如果以上两例中都删掉"好",那么叙述者或说话人的情感和态度就难以得到凸显。

4. 标记的成因与历程

我们认为,主观增量标记"好"的形成动因是主观化。"主观化(subjectivisation)是指语言为表现这种主观性而采用相应的结构形式或经历相应的演变过程。"[12]"好"的增量标记性是其语法化链条中的一环,语法化过程中主观性的逐步渗入和强化是"好"成为主观增量标记的主要动因。

4.1　基本语义条件

"好"的基本语义是[＋主观上超过一般标准]。无论形容词还是副词,所有的"好"都具有这一语义特征。例如:

(29) 赳赳武夫,公侯好仇。(《诗经·国风·兔罝》)

(30) 共祭祀之好羞,共丧纪之庶羞,宾客之禽献。(《周礼·天官冢宰第一》)

(31) 妈妈放声哭将起来道:"员外,怎生直想到这里? 俺无儿的,真个好苦!"(《初刻拍案惊奇》卷三十八)

以上例句中的"好"均含有[＋主观上超过一般标准]的语义,表示在一般标准之上的增加,其基本语义为"好"蜕化为主观增量标记奠定了语义基础。

4.2　句法位置

程度副词"好"是由形容词"好"演化而来的。例如:

(32) 今朝甚好雪,纷纷如秋月。(《禅林僧宝传》卷第十五)

(33) 武松这汉子端的好狠也。可怜这妇人,正是三寸气在千般用,一日无常万事休。亡年三十二岁。(兰陵笑笑生《金瓶梅》第八十七回)

"好＋N"向"好＋A/V"扩展,使得形容词"好"演化为程度副词"好"。程度副词"好"在表示程度义的同时兼有一定的主观情态和强调语气,常常表示说话人的强烈或感叹的语气。例如:

(34) 四百年间反覆寻,汉家兴替好沾襟! (李山甫《读汉史》)

(35) 梧桐树。叶又黄。好凄凉。(元·无名氏《梧叶儿·秋》)

"好"的性质变化体现在其搭配成分的变化。程度副词"好"和主观增量标记"好"所标示成分的语义都含有[＋概约性的量幅]特征,但是其搭配范围已经从谓词性的心理动词、性质形容词扩展到了体词性的量度词。唐宋时期,主观量标记"好"已经开始萌芽。例如:

(36) 谁家年少春风里,抛与金钱唱好多。(《全唐诗》)

（37）落花真好些，一醉一回颠。（《全唐诗》）

至迟到明代，主观增量标记"好"已经形成。例如：

（38）却说那夜黄知观吃了这一场亏，香喷喷一身衣服，没一件不污秽了，闷闷在观中洗净整治，又是嘴唇跌坏，有好几日不到刘家来走。（《初刻拍案惊奇》卷十七）

（39）其时有个叔父在大同做卫经历，程宰有好几时不相见了，想道："今番归家，不知几时又到得北边。须趁此便打那边走一遭，看叔叔一看去。"（《二刻拍案惊奇》卷三十七）

因此，我们认为应该分别三种形式的"好"。形容词性的"好$_1$"：好＋名词［名词性成分］；程度副词性的"好$_2$"：好＋动词/性质形容词［谓词性成分］；主观增量标记的"好$_3$"：时间词/数量词［体词性成分］。

主观增量标记"好"经历了好$_1$—好$_2$—好$_3$的语法化过程。李晋霞[8]已经证明了好$_1$—好$_2$的语法化过程，并认为"好"的主观化推动了其语法化进程。我们认为，程度副词"好"表示强烈的主观情态和强调的功能是其从形容词"好"继承了［＋主观上超过一般标准］的语义，并由于在感叹句中频繁出现，在高频刺激和语境吸收的作用下所形成的。例如：

（40）"这个村老子好无礼！"（元·佚名《陈州粜米》）

（41）才欢悦，早间别，痛煞煞好难割舍。（卢挚《双调·珠帘秀》）

好$_2$—好$_3$的语法化也是由于"好"的主观性的增强而推动的。随着"好"的标记内容由［＋程度义］的谓词性成分转为表示［－程度义］的体词性成分，"好"的主观性也随之渗入和强化，"好"②的性质也逐渐由副词向主观增量标记蜕化。它在语用上表示说话人的一种主观情态，完全蜕化成了一种语用性标记。例如：

（42）这妇人后来，桌上提了武松的包裹并公人的缠袋，捏一捏看,约莫里面是些金银。那妇人欢喜道:"今日得这三头行货,倒有好两日馒头卖。又得这若干东西。"(施耐庵《水浒传》第二十七回)

(43) 一日,贾闰娘穿了淡红裓子在窗前刺绣。孙小官走来看见无人,便又把语言挑他。贾闰娘提防娘瞧着,只不答应。孙小官不离左右的蹃了好两次,贾闰娘只怕露出破绽,轻轻的道:"青天白日,只管人面前来晃做甚么?"(《二刻拍案惊奇》卷三十五)

(44) 一桩事情收一回分子,一年有上五六桩事情,就受五六回的分子。一回受上几百吊,通扯起来就有好两千。真真大处不可小算。不要说我连着儿子、闰女都没有,就是先父、先母,我做官的时候,都已去世多年。(《官场现形记》第二回)

"两"既可以表示确数,又可以表示约数。当"好"添加于"两"之前时,"两"一般排斥确量义而只表示约量义。当"两日、两次、两千"表示约量时,这里的"好"都是可以自由省略而不改变其客观语义。它在语用上其实是为了凸显说话人的主观态度和情感。它是主观意念上的量度的"增加",而不是事实上的"增加"。

当"好"添加于完全表示约量的"几"之前时,"好"的语用义完全显现。例如:

(45) 安太太连忙摆手说:"不用,我们虽说是汉军旗人,那驻防的屯居的多有汉装,就连我们现在的本家亲戚里头,也有好几个裹脚的呢。"(《儿女英雄传》第十二回)

(46) 他扶枢回籍的时候,早把三位老姨太太安顿在家。手里有了抵房子的五万银子,着实宽裕,自然各事做得面面俱到了。等他在安徽带了几年营头,索性托人把芜湖的房子卖掉,又卖到好几万银子入了他的私囊。(《官场现形记》第五十二回)

　　这两例中的"好"增删与否,都不会改变说话人所表示的客观量,而只是表示说话人的主观态度和主观倾向,具有强调的语气。

　　推动"好"语法化的动因就是"好"的主观性的不断增强和渗入。"好"在语法化历程中,经历了客观义的逐渐衰减,主观义的不断强化。由修饰性质到刻画程度,这是一个质变过程;再由刻画程度向描写量度转换,它也是一个质变的过程。"好"的客观义完全消失,蜕化为一个主观增量标记。"从主观化角度来看,这也只是语义的重新调整而已。"[12]

5. 结论

　　"好"作为主观增量标记,它所标示的是概约性的量。量在主观轴上和客观轴上并没有区别,而只是相关情态发生了改变,说话人的主观态度和情感凸显出来了。因此,从主观上来说量已经增加了,而在客观上没有发生变化。由此,我们认定"好"是语用层面的主观增量标记,是一种主观情态标记。它正向凸显出了说话人的主观态度的变化,表现说话人一种意料之外的情态,一个与对方的某个预期或行为的适当性有关的命题。"好"由表示程度副词变为情态副词,最终蜕化为表达主观增量的标记,推动"好"主观标记化的动因就是主观化。

注释

① 表中的数据均依据北大语料库统计得来。a. 小时、时辰、星期、月、世纪等均包含加量词"个"的情况。小时与钟头、星期与礼拜、世纪与百年同义,这里均已包括。b. 由于十年(50)、百年(51)、千年(14)、万年(1)等只能与"几"共现,故我们未在表中列举。c. 表中所见的"半""两"等均表示约量用法,确量用法不在我们讨论之列。在近、现代汉语中,"两"也可以表示确数"二",因此,在现代汉语中"两"表约数的功能逐渐为"几"所替换,变得不常用了。

② 何金松[3]认为程度副词"好"是由疑问代词"何"音变假借而来的。"好"与"何"语音虽然相近,但是他们上古和中古的声母、韵母、韵摄都不相同,难以发生假借和混用。其次,二者都有其本字,"好"不是假借字。我们在《古汉语通假字字典》[10]里也没有查到"好"是一个通假字,更没有从"何"音变假借而来。

参考文献

[1] 北京大学中文系 1955、1957 级语言班　1982　《现代汉语虚词例释》,北京:商务印书馆。

[2] 陈群　2006　《近代汉语程度副词研究》,四川:巴蜀书社。

[3] 何金松　1994　《虚词历时词典》,湖北:湖北人民出版社。

[4] 侯兰苼　1996　近代汉语里副词"好"的两种特殊用法,《中国语文》第 5 期。

[5] 李宇明　1999　数量词语与主观量,《华中师范大学学报》第 6 期。

[6] 李宇明　2000　《汉语量范畴研究》,武汉:华中师范大学出版社。

[7] 李善熙　2003　《汉语"主观量"的表达研究》,中国社会科学院研究生院语言学系博士论文。

[8] 李晋霞　2005　"好"的语法化与主观性,《世界汉语教学》第 1 期。

[9] 吕叔湘主编　2005　《现代汉语八百词》(增订本),北京:商务印书馆。

[10] 马天祥、萧嘉祉　1989　《古汉语通假字字典》,陕西:陕西人民出版社。

[11] 毛修敬　1985　汉语里的对立格式,《语言教学与研究》第 2 期。

[12] 沈家煊　2001　语言的"主观性"和"主观化",《外语教学与研究》第 4 期。

[13] 吴志宵　1981　谈"好"的一种用法,《汉语学习》第 1 期。

[14] 王倩　2012　《现代汉语增量与减量构式研究》,吉林大学博士论文。

[15] 张谊生　2006　试论主观量标记"没"、"不"、"好",《中国语文》第 2 期。

[16] Kuno, S. 1987 *Functional Syntax:Anaphora, Discourse and Empathy*, Chicago and London:The University of Chicago Press.

[17] Ochs, E. & Schieffelin, B. 1989Language Has a Heart. In Ochs, E. (ed.) The Pragmatics of Affect, Special Issue of Text. Berlin and New York:Mouton de Gruyter.

情理之中与预料之外：也谈 "并"和"又"的语法意义 *

李劲荣(上海师范大学对外汉语学院)

1. 从否定对象说起

先看例子：

(1) a. 他不是领导。(——他是领导吗?)

　　 b. 他并不是领导。(——他是领导吧?)

　　 c. 他又不是领导。(——他要发言吧? /他要带头。/他
　　　　 应该负责这件事。……)

这三句话的否定对象各不相同。a 句否定的是事件的真伪，b 句否定的是事件预期的真伪，c 句否定的是事件产生的原因。另外，a、b 两例是对"领导"这一身份而言，重在内涵；c 例则是对"领导"这一身份所肩负的责任而言，重在外延。图式如下：

---

　* 本文初稿完成后得到过张谊生先生的指导。曾先后在第四届"现代汉语虚词研究与对外汉语教学"学术研讨会(2010 年 8 月，上海)和国际中国语言学学会第 19 届年会(2011 年 6 月，天津)上宣读过，承蒙刘丹青、胡建华、邢欣等先生提出宝贵意见。谨一并致谢!

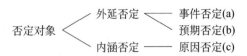

彭小川（1999）、马真（2001）等都注意到了这一点，由此对"并"和"又"的语法意义进行了探讨和概括。但仍有三个问题需解决：第一，为什么带有"并"的句子(以下称为"并"句)是否定事件的预期而带有"又"的句子(以下称为"又"句)否定的是事件的原因？与之密切相关的是第二个问题是，"并"和"又"的语法意义应该是什么？第三，什么样的语法意义或者说用什么方法归纳出来的语法意义才具有更强的概括性？

关于"并"和"又"的语法意义，已有的做法多采用"强调"说或"申辩"说来概括之。①客观地讲，虽然当用在否定句中时，"并"和"又"确实能够对某种事实或理由起到强调或凸显的作用，但也仅限于否定句这一语境。因此，这样的作用更准确地说是词语在具体句子中的语用功能，或者说是语用意义。"申辩说"更强调预设的作用，但反驳义也只是语用意义。相对于语用意义，语法意义具有更高程度的抽象性和概括性，能够对各种具体的用法作出统一的解释。在虚词层面上，"并"和"又"除了是语气副词外，还可以作为连词使用，显然这是已有的语法意义所概括不了的。

汉语的虚词个性很强，且常包含多个义项，正如词典中的例释，郭锐（2008）有过更具体深入的分析。但也如郭文所指出的，虚词语义是不自足的，虚词的语义依赖与之共现的其他实词性成分。这对人们把握虚词造成了困难。然而，我们也不难从中发现，既然虚词的语义能够依赖与之共现的实词性成分表现出来，那么其深层必有一个内在的本质的意义。屈承熹（2006）指出，虚词通常有一个核心语义或功能，只是在不同的环境和语言组织的不同层面上可以有不同的解释。②也就是说，虚词的语法意义表现为：与不同的实词性成分结合后或出现在具体的不同语境中，就表现为不同的义项,且各义项之间存在着某种必然的关联。因此,本文打算通过对"并"和"又"作为连词和语气副词的语法进行探讨,归纳出它们核心的语法意义,并对各种现象作出统一的解释。

2. "并""又"的连接功能

2.1 "并"的连接功能

经考察,"并"作为连词,其所连接的成分或分句都是对事实或观点作出的肯定陈述,没有用于进行否定判断的情况。从语法关系看,"并"连接的前后成分可以构成并列关系、承接关系和递进关系,但都属于广义的并列关系。

2.1.1 连接形式

这里的形式包括两个方面:所连接的语法单位的形式和肯定否定形式。连词"并"除可有时连接名词性成分或形容词性短语外,主要连接动词、动词性短语或分句,这在辞书中都有说明,此不赘述。我们看后一种情况,即"并"所连接的成分都是肯定陈述,不能是否定陈述。如:

(2)人被谅解的时候,往往谴责自己。人被斥责的时候,就往往开始批判别人,并替自己据理力争了。(梁晓声《表弟》)

(3)他说:"刚才你的道歉不算数。你必须当着我女友的面向我道歉,并向她解释清楚,才能证明你的诚意。"(梁晓声《表弟》)

(4)赵姨娘的年纪,算来不过三十出头,大约不到三十五岁,在贾政面前,似还可邀宠。她究竟有哪点让贾政看中了并嚼之有味呢?(刘心武《话说赵姨娘》)

(2')——*人被斥责的时候,就往往开始批判别人,并不替自己据理力争了。

(3')——＊你必须当着我女友的面向我道歉,并不向她解释
清楚。

(4')——＊她究竟有哪点让贾政看中了并不嚼之有味呢?

**可见,连词"并"连接的是几个陈述性语句,这些语句对事件
进行肯定性陈述。**③

2.1.2　语法关系

彭小川(2004)在总结前人研究的基础上指出,"并"所连接前
后成分之间的语法关系有递进关系、承接关系和并列关系三类。
彭文举例如下:

(5) 哪怕我有那一块泥土疙瘩的淳朴性,我就能够站起来,并
超越自己。(递进)

(6) 只见那个男青年神色庄严地从她手里接过车票,并掏出
车票钱放到了青年妇女的手里。(承接)

(7) 经我们研究,考虑到你们的态度,并考虑同行的关系,我
们决定不起诉你们了。(并列)

语法事实确实支持这一看法。根据邢福义(2001),我们把三
者看作是一种广义的并列关系。再如:

(8) "那当然我们更爱看徐达非了。"刘美萍很痛快地修正了
自己的观点,并解释,"我的意思是说阿兰•德龙那么差
的形象都能一部接一部地拍戏,就别说徐达非了。"(王朔
《你不是一个俗人》)

(9) 沃克说:"我当然理解,简直太理解了! 我直言不讳地告
诉他们,在那两个姑娘之中,我一个也爱不上! 并劝他们
死了这条心! (梁晓声《京华闻见录》)

(10) 我们这次来就是要告诉你们,你们《人间指南》编辑部已
经侵犯了法律,触犯了我们《大众生活》的名称权。所以
你们现在必须立即停止侵犯,公开道歉,并赔偿我们的

一切损失。(《编辑部的故事：侵权之争(下)》)

因此，我们又可以说，**连词"并"连接的是几个表示并列关系的陈述性语句，这些语句对事件进行肯定性陈述。**

2.1.3　语义结构模式

描述了"并"的连接形式和所连接成分之间的语法关系，我们就可以刻画"并"句的语义结构模式。比如例(8)—(10)。意识到自己刚才说的话不合时宜或情理，就加以改正，同时也会对刚才所说的不合时宜或情理的话进行解释。因为看不上对方，所以在直接告诉对方时，会说不喜欢对方，也会告诉对方不要有这种想法。站在法律的角度，如果名称权被侵犯，除了要求对方停止侵犯，公开道歉外，还会要求对方赔偿损失。如果只要求对方停止侵犯而不赔偿损失，那就不是站在法律的角度。具有连接功能的"并"句的语义结构模式为：

$$(\mathbf{X}), \mathbf{A}, 并\ \mathbf{B}。$$

在某种情境 X 中，会出现情况 A，同时也意味着一般会出现情况 B，两者有相依相承的关系。也只有如此，才合乎常理，才能表达出一个完整而理想的事件认知结构。

所以，我们可以说把"并"的**语法意义**概括为：使用"并"主要是用来表达并承关系，"并"句是在某种情境中因出现了一个事件而自然会出现的另外一个事件，"并"标示所出现的事件是在情理之中。

2.2　"又"的连接功能

一般词典都把"又"的用法释义为三种：一是表示动作重复或相继发生；二是表示情况或性状同时存在；三是表示语气。根据邢福义(2001)，我们认为一、二两种用法的"又"都是连接功能，因为它们都表示几个分句间的语法关系。

除了也主要用于陈述事实或观点外，和"并"相比，"又"所连接成分的句法表现就复杂得多,或前句肯定后句肯定,或前句否定后句否定,或前句肯定后句否定,或前句否定后句肯定。但不管是哪种情况,分句间都一致性地表现为并列关系。

2.2.1　连接形式

前句肯定后句肯定(前后同肯):

(11) 这个人昨天来过,今天又来了。(《现代汉语八百词》)

前句否定后句否定(前后同否):

(12) 肖科平一进门就看见李缅宁坐在敞着门的房间内,被韩丽婷摇拨浪鼓似地摆弄着,一颗头上下左右没筋似地抬起耷下,表情还挺舒服。肖科平十分看不惯,又不好说什么,扭身进了自己房间。(王朔《无人喝采》)

前句肯定后句否定(前肯后否):

(13) 可是,我比他晚生三十多年,又不曾长期生活在一起,我怎么会知道他的这些事呢?况且,他去世也十来年了……(刘心武《七舅舅》)

前句否定后句肯定(前否后肯):

(14) 他没啥本事,又特喜欢吹牛,真讨厌。

一个人连着两天都去同一个地方,未免有些奇怪;肖科平进自己房间的原因除了是看不惯外,还有就是不好说什么;我不知道七舅舅的事,因为我比他晚生三十多年,而且我们俩也没有长期生活在一起;没本事不一定让人讨厌,喜欢吹牛也不一定让人讨厌,但是没本事而喜欢吹牛定会让人讨厌。所以,我们把"又"的这一用法看作是连接功能。而且,**具有连接功能的"又"连接的是几个陈述性语句,这些语句对事件进行肯定或否定陈述**。

2.2.2　语法关系

邢福义(2001)把"又"看作是一个跨复句大类的关系标志,"又"连接的分句间的关系有连贯、并列、转折、因果和推断等五种。本文2.2.1中的例句已经显示出"又"连接的分句之间是一种并列关系。再看几个例子：

(15) 那天我到井坎街上时，已经是下午时分，又不是赶街的日子，所以只有一条空空落落的土路和几间空空落落的国营商店。（王小波《黄金时代》）

(16) 老太太以为马林生被她打动了，触着了心事，愈发语重心长："你一个男人，带着个孩子，工资又不高，是麻烦，焦心的事多。不如把孩子放我那儿，我给你带着。"（王朔《我是你爸爸》）

(17) 章华勋非常不解他究竟是怎么想的，又不便直问，只是一个劲地重复着："师傅您又何必呢！师傅你这又何必呢！……"（梁晓声《钳工王》）

(18) 有一位来咨询的大学生讲到，入大学以前，生活上的事都是由父母包办，衣食住行都有人给自己安排好。现在不行了，一切都得自己来做，却又不知如何做。……因此当置身于一个新的、不得不依靠自己独立安排生活的环境中时，常常因不知该如何做而产生焦虑情绪。（王登峰、张伯源《大学生心理卫生与咨询》）

农村的集市只有在赶街时才热闹，而且只是在上午。那天我到井坎街时已经是下午了，而且也不是赶街的日子，所以街上非常空落。对于老太太而言，一个男人带个孩子，生活挺不容易，加上工资不高，烦心事就更多了，所以愿意帮他带孩子。一个劲地重复一句话的原因是，既不理解对方是怎么想的，也不方便直接问对方。对于一个上大学前生活上的事都由父母包办的大学生来说，现在一切事情都得自己做是非常困难的，但更难办的是自己根本不知道怎么去做，所以常常苦闷、焦虑。

因此，我们又可以说，**具有连接功能的"又"连接的是几个表达并列关系的陈述性语句，这些语句对事件进行肯定或否定陈述。**

2.2.3 语义结构模式

根据以上分析,我们可以把"又"的语义模式概括为:

$$(\mathbf{X}),\mathbf{A},\textbf{又 }\mathbf{B},(所以)\mathbf{C}。$$

"又"句 B 与前句 A 共同构成产生结果 C 的原因,但从信息地位看,"又"句 B 是更重要的原因。如例(12),肖科平扭身进了房间主要是不好说什么而不是看不惯,因为看不惯某一做法可以说,但不知说什么就只有走开。再如例(18),一切事情都自己做并不可怕,可怕的是不知道怎么做,可见后者是产生焦虑的主要原因。当然,有时候"又"句被看作是产生结果的主要原因只是就当事人而言的,并非是按常理去理解的,如例(16)。

这一语义模式表示的意思是:在某种情境 X 中,A 和 B 是作为产生结果 C 的两个原因。对于当事人而言,出现了情况 A 就有些出乎意料或不太合乎常理,因此一般情况下不一定会出现更出人意料或更不合乎常理的情况 B,因为情况 A 通常也能产生结果 C,而 B 的出现产生结果 C 就更理所当然了。所以 B 的出现有让人出乎意料之感,当然也就引申出程度高深之意。就产生结果的作用看,"又"句在前句的基础上起到"锦上添花"或"雪上加霜"的功效。

因此,我们可以把"又"表示的**语法意义**归结为:使用"又"主要是要表达一种因果关系,"又"句出现在原因句中,作为原因之一表达一种更出人意料或更不合乎常理的情况,且这一情况是产生结果的主要原因。"又"标示情况的出现出乎意外。

3. "并""又"的语气功能

3.1 "并"的语气功能

"并"作为语气副词的用法,要受到三方面的限制:一是用于陈述句中，二是用于否定副词"不/没"前，三是与标句或隐含的标句之间构成转折关系。

3.1.1　标句出现

所谓标句，就是指那些能标示出应该会出现某种情况的语句，或者标示出与应该出现的情况相反的语句（例句中下划横线）。标句出现主要表现为两种情形：一是在"并"前添加表示转折义的"而""却""可"等副词，表明应该会出现的情况没有出现；二是在"并"句后补接表转折义的"反而"或"而是"等语句，表明与应该出现的情况相反。

（一）前加转折义词

（19）她不必抬头，就知道是谁进来了；她认识他的脚步声——一种<u>轻</u>，<u>短</u>，而并不快的，仿佛只用脚掌那一点肉用力的，脚步声。（老舍《火葬》）

（20）我那报表并没有填完。老詹却只顾<u>垛齐</u>、<u>放好</u>，并不检查。（刘心武《白牙》）

（21）<u>拉车的嘴里说话</u>，可并不停车，露出有一搭没一搭的派头。车已超过那五去了，那五叫道："我也没说不坐，你别走哇！"（邓友梅《那五》）

一般而言，轻而短的脚步速度快，沉重的脚步速度慢，但他的脚步轻短而不快。收表格时应先检查再放好，跟人说话时眼睛会看着对方；拉车的人要拉生意，跟顾客说话时会停下车来才能谈好生意拉到客人。但是，老詹收表格只放好不检查，说话不看对方；拉车的跟客人谈生意却不停下车来。这种情况的语义模式为：

（X），A，却并不/没 B。

在某种情境 X 中，出现了情况 A，而意味着一般会同时出现的情况 B 却没有出现，出现的是非 B。这是不合乎常理的。

（二）后接转折义句

(22) 老头几步抢了过来,并不握手,<u>而是抓住甘子千的手腕子上下摇晃</u>:"您就是那位跟画韩儿一块常听我戏的……"(邓友梅《寻访"画儿韩"》)

(23) 边惠荣在干部和年轻人的心目中,特别是在妇女们的心目中,成了个"大红人";可是梁大伯并没因为媳妇在社里逐渐获得信任使精神上的负担减轻,<u>他反而越来越对儿媳妇的活动担忧</u>。(浩然《新媳妇》)

(24) 范吉射回头朝城头看去。只见赵鞅和赵素宁抱在一起,兴奋的朝远处看。范吉射心中升起一股怨气,从箭壶里抽出一根箭来,朝素宁瞄去。素宁看见他,并不躲闪,<u>挑衅般的看着他</u>。(冯向光《三晋春秋》)

这些例子中,标句是"并"句后"反而/而是"等转折义词所关联的句子。[④]当得知对方是自己的戏迷时,老头不是与对方握手,而是抓住手腕摇晃;媳妇成了社里的大红人,梁大伯应该高兴才是,可他却很担忧;看见有人朝自己射箭应该及时躲闪,素宁却是挑衅般地看着对方。这种情况的语义模式为:

(X),A,并不/没 B,而是/反而 C。

在某种情境 X 中,出现了情况 A,而意味着一般会出现的情况 B 却没有出现,出现的是与 B 完全相反的情况 C。这种现象不合乎常理。

前加转折义词和后接转折义句都表明分句间是转折关系。吕叔湘(1956)指出,转折多半是因为甲事在我们心中引起一种预期,而乙事却轶出这种预期,于是就在心里上产生一种转折。语气副词"并"只能出现在转折句中就是这样一种体现,说话者对某事有一种心理预期(B),但实际出现的情况与这种心理预期不符(不 B),于是形成转折句,"并"标示这一心理预期。

3.1.2　标句隐含

有时,标示应该会出现某种情况的语句或与应该会出现的情况相反的语句不出现。如:

(25) 爱情原来并不是自己想象的那样完美。(彭小川,1999)

(26) 袁伟民时代,身材并不高的中国女排主要以快速多变见长。(彭小川,1999)

(27) 有钱的人并不一定都幸福,幸福的人并不一定都有钱。

(28) 在专业学习方面,大学生经常碰到的一个问题就是,自己所学的并不是自己喜欢的专业。(王登峰、张伯源《大学生心理卫生与咨询》)

人都希望能找到自己心爱的人,爱情代表的就是幸福甜美;排球运动员通常有一定的身高要求;有钱至少可以成为幸福的基础;所学的专业一般都是自己喜欢的专业。然而,实际情况都不是应该出现的那样。这种情况的语义模式为:

（X）,并不/没 B。

在某种情境 X 中,应该出现的情况 B 没有出现。

这一语义模式其实是对标句出现情形中的两种模式的进一步提炼。既然应该出现的情况都没有出现,那么无论 A 是什么都不重要了;同时所出现的情况必然或与之相反,或出乎情理,这是寓于其中的,所以也可以不必说出来。而这又使"不/没 B"得到了凸显,因为在这一语义模式中,B 是理应出现的情况,不/没 B 则是实际出现的情况,两种情况不符或相反,"并"在此处的作用是凸显了事件的真实性而抑制了预期的虚假性,或者说,"不/没 B"是前景信息,"并"只作为背景加以烘托。

3.1.3　质的准则和主观性意义

以往的研究不重视考察从连接成分到语气成分的发展情况,也不重视考察标句出现的情况,而只是单纯从标句隐含的情况来归纳"并"的语法意义,所以结论不太可靠。由本文分析可知,"并"是由连接成分发展为语气成分,标句隐含的情况是由标句出现的情况发展而来。而在这一过程中,质的原则起了重要作用。根据会话原则中的质的准则,人们都会根据一定的场景作出某种一般而言或者至少相对于自己而言真实的判断或预期。如例(28):

    情况:他学的是中文专业。

    推理:他喜欢中文,所以才学中文。

    事实:他不喜欢中文。

    结论:说话者推理错误,因为与客观事实不符。

这仍符合"并"的语法意义,即表达特定情境中自然会出现的事件。因为语气副词"并"只能用于转折句中,而转折表示实际出现的情况与理应出现的情况不符,既然实际情况已是如此,那么理应出现的情况就不可能实现了,于是产生了与预期相反的意义。如果没有"并",单纯的否定词不能够产生反预期意义,很明显,"并"在句中起到的是标示说话人的推理或预期这一作用。

在这一过程中,"并"的主观性意义也产生了,我们对这一产生过程略作说明。例(10)中的"并"是连词,站在法律的角度,如果名称权被侵犯,除了会要求对方停止侵犯,公开道歉外,还会要求对方赔偿损失。这种情理值是基于客观事实所产生的。例(21)和例(28)中的"并"都是语气副词。例(21)为标句出现,拉车的和客人谈生意,拉车的不停下车来,这都是事实情况,但这与客观情理值不符。例(28)为标句隐含,说话人觉得,学生所学的专业一般都是自己喜欢的专业,然而他不喜欢他所学的专业,这不符合说话人的预期。"并"在此例中就起到了标示说话者主观预期及表明说话者主观态度的作用。图示如下:

语法成分		语法意义	语用意义
连接成分		事实情况的情理之中（行域）	客观意义
语气成分	标句出现	客观情况/ 说话人的情理	客观/主观意义
	标句隐含	说话人的情理 之中（知域）	主观意义

3.2 "又"的语气功能

语气副词"又"在陈述句中也常用于否定词前。虽然有时不出现否定词，但前提须是反问句。前句虽不出现，但并列关系的语义基础并不改变。

3.2.1 对话语境

学者们在讨论"又"的语法意义时所列举的都是对话语境这一类句子。如：

(29) 你为啥不管好他？

——他又不是我儿子，我怎么管得住他？（彭小川，1999）

(30) 山田，你不是说日本到处都是樱花吗？我怎么跑了那么多地方也没见着啊？

——现在又不是三四月份，樱花又不是一年四季都开的。（马真，2001）

实际语料中，表示语气功能的"又"确实主要是用于对话语境中。再如：

(31) 那童星说："管得着吗？这又不是你家！"有二男三女演员和几个孩子在那屋里。（梁晓声《京华闻见录》）

(32) "嗨，谁有闲功夫约这儿瞎聊？又不是情人儿，又不搞同性恋！"（刘心武《吉日》）

(33) 抽屉里有皮带，教员动手把学员绑紧，绑得像十字架上的基督——两手平伸，两腿并紧，左脚垫在右脚下。贫

嘴的学员说:绑这么紧干嘛,又不是猪。教员说:要是
猪也好,我们省心多了。(王小波《2015》)

(34)"没事——哪好意思问?大家都聊得高兴,也不是说这
个的场合。小芳呢?""也该回来了,都快六点了。甭不
好意思,咱又不是想当经理,当个'碎催'有什么张不了
口的?"(王朔《刘慧芳》)

以上例句我们可以分别改写成如下的对话形式(甲为听话
人,乙为说话人):

(31')甲:(你们别在这儿闹了。)

　　乙:这又不是在你家,所以你管不着。

(32')甲:(你们在这儿聊什么呀?)

　　乙:又不是情人儿,又不搞同性恋,所以我们才没有闲
　　功夫在这儿瞎聊呢。

(33')甲:(要把你们这些人绑得紧紧的。)

　　乙:我们又不是猪,绑这么紧干嘛?

(34')甲:(在这个场合我不好意思问。)

　　乙:咱又不是想当经理,甭不好意思,你就问吧。

对乙而言,只有满足了某一个条件,甲的观点或做法才成立,
即:除非是在甲的家里甲才有权利阻止,除非是情人才会有闲功
夫约在这儿聊天,除非是猪才会被绑得紧紧的,除非是想当经理
才会觉得在这样的场合不好意思问。现在,这个条件没有得到满
足,所以甲的观点或做法不能成立。对于乙而言,甲不能满足这
一条件而却要提出一种做法,这是出乎意料的;对于甲而言,乙提
出的理由缺乏逻辑,因为并非一定是在自己的家里才有权利阻止
对方,并非一定是情人才有闲功夫聊天,并非一定是猪才可以紧
紧地绑,也并非一定是想当经理好问对方,所以也是出乎意料的。
这种情况的语义模式为:

甲：C。

乙：又不 B，（所以）不 C。

**甲持有某种观点或预期，乙认为甲的观点或预期没有充足的
理由，所以不成立。而这出乎了甲的意料。**

3.2.2　量的准则和交互主观性意义

史金生（2005）正确地指出，"又"所在的小句是作为原因（理由）来凸显的，且否定对象常具有典型性和极端性。因为"又"句常出现在因果句中表示原因，也就是说，"又不"否定的是具有典型性的原因或最有可能产生某一结果的原因，因此，我们可以这么认为，既然在产生结果的几个原因中，"又"句是最主要的原因，那么，根据会话原则中的量的准则，说话人要尽量把话说满说足，主要原因都说出来了，次要原因就不必说了。这是虚词典型元语用法的具体表现，说话人认为其他说法提供的信息量不足，需要增补一个信息量充足的说法，而有了信息量充足的说法，信息量不足的情况就不必再提了。⑤在对话语境中，由于可以借助情境的帮助，言简意赅、突出主题显得更加有必要，细枝末节就显多余了。如例（31），在屋子里闹，又不愿受对方的约束，反驳的理由有很多，如没有影响对方或不认识对方或不是对方的下属等，但最重要也最充足的理由可能还因为是这里不是对方的家，所以对方没有任何阻止的理由。其他例句相同，此不赘述。

所以，我们可以把这些反驳句的语义结构模式重新概括为：

甲：C.

乙：（既不 A，）又不 B，（所以）不 C。

这样看来，所谓"又"句与前句之间形成的转折关系其实是跨句群的，两者并不在同一层级内。本质上，"又"句与某个或某些隐含的句子形成并列关系且共同构成产生结果的原因。它们的层级关系是：

C. /（既不 A,）///又不 B,//（所以）不 C。
　　转折　　　并列　　　因果

史金生(2005)讨论了"又"的语法化过程是从一般增量到元语增量再到凸显原因,认为语气副词"又"的语用功能是增强辩驳语气。本文则要说明的是,"又"从连接成分发展成语气成分的过程中,从客观实际的重复意义产生出了交互主观性用法。[6]例(11)说这个人昨天来了,今天也来了,是客观上对命题进行陈述。例(17)要回答章华勋为什么一个劲地重复一句话,让说话人没有想到的是"不理解他究竟是怎么想的"这个命题提供的信息量不足,理由不充分,于是再补充一个命题"不方便直接问"。这句话表明了说话人的主观认识。例(31)听话人认为有阻止孩子们在屋里闹的理由,孩子表明的观点是"这不是在你家",意在告诉听话人管不着,同时也让听话人感到出乎意料。"又"的这种使听说双方构建起话语互动的用法就是其交互主观性用法。[7]图示如下:

语法成分	语法意义		语用意义
连接成分	实际情况的重复	一般增量(行域)	客观意义
	出乎说话人的预料	元语增量(知域)	主观性意义
语气成分	出乎听话人的预料	凸显(言域)	交互主观性意义

4. "并""又"的语法性质

4.1　语法成分

"并"作为连词,纯粹是作为一个语法功能词连接两个表并列关系的短语或分句,且分句都是客观叙述所发生的事件,仅作用于"行域"。但作为语气副词,只能用在否定词前与标句间形成转折关系,且当标句出现时常与转折义词同现,其作用延伸到了"知域"，即带上了人的主观认识，与人们的预期发生了联系。

"又"作为连词，连接的是两个并列关系的表示事件发生的原因的分句，"又"句指对于说话人而言没想到会出现的原因，也是导致结果发生的主要原因。除作用于"行域"外，还作用于"知域"。而作为语气副词，"又"出现在否定词前，而且前句不出现，但并列关系的语义基础并没有改变。此时的"又"出现于对话语境中，主要是用来强调理由的有效性，已经在"言域"中起作用了。因为"又"句中的若干个原因存在着梯级性，既然梯级度最高的最有可能产生某一结果的典型原因都被否定，那么梯级度低的次要原因就更不用说了，也就自然无需出现了。

4.2　语法意义

"并"的语法意义是，如果前句的情况出现，那么一般情况下，后句情况的出现是在意料之中或情理之中的事。即表示情理之中应该会出现某种情况。"又"的语法意义是，出现前句的情况也能产生某种结果，而一般不出现后句的情况，若出现后句则更是如此。因此后句的情况程度至高且在意料之外。即表示出现某种情况是在意料之外。两者的语法意义是从它们作为连接成分的情况下归纳出来的。

那么，作为语气成分，"并"和"又"都用在否定词前，它们的语法意义是否就发生了改变呢？按照彭小川（1999）、马真（2001）等的看法，确实改变了。根据本文的研究，我们认为它们的语法意义并没有发生变化。副词"并"仍表示按常理会发生的事情，只不过用于否定词前时句子表达的是转折意义，即实际出现的情况与常理中应该会出现的情况相悖。副词"又"也仍然表示情况的出现是出乎意外，只不过这是相对于听话人而言的，因为语气副词"又"只出现于对话语境中，且凸显的是情况产生的典型原因或性状存在的根本理由，而这样的原因或理由都被否定，这是出乎听话人意外的。同时，一般不容易出现的或让人难以想到的情况都出现了，容易出现或想到的情况就不必说了，从而产生的不是"加强否定语气"的作用，而是"加强出乎意料语气"的作用。因为用在原因句中表示极性原因，所以又有"强调理由"和"进行申辩"等用法。

从语义演变过程看，"并"由"同时存在/发生"到"说话人认为应该会出现"，"又"由"重复/追加"到"说话人没有想到"再到"听话人没有想到"，所反映的其实就是它们各自的核心意义在不同语境中的具体表现。因此，"并""又"的上述语法意义既能体现两者的本质差别，又能对它们作为连接成分和作为语气成分的用法作出统一的解释。

4.3　语用功能

语言中的一些句子在一定的语境中能够表达与字面意义不同的某种含义，这叫会话含义（conversational implicature）。但也有些句子的含义并不依赖于特定的语境，而是由某些特定的词语决定的，一个句子一旦使用了这类词语，不管它是否进入某个语境，它都能获得某个含义，这叫规约含义（conventional implicature）。本文的研究表明，使用了"并""又"的句子获得的是规约含义。下面我们对语气副词"并"和"又"的语用功能做一个小结。

	"并"	"又"
句间关系	转折句	并列句
句类形式	叙述句/直陈语境	因果句/对话语境
语法意义	情理之中	意料之外
语义辖域	谓语	句子
韵律特征	重读	轻读
凸显信息	事件的真实性	原因的有效性
语用意义	主观性	交互主观性

　　根据跨语言的历时研究,多义副词的语义演化趋势是：其功能从只作用于句中谓语到作用于整个句子再到作用于语篇,即从成分词到句子词再到语篇标记；其意义从表非主观意义到表主观性意义再到表交互主观性意义。以上分析表明,"并"主要作用于句中谓语,且需重读,说明使用"并"意在表达事件的预期性,但转折句又是实际情况与预期不符所产生的结果,加上"并"句用在叙述句中陈述事实,所以"并"句中得以强调的是事实情况而不是某种预期。而"又"主要作用于整个句子,须轻读,还可置于句末,说明"又"所管辖的话语内容信息度高,又因为"又"句用在因果句中表示原因,因而"又"的功能是意在强调原因的有效性。同时,"并"表达对于说话人而言的主观预期意义,"又"表达说话人的主观申辩意义,即能引起听话人关注的交互主观性意义,让听话人感到出乎意料,所以,"又"的主观化程度高于"并"。简而言之,"并"的语用功能是标示说话人预期,而"又"的语用功能则在于标示反听话人预期。

5. 相关现象说明

　　现在我们可以回答文章开头提出的问题。任何使用了"并""又"的句子获得的都是规约含义,说明这些句子表达的含义是由"并""又"所决定的,而起决定的因素显然不可能是它们的词汇意义,也不可能是它们的语用意义,只有高度抽象的语法意义才能起到这种概括作用。"并"标示情况的出现在情理之中,"又"标示情况产生的原因出乎意料,不管它们是作为连接成分还是作为语气成分,句子都能获得这样的意义。

　　本文对"并""又"语法意义的概括可以对两者的差别作出合理的区分。如：

（35）"你又不是学生会的,并没有这种义务,何必多此一举

呢?"(梁晓声《表弟》)

这个句子可以表述为:

(35')甲:(帮助同学们做了一件事,且认为有义务做。)

　　　乙:"你又不是学生会的,(所以)并没有这种义务,也并不需要多此一举。"

乙认为只有学生会干部才有做那件事的义务,不是学生会的人去做那件事干什么呢? 原因出乎意料。因为不是学生会的,所以没有义务做那件事是在情理之中的。此例中的"又"和"并"用得恰到好处,"又不"否定原因,"并没有"否定预期,不能换用。再如下面这个例子:

(36) a. 小王并不会喝酒,但是他今天喝了很多酒。

　　　 b. 小王又不会喝酒,但是他今天喝了很多酒。(*)

　　　 c. 小王并不会喝酒,他今天怎么会喝那么多酒呢?

　　　 d. 小王又不会喝酒,他今天怎么会喝那么多酒呢?

例中 a、b 是转折句,c、d 是因果句,但 a、c、d 成立,b 不成立,制约因素当然还是"并"和"又"的语法意义。"并"凸显事件的真实性,既然事件真实,那么与事实不符的情况就值得怀疑了,c 例成立;而真实的事件在转折句中会轶出预期,a 例可以说成"虽然小王并不会喝酒,但是他今天喝了很多酒",所以成立。"又"凸显原因的有效性,b 例中前句说不会喝酒,但后句说喝了很多酒,这就使得前句作为原因却失效了,所以不成立;而 d 例中后句对他喝了很多酒这一情况提出怀疑,这说明前句的原因有效,或者说因为原因有效,情况才不可信,所以句子成立。

例(36)c、d 同为因果句,其间的差别在下面例句中有更清楚的显示:

(37) 我并不是领导。(所以发言的不是我。)

(37') 我又不是领导,怎么需要发言呢? (所以不需要发言。)

(37)用"并","我不是领导"这一事件真实,而今天发言的是一位领导，所以发言的不是我而是别人。(37')用"又"，"我不是领导"这一原因有效，而领导才有发言的权利，所以我不需要发言。"领导"一词的含义在(37)中是属性义，即外延义，在(37')中是特征义，即内涵义。彭小川(1999)举出过下面这个很有意思的例子：

(38) 看你怕的，我又不是老虎，能吃了你！

(38') 看你怕的，我并不是老虎，能吃了你！(＊)

其实句子成立与否的制约因素在于"老虎"一词是内涵义还是外延义，而它们又是由"并"和"又"的语法意义决定的。

注释

①"强调说"如彭小川(1999)和马真(2001)："并"强调事实或看法不是人们所认为的或所推想的那样；"又"的语法意义是从否定的角度来强调理由，进而加强对某种做法或想法的否定(彭)，或者是起加强否定语气的作用(马)。"申辩说"如胡勇(2008)、温锁林(2009)和史金生(2005)："并"的主要功能是激活先设，并将其置于否定词的辖域之中，使整个句子带上反驳的色彩(胡)；"并"的语法意义是"元语并存"，表示一种述实性的申辩口气(温)；"又"着重提出一个与前提相关的否定性命题，从而表示一种辩驳的语气(史)。我们认为，"强调说"较笼统，并不能揭示两者的语法意义，更重要的是不能与其他语气副词的用法区别开来，因为汉语中的很多语气副词都可以作为焦点敏感算子，起到加强语气的作用；"申辩说"则是一种语用意义的概括。已有问题的关键是忽视了对语源意义的讨论。

② 陈立民、张燕密(2008)以及张旺熹、李慧敏(2009)运用此思想对相关虚词作过较成功的讨论。

③ 有类似"她只想吓唬吓唬老公，并没有打算把事情闹大。"这样的例子可能会被用来证明"并"也可以连接否定陈述。其实此类例句中的"并"是语气副词而不是连词，因为它已带上了人际功能，分句间是转折关系。而连词"并"具有篇章功能，连接的分句间表示并列关系，这在下文有证明。

④ 马真《说"反而"》(《中国语文》1983年第3期)一文将"反而"的语义背景描述为：

　A. 甲现象或情况出现或发生了；

　B. 按说(常情)/原想[预料]甲现象或情况的出现或发生会引起乙现象或情况的出现或发生；

C. 事实上乙现象或情况并没有出现或发生；

D. 倒出现或发生了与乙现象或情况相背的丙现象或情况。

⑤ 沈家煊(2009)从元语用法的角度来说明"又"的加强语气的产生，即说话人把说过的话或经常说的话又说一遍，同时表明自己的态度"再也不用说啦"。

⑥ 邢福义(2001)所举的例子实际上就反映了"又"的语义"一般增量—元语增量—凸显"或"客观意义—主观意义—交互主观意义"这样的演变过程：

(1) 驾驶员朝小老头挤挤眼，又摘下帽子挥了挥，便一溜烟地开走了。(连贯)

(2) 他有技术，又有手腕，我们都是些扁石头，能滚过他的手心？(并列)

(3) 一九五八年大跃进时，高级社还不巩固，又普遍搞人民公社，结果六十年代初期又不得不退回去，……(转折)

(4) 金銮山连着几年风调雨顺，家家又听到鸡鸭叫，吴椿小腿上的肉也变得紧绷绷的，再按不下窝窝了。(因果)

(5) 蓉儿，你知道我的伤势不碍事，又何必担心呢？(推断)

⑦ 有人可能会认为，"又"所标示的反听话人预期的交互主观性用法是由句中共现的"却"表达的。我们认为这其实是一种误解，因为很多"又"句中并不出现"却"，甚至有的"又"句根本就不能出现"却"(当"又"作为语气副词时)。当然，如果同时出现"却"，也能起到其自身的表达作用，即强化反听话人预期的功能，因为"却"本身就有"出乎意料"的意思。

参考文献

毕永峨　1994　"也"在三个话语平面上的体现：多义性或抽象性，戴浩一、薛凤生主编《功能主义与汉语语法》，北京：北京语言学院出版社。

陈立民、张燕密　2008　释"还、再、又"，《语言研究》第3期。

陈月明　1987　"又"的一种语法意义新解，《语言教学与研究》第2期。

崔永华　1997　不带前提句的"也"字句，《中国语文》第1期。

郭锐　2008　语义结构和汉语虚词语义分析，《世界汉语教学》第4期。

侯瑞芬　2009　"别说"与"别提"，《中国语文》第2期。

胡勇　2008　语气副词"并"的语法功能与否定，《语法研究和探索》(十四)，北京：商务印书馆。

吕叔湘　1956　《中国文法要略》，北京：商务印书馆。

马真　1983　说"反而"，《中国语文》第3期。

马真　2001　表加强否定语气的副词"并"和"又"，《世界汉语教学》第3期。

彭小川　1999　副词"并"、"又"用于否定形式的语义、语用差异,《华中师范大学学报》第 2 期。

彭小川　2004　连词"并"用法考察,《暨南学报》第 1 期。

屈承熹　2006　《汉语篇章语法》,潘文国等译,北京：北京语言大学出版社。

邵敬敏、饶春红　1985　说"又"——兼论副词的研究方法,《语言教学与研究》第 2 期。

沈家煊　2001　跟副词"还"相关的两个句式,《中国语文》第 6 期。

沈家煊　2003　复句三域"行、知、言",《中国语文》第 3 期。

沈家煊　2009　副词和连词的元语用法,《对外汉语研究》第 5 期,北京：商务印书馆。

史金生　2005　"又"、"也"的辩驳语气用法及其语法化,《世界汉语教学》第 4 期。

王明华　2001　用在否定词前面的"并"与转折,《世界汉语教学》第 3 期。

温锁林　2009　语气副词"并"的语法意义,《语文研究》第 3 期。

吴福祥　2004　试说"X 不比 Y·Z"的语用功能,《中国语文》第 3 期。

吴中伟　1999　论"又不 P,～Q"中"又"的意义,《汉语学习》第 4 期。

邢福义　2001　《汉语复句研究》,北京：商务印书馆。

杨彬　2008　"并"、"又"与否定词连用的多角度分析,《修辞学习》第 2 期。

袁毓林　2004　容器隐喻、套件隐喻及相关的语法现象——词语同现的认知解释和计算分析,《中国语文》第 3 期。

张京鱼　2008　汉语直接否定拒绝句式"并不/没有"的语义背景和使用条件,《世界汉语教学》第 1 期。

张旺熹、李慧敏　2009　对话语境与副词"可"的交互主观性,《语言教学与研究》第 2 期。

祖人植、任雪梅　1997　"毕竟"的语篇分析,《中国语文》第 1 期。

Guglielmo, Cinque 1999 *Adverbs and Functional Heads：A Cross-Linguistic Perspective*. Oxford：Oxford University Press.

Traugott, E. C. 1995 Subjectification in grammaticalization. In D. Stein & S. Wright(eds), *Subjectivity and Subjectilisation*, 31 - 54. Cambridge：Cambridge University Press.

Traugott, Elizabeth C. and Richard B. Dasher 2002 *Regularity in Semantic Change*. New York：Cambridge University Press.

从述宾短语到情状副词
——"竭诚"的演变及其成因

吴文燕　刘红妮(上海师范大学语言研究所)

1. 引言

"竭诚"是现代汉语里一个常用的情状副词,《现代汉语词典》(第七版)对其的解释为"竭尽忠诚;全心全意",如下例:

(1) 凡是有困难找到他的,或是他听到谁家店里有啥难处的,李小芳都全力支援,竭诚帮助。(李文澄《努尔哈赤》)

(2) 唐生智立即表示竭诚拥护蒋介石,并由上海启程北上。(朱小平《蒋氏家族全传》)

例(1)中,副词"竭诚"作状语修饰后面的"帮助","竭诚帮助"的意思为"全心全意地帮助"。同样,例(2)中副词"竭诚"修饰"拥护","竭诚拥护蒋介石"也就是"竭尽忠诚地拥护蒋介石"。

那么"竭诚"是如何成词,又是如何演变的呢?其词汇化的动因又是什么呢?对于这一系列的问题,目前还未有学者进行研究。本文试对"竭诚"的词汇化及其动因机制进行探讨和研究。

2. "竭"与"诚"的组合

"诚"的本义为真心实意,不虚伪。《说文·言部》:"诚,信也。从言,成声。"

"竭"的本义为"用脊梁背起,驮起",《说文·立部》:"竭,负举也。从立,曷声。"由"用脊梁背起,驮起"引申为"举出,亮出"之意。后"竭"借用作"渴",指"(水)干涸",后又用作动词指"使干涸"。由"使干涸"引申为"用完,穷尽"。在"竭诚"中,"竭"便是"用完,穷尽"的意思。

2.1 "竭"与"诚"的连用

"竭"与"诚"第一次连用是在战国时期:

(3) 所作忠而言之兮,指苍天以为正。竭忠诚以事君兮,反离群而贅尤。忘儇媚以背众兮,待明君其知之。(战国《楚辞·九章·惜诵》)

例(3)中"竭忠诚"是一个述宾短语,意思是"竭尽忠心诚意","竭"是整个述宾短语中的述语,"忠"和"诚"两个意思相近的词并列在一起作宾语。

之后一直到北宋,都还有这种"竭+(A+诚)"的搭配出现。但是与战国时期例(3)不同的是:之后出现的"竭+(A+诚)"结构中的 A 与诚的关系大多是修饰关系,而不是例(3)中的并列关系;A 大多数情况下是代词"其"或者是修饰"诚"的形容词,而不是例(3)中与"诚"词义相近的词。各朝例子如下:

(4) 欲竭愚诚,又恐越职,然惟二思未报,忠臣之义,一杼愚意,退就农亩,死无所恨。(东汉《汉书》卷三十六)

(5) 昔鲁哀庸主也,而仲尼上圣,不敢不尽其节;齐景下才也,而晏婴大贤,不敢不竭其诚。(东晋《抱朴子　外篇·任能》)

(6) 先父弼,追赠平原太守。妣张氏,追封清河郡君夫人。府

君竭匪躬之诚,抗忠臣之器。前后赐绢五百疋。(唐《唐
代墓志汇编续集》)

(7) 臣等谨竭愚诚,冒死请加尊号,期於成遂,以叶众心。(北
宋《册府元龟》卷十五)

例(4)中"欲竭愚诚"的意思是"(我)想要竭尽我那愚昧的忠
诚",在"诚"之前加一个"愚"后再与"竭"连用,"竭愚诚"仍然是一
个述宾短语,"竭"为述语,"诚"为宾语,"愚"则是用来修饰"诚"
的。例(5)中,"其"修饰"诚","竭其诚"是一个述宾短语,意思
是"竭尽他的忠诚"。再看例(6),"竭匪躬之诚"中"竭"为述语,
"匪躬之诚"为宾语,"匪躬"表"忠心耿耿,不顾自身"之意,修饰
"诚","竭匪躬之诚"的意思是"竭尽那份不顾自身的忠诚"。最
后的例(7)与例(4)相同,"愚"修饰"诚","竭愚诚"是一个述宾
短语。

2.2　述宾短语"竭诚"的形成

到了汉代,"竭"与"诚"组成了松散的述宾短语"竭诚",意思
为"竭尽忠诚,竭尽诚心",如下例:

(8) 今臣尽忠竭诚,毕议愿知,左右不明,卒从吏讯,为世所
疑。(西汉《狱中上梁王书》邹阳)

(9) 赖忠正大臣绛侯、朱虚侯等竭诚尽节以诛灭之,然后刘氏
复安。(东汉《汉书》卷三十六)

(10) 臣闻子胥尽忠而忘其号,比干尽仁而遗其身,忠臣竭诚
不顾铁钺之诛以陈其愚,志在匡君安社稷也。(东汉《汉
书》卷六十三)

例(8)、例(9)和例(10)中,"竭诚"是一个述宾短语,表"竭尽
忠诚"之义。"今臣尽忠竭诚"是指"现在微臣用尽忠心竭尽诚
意","竭诚尽节以诛灭之"之意是"竭尽忠心用尽气节将他们诛
灭","忠臣竭诚不顾铁钺之诛以陈其愚"的意思是"忠心的臣子竭
尽诚心不顾忌斧钺的诛杀,来陈述他愚昧的看法"。

3. 述宾短语"竭诚"的搭配

前面一部分我们讲到,到了汉代,"竭"与"诚"已经形成了松散的述宾短语"竭诚"。在述宾短语"竭诚"形成之初的两汉六朝时期,它与临近的短语的关系有两种情况,一是"竭诚"与其近义短语形成并列结构,二是"竭诚"与其他短语形成连动结构。

3.1　"竭诚"与其近义短语形成并列结构

我们这里所提到的"竭诚"的近义短语,主要指"尽+V"这一类短语,如前面例(8)中的"尽忠",例(9)中的"尽节",以及下例(11)—(12)中的"尽心""尽愚"和"尽力"。

> (11) 臣蒙先朝过遇,陛下殊私,实欲尽心竭诚,少报万分;而悟毫已及,百疾互生,便为永违圣颜,无复自尽之路,贪及视息,陈其狂瞽。(六朝《宋书》卷六十)

> (12) 值巨逆滔天,忘家殉国,虽历算有归,微绩不树,竭诚尽愚,贯之幽显。(六朝《宋书》卷六十八)

> (13) 吾今日亲览万机,留心庶事,卿等宜竭诚尽力,以副所期。(六朝《宋书》卷九十四)

"尽"的本义为器皿中空,《说文·皿部》:"尽,器中空也。从皿夬声。",后引申指"完,竭",与"竭诚"中的"竭"同义。这些与"竭诚"组成并列结构的"尽+V"短语,主要表达的都是"竭尽自己所能"之意,与"竭诚"所表达的内涵相近。此外在位置上,"尽+V"短语可位于"竭诚"之前也可以位于"竭诚"之后,二者地位相当,未分主次。我们称这种并列结构为"竭诚+VP₁"或"VP₁+竭诚"。

3.2　"竭诚"与其他短语形成连动结构

此处我们说的"其他短语"是相较于第一种情况中的"竭诚"的近义短语而言的。"竭诚"与其近义短语形成并列结构,而与其他短语形成的是连动结构。连动结构"竭诚+VP₂",第一次出现

是在东汉,仅一例:

> (14)博宰相,玄上卿,晏以外亲封位特进,股肱大臣,上所信
> 任,不思竭诚奉公,务广恩化,为百寮先……(东汉《汉
> 书》卷八十三)

"不思竭诚奉公"可以划分出两个层次,"不思"与"竭诚奉公"为一个层次,其中"竭诚奉公"这一层次又可以被划分为"竭诚"和"奉公"。"竭诚"和"奉公"这两个述宾短语地位相等,为连动关系,意思为"竭尽诚心,侍奉主公",而"不思"则修饰整个连动结构"竭诚奉公",意思为"不想着去竭尽诚心侍奉主公"。

到了六朝时期,连动结构"竭诚+VP$_2$"的使用数量上升:

> (15)殷仆射疾患少日,奄忽不救。其识具经远,奉国竭诚,周
> 游缱绻,情兼常痛。(六朝《宋书》卷六十三)
> (16)刘镇军舅氏之尊,尽忠奉国。江仆射外戚之重,竭诚事
> 上。(六朝《梁书》卷一)
> (17)受任边垂,效彰所莅。寇贼凭陵,竭诚守御,奇谋间出,
> 捷书日至。(六朝《梁书》卷十)

例(15)中,"竭诚"与"奉国"也为并列关系,正是由于二者地位平等,所以"竭诚"也可位于"奉国"之后,"奉国竭诚"的意义为"效忠国家,竭尽忠诚"。例(16)(17)同理,"竭诚事上"和"竭诚守御"的意思分别为"竭尽诚心,侍奉君王"和"竭尽诚心,戍守边关"。

张谊生(2000)认为,连动结构中的两个动词本来都是主要动词,随着表义重点经常落在后一个动词上,前面的动词就会趋向虚化。"竭诚"与其他短语形成的连动结构"竭诚+VP$_2$"为"竭诚"词汇化的奠定了基础。

4."竭诚"从述宾短语到副词

前面我们讲到,"竭诚"可与其他短语形成连动结构,而这一

连动结构是"竭诚"词汇化为副词的基础。我们认为"竭诚"的词汇化进程是从北宋开始的,"竭"与"诚"开始紧密相连,此时连动结构"竭诚＋VP₂"的意义重心开始转移到后面的 VP₂ 上,即连动结构"竭诚＋VP₂"开始转变为偏正结构"竭诚＋VP₂","竭诚"开始虚化,如下例:

> (18) 又朕亲撰黄素文,置坛所案上,竭诚陈请,须臾腾空,飞上空中。(北宋《册府元龟》卷五十四)

> (19) 在殷忧,必竭诚以待下;既得志,则纵情以傲物。(北宋《册府元龟》卷七百一十七)

例(18)中的"竭诚陈请",既可以理解为"竭诚"和"陈请"是连动关系,意为"竭尽诚心,陈述理由以请求",也可以理解为述宾短语"竭诚"作状语修饰"陈请",意为"竭尽诚心地陈述理由以请求"。而例(19)中,"竭诚以待下"则只能分析为,述宾短语"竭诚"为状语,"待下"为中心语,连词"以"连接了中心语和修饰该中心语的状语,意为"竭尽诚心地对待子民"。

通过分析例句我们发现,北宋时期的"竭诚"在意义上大多是可以两解的,它既可以被看作是连动结构中的一个述宾短语,也可以被看作是偏正结构中作状语的述宾短语,此时也出现了部分只能分析为状语的情况,说明"竭诚"已经开始虚化,处于词汇化的过渡阶段。

除了意义上的两解,我们将北宋时期的"竭诚"划分为词汇化的过渡阶段,还因为在这一时期的文献中,连动结构"竭诚＋VP₂"的使用数量要远少于并列结构"竭诚＋VP₁",统计如表 1:

表 1　六朝至明朝时期"竭诚"各用法的使用数量

	总数	并列结构	连动结构(或偏正结构)
六朝	12	6	6
唐	39	26	13

	总数	并列结构	连动结构(或偏正结构)
北宋	97	62	35
明	17	6	11

到了明朝,前面提到的类似"竭＋(A＋诚)"搭配已经消失,"竭"与"诚"之间联系紧密,"竭诚"进一步虚化,"竭诚＋VP$_2$"中的意义重心已经完全转移到后面的 VP 上了,"竭诚＋VP$_2$"已转变为偏正结构,即"竭诚"作状语修饰其后的 VP$_2$。

(20) 相主事道:"甚么话!大哥的西宾,我也是该加敬的,别说是个名士。我竭诚拜他,我也还专席请他。"(明《醒世姻缘传》第八十五回)

(21) 不觉天晚,散了酒席,又叫即于暴纱亭铺设床帏,请师安宿,待明早竭诚焚香,再拜求传武艺。(明《西游记》第八十八回)

例(20),"我竭诚拜他"中的"竭诚"作状语修饰"拜",意义重心落在"拜"上,句子主要表达的是"拜",而不是"竭尽诚心",此句中"竭诚"主要起修饰作用,其意义已经虚化,去掉"竭诚"并没有改变原句的主要含义,但去掉"拜"则会改变原句的主要含义。例(21)也是如此,去掉"竭诚",并不改变原句主要意义,但去掉"焚香"则会改变原句意义,说明此句中"竭诚"只起修饰作用,作状语修饰"焚香",句子重心在"焚香"上。

虽然"竭诚"已经可以在"竭诚＋VP"中作状语,但"竭诚"仍未完全词汇化为一个副词,因为此时的"竭诚"还是以述宾短语的身份作状语,而不是以副词的身份作状语:

(22) 胡无翳知道他是个高僧,就在他那庵中住了锡,沐浴更衣,竭诚到他关前求见。(《醒世姻缘传》第一百回)

在例(22)中,句子重心是"求见","竭诚"与"到他关前"共同作状语修饰"求见"，"竭诚"并未与"求见"紧密相连，而是置于"到他关前"之前，说明"竭诚"并不是一个副词，而是述宾短语作状语。

我们认为，"竭诚"是在清朝完全词汇化为副词的，此时出现了"竭诚＋的＋VP"的搭配，也出现了程度副词"愈"修饰"竭诚"的情况：

(23) 有一个甚么洋行的买办，叫做甚么舒淡湖，因为做生意起见，竭诚尽瘁的巴结。（清《二十年目睹之怪现状》第六十五回）

(24) 三缄心甚惊讶，知非得道者居此，不能有异如是，愈竭诚以跪之。（清《绣云阁》第二十八回）

例(23)中，"竭诚"和"尽瘁"共同作状语修饰"巴结"，中间用了"的"来连接，此处的"竭诚"已经是一个副词。而例(24)中，"愈竭诚以跪之"的意思为"更加竭尽忠心地来跪拜他"，程度副词"愈"修饰副词"竭诚"。

5. "竭诚"词汇化的动因

5.1　高频使用

高的使用频率是词汇化过程中不可或缺的重要条件。美国语言学家 Bybee(1994)认为，语法化最重要的一个特征就是不断地重复，促使一个词语语法化进程的必要条件就是它具有足够高的使用频率，使用频率越高的实词就越容易语法化，也就越容易虚化为语法标记，其结果反过来又提高了该形式的使用频率。"竭诚"能够词汇化与其被频繁地使用有着必然的联系。如前面表1所示，从北宋开始，"竭诚"的使用频率上升，而也正是在北宋，"竭诚"开始了其词汇化的过程。如果"竭诚"没有被长期地频繁地使用，只是偶尔出现几次，那么它是无法词汇化为副词的。

5.2　句法位置

述宾短语"竭诚"产生之后,在句法搭配上有两种情况,一是"竭诚"与其近义短语形成并列结构,二是"竭诚"与其他短语形成连动结构,其中第二种情况连动结构是"竭诚"词汇化为副词的基础,因此我们只讨论该结构内"竭诚"的句法位置变化对"竭诚"词汇化的影响。在连动结构"竭诚＋VP$_2$"中,一开始"竭诚"和 VP$_2$ 都是主要成分,二者的顺序可以颠倒,此时的"竭诚"没有词汇化为副词的条件。但是到了北宋,随着整个连动结构的表意重点逐渐落在"竭诚"之后的 VP$_2$ 上,"竭诚"逐渐开始虚化,连动结构"竭诚＋VP$_2$"也开始转变为偏正结构"竭诚＋VP$_2$",这就为"竭诚"词汇化为副词提供了必要的条件。

5.3　语义融合

词汇化是指从非词汇单位变为词汇单位的过程。"竭诚"作为一个述宾短语,根据董秀芳(2011),其成词的语义条件主要有:动词成分的动作性弱,宾语成分具体性低,动词成分对宾语成分的影响度小。动作性弱是指没有一个外部的明显可见的动作,而"竭诚"中"竭"的动作性并不高;"诚"是"诚心,忠诚"之意,其具体性也较低;至于"竭"对"诚"的影响度,"诚"不会因"竭"所表示的动作行为的作用而发生状态的变化,故"竭"对"诚"的影响度小。述宾短语"竭诚"满足上述所说的述宾短语成词所需的语义条件,这为其发生词汇化提供了可能性。

5.4　认知机制:组块的心理过程

董秀芳(2002)认为,句法单位变为复合词的过程实际上可以看作是一个由心理组块造成的重新分析过程。"组块"(chunking)这一概念最初由美国心理学家 Miller 于 1956 年提出,他注意到人脑处理所听到的信息时大多依赖短时记忆,而短时记忆的时间和容量都是有限的:时间上,如某一信息未被复读,那么该信息将在大约 10 秒后消退;容量上,短时记忆能储存的最大容量为 7±2 个单元，但是尽管如此，人类还是能在信息处理时克服短时记忆的有限性，他将克服短时记忆有限性的策略称之为"组块"。陆丙甫于 1986 年进一步说明，人脑在理解句子时，为了减少记忆上的负担，会选择一边听一边及时处理，将能组合在一起的尽量组合在一起，这种处理方式就是认知心理学中所说的"组块"。

"竭诚"中"竭"与"诚"在线性顺序上相邻，到了北宋时期"竭诚"开始频繁使用，久而久之语言的使用者也就是当时的人们渐渐将它们看作一个整体来加以处理，而不再对其进行内部分析，这样"竭"与"诚"之间的语法距离缩短，二者相互依赖，渐渐从原有的语法关系中脱胎出来了。同时，"竭诚"常位于 VP 之前，在大量的使用后，人们容易在心里默默将其认为是一个作状语修饰后面 VP 的整体成分，因而促进了"竭诚"词汇化的发生。

现代汉语中的"竭诚"是一个副词，现在的语言使用者只知道"竭诚"作为副词是"竭尽忠诚；全心全意"的意思，而由于"竭诚"中的"竭"已经不再是一个词语而是一个语素，很多人要通过"竭尽"之类的词才能联想到"竭"大概是什么意思，"诚"也失去了原有的表"诚心，忠诚"之意的名词身份，在"竭诚"里也只是一个表"诚心，忠诚"之意的语素，这就说明经过重新心理组块后，"竭"与"诚"之间原来较为清晰的理据性逐渐变得模糊，此时作为语素的"竭"与"诚"之间已经没有什么语法距离可言，二者紧密相连。

6. 结语

综上所述，述宾短语"竭诚"产生于汉代，当时它在句法搭配上有两种情况，一是"竭诚"与其近义短语形成并列结构"竭诚＋VP_1"或"VP_1＋竭诚"，二是"竭诚"与其他短语形成连动结构"竭诚＋VP_2"。"竭诚＋VP_2"的产生是"竭诚"得以词汇化的基础。

"竭诚"于北宋开始它的词汇化进程，经过明朝的进一步虚化，到了清朝"竭诚"已经完成了它的词汇化进程，由一个述宾短语变成了一个副词。

在词汇化过程中，使用频率、句法位置、语义融合和认知机制是"竭诚"词汇化为副词的动因和机制。使用频率上，"竭诚"需要被高频使用才有词汇化的可能。句法位置上，"竭诚"只有从谓语位置位移到状语位置，它才能开始词汇化。语义融合上，要从"竭诚"作为一个述宾短语入手，从这类结构的成词条件来看"竭诚"是否有成词所需的语义条件。最后，认知机制是短语成词的最重要的机制，"竭"与"诚"大量地在线性顺序上相连，人们渐渐将其处理为一个整体，这是"竭诚"成词的重要机制。

参考文献

董秀芳　2011　《词汇化：汉语双音词的衍生和发展》，北京：商务印书馆。

陆丙甫　1986　语句理解的同步组块过程极其数量描述，《中国语文》第2期。

王寅、严辰松　2005　语法化的动因、特征和机制——认知语言学视野中的语法化研究，《解放军外国语学院学报》第4期。

张谊生　2000　论与汉语副词相关的虚化机制——兼论现代汉语副词的性质、分类与范围，《中国语文》第1期。

Miller, G. A. 1956　The magical number seven, plus or minus two: Some limits on our capacity for processing information,《Psychological Review》。

"差一点(没)VP"句式中的交际博弈及其句法效应

鲁承发(上海师范大学人文学院)

1. 引言

"差一点(没)VP"[①]句式(下文简称为"差一点"句式),目前都采用先形式二分、后意义考察的研究范式,这一范式是由朱德熙(1959,1980)创立的。朱先生先根据句中是否含有"没"字,将"差一点"句式二分为肯定形式的"差一点 VP"句式和否定形式的"差一点没 VP"句式,发现这两种句式的语义真值是不对称的:肯定句式的语义真值都是"没 VP",而否定句式的语义真值有"VP"与"没 VP"两种。为了鉴别否定句式的语义真值,朱先生又分析了事件"VP"的意义类型,得到下表(参见朱德熙,1980):

表 1　朱德熙先生关于"差一点"句式的类型划分

事件类型	肯定形式(差一点 VP)	否定形式(差一点没 VP)
企望事件	A 差一点买着了＝没买着	B 差一点没买着＝买着了
不企望事件	C 差一点摔倒了＝没摔倒	D 差一点没摔倒了＝没摔倒
中性事件	E 毕业以后,我差一点当了数学老师＝没当	F 毕业以后,我差一点没当数学老师＝没当

朱先生的结论是:当"VP"为企望事件时,"差一点没 VP"句式的语义真值是"VP";当"VP"为不企望事件或中性事件时,语义真值是"没 VP"。

继朱先生之后的研究,基本都认可先形式二分的做法,只不过有些学者不认可"企望"这个意义标准,他们先后提出应该用"积极成分"(毛修敬,1985;石毓智,1993)、"趋向"(董为光,2001)、"合意"(侯国金,2008)等标准来替代。(参见鲁承发,2014)这些研究使得"企望说"更加完善,但是,瑕不掩瑜,我们认为,目前"企望说"还存在两个问题未得到解决:第一,句式类型与句法特点的匹配问题。这一点朱先生(1980:279)也有提及,他说,"A、B、C 跟 D 是对立的,如果没有 D 式,A、B、C 本来是一个内部一致的系统。"即,从形式上来看,"差一点"句式被二分为肯定句式(A、C、E)和否定句式(B、D、F);但是,从句法特点来看,可以二分为常规句式(A、B、C、E)和羡余否定句式(D、F)。这样,句式类型的划分与句法特点的差异就不相匹配。第二,还存在一些语言事实,用"企望说",乃至其他的观点,都无法解释。如,

(1) a. 我差一点就中奖了。(没中奖)

    b. ?? 我差一点就按时吃药了。(没按时吃药)(转引自董为光,2001)

(2) a. 这次考试太简单了,我差一点没考了满分!(没考满分/?? 考了满分)

    b. 28 岁的乌尔梅最近状态极佳,几天以前在世界杯比赛中,差一点没打破世界纪录!(没打破/?? 打破了)

例(1)两例都是"差一点"肯定句式,为什么(1a)可接受,(1b)不可接受? 例(2)两例都是"差一点"否定句式,按照"企望说",当"VP"为企望事件时,否定句式的语义真值为"VP";"考满分""打破世界纪录"都是企望事件,因此,两句的语义真值应该是"考了

满分""打破了世界纪录"。但是，根据我们的调查，关于例（2），有
两种观点：一是，大多数人认为这两句话可接受，但语义真值分别
为"没考满分""没打破世界纪录"；二是，也有部分人认为，例（2）
两例不能成为实际话语。不过，无论哪种观点，都认为这两句话
不表达"考了满分""打破了世界纪录"。那么，为什么有人会将例
（2）作为"企望说"的反例，又为什么还有人认为例（2）不能成为实
际话语呢？

　　为了厘清上述问题，本文将对"差一点"句式再进行研究。与
以往的研究相比，本文有两点不同：一是，在研究思想上，采用基
于用法的语法研究，即通过考查交际双方如何使用和理解"差一
点"句式，来考查其句法特点；二是，在研究方法上，试图打破形式
二分的研究范式，采用意义统辖形式的方法，从而使得句式类型
与句法特点相互匹配。本文的行文思路是：先从听话人角度，分
析"差一点"句式的理解策略；然后从说话人角度，分析"差一点"
句式的基本用法，其研究对象是"差一点"常规句式；再分析"差一
点"句式的创新用法，其研究对象是"差一点"羡余否定句式；最
后，对"差一点"句式的用法规则与语法特点进行总结。

2. "差一点"句式的理解策略

　　"差一点"句式中的事件都是已然事件（毛修敬，1985），其语
义真值，"VP"或"没VP"，都是一个个事实，可称为事实性定识。
关于事实性定识的获知方法，Sperber & Wilson（2008：108）认为
有四种："知觉、语言解码、定识与记忆中储存的定识图式及演
绎"。"差一点"句式中，听话人身处现场，用知觉系统来感知事实
的机会是很少的，所以听话人主要是通过后三种方法来理解"差
一点"句式，即语言解码、定识、记忆中储存的定识图式及演绎。
并且，这三种方法分别针对以下三个不同的事件类型，即：不可预

期事件、已知事件与可预期事件。

2.1　已知事件的理解策略

为了论述的方便,先来看已知事件,它是指听话人事前已了解当前所谈论事件的实际结果。这样,听话人就可以根据已有的"定识"来理解语义真值。如:

(3) 昨天晚上我差一点没去找你。

昨天晚上,说话人有没有去找听话人,听话人作为当事人,当然知道事情的结果。如果实际情况是"找了",语义真值就是"找了";如果"没找",语义真值就是"没找"。

2.2　未知事件的理解策略

2.2.1　可预期事件与不可预期事件

与已知事件相对的,是未知事件,指听话人事前不了解当前这个事件的实际结果。对于未知事件,听话人会根据常识来理解。而根据常识,事件又可分为两种:可预期事件和不可预期事件。在界定这两种事件前,先要引入一个概念"事态",它是事件的下位概念,一个事件总有两种矛盾的事态,如"摔倒"事件的两矛盾事态就是"摔倒"与"没摔倒"。可预期事件,指事件的两矛盾事态发生可能性高低存在定识图式(assumption schema)。如"考满分"事件,常识中,无论是容易的考试,如"开卷考试",还是困难的考试,如"司法资格考试","考满分"与"没考满分"相比,前者发生概率总是低的,是低可能事态,后者是高可能事态。不可预期事件,指事件的两矛盾事态发生可能性不存在定识图式,如"考及格"事件,像"开卷考试"这种容易的考试,"考及格"是高可能事态,而像"司法资格考试"这种困难的考试,"没考及格"是高可能事态,所以未明确具体考试类型的情况下,无法根据常识来判定"考及格"的哪种事态发生可能性更高。

上面分析了可预期事件与不可预期事件的内涵,至于其外延,还值得深入研究。就"差一点"句式来看,可预期事件主要包括通常所说的偶然事件与道义事件。偶然事件，是根据事态的发生概率来判定的，如"中奖""摔倒""广州冬天下雪"等；道义事件，是指事态合道义与否，可以用"应该"来测试，这样的事件如"按时上班""打人""课堂上睡着"等。

2.2.2　可预期事件的理解策略

针对可预期事件，听话人会采用"定识图式及演绎"的理解策略。Sperber & Wilson(2008：108—111)认为，人类的认知系统是二阶的，大脑不仅贮存着定识，还以高低程度不等的信心来持有定识，这些高低程度不等的信心被称为"定识的力度"。"当发现两个定识互相抵触时，如果有可能比较两者的力度且其中一个的力度强于另一个，那么演绎设施就会自动删除较弱的定识。""差一点"句式的语义真值只有两种，"VP"与"没 VP"，它们是相互抵触的矛盾事态，又由于可预期事件存在定识图式，可以据此比较两矛盾事态的力度。其中，发生可能性高的事态，对其实际发生的信心就大，其力度就强，所以听话人会选取高可能事态成为语义真值。如：

(4) a. 对着空门，球差一点没踢进去！（踢进去了）

　　　b. 守门员后场一脚长传，球差一点没踢进对方的大门！
　　　　（没踢进去）

(5) a. 我差一点没按时上班。（按时上班了）

　　　b. 我差一点没迟到了。（没迟到）

(4a)中，根据发生概率，"对着空门踢进去"比"对着空门没踢进去"发生可能性高，所以语义真值是"踢进去了"；(4b)的可接受度稍弱，后文将会解释其可接受度弱的原因，不过，如果承认其可接受的话，那么只能理解为"没踢进去"。因为，常识中"后场传球没踢进去"比"后场传球踢进去"发生的可能性高。例(5)中，根据社会道义，"按时上班"与"没迟到"都是合道义事态，应当发生，是高可能事态，所以成为语义真值。

2.2.3　不可预期事件的理解策略

针对不可预期事件,听话人就会采用正常的"语言解码"方式来理解,如:

(6) a. 我差一点买到了那本书。(没买到)

　　b. 我差一点没买到那本书。(买到了)

由于"差一点"相当于一个否定词(朱德熙,1980),所以(6a)会被理解为"没买到";而(6b)被理解为双重否定句式,语义真值为"买到了"。

2.3　小结

以往的研究基本上都使用"事件"这一概念,而本文引入"事态"这一概念后,可以使分析更为简化。这是因为事件总是肯定形式(VP),而事态有两种形式,"VP"与"没 VP",对事态进行意义分类,就可以统辖其形式,如"按时上班"与"没迟到"都是高可能事态,但前者为肯定形式,后者为否定形式。即,"差一点(没)VP"可做如下分析:

$$差一点(没)VP =差一点+(没)VP$$
$$=差一点+事态$$

这样,听话人理解"差一点"句式时,就不需要先分辨句式是肯定还是否定,而只需要分辨事态的意义类型,就可以选择相应的理解策略。上文从听话人角度,使用层层二分法,划分出四种事态类型,如下图表示:

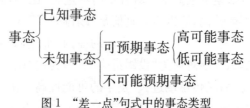

图 1　"差一点"句式中的事态类型

综上,"差一点"句式的理解策略可归纳为:事态为已知事态时，语义真值必须与已知的结果相符。事态为未知事态时，听话人会判断事态是可预期事态，还是不可预期事态。若是前者，他总是选择力度强的高可能事态作为语义真值；若是后者，则采用正常的语言解码方式，选择与句中事态相矛盾的不可预期事态作为语义真值。这一理解策略可简写如下：

差一点（没）VP＝已知事态∪高可能事态∪不可预期事态

由于事态的类型，在最末端只包括"已知事态、高可能事态、低可能事态、不可预期事态"四种，其中的三种都有机会成为语义真值，只有低可能事态不能，所以，以上的理解策略还可以改写为：

差一点（没）VP≠低可能事态

听话人的理解策略，需要得到说话人的配合才能奏效，如果说话人以低可能事态作为语义真值，就会导致交际失败。下面就来看看说话人是如何使用"差一点"句式，又是如何配合听话人的理解策略的。

3. "差一点"句式的基本用法

3.1 "差一点"句式的使用动因

分析"差一点"句式的使用动因，就是分析说话人到底想表达什么样的语义，才会使用这一句式。《现代汉语八百词》将"差一点"句式的句式义概括为："表示某种事情几乎实现而没有实现，或几乎不能实现而最终实现。"（吕叔湘，1980：46）这是其基本句式义，渡边丽玲（1994）、杨晓宇（2011）指出，"差一点"句式还需要一个必备的语用条件，即"意外感"。我们认同这一看法，并认为，这一"意外感"是由于事件的结果严重偏离了说话人的预期造成的。举例来说：假定张三平时成绩特别差，而李四平时成绩特别好，若两人都考了 59 分，即，对两人来说，"考及格"都是几乎实现而未实现，但是，此时"差一点"句式只能用来描述张三：

(7) a. 张三平时成绩特别差,这次考试竟然差一点就考及格了。

　　b. ?? 张三平时成绩特别差,这次考试竟然没考及格。

(8) a. ?? 李四平时成绩特别好,这次考试竟然差一点就考及格了。

　　b. 李四平时成绩特别好,这次考试竟然没考及格。

如果两人都考了61分,情况又正好相反:

(9) a. ?? 张三平时成绩特别差,这次考试竟然差一点没考及格。

　　b. 张三平时成绩特别差,这次考试竟然考及格了。

(10) a. 李四平时成绩特别好,这次考试竟然差一点没考及格。

　　b. ?? 李四平时成绩特别好,这次考试竟然考及格了。

无论事件的结果是"没考及格"(59分),还是"考及格了"(61分),对于张三的描述,总是"考及格"入句;而对于李四的描述,总是"没考及格"入句,其原因就在于说话人的预期不同。Dahl(2000:26—27)认为,话语中语言成分所传达的信息,可分为"预期信息""中性信息"与"反预期信息"三类。这三类信息的信息量是不同的:反预期信息的信息量最大,预期信息的信息量最小。由于张三平时成绩特别差,所以说话人会预期,或在潜意识中预期:此次考试,张三应该考不及格,即"没考及格"合预期,"考及格"反预期。由于反预期信息承载的信息量大,更易受到关注,所以,正常情况下,说话人总是让反预期事态,即"考及格"进入"差一点"句式。同理,描述李四时,会让"没考及格"进入句式。

　　以上,是从事态角度看的。如果从分数角度看,由于张三平时成绩差,所以,说话人会预期张三这次的分数应该会比较低,比如40到50分,甚至更低。但是,考试的结果是59分,这一分数已经严重偏离了说话人的预期。只是,这种偏离只是量上的偏离,如果从质上来看,40分与59分都属于"没考及格",即量变没有引起质变,此时就可以使用"差一点"句式,即(7a)。李四平时成绩好，所以会预期这次的分数比较高，比如 80 到 90 分。但是，考试的结果是 59 分，量上也严重偏离了预期，并且，59 分已经突破了临界点 60 分，已经属于"没考及格"，此时，不能使用"差一点"句式，即（8a）不可接受。不过，如果分数是 61 分，它没有突破临界点，就可以使用"差一点"句式，即（10a）。（7a）与（10a）的句式义都可归纳为：反预期事态接近于实现而未实现。其中，（7a）的反预期事态是"考及格"，是肯定形式，形成"差一点 VP"句式（即 A、C、E 式）；而（10a）的反预期事态是"没考及格"，是否定形式，形成"差一点没 VP"双重否定句式（即 B 式）。

　　综上，"差一点"句式的使用动因可概括为：当事件的结果在量上严重偏离说话人的预期，但是，又未突破临界点，在质上仍未违反预期时，说话人会使用"差一点"句式。量上的偏离，可以进一步抽象为事态发生可能性量值的偏离。以（7a）为例，原先的预期中，张三"考及格"发生可能性很低，但是，实际的结果是，已经非常接近于发生了，说明其实际发生可能性很高，即"考及格"事态的发生可能性从预期低值量变为实际高值，但并未引发质变。

3.2 "差一点"句式的使用限制

　　"差一点"句式具有"偏离预期"义，但由于信息的不对等，听说双方预期的方法往往是不同的：说话人充分掌握所谈论事件的相关信息，所以他可以根据这一特定事件的具体信息来预期；听话人不一定掌握所谈论事件的相关信息，所以他主要根据话语中提供的信息及自己的常识来预期。因为预期方法的不同，交际双方对于事态的预期结果就可能不同。此时，交际双方就存在博弈、协调的问题。吴炳章（2009：43—44）指出，"语言运用在交际层面是一种策略行为，交际本身就是博弈。""在博弈格局中，玩家总是相对于对方的策略（或者可能的策略）来选择自己的行动策略，以期最大的收益。"由于说话人获得收益的前提就是让听话人准确理解自己的表达意图，所以交际博弈在本质上应该是正和博弈

（positive-sum game）②，说话人会根据听话人的预期策略，适时调整自己的话语策略，以保证交际的顺畅。这可以从两方面来看③：

3.2.1　当"（没）VP"自身是不可预期事态时，就需要借助语境来预期，且表现出很强的语境敏感性。此时，说话人有两种方法来配合听话人：

一是提供语境信息。如④：

(11) a. 大化将老设备开足马力超负荷地生产，到 1976 年，居然破纪录地生产了 19.91 万吨，差一点就达到 20 万吨的国家要求。

　　 b. 作为一个女人，我非常喜欢孩子。我生育了四个孩子，还差一点领养了一个女孩。

　　 c. 那不是赵雅芝嘛，我差一点没认出来。

　　 d. 我不是球迷，却差一点将第十五届世界杯足球赛的五十二场之争全部看过。

"达到 20 万吨""领养了一个女孩""没认出来""全部看过"都是常识中的不可预期事态，如果说话人只说"差一点"所在的小句，虽然听话人也能正确识解语义真值，但是，不能充分传达"反预期"语义。为此，说话人前置了小句，以提供相关语境信息，即"设备老"、"生育了四个孩子"、当红名星"赵雅芝"、"不是球迷"，以提示听话人句中的事态都是反预期的。

二是去除不协调的语境信息。以某次"开卷考试"为例。一般来说，开卷考试考及格是合预期的，但是，对于一个考前毫无准备，临场发挥又不好的人来说，他会预期分数可能很低，"考不及格"合乎预期。假如，结果他考了 59 分。此时，已经满足"差一点"句式的所有语义要素。但是，他一般会使用(12c)，而不使用(12a)、(12b)：

(12) a. ?? 这次开卷考试，我竟然差一点就考及格了。（没考及格）

　　 b. ? 这次开卷考试，我毫无准备，竟然差一点就考及格

了。(没考及格)

  c. 这次考试,我毫无准备,竟然差一点就考及格了。

   (没考及格)

  (12a)中有提示信息"开卷考试",听话人会根据定识图式认为"开卷考试考及格"是合预期的,说话人表达的是"考及格"反预期,这样就会导致交际失败,所以句子不可接受。(12b)中,虽然增加了"毫无准备"这一提示信息,但是听话人会认为,即使毫无准备,开卷考试考及格也应该是高可能的,所以还是不太认可"考及格"的反预期性,句子可接受度也较低。(12c)中去除了"开卷"这一干扰语境信息,听话人就不会受到误导,句子便容易接受了。上文的(8a)、(9a)不可接受,也是因为存在不协调的语境信息。

  3.2.2 当"(没)VP"自身是可预期事态时,说话人一般会以常识中的低可能事态作为反预期事态。并且,这类句子的事态对外在的语境信息不敏感,说话人是否提供语境信息,是比较自由的。如:

  (13) a. 教站的会计给这一带学校的老师送工资和民办教师
     补助金时,在路上差一点被抢了。

    b. 火箭队首发的 5 名球员得分全部达到两位数,弗朗
     西斯差一点就实现"三双"。

    c. 这袋苹果是我经过 M 国时买的,想不到差点惹下
     大祸!

    d. 要不是你,我也不知道,这制度差点叫咱干部带头破
     坏了。

  (13a)与(13b)中,"被抢"和"实现'三双'",都是低可能事态,说话人将其作为反预期事态时,即使句中没有其他提示成分,听话人也很容易理解其"反预期性"。当然,说话人也可以提供语境信息,如(13c)、(13d)中,"惹下大祸"是偶然事态,"破坏"是不合道义事态,它们都是低可能事态,句中还提供了"想不到""我也不知道"等信息,加强"反预期性"。如果,说话人以常识中的高可能

事态作为反预期事态，一般不被接受，如（1b），"按时上班"是合乎道义的高可能事态，它作为反预期事态进入"差一点"句式时，就很难得到听话人的共鸣，所以可接受度很低。

另外，当"（没）VP"自身为可预期事态时，还可以出现与事态预期值不协调的语境信息，以提示表达意图。如：

（14）a. 今天下雪，路太滑了，我差一点就摔了一跤。（没摔）

　　　b. ?? 今天下雪，路太滑了，我差一点没摔一跤。（摔了）

（15）a. 这次考试太简单了，我差一点考了满分！（没考满分）

　　　b. ?? 这次考试太简单了，我差一点没考了满分！（考了满分）

两例中，"摔跤"为不企望事件，"考满分"为企望事件，其企望值虽然不同，但是，由于两者预期值相同，导致它们入句后的句法表现相同。常识中，"摔跤"是低可能事态，即使提供了"下雪天路很滑"这一语境信息，也不能逆转其定识图式，因为"下雪天摔跤的人"与"下雪天没摔跤的人"相比，前者仍然是少数。同理，即使是非常简单的考试，"考了满分"与"没考满分"的人相比，前者也仍然是少数。即，听话人仍然会认为"摔跤""考满分"是低可能事态，低可能事态可以作为反预期事态，所以（14a）、（15a）可以接受；高可能事态不能作为反预期事态，所以（14b）、（15b）不可接受。另外，例（14a）、（15a）中，之所以要加入这些与预期不和谐的语境信息，在于说话人想提示听话人其表达意图：用"我"都接近于摔跤了，说明路很滑；用接近于打破世界纪录，说明状态佳。也就是说，"下雪天路滑""状态极佳"这些信息并不是附加的，而是整句的语义表达重心。而前文所举的例句中，语境信息一般是附加的，并不是语义重心，如（11d），说"我不是球迷"，只是为"差一点"小句提供背景信息。

综上，在听话人预期策略牵制下，能进入"差一点"常规句式的事态，或是常识中的低可能事态，或者是语境信息提示下的低可能事态。常规句式中，"差一点"表否定义，即，入句的低可能事态被否定，所以，语义真值不会是低可能事态，从而顺应了听话人的理解策略。

3.3　语境信息隐现的句法后果

前文已述，语境信息对自身不可预期的"（没）VP"影响显著。不过，在交际过程中，语境信息既可以显性出现在句中，也能以背景信息的形式存在，比如：

（16）a. 广州去年冬天差一点下雪了。（没下雪）

　　　b. ?? 广州去年冬天差一点没下雪。（下雪了）

（17）a. ?? 沈阳去年冬天差一点下雪了。（没下雪）

　　　b. 沈阳去年冬天差一点没下雪。（下雪了）

"广州冬天下雪"是低可能的反预期事态，它可以进入常规句式，所以（16a）可接受。如果广州冬天真的下雪了，一般会说成"广州去年冬天竟然下雪了"，所以（16b）不可接受。对"沈阳冬天下雪"的预期相反，所以句法表现也相反。此时，如果交际双方都知道谈论的地点是广州，那么（16a）就可以说成（18a）；同理，如果双方都知道谈论的地点是沈阳，（17b）也可以说成（18b）：

（18）a. 去年冬天这里差一点下雪了。（没下雪）

　　　b. 去年冬天这里差一点没下雪。（下雪了）

（16）、（17）中，存在着句子可接受与否的对立，而（18）中这种对立就消失了。这是因为，从字面上看，（16）、（17）中的事态，"广州冬天没下雪"与"沈阳冬天下雪"都是可预期事态，而（18）中的事态，"冬天下雪"在未明确地点情况下，是不可预期事态。可以依据这样的句法特点，将"差一点"常规句式分为两类：一是，"差一点＋可预期事态"句式（句式Ⅰ），其句法特点是，只允许低可能事态进入，高可能事态不被允许进入，即存在"差一点＋高可能事态"这一句式空位；二是，"差一点＋不可预期事态"句式（句式Ⅱ），其句法特点是，两矛盾事态都可以进入，不存在句式空位。

这是句法层面的分类,但在表达层面,句式Ⅰ、句式Ⅱ都表达"(反预期)事态接近于实现而未实现",只不过前者的"反预期"性质会在句中显性出现,而后者以背景形式存在。不过,在长期使用中,以背景形式存在的"反预期"特征也可能脱落,所以本文在"反预期"之上加了括号,表示事态具备"反预期"特征是典型用法,少数情况下,也可能不具备这一特征。

4. "差一点"句式的创新用法

"差一点"句式交际博弈的首个回合中,说话人退让了一步,顺应了听话人的预期策略,形成了句式空位。而在博弈的第二回合中,说话人又利用这一句式空位,在语用动因的驱动下,进行使用创新,生成了羡余否定句式。本节将先讨论"差一点"羡余否定句式的类型,然后讨论其生成机制,最后讨论其句式义。

4.1 "差一点"羡余否定句式的类型

朱德熙先生将"差一点"羡余否定句式分为D、F两种类型,这是有道理的,因为两种句式的事态类型与句法特点都不同,如:

(19) a. 杯子差一点没打碎了。(没打碎/?? 打碎了)

　　　b. ?? 杯子差一点就没打碎。(打碎了)

(20) a. 毕业以后,我差一点没当数学老师。(没当/当了)

　　　b. 毕业以后,我差一点就没当数学老师。(当了)

例(19a)中的事态是"没打碎",它是可预期的高可能事态,根据理解策略,本句会被理解为"没打碎",而不能理解为"打碎了",即(19a)不存在歧义。例(20a)中,由于交际双方是熟人,听话人应当知道说话人的职业。此时,例(20a)的事态就是已知事态,如果已知信息是"我当了数学老师"(此称为肯定形式已知信息),那么其语义真值就是"当了",此句就是双重否定句式;如果已知信息是"没当数学老师"(此称为否定形式已知信息),那么其语义真值就是"没当",此句就是羡余否定句式。也就是说,例(20a)是一个歧义句。但是,由于听说双方都了解相关信息,并不存在理解困难。而对于不了解相关信息的第三方,亦或听话人并不了解相关信息时,理解例(20a),就存在障碍了。

以上的句法差异,还可以通过加"就"来测试,(19b)不可接受,(20b)可接受。可以根据这样的句法差异,将"差一点"羡余否定句式的两种类型重新界定为:一是,"差一点+高可能事态"句式(句式Ⅲ),其句法特点是,不存在歧义;二是,"差一点+否定形式已知事态"句式(句式Ⅳ),其句法特点是,存在歧义。

4.2 "差一点"羡余否定句式的生成机制

关于其生成机制,沈家煊(1999)提出了"糅合说",江蓝生(2008)认为是概念的叠加,导致了构式的整合,并提出了句式空位的思想;袁毓林(2013)在此基础上认为,句式空位提供了生成的可能,而语用动因是促使其最终生成的推动因素。帅志嵩(2014)还从历时演化的角度对句式空位的产生进行了分析。这些学者的研究,非常深入且富有启发性。本文将在这些研究成果的基础上进一步细化,体现在两方面:一是认为"差一点"羡余否定句式有两种类型,两种类型的生成机制稍有区别;二是认为"句式空位"的产生就源于"差一点"句式本身。

4.2.1 句式Ⅲ的生成机制

句式Ⅲ是句式Ⅰ添加"没"形成的。促成这一添加操作的条件有二:句式空位与语用驱动。

4.2.1.1 句式空位

袁毓林先生(2013:56—57)认为,由于双重否定句式只适于表达正面的评价意义,不适于表达负面的评价意义,造成了"句式空位"的产生。我们不认可这一观点,因为,双重否定句式也可以表达负面的评价义,比如,上文的(10a),虽然最终的结果是"考及格了",但是,说话人是负面的评价义。我们认为,句式空位源于

"差一点"句式本身,即"差一点＋高可能事态"常规句式不可接受。由于高可能事态有肯定形式与否定形式两种,所以其句式空位也存在两种形式。如果以"VP$_{低}$""VP$_{高}$"分别表示肯定形式的低可能事态和高可能事态,那么"没VP$_{低}$"和"没VP$_{高}$"就是否定形式的高可能事态和低可能事态,其形成的句式空位如下:

表2　句式Ⅰ的句式空位

句式	低可能事态		高可能事态	
肯定形式	差一点 VP$_{低}$	差一点摔倒	＊差一点 VP$_{高}$	＊差一点按时上班
否定形式	＊差一点没 VP$_{低}$	＊差一点没摔倒	差一点没 VP$_{高}$	差一点没按时上班

虽然存在着"差一点没 VP$_{低}$"与"差一点 VP$_{高}$"这两种句式空位,但是,句式Ⅲ只占用了"差一点没 VP$_{低}$"这一句式空位。

4.2.1.2　语用动因

袁先生(2013:56—57)所说的语用动因,是指"乐观假设",即人们倾向于谈论或强调积极、光明的事物。我们同意这一观点。在"差一点"句式中,当"VP$_{低}$"同时是不企望事态时,说话人为了凸显事情的结果是否定形式的企望事态时,就会有添加显性否定词"没"的语用需求,又由于"差一点没 VP$_{低}$"这个句式空位的存在,不会造成误解,使得这种添加最终成功。如,"差一点摔倒了",其语义真值是"没摔倒",在趋利避害心理的作用下,为了凸显最终的"没摔倒"这一企望事态,说话人就在句中添加"没",从而形成羡余否定句式"差一点没摔倒了"。

语用动因除了乐观假设外,还有一种,即体现主观性。这是由于"差一点"羡余否定句式是由说话人的添加操作形成的,这种添加操作是说话人自我印记的一种体现,所以这一句式带有很强的主观性。江蓝生(2008:487)说,"差一点"羡余否定句式"不仅描述真实世界中的一种事态,而且也表达出说话人对该事态的态度或看法,语句中同时传递出一种主观性的评价意义。"除了评价意义外,这一句式的主观感情色彩也是很浓烈的,李忠星(1999:63)说,这一句式"语气更强烈,更有力,更能表达某种或怨或恨,或喜或忧,或悔或惜,或嘲或讽,或庄或谐等情绪、意趣。"

由于"差一点"羡余否定句式具有主观性的特点,有时,说话人为了体现主观性,甚至可以对某些企望事态的句子进行添加操作。如前文的例(2),"考满分""打破世界纪录"都是企望事态,说话人之所以会添加"没",是因为他想体现主观性,渲染自己的感情色彩,强调"考试简单""状态极佳",两句中所使用的"太""极"等词,也体现了浓烈的主观感情。前文的(4b)也是同样的道理,说话人是想通过羡余否定句式,来强调"后场长传竟接近于进球"是令人惊讶、不可思议的。不过,体现主观性,需要强语境的支持,导致这种语用动能并不如乐观假设强,所以有人认可例(2)、(4b),也有人不认可。

从以上的分析可知,"乐观假设"驱动下生成的羡余否定句式,"企望说"都具有解释力;而由"体现主观性"驱动生成的羡余否定句式,往往都是"企望说"的反例,包括下文的例(23)。

4.2.2 句式Ⅳ的生成过程

句式Ⅳ是由句式Ⅱ添加"没"形成的。这一过程,同样需要空位和语用动因两大要素,不过,这个空位应当称为句子空位。

4.2.2.1 句子空位

句式Ⅱ中,两矛盾事态都可进入,语法系统中不存在句式空位。但是,在实际使用时,说话人事实上只可能让两矛盾事态中的某一种事态进入句式。比如,考了59分,说话人只能说"我差一点考及格了",而不能说"我差一点没考及格"。也就是说,此时"我差一点没考及格"实际上是一个句子空位,只不过,这个句子空位说话人是知道的,但听话人一般不知道。但是,如果句式Ⅱ

中的事态，同时是已知事态时，听话人就可以知道这一句子空位，如：

> （21）父子都坐下，老人搓着手说："差点没见着你，春子!"（老舍\杀狗）

> （22）昨天晚上，我差一点去找你了。（转引自朱德熙，1959）

例（21）中，父子已经在当面说话了，已经"见着了"，此时，说话人只能说"差点没见着你"，听话人知道"差点见着你"这一句子空位的存在。例（22）的语义真值是"没找"，由于听话人是当事人，知道这一信息，所以，"昨天晚上，我差一点没去找你（找了）"这个句子空位，听话人也知晓。也就是说，句式Ⅱ的句子空位也存在两种形式：肯定形式，如例（21）；否定形式，如例（22）。句式Ⅳ只占据了否定形式的句子空位。

4.2.2.2　语用动因

导致句式Ⅳ生成的语用动因是为了体现主观性，如：

> （23）我卡捷琳娜·伊万诺芙娜的爸爸是位上校，差一点没当上省长，有时他家里大宴宾客，一请就是四十个人。（翻译作品\罪与罚）

阅读过《罪与罚》的人都知道，"我"的爸爸事实上没有当上省长，所以说话人常规的表达方式应该是"差一点当上省长"，而不能说"差一点没当上省长了（当上）"，即这是一个句子空位。由于听话人是熟人，知晓相关信息，所以知晓这一句子空位的存在。此时，说话人有意在"差一点当上省长"这个常规句式上添加"没"，从而生成羡余否定句式。说话人这样做的目的是，想借助羡余否定句式来凸显其主观感情色彩，夸耀其父亲如何了得，即体现主观感情色彩。朱德熙列举的Ｆ式中的所有例句，与其肯定形式相比，其主观感情色彩也不同，说明这些例句的生成驱动力也是"体现主观性"。

综上可知，"差一点"羡余否定句式的生成，是交际博弈的结果。这是因为，针对可预期事态与已知事态，听话人总是选择高可能事态与已知事态作为语义真值，不会采用语言解码方式来理解，所以说话人即使添加了"没"，也不会引起误解。说话人根据听话人的这种理解策略，调整了自己的话语策略，即在句中添加了"没"，目的是想获得更大收益，即除了表达"偏离预期"外，还可以体现乐观假设与主观性。

4.3　"差一点"羡余否定句式的句式义

"差一点"句式，起初只允许低可能的反预期事态进入。但是，当"差一点没 VP$_{低}$"羡余否定句式产生后，就打破了"差一点"句式的内在和谐，这是因为"没 VP$_{低}$"是合预期的高可能事态，它也进入了"差一点"句式，即词项义与句式义产生了冲突。构式语法认为，当词项义与构式义发生冲突时，就需要用压制（coercion）来消除冲突，使得构式与词项和谐一致。压制包括构式对词项的压制（Goldberg，1995，2006；Michaelis，2004），也包括词项对构式的压制（王寅，2011，2013）。

"没 VP$_{低}$"作为高可能事态，其意义是无法改变的，所以要想取得一致，只能通过词汇对构式的压制，即"词汇起主导作用（甚至不可或缺），将其意义和用法压制向句式，使其成为可接受的表达式，或改变句义"（王寅，2011：14）。目前，词汇对构式压制的机理，讨论的还不深入，我们认为其压制的机理与构式对词项压制机理是相通的。Michaelis（2004）指出，构式压制词项时，"选择并凸显词项中与句式相一致的部分，或者激活词项中隐含的与句式相一致的部分，抵制、搁置或剪切与句式相冲突的部分。"施春宏（2013：13）也说，"压制的本质是凸显，是匹配，是调适，而非压迫。""差一点"常规句式的句式义为：（反预期）事态接近于实现而未实现，这一语义隐含着：（合预期）事态接近于不实现而最终实现。压制机制就激活了句式义中隐含的这一语义，从而使得句式义与词项义取得了平衡。

通常,在压制过程中,除了语义上的凸显、调适外,往往伴随着重音的重新指派(施春宏,2013:8)。"差一点"句式中即如此,"表示否定意思的句子(即羡余否定句式),动词本身说得比较重,'没'和补语成分说得比较轻;表示肯定意思的句子(即双重否定句式),动词本身说得比较轻,'没'和补语成分说得比较重。"(周一民,2003:26)重音的重新指派,就可以使显性形式相同的双重否定句式和羡余否定句式,存在隐性形式的差别,从而保证语法系统的简明性。

5. 结论与余论

5.1　结论

"差一点"句式的用法,可以用下表来概括:

表3　"差一点"句式的用法

句式类型	事态类型		句法特点		语义真值	句式义⑤	语用动因
句式Ⅰ	未知	低可能事态	常规句式	存在句式空位	高可能事态	(反预期)事态接近于实现而未实现	偏离预期
句式Ⅱ		不可预期事态		不存在句式空位	不可预期事态		
句式Ⅲ		高可能事态	羡余否定句式	不存在歧义	高可能事态	(合预期)事态接近于不能实现而最终实现	偏离预期、乐观假设、体现主观性
句式Ⅳ	已知	否定形式已知事态		存在歧义	已知事态		

本文从听话人的角度,先根据事态是否已知,再根据是否可预期,区分出四种事态:已知事态、低可能事态、高可能事态和不

可预期事态。据此，"差一点"句式也被分为四种[⑥]。并且，这种分类方法，可以得到句法表现上的印证：句式Ⅰ、句式Ⅱ都是常规句式，不过前者存在句式空位，后者不存在；句式Ⅲ、句式Ⅳ都是羡余否定句式，不过前者不存在歧义，后者存在。

　　"差一点"句式的句法表现，是交际双方博弈的结果。从说话人角度看，当他发现某个事件的结果已经严重偏离了预期而最终又未违反预期时，他会使用"差一点"常规句式，以表达"反预期事态接近于实现而未实现"。不过，由于说话人顾忌听话人的预期策略，导致高可能事态不能进入常规句式，形成句式空位。当事态的反预期语义以背景形式存在时，句式空位在句法层面会消失，导致了句式Ⅰ与句式Ⅱ的对立。说话人又利用听话人的理解策略，对可预期事态与已知事态进行添加操作，从而生成羡余否定句式，这样做获得了额外的收益，即可以体现乐观假设与主观性。在句法层面，句式Ⅲ之所以不存在歧义，是因为句式Ⅲ的事态是高可能事态，不被允许进入常规句式；句式Ⅳ之所以存在歧义，是因为它的事态在字面上是不可预期事态，可以进入常规句式。

　　羡余否定句式生成后，其事态的类型意义与句式义存在冲突，在句法压制的作用下，其句式义被调适为"预期事态接近于不能实现而最终实现"。另外，羡余否定句式的生成也使得"差一点"句式的用法趋于复杂，但是，交际双方都遵循着一条简单的语义真值取值规则，即语义真值不能是低可能事态，从而保证了交际的顺畅。

5.2　余论

　　第一，形合与意合。朱德熙先生考察"差一点"句式的句法特点时，先使用了结构主义的方法，即从形式上切分出肯定句式与否定句式。不过，朱先生在形式二分的前提下，又创造性地引入意义、语用这些外部因素来帮助句法分析，这是对结构主义的创新与突破。我们沿着朱先生的思路，再进一步，引入"事态"这一概念后,打破形式二分的格局,让意义统辖形式,重新划分句式类型,从而使得句式类型与句法特点相互匹配。这一研究实践表明:从形式上进行切分,对于观察句法特点很有作用;但形式切分只是手段,在解释句法特点时,也应适时打破形式切分造成的藩篱,从意义上进行归纳、概括,也许更能从本质上反映汉语的句法特点。张黎先生长期从事意合语法研究工作,他认为,"汉语语法的规则根植于常识结构中,表现为一种常理,形成一个常识规则系统。该常识规则系统就是汉语语法根本所在。"(转引自徐国玉,2013:109)姑且不论这一论断是否完全正确,但从"常识""常理"这些意义角度来分析汉语,应该是一种有效的路径。

第二,语法与用法。关于这两者的关系,沈家煊(1999:75)曾有精辟的论述,他说"语法是语用法约定俗成的结果"。的确,在"差一点"句式中,语法规则来源于用法规则,并对用法规则起着反作用。比如,由于语境信息的隐现,造成了句式Ⅰ与句式Ⅱ的对立;由于乐观假设的促动,造成了羡余否定句式与常规句式的对立。而这些对立的背后,在用法层面又都是和谐一致的,即共同遵循着一致的语义真值取值规则。语法规则的反作用体现在,只有存在句式空位或句子空位时,语用动因才能发挥作用。鉴于此,我们认为,在语言研究中,应该区分语法与用法两个层面,在研究时应各有侧重:语法分析注重系统上的差异性,用法分析注重内在的统一性。两者互为表里,语法特点是外在表现,而用法规则是内在根据。

注释

① 本文只讨论"差一点"的副词用法,另外,"差一点"还有多种变体,如"差点""差点儿""差一点儿"等,本文除直接引用外,全用"差一点"表示。

② 博弈分为三种:一是负和博弈,损人不利己;二是零和博弈,损人利己;三是正和博弈,也称合作博弈,特点是互利共赢,或至少一方不受损失,而另一方获利。

③ 说话人有两种方法提示听话人：一是句法手段，如添加"就""竟然"等；二是语义手段，即提供语境信息。句法手段是辅助手段，限于篇幅，本文只讨论语义手段。

④ 例(11)、(13)出自国家语委现代汉语平衡语料库，本文其他例句均为自拟或转引。

⑤ 本文总结的句式义与吕叔湘先生总结的句式义有三个区别：一是将"事情"改为"事态"；二是，认为典型"差一点"句式中的事态含有"反预期"或"合预期"语义特征。三是，在具体语义分析时，吕先生按企望与否来分类，并认为"差一点闹笑话"（常规句式）与"差一点没闹笑话"（羡余否定句式）意义相同，都表达"不希望实现的事情几乎实现而未实现"；本文按句法特点分类，认为前者表"'闹笑话'事态几乎实现而未实现"，后者表"'没闹笑话'事态几乎未实现而实现"。

⑥ 由于这些事态类型是运用多次二分法得到的，所以彼此之间会有交叉。因此，在具体判定时，需要进行技术性的处理，具体为：先判别事态是否为否定形式的已知事态，若是，可判定句式Ⅳ；若不是，可根据常识中的低可能事态、不可预期事态、高可能事态分别判定其句式类型。另外，由于肯定形式的已知事态句子，其句法语义特点与未知事态句子相同，限于篇幅，不单独讨论。

参考文献

董为光 2001 语言认知心理对"差一点 DJ"结构的影响，《语言教学与研究》第 3 期。

渡边丽玲 1994 "差一点"句的逻辑关系和语义结构，《语言教学与研究》第 3 期。

侯国金 2008 冗余否定的语用条件，《语言教学与研究》第 5 期。

江蓝生 2008 概念叠加与构式整合，《中国语文》第 6 期。

李忠星 1999 关于"差一点＋JW"的思考，《武汉大学学报》第 5 期。

鲁承发 2014 "差一点"句式研究述评，《理论月刊》第 3 期。

鲁承发 2014 "差一点"和"差不多"的语义差异及其认知解释，《北京社会科学》第 4 期。

吕叔湘 1980 《现代汉语八百词》，北京：商务印书馆。

毛修敬 1985 汉语里的对立格式，《语言教学与研究》第 2 期。

沈家煊 1999 《不对称和标记论》，南昌：江西教育出版社。

施春宏 2012 从构式压制看语法和修辞的互动关系，《当代修辞学》第

1 期。

石毓智　1993　对"差一点"类羡余否定句式的分化，《汉语学习》第 4 期。

帅志嵩　2014　从词汇语义信息看"差点儿没 VP"的演化，《语言科学》第 6 期。

王寅　2011　新被字构式的词汇压制解析，《外国语》第 3 期。

王寅　2013　构式压制和词汇压制的互动及其转喻机制，《外语教学与研究》第 5 期。

吴炳章　2009　《交际博弈论》，河南大学博士论文。

徐国玉　2013　汉语语法研究的方向性探索，《汉语学习》第 4 期。

杨晓宇　2011　"差一点"句式能否成立的解释，《宁夏大学学报》第 1 期。

袁毓林　2011　"差一点"和"差不多"的意义同异之辨，《语言教学与研究》第 6 期。

袁毓林　2013　"差一点"中的隐性否定及其语法效应，《语言研究》第 2 期。

张黎　2012　《汉语意合语法研究》，东京：白帝社。

张庆文　2009　谓词性成分的封闭性与"差不多"和"差一点"的语义阐释，《世界汉语教学》第 2 期。

周一民　2003　北京话里的"差一点没 VP"句式，《语言教学与研究》第 6 期。

朱德熙　1959　说"差一点"，《中国语文》第 9 期。

朱德熙　1980　汉语句法里的歧义现象，《中国语文》第 2 期。

钟书能、刘爽　2015 汉语羡余否定构式中的"没"真的是个羡余标记吗，《外国语》第 5 期。

Dahl，Osten 2000 Grammaticalization and the lift cycles of construction. Ms. , Stockholm University.

Goldberg，A. 1995 Constructions：A Constructional Approach to Argument Structure [M]. Ch icago：Chicago University Press.

Goldberg，A. 2006 Constructions at Work：The Nature of Generalization in Language [M]. Oxford：Oxford University Press.

Michaelis，L. 2004 Type Shifting in Construction Grammar：An Integrated Aproach to Aspectual Coercion [J]. Cognitive Linguistics，(15).

Sperber D. & Wilson D. 1986 Relevance：Communication and Cognition [M]，Oxford，Blackwel. 中译本，蒋严译　2008　《关联：交际与认知》，北京：中国社会科学出版社。

回溯推理在语义识解中的应用[*]
——以"怪不得"的演变为例

罗耀华　姜礼立(华中师范大学文学院　湖南师范大学文学院)

1. 引言

前贤关于"怪不得"的研究,主要集中在句法、语义、语用以及语义演变等方面,并取得了丰硕的成果。各家对于表示"不能责备"义的动词性"怪不得"的认识较为统一,但是对于用于复句中表示"醒悟"义的"怪不得"的属性的认知仍存在争议:吕叔湘(1980)、侯学超(1998)、鲁健骥、吕文华(2006)、朱景松(2007)、张薇、李秉震(2011)、《汉语大词典》(2012)、王利(2014)、《现代汉语词典》(第 7 版)(2016)等将此类"怪不得"归入副词,而太田辰夫(1987)、张宝林(1996)、张斌(2001)、周刚(2002)等认为这类"怪不得"应划入连词中。关于"怪不得"的演变历程各家观点也不统一:郑晓蕾(2005)、张富翠(2009)认为副词"怪不得"出现在清代;张薇、李秉震(2011)指出"怪不得"形式最早出现在元代;聂俊伟(2012)、张舒雨(2016)等则认为"怪不得"的副词用法出现在元

　　[*] 本文的研究,得到 2019 年中央高校基本科研业务费专项资金项目:从空间到时间:汉语介词、方位词时间表达研究(编号: CCNU19A06020)经费支持,谨致谢忱。

代;张明友(2010)考察发现元代"怪不得"已虚化成话题标记;李宗江(2016)指出明代语篇标记"怪不得"已经形成。以上研究多是列出观点,但并未对"怪不得"的语义演变进行系统研究,专文研究"怪不得"的有陈宝珠(2010)、王利(2014)和任今梦(2017)。王文和任文均认为副词"怪不得"是由动词短语演变而来,但王文认为副词"怪不得"成词于清代,而任文则认为成词于元代。陈文与王文和任文又有所不同,它认为清代"怪不得"已有动词短语演变成连词。

前贤时哲关于"怪不得"的研究,对我们有一定的启发,但我们认为"怪不得"的演变历程、演化机制以及语义识解等都还可以深入探讨。

2. "怪不得"的演变历程

《说文解字》:"怪,异也。从心,圣声"。《汉语大词典》"怪"有8个义项,动词用法有:a. 惊异,觉得奇怪;b. 责备、埋怨。"怪不得"中"怪"的初始义就来源于动词"责备、埋怨"义。

"得"最早用作动词,后来又由动词虚化出两个助词"得":"得$_1$"放在动词后面,表示动作实现或有了结果;"得$_2$"放在动词前面,表示可能,它比"得$_1$"出现得早。(a)"V 得 O"和"VO 不得"不对称,是因为它们有不同的来源。前者的"得"是由"得$_1$"进一步虚化而成的,后者是"不得$_2$"放在动词后面而成的。(b)"V 得 O"产生的时代(唐代)远晚于"VO 不得"(汉代),是因为"不得$_2$"很早就可以置于动词之后,而"V 得 O"中的"得"由得(动词)→得$_1$(表实现)→得$_1$(表可能)(蒋绍愚,1995)。关于"得"的语义演变和语法化路径问题,纷繁复杂。吴福祥(2009)把"得"的语法化路径概括为:本为"获得"义他动词,先秦两汉文献里,"得"也可以用于他动词之后构成连动式"V 得 O";大约在魏晋六朝,"得"在非"得"

义动词后逐渐虚化成表动作实现或有结果的动相补语;唐代,动相补语"得"在不同语境里开始发生多向语法化,一是在非已然语境里语法化为能性补语;二是在已然语境里演变为完整体标记;三是在"V 得动相补语"后接谓词性成分这一环境里语法化为结果/状态/程度补语标记;最后,表示某种结果/状态的述补结构"V得 C"在未然语境里进一步语法化为能性述补结构,相应地,原来的结果/状态补语标记"得"演变为能性补语标记。我们赞同吴福祥所构拟的"得"语法化路径。

再看"不得"。不同的辞书有不同的解释。《现代汉语词典》(第 7 版):·bu·de 助用在动词、形容词后面,表示不可以或不能够:去~|要~|动弹~|马虎~。《现代汉语规范词典》(2004):bùdé① 动得不到;没有得到:求之~|~要领。② 动不能;不可以:会场内~吸烟。不得 bùde 动用在动词、形容词后面,表示不可以或不能够:动弹~|马虎~。《汉语大词典》:不得 1. 不能得到;得不到。《诗·周南·关雎》:"求之不得,寤寐思服。"2. 不能;不可。唐王昌龄《浣纱女》:"吴王在时不得出,今日公然来浣纱"。

从词条收录上看,《现代汉语词典》(第 7 版)只收录了谓词后的"不得",《现代汉语规范词典》则明确将谓词前"不得"和谓词后"不得"处理为两个词条,而《汉语大词典》则将两种不同分布的"不得"置于一个义项之下未做区分。从词语定性上看,《现代汉语词典》将谓词后"不得"处理为助词,《现代汉语规范词典》将谓词后"不得"和谓词前"不得"都处理为动词,《汉语大词典》则未标注词性。李广瑜(2012)认为应区分两个"不得",即将谓前"不得"和谓后"不得"作为两个词条收入。谓前"不得"读音为"bùdé",词性为助动词;谓后"不得"读音标注为"bu·de",词性为助词。

2.1　先秦时期

先秦时期的甲骨文和殷墟卜辞中,"不"就可以用为副词,表否定(王绍新,1992;姜宝昌,1992)。"得"的用法如前所论,"不"

和"得"的组合,有如下用法:

(1) 子墨子言曰:"今者王公大人为政于国家者,皆欲国家之富,人民之众,刑政之治,然而不得富而得贫,不得众而得寡,不得治而得乱……是其故何也?"(《墨子·尚贤上第八》)

(2) 人既专一,则勇者不得独进,怯者不得独退,此用众之法也。(《孙子兵法·军争》)

(3) 刑余罪人之丧,不得合族党,独属妻子,棺椁三寸,衣衾三领,不得饰棺,不得昼行。(《荀子·礼论》)

例(1)中"不得……而得"并举,"不得"意思是"没有得到",为否定副词"不"＋获得义动词"得"组成的短语①;例(2)中的"不得"意思是"不能"②;例(3)中的"不得"表示禁止,先秦时期的"不得"均出现在表示某种制度的场合,是对从事 VP 行为的一种否定性规定③。先秦表禁止的"不得"的语义限制性较大,语气强硬,大多可以用施为动词"禁止"进行替换(金颖,2011)。后两种用法,均用于动词前。

2.2　两汉时期

这个时期,"不得"仍延续先秦时期的用法,例如:

(4) 项王有背约之名,杀义帝之负……战胜而不得其赏,拔城而不得其封;非项氏莫得用事;为人刻印,刓而不能授;攻城得略,积财而不能赏。(《史记》卷九十七《郦生陆贾列传第三十七》)

(5) 故行险者不得履绳,出林者不得直道,夜行瞑目而前其手。(《淮南子》第十卷《缪称训》)

(6) 是故圣人使人各处其位,守其职,而不得相干也。(《淮南子》第一卷《原道训》)

例(4)中的"不得"意思是"得不到"④,为短语;例(5)中的"不得"为"不能"⑤;例(6)中的"不得"则表示禁止。同样,后两种用法,位于核心动词前。

2.3 唐宋时期

(7) 一似八十老婆嫁与三岁儿子,年虽长大,要且被他三岁儿子索唤,不得自由。(《筠州洞山悟本禅师语录》,《大藏经》卷四十七)

(8) 师云:"火焰上泊不得,却归清凉世界去也。"(《景德传灯录》卷第八)

(9) 晋元帝制曰:"小功缌麻,或垂竟闻问,宜全服,不得服其残月,以为永制。"(《通典》卷九十八《小功不税服议》)

例(7)"不得自由",意思是"得不到自由";例(8)"泊不得"意思是"不能停留";例(9)"不得"则表禁止。

李广瑜(2014)将"不得"语义演变的路径、方向及影响因素概括为图1所示:

沈阳、冯胜利(2008)指出"得"在先秦时期一般表"可能",表"许可"出现较少,且只以否定义出现(否定句或反问句)。有了"不可能">"不许可"的演变,不许可即禁止,不被允许做则不能够做到,反之则不然。

我们认为,"不得"的演变,受出现环境的制约,可以分为"不得$_1$"和"不得$_2$","不得$_1$"分布在动词前;"不得$_2$"分布在动词后。

"不得$_1$"的演变路径为:"不得"(没有得到)>"不得"(不能)>"不得"(禁止)。跟"得"的演变不同,"不得$_1$"在演变过程中,没有经历"动相补语"阶段。

"不得$_2$"相对复杂,分带宾语和不带宾语两种情形,即:A."V不得$_2$O";B."V不得$_2$"。A类表达客观地叙述一种事实,表示对某种客观事实的否定,而不表示禁止或劝阻(于康,2004);李宗江(1994)归纳为:客观地报道某一动作实现的可能性。

A."V不得$_2$O"中"不得$_2$"的演变路径为:"不得"(没有得到)>"不得"(不能),如"耐不得寂寞"。

路径	"不得（没得到）"	→	"不得（没达成/客观不能）"	→	"不得（认识不能）"	→	"不得（不许）"
意义类	非主观意义₁		非主观意义₂		主观意义		交互主观意义
概念域	行域₁		行域₂		知域		言域
影响		句法环境变化		主观化		交互主观化	
因素		完形隐喻 叙述语境		语用推理 推测语境		语用推理 禁止语境	

图 1　"不得"语义演变的路径、方向及影响因素

B.“V 不得₂”中“不得₂”分两类，一类跟 A 相同，演变路径：“不得”（没有得到）＞“不得”（不能），如“进不得退不得”；另外一类则表示禁止或劝阻，演变路径为：“不得”（没有得到）＞“不得”（禁止），如“去不得”。

“怪”与“不得”的结合，最早是以短语形式出现的，五代时期已有相关用例使用。例如：

（10）又因一日峰见师，便拦胸把云：“尽乾坤是个解脱门。把手拽教伊入，争奈不肯入！”师云：“和尚怪某甲不得。”峰云：“虽然如此，争奈背后如许多师僧何！”自后闽王钦敬，请住安国阐扬宗教矣。（《祖堂集》卷十）

作为动词性短语，表示不能责怪、不应该责怪，往往在“怪”与“不得”之间插入宾语（代词）。如例（10）“和尚怪某甲不得”，意为和尚不能怪某甲，“不得”作为能性补语，表示道义情态。

宋代，这种用例逐渐增多。例如：

（11）你明日且到了人家，我慢慢央人与你爹娘说通，他也须怪我不得。（《话本选集·错斩崔宁》）

（12）怪他不得，你既不能用他，又无粮食与他吃，教他何如得？（《朱子语类》卷一百三十）

线性序列上，紧密结合在一起的“怪不得”，在宋代开始出现。例如：

（13）（陈丈）又云：“也怪不得州郡，欲添兵，诚无粮食给之，其势多招不得。”（《朱子语类》卷一百八）

（14）某尝说，怪不得今日士大夫，是他心里无可作做，无可思量，“饱食终日，无所用心”，自然是只随利欲走。（《朱子语类》卷一百三十二）

例（13）中“怪不得”已成词，“不”表示否定的语法意义，“得”为能性补语，“不得”组合成一个语法单位，跟在“怪”的后面，后带名词宾语“州郡”，“怪”为核心动词，“不得”为补语，整个为述补复

合词。《汉语大词典》中也收录有动词"怪不得",它将其解释为:(动)不能责备,它给出的初始例证即例(13)。例(14)"怪不得"后接体词性宾语,意为"不应该责怪今日士大夫","怪不得"虽然在线性序列上前后相连,但核心动词为"怪",其结构层次为"怪‖不得|今日士大夫"。

由于述语和补语之间的结合十分自由,且内部结构关系很明显,因此很多带宾的双音述补结构又不太像词汇词(董秀芳,2011:78)。所以这类词一般被称之为词法词(Di Sciullo&Williams,1987)⑥或短语词(吕叔湘,1979:11—25)。这一时期,动词"怪不得"也是如此,词汇化程度并不高,称为短语词(词法词)更为合适。首先,语义上"怪不得"并未专门化,词义比较透明,可以用"不能责怪"替换,如例(13)(14);其次,结构上"怪"和"不得"的联系还比较松散,中间还可以插入名词性宾语,如例(11)(12)。

这种动词用法的"怪不得"一直到现当代还有用例情况。例如:

(15) 是的,躲到一个谁也找不到的地方,这样对方要我杀你时,我可以用找不到作为推托,如果对方代我找到了你,那就是你的运气太坏,怪不得我了。(古龙《圆月弯刀·钓饵》)

元代,"怪不得"后所带的宾语的类型开始扩展,由体词性宾语扩展为小句宾语。"怪不得"所带宾语的变化,是其发生演变的关键。例如:

(16) 怪不得小生疑你,偌大一个宅堂,可怎生别没个儿郎,使得梅香来说勾当。(《西厢记杂居》第一本《张君瑞闹道场》)

(17) (做揖科,云)小师父恕罪!烦报你惠安长老,道有故人陈季卿特来相访。(行童云)你这先生,这才是句说话。怪不得自古以来,儒门和俺两家做对头的。(《全元曲·

陈季卿误上竹叶舟》)

（18）普天下有的婆娘，谁不待要占些独强？几曾见这狗行狼
　　　心，搅肚蛆肠？（带云）你养着奸夫，倒着我有这屈事也。
　　　（唱）倒屈陷我腌臢勾当，（带云）也怪不得他赃埋我来。
　　　（《元曲选·灰阑记》）

　　例（13）—（15）中"怪不得"的宾语均为体词性成分，"怪不得"
为句中核心动词，意思是"不能责怪"；而例（16）—（18）"怪不得"
的宾语分别为"小生疑你""自古以来，儒门和俺两家做对头的"
"他赃埋我来"三个包含述谓结构的小句。由体词性宾语扩展到
句子宾语，这为"怪不得"的语法范畴的变化提供了条件。例
（16）—（18）的三个宾语小句中均含有消极色彩的词语如"疑""做
对头""赃埋"，可以做两解：例（16）、例（17）的"小生疑你""儒门和
俺两家做对头的"和例（18）"他赃埋我来"都是已然发生的不好的
事件，本该受到责备，但是事出有因，所以可以免于责备，故可理
解为"不能责备"义；另一方面，也可以理解为说话人明白了某种
原因，所以对先前觉得奇怪的事情有所醒悟，故可解作"醒悟"义。
这正是"怪不得"语法化历程中的中间状态。

　　但当"怪不得"后接小句表达的为非消极事件时，"怪不得"已
不再具有"责备义"，此时其已经演变成了表示"醒悟"义的语气副
词，用来表达情态。这种用法在明代开始出现，例如：

　　（19）遂同十六院夫人，一齐都到第三龙舟上来看。只见那女
　　　子果然娇美异常。萧后说道："怪不得陛下这等注目，此
　　　女其实有几分颜色。"炀帝笑道："朕几曾有错看的！"
　　　（《隋炀帝艳史》第二十七回）

　　例（19）中的小句"陛下这等注目"是中性事件，"怪不得"只可
理解为说话人（言者：魏撰之）对命题"陛下这等注目"的幡然醒
悟、理解的主观感情，不能理解为动词"不能责备"义。正如下文
所讨论的那样，识解"怪不得"，须进行回溯推理，"怪不得"由句中

的主要动词,发展到非句子主要动词,并形成"怪不得 S"的格局,逐渐丧失主要动词地位,用来表达情态,称为命题外成分,表达说话人对命题的主观观点、态度和看法,具有主观性。

清代,"怪不得"的用例较明代明显增多。我们分别考察了明、清时期各 20 部作品,⑦涵盖这两个时期具有代表性的通俗文学作品、笔记小说、传奇、戏曲和杂剧等。在这些文献语料中,明代"怪不得"出现了 40 例,而清代"怪不得"则出现了 258 例。清代"怪不得"后接小句的形态句法特征和感情色彩与明代相比,又有了一些新的发展:

A."怪不得"可位于小句前,单独使用,用作副词表"醒悟"义。例如:

(20) 秋谷听了道:"怪不得,我说这里天津地方那里有你这样电气灯一般的人!原来果然是上海来的。"(《九尾龟》第一百四十八回)

(21) 季苇萧道:"怪不得,你是个美人,所以就爱美人了。"(《儒林外史》第三十四回)

B."怪不得"后接小句的主语可以是指物名词或者抽象名词(短语),亦或者是零形式。例如:

(22) 闺臣忖道:"怪不得碑记说他'幼谙剑侠之术,长通元妙之机',果然竟有道理。"(《镜花缘》第九十四回)

(23) 知县一听,气得颜色更变:"怪不得这十余天就出了三个案子,原来是黄昆所为。"(《三剑侠》第六回)

(24) 紫芝道:"原来也打着了,怪不得那么惊天动地的。"(《镜花缘》第八十回)

例(22)和(23)"怪不得"后接小句的主语分别是指物名词"碑记"和抽象名词短语"这十余天",而例(24)则是零形式。所以"怪不得"受后接小句主语的影响,其找不到可以明确责备的指人对象,因此只能理解为表"醒悟义"的语气副词。

C."怪不得"后接的小句,还出现了含有褒义色彩的事件。例如:

(25) 靳直大喜道:"好孩子,怪不得侄儿夸你,说是诸葛复生!这个圈子,便是周瑜也跳不脱;何况文白!"(《野叟曝言》第四卷)

例(25)中"怪不得"后接的小句"侄儿夸你,说是诸葛复生!"含有褒义色彩的词语"夸""诸葛复生"等,所以小句"侄儿夸你,说是诸葛复生!"不再是表示对听话人或者他人有所伤害的事件,因此"怪不得"只能理解为表示"醒悟"义的语气副词。

上述变化说明"怪不得"语气副词的用法在清代已渐趋成熟。

明清时期,"怪不得"还出现了与"原来"共现,用于因果复句中,表示关联作用的用例。明代,该用法使用的频率较低,在我们考察的上述20部作品中,仅出现3例。例如:

(26) 撰之道:"怪不得闻俊卿道自己不好说,原来有许多委曲。只是一件:虽是闻俊卿已定下在彼,他家又不曾晓得明白,小弟难以自媒,何由得成?"(《二刻拍案惊奇》卷十七)

(27) 怪不得我师父要来化斋,原来是这般好处。(《西游记》第七十二回)

清代,这一用法明显增加,在我们考察的20部作品中,共出现60例。"怪不得"在用于因果分句之间,在发挥连接因果分句的功能时,使因果分句之间的关系更加明确。它既可以出现在先因后果句中,也可以出现在先果后因句中。太田辰夫(1987)、张宝林(1996)、张斌(2001)、周刚(2002)等均将此类用法的"怪不得"归入连词,例如:

(28) 秋谷不觉大怒道:"原来你这个人如此的不知好歹,怪不得张书玉要敲你的竹杠。照你这样说来,倒是我多事的不是。我也不管你们的闲事,我去回复他就是了。"秋谷

说这几句话时声色俱厉。(《九尾龟》第十二回)

(29) 心中方才明白,暗暗思道:"怪不得老周叫我留神,原来
二嫂嫂果有害我之心。"(《七侠五义》第二回)

"原来"是因标,引导原因小句,"怪不得"是果标,引导结果小
句。表醒悟的"怪不得"所在的语段,一般包括如下语义因子:A.
已实施的某行为;B. 表领悟的小句(内含"怪不得");C. 探究原因
的小句。如例(28)已实施的行为"秋谷不觉大怒道";表领悟的小
句"张书玉要敲你的竹杠";探究原因小句"你这个人如此的不知
好歹"。例(29)同样可进行这样的分析。徐朝红(2017)指出,汉
语词类是一种基于原形范畴(prototype-based category)的考虑,
连词是只起连接或关联作用并且通常位于句首的虚词,可以从句
法功能和句法位置两个方面来辨析连词:关联性是基础,句法位
置是关键。连词一般须具备两个基本特征:一是必须出现于关联
场合;一是可以用于主语前后或只能用于主语之前,黄盛璋
(1957)、赵元任(1979)、张宝林(1996)认为功能词只要出现在主
语之前,一定是连词。明清时期,在我们考察的 40 部作品中,共
有 63 例"怪不得"出现在"怪不得……原来""原来……怪不得"这
类因果关系复句里,并且均位于小句句首,具有连接或关联作用,
但相较于典型的连词如"因为、所以"等,"怪不得"并非典型成员,
一般还兼有表语气的作用。所以我们认为典型连词"怪不得"现
在还没有最终形成。

归纳起来,"怪不得"的演变历程如下图 2 所示:

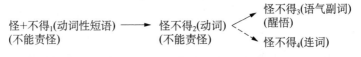

图 2 "怪不得"的演变历程

4. "怪不得"的演变机制

Crowley(1992)、Harris & Campbell(1995)、吴福祥(2005)以及贝罗贝(2008)等主张语法演变的机制一般只有三种：a. 类推(扩展)；b. 重新分析；c. 借用。其中类推和重新分析是语法演变的内部机制，借用是语法演变的外部机制。吴福祥(2013)又基于上述研究，主张语法演变的基本机制有四种，即作为内部机制的重新分析和类推(扩展)，以及作为外部机制的语法借用和语法复制。而诱发"怪不得"发生演变的机制主要是重新分析和类推。

4.1　重新分析

王灿龙(2005)指出：从根本上说，重新分析完全是听者(或读者)在接受语言编码后解码时所进行的一种心理认知活动，听者(或读者)不是顺着语言单位之间本来的句法关系来理解，而是按照自己的主观看法作另一种理解。也就是说，在句子结构不变的情况下，由于人的理解发生了变化，同一种语言形式被赋予了一种新的解释。重新分析可以对"怪不得"的语法化加以合理的解释。例如：

(30) 你两个果来得蹊跷，怪不得那老儿；如今也不依官儿，也不依娘子，依了我罢。(《全元南戏·施惠·幽闺记》)

例(30)中"怪不得"为动词，它们与后面的成分构成动宾词组，结构层次为"怪不得│那老儿"，但是随着句法环境的变化，"怪不得"后接成分不再是 NP 性成分，而是小句 S，"怪不得"一般位于小句句首，如上例(16)：

(16) 怪不得小生疑你，偌大一个宅堂，可怎生别没个儿郎，使得梅香来说勾当。(《西厢记杂居》第一本《张君瑞闹道场》)

例(16)"怪不得│小生疑你"可以作两种分析，一种是仍分析为动宾结构，另一种是将"怪不得│小生疑你"由动宾结构重新分析为状中结构。"怪不得"的语法化就是在状中结构中逐步完成的。

4.2　类推(扩展)

类推(扩展)本身不涉及规则的改变,但是它可以通过扩大一个新规则的使用范围来改变一个语言的句法,因此很多语法演变往往涉及重新分析和类推(扩展)两种机制的交互作用。(吴福祥,2013)一般而言,语法化分两个步骤:先重新分析,然后类推(扩展),重新分析存在于言语个体的大脑之中,只有通过类推,重新分析的结果才能外现。(李明、姜先周,2012)元代,当"怪不得"后接宾语由 NP(如例 13—14)扩展为小句 S(如例 16—18)时,"怪不得＋后接成分"由动宾结构重新分析为状中结构。明清时期,"怪不得"又在类推(扩展)机制的作用下,其后接小句 S 由表示消极意义(如例 16—18)扩展为表示非消极意义(如例 19、25),其后接小句 S 的主语由有生主语(如例 16—18)扩展到无生主语(如例22、23)或者零形主语(如例 24),此时"怪不得"对后接小句的支配作用消失,"怪不得"用来表达说话人的主观观点和评价,即语气副词。

5.　"怪不得"的语义识解与回溯推理

作动词的"怪不得"是"不能责怪"的意思,后来为什么演变成"不觉得奇怪",语义如何演变的?《汉语大字典》中"怪"有 8 个义项,作为心理活动动词,人们普遍的心理为"少见多怪",尤其是奇异的事物,因其不同寻常,所以感到惊异和惊奇。领悟作为一种心理活动,包涵较为宽泛的内容:醒悟、顿悟、恍然、发现、明白、知道等都可纳入其中。当事态的发展与人的预期不符,人容易产生负向情绪,指责、责怪等心理活动也就形成了;而当人了解了事态之所以如此发展的原因,也就有所领悟,自然不会再去责怪,不再觉得奇怪。"怪不得"的这一语义识解过程,需要运用回溯推理进行理解。

　　所谓回溯推理,也叫溯因推理,徐盛恒(2004)将其定义为:
"从已有的大前提和结论出发,在多元的集当中择优选出一个最
合理、最可能的作为解释。"回溯推理是从已知事实出发,结合事
理,借助充分条件假言命题,从后件存在推测前件存在的非归纳
或然性推理。[⑧]由已知事实去推断产生这一事实原由的逻辑方法,
一般逻辑形式为:$(q \to (\to q)) \to p$,前提为有效式:$q \to (p \to q)$。
这是强调事实命题 q 为推理的逻辑起点,其前提为有效式,是一
个蕴涵怪论。但是回溯推理的结论是或然的。因此,也可以用模
态命题表示为:$(\Box q \to \leqslant (pq)) \to \Diamond p$(陈江,2001)。对于回溯推
理,国内外哲学界提出过五种看法:A. 是结果推导原因的思维过
程。B. 是由某个已知事实的命题推出导致该命题成立的理由的
推理。C. 是揭示已知事实相关性范围的逻辑方法。D. 是前提由
结论导出的推理。E. 是一种或然性推理,它是依据思维者的背景
知识,借助充分条件假言推理的肯定后件式,由后件出发过渡到
前件的逻辑推理。波兰学者齐姆宾斯基(Chimbinski)给出的推
理形式:[⑨]

　　　　p　　　　　　　　　　(已提出的前提)
　　　　如果 q,那么 P　　　　(通常被省略的前提)
　　　　――――――――――――――――――――――
　　　　q　　　　　　　　　　(结论)

　　该模式得到国内学者普遍认同,但从直观上不能体现回溯推
理结论的或然性,不易于从形式上将回溯推理与演绎推理区分开
来。何向东(1985:260)的逻辑推理形式略有不同,可概括为:$(q \wedge (p \to q)) \to \Diamond p$。我们采信何向东模式,由于在结论中包含"可
能"算子,在命题逻辑范围内不能做出判定,必须在模态逻辑系统
内来解决这一问题,该模式更符合"怪不得"的语义模式:

（31）话表郭公一闻田旺义是兵部田贵之侄,不由生嗔,暗思:
　　　"怪不得横行霸道,苦害良民,仗势欺人。这田旺义与宋
　　　雷相似,我进大名府严究此案后,进京本参田贵。"(《八
　　　贤传》第十七回)

运用回溯推理,例(31)可形式化为:

q　　　　　　　　田旺义是兵部田贵之侄。　　　(已知事实)
如果 p,那么 q　如果田旺义敢横行霸道,苦害良民,那么可能与
田旺义是兵部田贵之侄有关。(隐含前提)

所以,(可能)p　田旺义横行霸道,苦害良民,仗势欺人。(结论)

回溯推理得出的结论具有或然性,更符合可能世界的观点
(possible world),因为在不同的可能世界中,命题的真假情况是
不同的,必须给出每一个可能的世界中的赋值。如例(28)作为事
理"田旺义敢横行霸道,苦害良民,仗势欺人,是因为他是田贵之
侄";作为事实"田旺义是兵部田贵之侄";推理则是"田旺义横行
霸道,苦害良民,仗势欺人"。通过这一推理,"怪不得"就产生了
"醒悟"义。"怪不得"作为模态算子的主观性(subjectivity)反映
出言者在说出一段话的同时,流露出说话人的主观观点、态度、评
价等,留下自我的印记。回溯推理得出的结论具有或然性,甚至
可连续进行推理:

（32）怪不得有的时候,他对雨杭几乎是低声下气的,怪不得
　　　他看雨杭的眼神,总是带着歉意,怪不得他永远有一颗
　　　包容的心,去面对雨杭的骄傲和别扭,怪不得会把整个
　　　曾家的事业,毫无保留的交给他……怪不得,怪不得,怪
　　　不得……怪不得。(琼瑶《烟锁重楼》)

例(32)多次使用"怪不得",进行系列推理,得出结论 C_1、

$C_2\cdots\cdots C_n$，这些结论可能为真，可能未必，这样结论具有非必然性，符合"怪不得"表达情态具备的特点，甚至具备主观性。

6. 结语

本文从历时的角度，对"怪不得"的演变历程与机制进行了详细探讨，并运用回溯推理的方法对"怪不得"的演变进行了语义识解。研究发现，动词"怪不得"产生于宋代，由述补短语"怪|不得"演化而来。而语气副词"怪不得"则是由动词"怪不得"演变而来，产生于明代。随着"怪不得"后接成分的扩展，由后接 NP 性成分逐步扩展为 S，当 S 表达是非消极事件时，"怪不得"对后接小句的支配作用消失，从而使"怪不得＋后接成分"由动宾结构重新分析为状中结构，进而演变为语气副词。同样，受动词"怪不得"后接成分扩展的影响，"怪不得"在明清时期还可以与关联词"原来"共现，用于因果复句中，起关联作用，但相较于典型的连词如"因为、所以"等，"怪不得"并非典型成员，一般还兼有表语气的作用。诱发、影响"怪不得"演变的机制主要是重新分析和类推（扩展）。

附注

① 周才珠、齐瑞端　2006　《今译〈墨子〉》，长沙：湖南人民出版社，第 42 页，译为"但事实上他们得到的不是国富而是贫穷"。

② 邱复兴　2004　《孙子兵学大典　第十册　名言史证》，北京：北京大学出版社，第 144 页，译为"勇敢的士兵就不能单独前进，怯懦的士兵也不能单独后退"。

③ 刘利　2000　《先秦汉语助动词研究》，北京：北京师范大学出版社，第 168 页。

④ 柯美成等译　2014　《群书治要（文白对照）贰》，北京：中国文史出版社，第 494 页，译为"打仗胜利了却得不到赏赐"。

⑤ 许匡一　1993　《淮南子全译（上册）》，贵阳：贵州人民出版社，第 588 页，译为"所以走在险路上的人开头不能走直路"。

⑥ 转引自董秀芳　2004　《汉语的词库与词法》，北京：北京大学出版社，第11 页。

⑦ 这 40 部作品分别是：明代《喻世明言》《警世通言》《醒世恒言》《初刻拍案惊奇》《二刻拍案惊奇》《西游记》《三国演义》《水浒传》《金瓶梅》《今古奇观》《三宝太监西洋记》《醒世姻缘传》《隋唐野史》《英烈传》《型世言》《封神演义》《牡丹亭》《宝剑记》《鸣凤记》《浣纱记》，清代《七侠五义》《二十年目睹之怪现状》《儒林外史》《儿女英雄传》《官场现形记》《小五义》《红楼梦》《镜花缘》《绿野仙踪》《聊斋志异》《九尾龟》《乾隆南巡记》《侠女奇缘》《八仙得道》《孽海花》《老残游记》《隋唐演义》《狄青演义》《续济公传》《说岳全传》。下文明清时期"怪不得"的语料统计均来源于上述 40 部作品。

⑧ 关老健　2005　《法理逻辑基础》，广州：中山大学出版社，第 259 页。

⑨ 齐姆宾斯基（波兰）　1988　《法律应用逻辑》，北京：群众出版社，第239 页。

参考文献

陈宝珠　2010　"怪不得"的语法化，《文学界》（理论版）第 5 期。

陈江　2001　回溯推理的命题形式，《内蒙古师大学报》第 1 期。

董秀芳　2011　《词汇化：汉语双音词的衍生和发展》，北京：商务印书馆。

何向东　1985　《逻辑学概论》，重庆：重庆出版社。

侯学超　1998　《现代汉语虚词词典》，北京：北京大学出版社。

黄盛璋　1957　论连词跟副词的划分，《语文教学（华东）》第 8 期。

姜宝昌　1992　卜辞虚词试析，程湘清主编《先秦汉语研究》，济南：山东教育出版社。

蒋绍愚　1995　内部构拟法在近代汉语语法研究中的运用，《中国语文》第 3 期。

金颖　2011　《汉语否定语素复合词的形成演变研究》，广州：广东人民出版社。

李广瑜　2012　辞书中"不得"处理献疑，《辞书研究》第 3 期。

李广瑜　2014　主观化视角下"不得"的语义演变，《古汉语研究》第 4 期。

李行健　2004　《现代汉语规范词典》，北京：外语教学与研究出版社。

李明、姜先周　2012　试谈"类推"在语义演变中的地位，《汉语史学报》第十二辑。

李宗江　1994　"V 得（不得）"与"V 得了（不了）"，《中国语文》第 5 期。

李宗江　2016　近代汉语"醒悟"类语用标记及其演变，《江西科技师范大学学报》第 3 期。

罗竹风　2012　《汉语大词典》，上海：上海辞书出版社。

吕叔湘　1979　《汉语语法分析问题》，北京：商务印书馆。

吕叔湘　1980　《现代汉语八百词》（增订本），北京：商务印书馆。

聂俊伟　2012　《现代汉语顿悟类语气副词研究》，河南大学硕士学位论文。

任今梦　2017　基于语料库的"怪不得"的语法化研究，《佳木斯职业学院学报》第 7 期。

沈阳、冯胜利　2008　《当代语言学理论和汉语研究》，北京：商务印书馆。

太田辰夫　1987　《中国语历史文法》，北京：北京大学出版社。

王灿龙　2005　词汇化二例——兼谈词汇化和语法化的关系，《当代语言学》第 3 期。

王利　2014　"怪不得"的语法化，《汉字文化》第 1 期。

王绍新　1992　甲骨刻辞时代的词汇，程湘清主编《先秦汉语研究》，济南：山东教育出版社。

吴福祥　2005　汉语历史语法研究的目标，《古汉语研究》第 2 期。

吴福祥　2009　从"得"义动词到补语标记——东南亚语言的一种语法化区域，《中国语文》第 3 期。

吴福祥　2013　关于语法演变的机制，《古汉语研究》第 3 期。

徐朝红　2017　汉语连词语义演变研究，长沙：湖南师范大学出版社。

徐盛恒　2004　充分条件的语用嬗变——语言运用视角下的逻辑关系，《外国语》（上海外国语大学学报）第 3 期。

于康　2004　"V 不得"的否定焦点与语法化过程，《语文研究》第 2 期。

张宝林　1996　连词的再分类，《词类问题考察》，北京：北京语言学院出版社。

张宝林　1996　关联副词的范围及其连词的区别，《词类问题考察》，北京：北京语言学院出版社。

张斌　2001　《现代汉语虚词词典》，北京：商务印书馆。

张富翠　2009　"怪不得"的现状及其历史属性初探，《西南民族大学学报》（人文社科版）第 11 期。

张明友　2010　《"V 不得"的词汇化研究》，汕头大学硕士学位论文。

张舒雨　2016　《现代汉语领悟类语气副词研究》，南京师范大学硕士学位论文。

张薇、李秉震　2011　"怪不得"之"醒悟义"的产生，《南开语言学刊》第 1 期。

赵元任　1979　《汉语口语语法》,北京：商务印书馆。

郑晓蕾　2005　《领悟类语气副词研究》,上海师范大学硕士学位论文。

中国社会科学院语言研究所词典编辑室　2016　《现代汉语词典》(第 7
　　版),北京：商务印书馆。

周刚　2002　《连词与相关问题》,合肥：安徽教育出版社。

朱景松　2007　《现代汉语虚词词典》,北京：语文出版社。

Crowley，Terry 1992 An Introduction to Historical Linguistics. Oxford
　　University Press.

Harris，Alice. C. & Lyle Campbell 1995 Historical Syntax in Cross-
　　linguistic Perspective. Cambridge：Cambridge University Press.

Peyraube，Alain（贝罗贝）2008 Diachrony and Typology on Chinese
　　Grammar. Presented at New Directions in Historical Linguistics，ESF-
　　DMLL Workshop. Lyon，France，12 - 14 May.

副词"一时"的句法语义选择限制与选择偏好 *

强星娜　唐正大

（北京语言大学汉语学院　中国社会科学院语言研究所）

1. 绪论

"一时"属于对外汉语教学中级词汇（参看《汉语国际教育用音节汉字词汇等级划分》，2010），是教学中的重点和难点。已有关于"一时"的研究主要集中于"一时"的词类归属和用法两个方面。

1.1 "一时"的词类归属

有关"一时"的词类归属，学界尚存争议，主要集中于"一时"是副词兼区别词、时间名词还是时间副词（王凤兰，2004；金洪臣，2011 等）。我们认为，对外汉语教学中不必过多强调词性和词类归属问题，更为重要的是语义语法功能。若一定要表明对"一时"词性的定位，我们的意见是，下列四种常见用法[①]中，①③"一时"是副词，②④"一时"是名词。

① 一时 VP/AP，如"一时人头攒动""一时还想不出来""一时糊涂"

② 一时的 N，如"一时的困难""痛苦是一时的"

③ "一时"重复使用,如"一时冷,一时热"

④ V 一时,如"盛极一时""风靡一时"

①③ "一时"是副词、不是名词的理由有:第一,名词的本质属性是表指称,核心功能是做论元,而在下例(1—2)对比测试中,"一时"恰恰不能指称一段时间,也不能充当论元。第二,做状语时,"一时"和"段时间+之内"在句法、语义上的对等性更强一些,如例(3)。"之内"类似于后置词(postposition),"一时"与充当状语的介词性短语"五分钟之内"具有对等性,因此将"一时"看做副词更符合"副词-状语"的无标记关联。

(1) a. 三天太短

　　b. ＊一时太短

(2) a. 五分钟就够了

　　b. ＊一时就够了

(3) a. 我一时不便做出决定。

　　b. 我五分钟之内不便做出决定。

　　c. ＊我五分钟不便做出决定。

②④ "一时"为名词的理由是:"一时"可用"一段时间"替代,如"一段时间的困难""风靡一段时间","一时"做定语或宾语。用法④多是成语等固定表达,有存古色彩。

1.2 "一时"的用法

对外汉语教学中讲授的主要是①②两种用法[2]。对留学生来说,最难学习的是用法①。本文要谈的也是这种用法,即"一时VP/AP"。

我们发现,对外汉语教材、《现代汉语词典》及现有研究中最常使用的元语言"短时/暂时/临时"都不足以刻画"一时"的语义特点,更不能排除下列错误的句子[3],尽管这些句子可以有"短时"义:

(4) ＊女朋友提出要跟他分手,他一时哭了。

（5）＊我刚来到中国，一时想家。

　　学生的意思是动作行为"哭"、状态"想家"持续时间不长，只是一种临时状态，可是生成的句子却是不正确的。其实，"短时"等语义属性只是使用"一时"的必要条件之一，而非充分条件，上述语义并不都可以用"一时"来表示。

　　除了"短时"等语义属性外，已有研究还注意到了"一时 VP/AP"在使用上的其他特点，但关于这些特点的概括也都存在一些问题，下面逐一来谈。

1.2.1　"一时"与否定的强关联

　　已有研究观察到"一时"常与否定式共现。从王凤兰（2004）对"一时"用例的统计来看，1148 句中有 592 个表示某种情况或状态在短时间内存在，约占 51.57％；其中 557 个用例是否定句。也就是说，否定与"一时"在随机文本中的关联高达 94.09％。李宇宏（2009）统计了北京大学现代汉语语料库和百度新闻的相关用例，"一时"做状语而中心语是否定形式的分别占 84.09％ 和67.44％。由此可见，"一时"与否定式呈现出较为显著的共现优势。丁雪欢（2008）对此解释：当 VP 是非持续动词时，谓语为否定，否定式可体现"可控性差"的意义。首先，这种解释以"一时"必须表现"可控性差"为前提，下文 1.2.3 将说明"一时"与"可控性差"之间并不存在必然关联。其次，VP 是非持续动词（如"出现"），谓语也不一定是否定的：

（6）而他作为俄罗斯驻卢森堡大使的任期要到 1994 年春才届满，于是一时出现了一人身兼两国驻外大使的奇特现象。（bcc）④

1.2.2　"一时"与消极语义的强关联

　　丁雪欢（2008）、李宇宏（2009）认为，"一时"多修饰具有［＋消极］语义特征的动词或形容词，如"一时糊涂/＊聪明""一时马虎/＊仔细"。但我们也需要注意到其搭配积极义或中性义的

用法:

> (7) 等候已久的记者蜂拥而上,一时人头攒动,闪光灯亮成一
> 片。(bcc)

1.2.3 "一时"与非自主、不可控性动词的关联

"一时"多用于非人为控制的行为状态,VP 的可控性比较差
(王凤兰,2004;丁雪欢,2008),这跟"一时"常修饰非自主动词有
关。李宇宏(2009)以林华勇(2005)提出的能否与自主动词组合
为标准,把"一时"归为非可控副词。但不可否认下例中"不想回
家"本身就是一种主观意志的表达,很难说具有非可控性:

> (8) 裕进一时不想回家,独自开车兜风。(bcc)

另一方面,大量具有典型非可控/非自主的动词反而很难进
入"一时 VP":

> (9) * 他走路不小心,一时摔了一跤/摔倒了。

> (10) * 天一时下雨了。

可见,若处理为"非可控性副词",概括得不够准确,且特设性
(ad hoc)较为明显。

1.2.4 "一时"与匀质、可持续状态的关联

丁雪欢(2008)认为"一时"多修饰匀质、可持续性的状态。我
们认为这一观察的问题更为明显。如下例,"起了……"结构在体
意义上一般被归入起始体(inchoative),属于广义的有界体(telic)
范畴(见 Vendler,1967),很难和持续特征归入同类,但下例是合
法的:

> (11) 瞧她饿坏了的模样,他心中一时起了怜惜之心。(bcc)

另外,"匀质、可持续"等语义描述和进行体、持续体的关联更
为无标记。然而,典型的进行/持续体动词、具有匀质语义特征的
性质形容词却不能接受"一时":

> (12) * 天一时下雨呢/正在下雨。

> (13) * 花儿一时很红。

1.2.5 "一时"的篇章分布情况

王凤兰(2004)细分出"一时"使用的三种情况：⑴由于某种突发情况或某种原因而迅速导致另一种情况的短时存在，有"顿时"的意思；⑵某种预期外的心理状态在短时间内存在，这种短时间存在的心理状态又导致了某种结果；⑶表示某种情况或状态在短时间内存在，该情况或状态的存在并非说话人或当事人可以控制，着眼点只在当前的情况、状态。这种区分方式对我们很有启发。我们认为，对外汉语教学中，除了从语义上做精细的描述外，还应该从句法环境上加以限制，力求做到语义功能和句法形式的完备结合。王文的表述稍嫌繁复，且句法形式上的呈现度不高，缺少学习上的可操作性，"某种"这样的模糊性用词也使其清晰度不够。

1.2.6 本文的研究框架

通过观察语料，我们发现"一时 VP/AP"主要出现于三种句法环境：1)肯定形式的主句谓语；2)否定形式的主句谓语；3)表原因、伴随等义的从属句。

首先厘清两个概念。所谓"主句"(main clause)是指不需要后续小句即可成句的句子，它既可以是自足的单句，也可以受前面从属小句的修饰。从属句(subordinate clause)不自足，句法上嵌套于、或依附于另一个句子。本文讨论的从属句都是状语性的。

2. "一时"出现于否定形式主句谓语

与"一时"共现的高频否定形式主要有"一时 V 不 C""一时不能/不会 VP""一时不想 VP""一时无法 VP"和"一时没 VC"等。从情态角度看，前四种是动力情态(dynamic)或认识情态(epistemic)的典型表现形式；"一时没 VC"在形式上是普通叙实句,通过语用推理而获得动力情态解读。

2.1 "一时 V 不 C"

"V 不 C"是可能补语结构,主要表示不具备可以通过动作 V 使结果 C 得以实现的客观条件(杉村博文,2010),属于动力情态中的"能力"(彭利贞,2007:148—9)。我们发现,V 的自主性语义特征与下位情态类型之间存在有意思的关联:

V 是自主动词时,"一时 V$_{自主}$不 C"表示在短时间内不具备这种能力/条件[⑤]:

(14) 新参加工作的年轻职工(包括大批在北京工作的京外员工)一时买不起商品房,租二手房是其主要居住来源。(bcc)

(15) 听了一会儿,都是年轻人的话题,他一时插不上嘴。(转引自丁雪欢,2008)

V 是非自主动词时,"一时 V$_{非自主}$不 C"只表示认识情态(epistemic modality),即言者认为短时间内不存在 VC 的可能性:

(16) 别担心,老头子身子硬朗得很,一时死不了。(bcc)

(17) 一旦这些人单了权,他们一时垮不了的。(bcc)

2.2 "一时不能/不会 VP":情态过滤效应

普通话中的"能、会"是多义情态词,"能"可以表达动力、道义(deontic)情态,"会"表达动力、认识情态。"一时"出现后,会使这些多义情态动词只获得一种解读,因此,具有情态过滤效应。

比较下例可见,"一时"会过滤掉"能"的道义情态:

(18) a. 墙很高,我不能爬上去。(动力)

　　　b. 墙很高,我一时不能爬上去。(动力)

这种现象不难解释,因为道义情态具有恒久属性[⑥],与"一时"的短时语义要求不匹配:

(19) a. 爬墙违法,我不能爬上去。(道义)

　　b.　＊爬墙违法,我一时不能爬上去。(道义)

　　与"不会"共现时,"一时"过滤掉的却是"会"的动力情态解读,下例"一时不会 VP"都作认识情态解:

(20) 这些问题没有写进去,历史也还没有定位,可见一时不会有什么结论。(bcc)

(21) 巡视组昨天刚到,一时不会下到我们基层。我们为什么不去主动汇报呢?(bcc)

　　同样是动力情态,"会"表示技能、体能等能力时比"能"所表示的更长久、更稳定[⑦],因此与"一时"的短时性不匹配。这样,当"一时"与"会"搭配时,动力情态就被过滤掉了,"一时不会 VP"因而只能理解为认识情态。

2.3　"一时无法 VP"

　　"一时无法 VP"也较为常见,由于"无法"本身和自主性动词关联,该句式只能取动力情态解读:

(22) 王添成老师搜集素材,编写了五幕话剧《英雄小八路》,限于条件,一时无法上演。(bcc)

(23) 杨太守顿时红了脸,因为他自己也弄不清楚,一时无法回答,罗春霆抓住了把柄,更进一步申斥下去:"贵府连这个都不清楚,那申报朝廷请修的奏表又是如何具本的?总不会是随便具奏吧!"(bcc)

2.4　"一时不想"

　　有学者因"一时"常与非自主动词共现而将其定性为"非可控副词"(李宇宏,2009),但上文已经说明"一时"可修饰由自主动词构成的"V 不 C"短语、"不能/不会 VP"和"无法 VP"。与此同时,语料中存在很多"一时不想"这样强主观意愿的表达。很显然,"可控"是无法解释这些语言现象的。其实,我们可以用"意愿"(volition)进行解释。除"想"之外,经常进入这一格式的还有"愿意、愿"等助动词以及含有意愿语义因子的"准备、打算"等动词:

（24）就因为一件事，我一时不想理她。（bcc）

（25）孩子实在是玩得太高兴了，一时不愿意扫兴分开。
　　　（bcc）

（26）赚钱不容易，现在在超市里工作，一时不准备走，多存点
　　　钱以后再补充。（bcc）

根据 Palmer（2001）的情态分类系统，"意愿"也属动力情态之
一种。

2.5　"一时没（有）VC"：用事实表能力

这也是"一时"出现在否定形式谓语中的常见结构。我们发
现，并不是所有的"没 VC"都能受"一时"修饰，下面 a 句可以说，
但 b 句不成立：

（27）a. 房子一时没造起来

　　　b. ＊房子一时没塌下去

（28）a. 他一时没跳上去

　　　b. ＊他一时没跳下去

在相应的肯定式中，"造起来了/跳上去了"表示事件，具有事
实性（factuality）；这种事实蕴含了"能力"，即蕴含"有造起来/跳
上去的能力或条件"。而由非自主动词构成的"塌下去了、昏过去
了"只能表示事实。⑧"跳下去了"虽然是由自主动词构成的，但按
照实践知识，"跳上去"需要能力，"跳下去"却不需要。也就是说，
只有那些与"能力"相关的"没 VC"才能受"一时"修饰。"一时没
VC"看起来是在否定事实的存在，实际上是在否定能力，即"一时
没能力 VC"。因此，我们认为，"一时没 VC"间接表达了动力情
态，而且以此为核心功能。

这也正是为什么"一时"不能和否定形式的普通事件句搭配，
例如"＊房子一时没建造"，因为不含有"能力"这一语义要素。

在大多数状况下，能力和主观意愿具有同向关系。比如，"能
写好"包含了"想写好"和"有能力写好"两个方面；而"♯能写砸"

之类之所以怪异,是因为预设语境中的"♯想写砸"的意愿不合常理,除非是故意为之。这样,我们就得出了"一时没 VC"的理想使用环境(ideal context):(想 VC,但)一时没能力 VC。如果一个动词组 VC 不能通过该环境的测试,就不能进入"一时没 VC"。

在涉及能力时,"一时没 VC"和"一时 V 不 C"往往有语义值接近的转换关系,如例(29);但解读为认识情态的"一时 V 不 C",则不能转换为"一时没 VC",如例(30):

(29) a. 他一时没跳上去　b. 他一时跳不上去

(30) a. 房子一时塌不下来　b. ＊房子一时没塌下来

由此可见,"一时没 VC"的使用范围小于"一时 V 不 C"。后者实际上包含两种情况:1)自主动词条件下,语境/预设与主句的主语同指;2)非自主动词情况下,二者主语不同指,有言者主语介入:

(31) a. 自主动词:(有人想 VC,但)一时 V 不 C。

　　　 b. 非自主动词:(有人认为可能 VC,但"我"认为)一时 V 不 C。

2.6　"一时"的否定偏好:主观性介入

以上我们从情态角度对几种"一时＋否定式"进行了说明,概括如下图:

进入"一时"的否定式与动力、认识情态相关,且以前者居多。动力情态与认识情态虽分属于事件情态和命题情态两大次范畴,前者属于施为者导向情态（agent-oriented modality），属于"根情态"（root modality），后者属于言者导向情态（speaker-oriented modality），是通过语用推理产生的情态（参 Bybee et. al.，1994）。但二者语义关联密切，具体说，都和逻辑语义上的可能性（possibility）相关。

"一时"为何偏好否定形式呢？我们认为，这种否定偏好来自于"一时"的语义核心：理想状况下，"一时"表示一个封闭的时间区间，该区间之前、之后是恒常时间。从信息结构角度看，主句谓语"一时 VP"是前景/焦点信息，其背景/预设信息在"一时"的时间区间之外，即恒常时间。"一时"选择否定式作为前景/焦点信息，是因为否定式总是以相应的肯定式为预设/背景，而不是反过来的情况。按照正常的认知模式，"有能力做某事"是默认状况，"没有能力做某事"是特定状况。

理想状况下，"一时"表示：1)"此时非彼时"；2)"此时非永远"。"一时"的时间区间即信息结构图示如下（纵向虚线表示时间界限未明示）：

常时A(此前)	"一时"的时区	常时B(此后)
预设/背景	焦点/前景	预设/背景

以"一时买不起房"为例，a 句"一时"既表示"此时非彼时"，也表示"此时非永远"，b 句则表示"此时非永远"。

(32) a. 我几百万的积蓄在股市打了水漂，一时买不起房。

　　 b. 我刚刚大学毕业，收入也不高，一时买不起房。

在没有如 a 句这样显性上文的提示下，"一时＋否定"通常被理解为"此时非永远"。例如说"一时买不起房"并不能蕴含"曾经买得起房"。这种偏移是主观化介入的后果。与此同时，"一时"所指的时间区间也被主观性的缩短，因此有临时之义。例如，"一时买不起房"也并不同时承诺"将来买得起房"。"一时"实质上起了一个"轻说"标记的作用。这是典型的主观性介入产生的后果。

综上所述,出现在主句谓语部分的"一时＋VP"有两个方面的选择偏好：1)对否定的偏好；2)对动力情态的偏好。前者是预设/焦点模式方面的无标记关联诱发的,后者是因为"对于动力情态的否定"具有临时性。这种临时性并不是客观存在的,而是主观性介入的结果：即"有能力做某事并达到想要的结果"被认为是恒常状况,"没能力做某事并达到想要的结果"被认为是临时状况。从原则层面来解释,这是典型的"乐观原则"起作用的案例。(参看袁毓林,2014)

3. "一时"出现于肯定形式主句谓语

"一时 VP/AP"出现于肯定形式的主句谓语,有两个方面的语义要求：1)用于描摹状态,有夸张色彩；2)该状态在说话时间(time of utterance)已经不存在。下面我们从描摹状态和时体限制两个方面来谈。

3.1 描摹状态

"一时"出现于肯定形式的主句谓语,主要用于描摹状态。当谓语动词表示行为动作、事件、性质判断等时,都不可以使用"一时"。

"一时"不能用于行为动作和事件。下例(33—34)中,"一时"可以和表状态的谓语核心"张灯结彩""无地自容"相关联,如 a 句；但跟相应的表事件的"路灯亮了""被批评了"不相容,如 b 句。例(35)a 句中"什么 …… 都"是一个全称量化(universal quantification)的表达,其量化域是整个谓语,并使得整个谓语更接近于所谓的"个体平面谓语"(individual-level predicate,参看 Carlson,1977；Kratzer,1995),是理想的状态描摹表达,因而与"一时"相容；而 b 句"那些事"为有定形式,这使得谓语与具体事件相关联,更接近"阶段平面谓语"(stage-level predicate),因此与"一时"排斥。

(33) a. 街上一时张灯结彩。

　　　b. *街上一时路灯亮了。

(34) a. 学生们一时被批评得无地自容。

　　　b. *学生们一时被批评了。

(35) a. 他一时做什么事情都无精打采的。

　　　b. *他一时做那些事情无精打采的。

正因为"一时"不能用于动作行为和事件,上文典型病例(4)"女朋友提出要跟他分手,他一时哭了"不能成立,而"一时哭得稀里哗啦"之类就可以了。这种很有意思的对立,正是事件和状态的对立,客观陈述和夸张描摹之间的对立。

"一时"描摹状态的特点同时也体现在它对形容词的选择上:即排斥简单/性质形容词,与状态形容词相容。请比较下面这组句子:

(36) a. *这部电影一时红(了)。

　　　b. 到了八十年代,黑社会片发展成为"英雄"电影,一时红得发紫,许多大牌导演和明星都加入到"英雄"电影中来。(bcc)

　　　c. 三峡库区蓄水完成后,航道水域条件大大改善,不少企业纷纷上马新的航运建设项目,建码头、造新船、改旧船的工程一时红红火火。(bcc)

朱德熙(1956)区分了性质形容词和状态形容词,其中最典型的性质形容词就是单音形容词,这类形容词"充任的谓语表示的是事物的恒久的、静止的属性",而状态形容词"充任的谓语却往往含有一种潜在的可变性"。朱先生随后指出,"在叙述'暂时性'的事变的语言环境里,只能用乙类成分(笔者按:状态形容词)做谓语"。上例很好地诠释了这一点,"红"和"红红火火"正是典型的性质形容词和状态形容词。b 句因为使用了复杂状态补语形式,突出了描摹状态的特征。

我们在北京语言大学 bcc 语料库中,以"一时很 adj"(出现在主句谓语部分)为关键词进行搜索,共有 56 条例句。其中,"一时很难＋VP"共 31 句,这个实际上是需要排除的,因为"很难"在此已经发生了向助动词(auxiliary)的词汇化,可以带补足语。"一时很＋双音节及以上形容词"共 19 句,"一时很＋单音节形容词"共 6 句,涉及的形容词主要有"窘、静、热"等。从上述分布情况也可以看出,"一时"更倾向于跟描摹状态的成分共现。单音节形容词受到"很"的修饰后,才可以充当句子的谓语,但由于其描摹性仍然不强,因此分布受限。

双音节形容词同样存在这样的问题,尽管它已经具有了一些描写性的功能(朱德熙,1956:25),请看:

(37) a. ＊考试成绩名列前茅,他一时得意。

b. 考试成绩名列前茅,他一时很得意。

c. 考试成绩名列前茅,他一时得意洋洋。

"一时"对形容词的选择倾向不难解释:性质形容词做谓语一般表示"恒久的、静止的属性",这与"一时"的短时性/临时性相左。状态形容词,尤其是描摹性更强的形容词生动形式、成语等四字格表达,由于其"潜在的可变性"与"一时"相匹配。

需要说明的是,所谓性质-状态形容词的"恒久-可变"属性,并不完全与世界知识相吻合。性质形容词也有"可变"性,例如"一阵红,一阵白""轻了"等格式;复杂形容词也并非一定比相应的性质形容词更具有"可变性",比如"安静"和"安静得出奇"本身很难说有"可变性"的差异。那么,怎样认识"＊一时安静"和"一时安静得出奇"之间的对立?

上文提到的"个体平面"和"阶段平面"的概念,有助于认识汉语中的简单形容词和复杂形容词在谓语位置上的功能分工:前者不含"时间题元"(参看 Carlson,1977),后者含有该类题元。与此相应的是,前者具有量级性(gradability,参看 Dixon,1999),后者没有该属性。对于量级性,可以用比较句或"越来越"测试:

(38) a. 这个房间比那个房间安静／＊安静得出奇

　　　b. 这个房间越来越安静／＊安静得出奇

也正是因为"时间题元"的存在,使得"一时"这个显性表达时间意义的副词可与复杂形容词相容,而不能跟简单形容词匹配。

"一时"的另一个分布是在"有/没了＋抽象名词"结构中[⑨]。如:

(39) 由于他的表演杰出,一时有了"南欧北梅"的美誉,而"梅"就是梅兰芳。(bcc)

(40) 候机大厅空空如也,没约翰的身影! 我一时没了主张。(bcc)

具体名词不能进入"一时＋有/没了"结构:

(41) ＊一时有了大房子。

(42) ＊一时没了女朋友。

这种对立不难解释。由于"有/没了"表现实情态,具体名词相应地是有指成分,二者结合自然偏向于表事件;抽象名词有指性不强,和"有/没了"结合,则更偏向于描摹状态。

3.2 "一时"与时体范畴的关系

"一时"出现于肯定形式的主句谓语时,在时(tense)和体(aspect)上也有使用的限制。"一时"产生之初是"此一时也,彼一时也"等,语义上可描写为"过去的一段已经结束的时间",因此不能持续到"现时",即在说话时间之前必须结束。从这个意义上说,"一时"也间接地标记出谓语的"时"为过去,这可以看做"一时"在时范畴上的定位限制。"一时"表示过去曾经的一个封闭短时区间的状态,现在已结束,也就意味着它排斥"恒久状态"和"现时相关性"。

下例 b 句谓语虽然也是复杂形式的状态形容词,但由于表达

"恒久不变"的匀质状态时,就会与"一时"龃龉:

(43) a. 这本《把吃出来的病吃回去》一时供不应求。

    b. ＊这本《把吃出来的病吃回去》一时粗糙空洞。

另外,如果表达尚未发生的(如条件句),或者惯常行为等也不能用"一时":

(44) ＊到时候你如果推门而入,他会一时阵脚全乱。

(45) ＊每天他晨练半个小时,一时精神抖擞。

上文指出,"一时"后的谓语描摹过去某段时间的"状态",虽不强调状态的结束。然而,从客观语义上讲,该状态必须结束。这种深层次的客观语义不在前景信息中明示,但仍起作用。这里有一个证据:"一时"和"现时相关性"谓语在搭配上表现出了排斥。下例中,"着""了₂""在""呢""快看"等都是标记"现时相关性"的标引词(index):

(46) a. ＊天上一时下着雨。

    b. ＊天上一时下雨了。

    c. ＊他的伤口一时在流血。

    d. ＊水一时从窨井盖往外冒呢。

    e. ＊快看,孩子们一时玩得很高兴!

"一时"后谓语表示的状态虽不能具有"现时相关性",但细究起来,"一时"在时间流中并非没有参照关系(temporal reference)。相反,"一时"必须有参照时间,即必须和"前状态/事件"具有参照关系,一般是"同时"或"之后"。也正因为如此,"一时"出现的小句不会是真正的"首发句"。具体地,表达"前状态/事件"的可以是从属小句、独立小句,也可以是语段甚至更大。从这个角度看,"一时"具有时间指称(temporal deixis)上的回指作用,"前状态/事件"是"一时"的先行状态(antecedent),而且这个"先行状态/事件"不能是确定的时间词,如"昨天""五分钟之前"等具有直指性的时间词:

(47) ＊昨天,大街上一时阒寂无声。

(48) ＊上世纪 30 年代末,这本书一时千金难求。

3.3　对留学生错句的解释

下面用上文的分析对王凤兰(2005)、李宇宏(2009)列举的留学生错句进行解释。

(49) ＊我前几天刚到广州,一时住在朋友家。(王,2005)

(50) ＊你妈妈身体不好,你一时不要把这个消息告诉她。(王,2005)

(51) ＊今天一时练到这儿,明天再接着练。(王,2005)

(52) ＊这次旅行中发生的有意思的事很多,一时休息一下,以后慢慢跟你说。(李,2009)

(53) ＊考试期间,我非常累。考完试以后,我想一时睡一觉。

例(49)"一时住在朋友家"是肯定形式,描写一般行为事件,语义上不能满足描摹状态的要求。例(50—51)是言语行为句,即通过说话完成禁止、建议等行为,违背了"一时"的"过去时"的语义要求。(52—53)的不当也是由于未顾及"一时"在时体意义上的限制造成的。

以上错误用例(49—52)换成"暂时"后都可以说。教科书和词典上若仅用"暂时、临时"作为释义词,对于留学生使用目标词"一时"有很强的误导作用。很明显,二者最大的区别之一是,"一时"具有"时范畴"的定位标引作用,并同时标示了动作行为的现实情态(realis modality);"暂时"则没有这些特征。

4. 出现于表原因、伴随等义的状语从属句

本节主要讨论的是下面这一类句子:

(54) 他一时冲动把电视机砸了。(转引自丁雪欢,2008)

(55) 是我一时疏忽,没有想到徐曼丽懂得几句英国话。(转

引自王凤兰,2004)

王凤兰(2004)统计了《汉语水平词汇与汉字等级大纲》中的词,得出结论：(1)"一时"所修饰的形容词多为表示心理状态的形容词,且绝大多数具有[－自主][＋贬义]的语义特征。(2)这些形容词受"一时"修饰后,表示短时间内出现的某种预期外的心理状态,而这种心理状态都会引发出某种不如意的结果。

首先我们要说的是,心理状态的形容词基本都是[－自主]的,因此这一条语义概括的有效性不高。其次,受"一时"修饰的形容词不都是[＋贬义]的,如：

(56) 一时好奇,买了几只"尤立"回来吃,没想到这玩意又酸又涩,如柠檬,难以入口。(bcc)

(57) 一时兴奋,没注意分量,煮多了,一个人吃不完。(bcc)

(58) 在屋子上往下摔手榴弹的工人由于没有经验,一时高兴,便将一百多个手榴弹摔光了。(bcc)

第三,"都会引发出某种不如意的结果"这一语义概括,同时反映出了"一时AP"的句法特征,即"一时AP"是一种从属句,具体表现在：1)"一时AP"这样的结构都不独立成句;2)形容词前无需出现"很、十分、挺、特别、非常、相当"等程度副词,而且大多数情况下,如果加上这些,反而不好。这一点跟3.1节讨论的句法环境正好相反。

现在的问题是：1)如何理解"一时"对心理状态谓词的选择偏好？2)如何理解"一时AP"后的主句对于"不如意结果"的偏好？

对于第一个问题,仍可用"一时"的短时语义倾向来解释。那些具有恒常性和稳定性的心理状态词,仍然难和"一时"搭配：

(59) ＊我一时忧郁,办了退学手续。

(60) ＊这个小伙子一时外向,说了很多讨好人的话。

对于第二个问题,从下列对比可以看出。我们认为,所谓"不如意"，实际上指主句表达的事件与主体者的意图相悖，具有一定的反预期（counter-expectation）色彩：

(61) a. 这本是个秘密，他一时高兴，竟说漏了嘴。

　　　b. ＊他一直在找机会向姑娘表达爱意，今天一时高兴，就表达了。

这一语义偏好也和"一时"的时间区间特征相关。上文提到，"一时"的语义核心是一段发生在过去的短时区间，它与前时、后时的状态不同，从而形成对比。从这个角度看，主句事件的"不如意"和"一时"的时间区间特征具有一定的投射关系（mapping）。

5. 结语

本文讨论了汉语常用词"一时"作为副词使用的句法分布、语义和语用特征、限制与偏好。"一时"出现的位置有：否定形式的主句谓语、肯定形式的主句谓语、状语性从属句的谓语。"一时"在使用中的复杂性主要是由于它的选择偏好和选择限制引起的。

"一时"出现于否定形式的主句谓语时，对于动力情态否定形式表现出偏好，同时严格限制了肯定形式的动力情态；与多义情态动词"能、会"共现时，过滤掉"能"的道义情态和"会"的动力情态。通过"一时"这个测试框架，我们也可以发现动力情态否定式的短时性范畴化，同时观察到主观化所起的作用。"一时"用于肯定形式的主句谓语，偏好状态描摹，排斥事件表达，这也体现出了"一时"语义核心中的短时与状态形容词的可变性、不稳定性之间的投射关系。这种投射关系同时也可以用来解释"一时"用于状语性从属句的情况，偏好于带心理状态谓词，同时其主句偏好于表达不如意的事件。

注释

① 《现代汉语词典》(第6版)所列用法：①名词。一个时期：此一时彼一时│盛极一时│一时无出其右。②名词。短时间：一时半刻│一时还用不着│这是一时的和表面的现象。③副词。临时；偶然：一时想不起他是谁│一时高兴，写了两首诗。④副词。重复使用，跟"时而"相同：高原上天气变化大，一时晴，一时雨，一时冷，一时热。我们认为，"一时还用不着"和"一时想不起他是谁"中的"一时"在词性、语义上没有实质性区别(详见本文第二部分论述)，因此本文做了相应调整。

② 我们考察了五部对外汉语教材：《桥梁·实用汉语中级教程》《尔雅中文·中级汉语综合教程》《成功之路》《博雅》《新实用汉语课本》，教授的都是这两种用法。

③ 这两句是留学生在完成《尔雅中文·中级汉语教程》(上)"一时"配套练习题时出现的错误，错误类型具有典型性。

④ 本文例句除个别自拟外，其余来自北京语言大学bcc语料库或转引自其他学者的论文。

⑤ 非现实情态句一般都有一个隐身的"言者"，因此"言者导向"的认识情态在句法位置和语义辖域上高于动力情态，或者说认识情态解读凌驾于动力情态之上。"年轻职工买不起房"既可以是客观陈述"年轻职工无买房能力"，也可以是"我认为年轻职工无买房能力"。鉴于"认识"的"无所不在性(ubiquity)"，本文的认识情态只限于那些不包孕其他情态的认识情态，如"(雨)下不了"等情况。

⑥ 例如"老师不能说脏话"是典型道义情态句，同时也是典型的类指句，"不能说脏话"具有时间上的恒久性和稳定性，因此也使得"教师"具有了类指的指称属性。

⑦ 例如"他会开车，但失去双腿后，就不能开车了"。

⑧ 汉语方言用动补结构完成体表示"可能"并不鲜见，可参看一杉刚弘(2000)、乔全生(2000)、谷向伟(2006)、辛永芬(2006)、柯理思(2006)等对山东、陕西、山西、河南等北方官话方言的介绍。这种"可能"表达也与"能力"相关，"造起来了"可以表示"能造起来/造得起来"，但"塌下去了"无"可能"义，只表示"塌下去了"这个事实。由此可见"事实-能力-可能"之间的语义联系。

⑨ 我们在北京语言大学bcc语料库中以"一时有了"为关键词，搜索到15条例句，名词均为"美誉、勇气、念头、骚动、错觉、领悟"等抽象名词。"一时没了"共74例，其中占据半壁的是"主意"(36)，次之的是"主张"(6)，第三

是"着落"(4),其余的有"方向"(2)、"声音"(2)、"言语"(2)、"下文、方寸、情绪、思想、声响、话语、办法、声、依靠、反应、头绪、打算、睡意、笑声、目标、用武之地、吃的、词、胃口、计较、钱势、活"(各1)。

参考文献

国家汉办等编著　2010　《汉语国际教育用音节汉字词汇等级划分》,北京:北京语言大学出版社。

丁雪欢　2008　时间副词"一时"的三类语法意义,《云南师范大学学报》(对外汉语教学与研究版)第3期。

谷向伟　2006　河南林州方言中表可能的情态助词"咾",《殷都学刊》第4期。

金洪臣　2011　论"一时",《牡丹江师范学院学报》(哲社版)第4期。

柯理思　2006　北方方言和现代汉语语法研究:从几个具体的事例谈起,《西北方言与民俗研究论丛(二)》,北京:中国社会科学出版社。

李宇宏　2009　从语义特征看"一时"与"暂时"的差异,《现代语文》第9期。

林华勇　2005　可控副词和非可控副词,《语言研究》第1期。

彭利贞　2007　《现代汉语情态研究》,北京:中国社会科学出版社。

乔全生　2000　《晋方言语法研究》,北京:商务印书馆。

杉村博文　2010　可能补语的语义分析——从汉日语对比的角度,《世界汉语教学》第2期。

王凤兰　2004　"暂时"和"一时"的句法语义考察,暨南大学硕士学位论文。

辛永芬　2006　《浚县方言语法研究》,北京:中华书局。

一杉刚弘　2000　山东方言可能补语类型,《首届官话方言国际会议学术讨论会论文集》,青岛:青岛出版社。

袁毓林　2014　汉语词义识解的乐观主义取向——一种平衡义程广泛性和义面突出性的策略,《当代语言学》第4期。

朱德熙　1956　现代汉语形容词研究,《现代汉语语法研究》,北京:商务印书馆。

Bybee, Joan, Revere Perkins & William Pagliuca 1994 *The Evolution of Grammar: Tense, Aspect, Modality in the Languages of the World*. Chicago: The University of Chicago Press.

Carlson, G. 1977 A unified analysis of the English bare plural. *Linguistics and Philosophy* 1,3,413-58.

Dixon, R. M. W. 1999 Adjectives. In K. Brown & T. Miller (Eds.),

Concise encyclopedia of grammatical categories （ pp. 1 - 8 ）. Amsterdam：Elsevier.

Kratzer，Angelika 1995 Stage-level and individual-levelpredicates，in G. Carlson and F. Pelletier，eds，'The generic book'，University of Chicago Press.

Vendler，Zeno 1957 "Verbs and times". *The Philosophical Review* 66(2)： 143 - 160.

定位语气副词的构成与特点[*]

邵洪亮　蔡慧云(上海外国语大学国际文化交流学院)

1. 引言

　　一般认为,语气副词(也称"评注性副词")在句中的功能相当于一个"高层谓语",属于句子所表达的基本命题之外的模态性成分,表示说话人对基本命题的总体性态度或评价,因而其在句中的位置相对于描摹性副词或限定性副词而言要灵活,它们既可以位于主语前也可以位于主语后的句中状语位置,如"本来、毕竟"等。^①

　　但实际上,汉语中也存在不少只能定位于主语后的语气副词,本文所谓的"定位语气副词"就专指这些语气副词,同时包括少数几个只有在主语是疑问代词或数量(名)等特定情况时(如"不定谁赢""竟然一个人都没有"),才可以位于主语前的语气副词。^②与"定位语气副词"相对的就是可移至主语前的"可位移语气副词"^③。但是任何语言现象"说有易,说无难",尤其受到日常语

---

　　* 本研究是国家社会科学基金项目"互动语言学视野下的汉语语气成分的功能与兼容模式研究"(16BYY133)的阶段性成果之一。论文初稿曾得到张谊生、张豫峰等教授的建设性意见,谨致谢忱。

言使用中的随意性影响,在基于语料库的统计中,经常会发现个别例外现象。因此,我们对每个语气副词各选取了 1000 条语料进行统计,将 99% 及以上位于主语后的语气副词视为"定位语气副词"。

李泉(2002)统计过可位移副词,指出可位移副词占副词总数的 19.52%,其中语气副词中的可位移副词占全部可位移副词的 57.69%(其他可位移副词主要是时间副词,也有少量的其他副词),占全部语气副词的 49.67%。这个统计结果说明差不多一半儿的语气副词只能位于主语后句中状语的位置。至于哪些语气副词只能位于主语后句中状语位置,论文未作详细说明。

杨德峰(2009)也曾以《汉语水平词汇与汉字等级大纲》中出现的 93 个语气副词为统计对象,对它们所出现的位置进行了统计,发现约 67.7% 的语气副词可以出现在主语前。[④]该统计因尚未穷尽所有的语气副词,因而其统计结果有一定的局限性。

总之,上述研究已经注意到了相当一部分语气副词只能定位于主语后,但对于这些语气副词并没有进一步的分析和解释。

本文对现代汉语语气副词进行了穷尽性考察。以齐沪扬主编的《现代汉语语气成分用法词典》为研究蓝本,通过国家语委现代汉语平衡语料库以及北京大学 CCL 现代汉语语料库中的语料,逐一考察该词典中的 205 个语气副词[⑤],筛选出其中的定位语气副词,并加以深入考察。

本文凡以"YLZX""CCL"标记的例句分别来自国家语委现代汉语平衡语料库和 CCL 现代汉语语料库,其余均为自拟用例。

2. 定位语气副词的构成

要研究定位语气副词的构成,我们首先要解决语气副词的分类问题。给语气副词分类是研究的一大难点,学界对于语气副词乃至整个语气系统该如何分类一直没有一个定论,任何一种分类似乎都或多或少存在不尽如人意的地方,这主要跟语气副词的个性太强有关。

本文主要参照了贺阳(1992)、齐沪扬(2002)的分类系统,对语气副词做出如下分类(详见表1):

表 1　语气副词的分类

语气副词	功能语气	疑问语气	
		感叹语气	
	意志语气	确认语气	
		揣测语气	必然语气
			或然语气
		必要语气	
		意愿语气	
		契合语气	
		料悟语气	预期语气
			领悟语气
			反预期语气
		侥幸语气	

2.1　功能语气副词

功能语气表示的是说话人通过句子想要达到的交际目的。语气副词的功能语气具体表现在它对句类的选择上。段业辉(1995)在考察语气副词的句类分布时,发现在陈述、疑问、感叹三大句类中,大部分语气副词都可以出现在陈述句中。我们也发现,绝大多数语气副词都可以出现在陈述句中(也可以出现在其他句类中),但有一类语气副词比较特殊,只能出现在疑问句或感叹句中,它们本身便负载了疑问语气或感叹语气。因此,在语气副词的分类中,我们首先分出功能语气副词,并下分疑问语气和感叹语气两个小类。同时,由于没有专门用于陈述句表示陈述语气的语气副词,因而在功能语气下我们不可能再另立陈述语气副词,而是将这些占大多数的语气副词直接在"意志语气"下进行分类了。

2.1.1　表疑问的语气副词

表疑问的语气副词,用于疑问句中,多表示一种反诘语气。例如:

(1) 我们<u>何不</u>为你举行一次盛大的生日宴会来庆祝摩天大厦的竣工?(CCL)

(2) <u>难道</u>赵焕章对生身父亲没有感情?(YLZX)

(3) 这些<u>难道</u>不是一种简单的推理能力吗?(YLZX)

例(1)—(3)中的"何必""难道"本身就具有疑问义,因而基本用于疑问句,表疑问语气。

据统计,在表疑问的语气副词中,定位语气副词7个(含单音节1个),可位移语气副词7个(详见表2)。表疑问的定位语气副词与可位移语气副词数量大致相当。

表 2　表疑问的语气副词

定位语气副词	单音节	岂
	双音节	何不、何曾、何尝、何妨、何苦、可是 1("是否"义)
可位移语气副词		莫非、难不成、难道、究竟、到底 1(究竟义)、何必、何须

2.1.2　表感叹的语气副词

表感叹的语气副词,用于感叹句中,表示说话人的强烈情感。例如:

(4) 这是一个<u>多么</u>动人的故事啊!(YLZX)

(5) 他们的心地<u>何等</u>狭隘!(YLZX)

例(4)(5)中的"多么""何等"本身具有感叹义,用于程度的加深,因而基本用于感叹句,表感叹语气。

据统计,在表感叹的语气副词中,定位语气副词 9 个(含单音节 6 个),没有可位移语气副词(详见表3)。显然,纯表感叹的语气副词只能是定位语气副词。

表3　表感叹的语气副词

定位语气副词	单音节	怪、好、太、多、可、老^⑥
	双音节	何等、不愧、多么
可位移语气副词		无

2.2　意志语气副词

表示意志的语气副词,在句类的选择上没有明显的倾向。它们一般都可用于陈述、疑问、感叹、祈使或其中的几种句类当中,不具有明显的功能性。因此,隶属意志类的语气副词更多的是表达说话人通过句子所要传达的情感、态度或评价。具体包括:确认语气、揣测语气、必要语气、意愿语气、料悟语气、契合语气以及侥幸语气。

2.2.1　表确认的语气副词

确认语气表示说话人对命题所阐述的客观事实的确认。这种确认,既可以是对事实的肯定,也可以是对事实的否定。例如:

(6) 但如果不是厂里宣布休假两天,学徒根生压根儿也记不得今天就是新年。(YLZX)

(7) 显然,好感、友谊、爱情是相互联系而又区别的。(YLZX)

(8) 这样的题材显然是从他当时的生活中选取的。(YLZX)

据统计,在表确认的语气副词中,定位语气副词 30 个(含单音节 10 个),可位移语气副词 20 个(详见表4)。表确认的定位语气副词数量明显多于可位移语气副词。

表4   表确认的语气副词

定位语气副词	单音节	本、固、实、决、绝、概、并、才、又、还
	双音节	确乎、实在、着实、委实、就是1(肯定某种性质或状态)、硬是1(确认事实)、倒是1(肯定事实)、简直、俨然、纯粹、根本、压根儿、差点儿、险些、当真、算是、不过、可是2(确认事实)、未尝、未始
可位移语气副词		本来、的确、确然、确实、其实、分明、自然、看来、显然、当然、诚然、明明、反正、好歹、好赖、索性、毕竟、到底2(毕竟义)、终究1(强调事物本质)、无非

2.2.2   表揣测的语气副词

揣测语气表示说话人对可能发生的事件的推测。根据说话人对自己的推测是否有把握可以分为必然语气和或然语气。

(一) 表必然的语气副词

必然语气表示说话人对可能发生的事件十分有把握的猜测。例如:

(9) 讲到电视,人们<u>必定</u>联想到高大的建筑,矗立着刺向青天的电视塔。(YLZX)

(10) 哀家由他自个儿决定将来命运,若依预言,<u>势必</u>他的命不久矣。(YLZX)

(11) 其结果<u>势必</u>拖慢了整个舞蹈的节奏,并且损害了舞蹈方面的造型。(YLZX)

据统计,在表必然的语气副词中,定位语气副词19个(含单音节4个),可位移语气副词7个(详见表5)。表必然的定位语气副词数量明显多于可位移语气副词。

表5   表必然的语气副词

定位语气副词	单音节	准、定、断、必1(必定义)
	双音节	必定、必然、定然、一定、一准、断断、断乎、断然、指定、铁定、绝对、不免、未免、难免、终究2(事情必然会发生)

可位移语气副词	终归、总归、准保、管保、想来、想必、势必

（二）表或然的语气副词

或然语气表示说话人对可能发生的事件的不确定猜测。例如：

(12) 弄到现在是有空屋不敢贴招租条子，没人住时宁愿让它空闲着，因为房东<u>大半</u>是怕惹是非的。（YLZX）

(13) <u>好像</u>冷风给了我力量，我拿起一本书看起来。（YLZX）

(14) 我浑身<u>好像</u>被浇了一盆冷水，很失望。（YLZX）

据统计，在表或然的语气副词中，定位语气副词 12 个（含单音节 7 个），可位移语气副词 23 个（详见表 6）。表或然的定位语气副词数量比可位移语气副词少得多。

表 6　表或然的语气副词

定位语气副词	单音节	恍、似、像、或、要、该、盖
	双音节	大半、依稀、约莫、多半、不定
可位移语气副词		好像、仿佛、大抵、大概、大约、似乎、说不定、指不定、或许、或则、未必、几乎、至多、至少、起码、也许、恐怕、差不多、不见得、没准儿、万一、一旦、大不了

2.2.3　表必要的语气副词

必要语气表示说话人对事件必要性的强调或是对听话人提出某种指令、要求或警告。例如：

(15) 你去好好的用功念书，因为你<u>必得</u>要成名。（YLZX）

(16) 同志，假如你是个好心肠的人，请你<u>务必</u>替我转交给她。（YLZX）

据统计，在表必要的语气副词中，定位语气副词 11 个（含单音节 3 个），没有可位移语气副词（详见表 7）。显然，表必要的语气副词只能是定位语气副词。

表 7   表必要的语气副词

定位语气副词	单音节	万、须、必 2（必须义）
	双音节	必得、必须、务必、毋需、不必、千万、切切、万万
可位移语气副词		无

2.2.4   表意愿的语气副词

意愿语气表示说话人对某一事件的个人意志、选择或是针对这一事件对他人的劝说、建议。例如：

(17) 我们还<u>无妨</u>从意义相反的成分联在一起来考察这个问题。（YLZX）

(18) 你们<u>最好</u>不要跟他说话，卢大夫吩咐的！（CCL）

(19) <u>最好</u>你们两人早点结婚罢，我也可以了却一件心事。（CCL）

据统计，在表意愿的语气副词中，定位语气副词 13 个（含单音节 4 个），可位移语气副词 6 个（详见表 8）。表意愿的定位语气副词数量明显多于可位移语气副词。

表 8   表意愿的语气副词

定位语气副词	单音节	硬、就、也、非
	双音节	宁可、宁愿、宁肯[⑦]、硬是 2（不顾条件地强做某事）、就是 2（坚决态度）、毋宁、无妨、可是 3（强烈意愿）、不妨
可位移语气副词		非得、只得、只好、顶好、最好、还是

2.2.5   表契合的语气副词

契合语气表示说话人认为几种情况或事件正好相符合或相违背。例如：

(20) 韩纯忆啃了一块曲奇饼，说："这一次的味道<u>刚刚</u>好，不会太甜。"（CCL）

(21) 现在<u>恰好</u>有水五杯，当然可以如愿以偿。（YLZX）

(22) <u>恰好</u>何士波打完电话,一步抢进屋说:"呃,具体点嘛!"(YLZX)

据统计,在表契合的语气副词中,定位语气副词 2 个(含单音节 1 个),可位移语气副词 7 个(详见表 9)。表契合的定位语气副词数量远少于可位移语气副词。

表 9 表契合的语气副词

定位语气副词	单音节	刚
	双音节	刚刚
可位移语气副词	恰好、刚好、恰恰、恰巧、偏巧、可巧、刚巧	

2.2.6 表料悟的语气副词

料悟语气表示说话人对事件结果已经有一个预期,而真实的结果与这一预期相符合或相违背,又或者说话人从实际结果中有所领悟。包括预期语气、领悟语气和反预期语气三个小类。

(一) 表预期的语气副词

预期语气表示说话人对事件结果已经有一个预期,而真实的结果与这一预期是相符合的。例如:

(23) 麦迪一看<u>果真</u>有委托人来了,兴奋至极。(YLZX)

(24) <u>果真</u>每一个人都要在这场斗争中经受考验,决定取舍吗?(YLZX)

据统计,在表预期的语气副词中,没有定位语气副词,可位移语气副词 6 个(详见表 10)。显然,表预期的语气副词全部都是可位移语气副词。

表 10 表预期的语气副词

定位语气副词	无
可位移语气副词	果然、果真、总算、终于、终究 3("终于"义)、到底 3("终于"义)

（二）表领悟的语气副词

领悟语气表示说话人对事件结果已经有一个预期或有一些猜测，而真实的结果与预期或猜测不一致，说话人从中有所领悟。例如：

(25) 到这时我才知道，地球人的阴谋<u>原来</u>是要抢夺我们的黄金矿藏。（YLZX）

(26) <u>原来</u>她手里攥了一大把话梅核儿。（YLZX）

据统计，在表领悟的语气副词中，没有定位语气副词，可位移语气副词 4 个（详见表11）。显然，表领悟的语气副词也全部都是可位移语气副词。

表 11　表领悟的语气副词

定位语气副词	无
可位移语气副词	难怪、无怪乎、怪不得、原来

（三）表反预期的语气副词

反预期语气表示说话人对事件结果已经有一个预期，而真实的结果却是与这一预期相违背。例如：

(27) 哨长不但没跑，<u>反倒</u>说"跟我来，"奔狼去了，结果把狼吓跑了。（YLZX）

(28) 每逢一件事情使他中意，他<u>甚至</u>一个子儿也不还便按要价付钱。（CCL）

(29) 一时间不知从哪儿冒出那么多的人来，<u>甚至</u>一些房屋清扫工人也聚到了马房旁来看这一辉煌时刻。（YLZX）

据统计，在表反预期的语气副词中，定位语气副词 10 个（含单音节 6 个），可位移语气副词 4 个（详见表12）。可见，表反预期的定位语气副词数量明显多于可位移语气副词。

表 12   表反预期的语气副词

定位语气副词	单音节	反、倒、竟、却、都、偏
	双音节	甚而、反倒、反而、竟然
可位移语气副词		甚至、偏偏、居然、倒是 2(出乎意料)

2.2.7 表侥幸的语气副词

侥幸语气表示说话人对发生的事情感到庆幸和感谢。例如:

(30) <u>幸好</u>贤慧的妻子认为他写写弄弄着了迷,总比迷上打牌或到处游逛好。(YLZX)

(31) 你<u>幸好</u>这个时候来一趟,再迟半年你连这些东西都看不见了。(YLZX)

据统计,在表侥幸的语气副词中,没有定位语气副词,可位移语气副词 8 个(含单音节 1 个)(详见表 13)。表侥幸的语气副词全部都是可位移语气副词。

表 13   表侥幸的语气副词

定位语气副词		无
可位移语气副词	单音节	亏
	双音节	幸而、幸好、幸亏、幸喜、好在、多亏、亏得

我们对上述数据进行整理,统计出了各类语气副词中定位语气副词所占比重,详见表 14:

表 14   定位语气副词在各类语气副词中的占比

语气类型	定位语气副词(括号内的是所含单音节的数量)	可位移语气副词(括号内的是所含单音节的数量)	定位语气副词占比	排除单音节以后的定位语气副词占比
疑问语气	7(1)	7	50%	46.15%
感叹语气	9(6)	0	100%	100%

语气类型	定位语气副词(括号内的是所含单音节的数量)	可位移语气副词(括号内的是所含单音节的数量)	定位语气副词占比	排除单音节以后的定位语气副词占比
确认语气	30(10)	20	60％	50％
必然语气	19(4)	7	73.08％	68.18％
或然语气	12(7)	23	34.28％	17.86％
必要语气	11(3)	0	100％	100％
意愿语气	13(4)	6	68.42％	60％
契合语气	2(1)	7	22.22％	12.5％
预期语气	0	6	0	0
领悟语气	0	4	0	0
反预期语气	10(6)	4	71.43％	50％
侥幸语气	0	8(1)	0	0
总计	113(42)	92(1)	55.12％	43.83％

表 14 数据显示,超过半数(55.12％)的语气副词是定位语气副词,即使单音节语气副词不计算在内,也有接近一半儿(43.83％)是定位语气副词。其中,表感叹、必要的语气副词都是定位语气副词;表确认、必然、意愿、反预期等的语气副词中定位语气副词明显多于可位移语气副词;表疑问的语气副词中定位语气副词与可位移语气副词数量大致相当;而表或然、契合的语气副词中可位移语气副词明显多于定位语气副词;此外,表预期、领悟、侥幸等的语气副词都是可位移语气副词。

3. 定位语气副词的特点

前面我们对定位语气副词的构成进行了探讨，接着进一步考察定位语气副词的一些共性特征。

3.1 音节特征

潘国英（2010）在描述语气副词的定位与不定位时，提到音节是决定语气副词位置的重要因素。我们统计发现，共 41 个单音节语气副词"岂、怪、好、太、多、可、老、本、固、实、绝、决、概、并、才、又、还、定、断、准、恍、或、似、盖、像、要、该、须、万、硬、就、也、非、倒、竟、却、反、都、刚、偏、亏"中，除了"亏"以外，余下 40 个均为定位语气副词。

隶属于同类语气且语义相同的语气副词，由于音节的差异，使其在句法分布上出现了不同。如"偏"和"偏偏"、"本"和"本来"、"概"和"大概"、"宁"和"宁可"、"果"和"果然"、"非"和"非得"、"似"和"似乎"、"或"和"或许"等等。例如：

(32) 鄙视和憎恨<u>本</u>是指向堕落的士大夫和鬼祟的市侩的，但不幸而连累了无辜的古文物。（YLZX）

(33) 他们认为社会主义<u>本来</u>应该是富裕的，文明的；有的地方标榜先进，驱使农民一天"四出勤"。（YLZX）

(34) <u>本来</u>五队还要三天才能插完秧，结果一天多就插完了。（YLZX）

例(32)(33)中的"本"和"本来"可以互替，并不改变句子的意思。而例(34)位于句首的"本来"则不可以替换为"本"。

单双音节显然影响了语气副词的分布，单音节语气副词几乎都是定位语气副词。可见，音节对分布的限制是最为刚性的。这主要是因为现代汉语单音节的使用相对双音节而言本来就受到了较多的限制。

3.2　语体特征

除了单音节语气副词几乎都是定位语气副词之外,我们发现用频相对较低的,具有明显文言色彩或书面语体倾向的语气副词也基本上是定位语气副词。

比如"何曾""何尝""何妨""着实""委实""定然""断断""断乎""约莫""切切""毋需""毋宁""无妨"等等都具有明显的文言色彩,它们都属于定位语气副词。例如:

(35) 电梯升了<u>约莫</u>一百多米,自动停了下来。(YLZX)

(36) 樱花<u>断乎</u>是不能插在花瓶里供人欣赏的。(CCL)

(37) 这戏单上的人名,你<u>无妨</u>记一记,因为在我这是值得纪念的事。(YLZX)

(38) 每来一趟<u>定然</u>带来一封厚薄不一的书信。(YLZX)

潘国英(2010)也发现,在近义语气副词的内部,"似乎又以口语化程度的高低,呈现出相应的位置分布来。口语化程度越高的词,出现在主语前的几率也相应地要高一些。"为了进一步证明这一点,我们找了一组意义相近的语气副词"着实""委实""确实"进行比较,来观察他们在句法分布上的差异。例如:

(39) 明成祖朱棣为了表示他的一片孝心,在建碑时<u>着实</u>动了一番脑筋。(YLZX)

(40) 这一"过去"的再现,而且恰在此时,<u>委实</u>太残酷!(CCL)

(41) <u>确实</u>,章太炎在政治思想、哲学及其他学术方面,对鲁迅有过很大影响。(YLZX)

(42) 是的,有的人<u>确实</u>是为了追求知识,充实人生而参加考试的。(YLZX)

例(39)(40)中的"着实""委实"都具有较明显的文言色彩,都是定位语气副词。例(41)(42)中的"确实",尽管与"着实""委实"一样都表示对发生情况的确定,但"确实"在日常使用中的频率更高,其位置相对比较灵活,是可位移语气副词。我们认为,如"着实""委实"这般含有文言色彩的语气副词在句法分布上不自由,与它们语体受限,使用频率低有很大的关系。

与此相关,我们发现含有某些特定构词语素的词具有明显的文言色彩或书面语体倾向,因而在位置上比较固定。比如,由语素"何"构成的词基本上都是定位语气副词,如"何等""何不""何曾""何尝""何妨""何苦"等等,只有"何必""何须"是可位移的(其中"何必"位于主语后仍达 98%)。

不过,构词本身对一个双音节语气副词分布的影响仍然受制于其语体特征,比如,由语素"乎"构成的词,只要具有文言色彩或书面语体倾向的,往往是定位语气副词,如"确乎""断乎"等,但用频较高,具有通用语体特征的词,很多又是可位移的了,如"似乎""几乎"等。同样,由语素"然"构成的词"定然""断然""俨然"等都具有明显的书面语体特征,属定位语气副词,而"当然""果然"等都具有通用语体特征,属可位移语气副词。再比如,同样是重叠式合成词,具有明显书面语体特征的词多是定位语气副词,如"断断""切切"等,而具有通用语体特征的词,很多又是可位移的了,如"明明""偏偏"等。

3.3　管辖范围

张谊生(2000C:51)认为,评注性副词(即我们所指的语气副词)的基本功用是对相关命题或述题进行主观评注。凡是既可以位于句中也可以位于句首的评注性副词,都是全幅评注,也就是对整个命题进行评注,以句外因素作为评注的基点;凡是只能位于句中的评注性副词,都是半幅评注,也就是只对述题部分进行评注,以句内因素(话题)作为评注的基点。齐沪扬(2003)则提出了"高位表述"和"低位表述"的概念。他认为语气副词具有"高层谓语"的特点,其中占据句首位置的语气副词具有高位功能,其管辖范围是全句的整个命题;而占据句中位置的语气副词具有低位功能,其管辖范围是句中的述题部分。而无论是高位表述还是低位表述,语气副词都只能着眼于句子层面。

我们同意上述观点,认为定位语气副词只具有低位表述功能,其管辖范围是句中的述题部分。同时,我们认为,既可以位于句中也可以位于句首的语气副词,当它位于句中时,到底属于高位表述还是低位表述应该视情况而定,不能一概而论。例如:

(43)<u>毕竟</u>他还是个孩子,不要怪他了。

(44)他<u>毕竟</u>还是个孩子,不要怪他了。

(45)<u>幸亏</u>司机及时刹车,才避免了一场车祸。

(46)司机<u>幸亏</u>及时刹车,才避免了一场车祸。

(47)我昨天<u>实在</u>太累了。

例(43)(44)中的"毕竟"都是对"他还是个孩子"整个命题进行表述,因而这两个句子的意思保持不变;例(45)(46)有所不同,虽然同样都是表示由于某种有利条件,使得不希望发生的后果得以侥幸避免,但例(45)中的"幸亏"是对句外因素"全车的人"或所有的当事方而言的,而例(46)中的"幸亏"是对句内主语"司机"而言的;例(47)中的"实在"则是对"太累了"这一述题进行表述。

3.4　主观性强弱

Lyons(1977:739)指出在语言中存在一种特性,即人们在话语中总会自觉不自觉地带上一些"自我"的成分,也就是在交流时,说话人往往会在话语中表现出自己主观的情感、认识或者态度。这就是语言的主观性。汉语是主观性较强的一种语言,汉语中的语气词和语气副词等,都是表达主观性的一种形式手段。

根据前述,定位语气副词与可位移语气副词的构成存在着较大的差异(详见表14)。通过对二者进行比较,我们发现语气副词主观性的强弱对其句法位置也会产生一定的影响,主观性越强的语气副词越倾向于位于句中,这至少有以下几个方面可以佐证:

第一,表感叹和表必要的语气副词均为定位语气副词。

表感叹和表必要的语气副词都只能出现在句中,而它们都体现了说话人较为强烈的情感,具有强主观性。例如:

(48) 迷惘,寂寥,令人焦灼的不安,他<u>多么</u>希望有一块可以作画的地方。(YLZX)

(49) 但是我们要留心,<u>千万</u>不可为读历史而读历史。(YLZX)

例(48)的"多么"强化了说话人主观上"希望"的程度。而例(49)的"千万"表明说话人要强烈阻止听话人做出"为读历史而读历史"的行为。可见,"多么""千万"都具有强主观性。

第二,表必然的语气副词更倾向于作为定位语气副词。除去单音节,仍有近 70% 表必然的语气副词是定位语气副词。

对事件的必然性作出推测相较于对事件的或然性作出推测,其需要付出的主观能动性一定更强,因而带有更强的主观性。例如:

(50) 坚信正义最终<u>必然</u>战胜邪恶。(YLZX)

(51) 如果采用这种读书方法尝试尝试,你<u>一定</u>会亲自感受到上述的效果。(YLZX)

例(50)的"必然"表明说话人对"正义战胜邪恶"十分有信心。例(51)的"一定"表明说话人是非常相信听话人能够感受到"上述效果"的。显然,"必然"和"一定"都具有较强的主观性。

第三,料悟类语气副词内部的不对称分布。同属料悟类语气的预期、领悟和反预期三小类语气副词在句法位置上表现出了明显的不对称。表预期和领悟的语气副词均为可位移语气副词,没有一个是定位语气副词。而表反预期的语气副词却有 71.43% 是定位语气副词,即使除去单音节,仍有 50% 是定位语气副词(即使是那 4 个可位移语气副词,其位于主语后的占比均在 90% 以上,尤其是"居然",占 98.2%,已非常接近定位语气副词)。

这三小类语气副词所表现出的主观性强弱还是有所不同的。

具体来说,预期语气是说话人获知与预期相同的结果后所表达的语气;领悟语气是说话人获知与预期或猜测不一致的结果后有所觉悟而表达的语气;而反预期语气是说话人获知与预期完全相悖的结果后所表达的语气。可见,预期语气表示预期与实际结果是一致的,领悟语气表示预期与实际结果有所偏差,而反预期语气则表示预期与实际结果差别极大,因此,对说话人来说心理落差也是依次递增的。这也导致了反预期语气的主观性是最强的。我们再对下面一组句子进行比较:

(52) 果然他们输了这场足球比赛。

(53) 怪不得他们输了这场足球比赛。

(54) 他们反而输了这场足球比赛。

例(52)比赛会输是说话人预期的,因此得知真的输了比赛应该不会有太强烈的情感;例(53)说话人知道输了比赛却并不觉得奇怪,同样也没有太强烈的情感;例(54)输了比赛是与说话人的预期相违背的,心理落差最大,感情较为强烈,因而其主观性也是三句话中最强的。

显然,料悟类语气副词内部的不对称分布,与其主观性强弱还是有一定的关系。表预期、领悟的语气副词主观性相对较弱,从而位置灵活,都是可位移语气副词;表反预期的语气副词主观性更强,从而位置相对受限,大部分都是定位语气副词。

第四,同一个语气副词位于句中和句首时,其主观性也有一定的差异。例如:

(55) 的确,野生的海狗食鱼量非常大。(YLZX)

(56) 野生的海狗食鱼量的确非常大。

(57) 当然,黑格尔也看出了培根的弱点和缺点,认为不能停留于感性认识。(YLZX)

(58) 黑格尔当然也看出了培根的弱点和缺点,认为不能停留于感性认识。

例(55)"的确"位于句首,我们将其移回句中可得到例(56),可以明显发现(56)所表达的句子主观性更强,更能体现海狗食鱼量大的特点。同理,例(58)的主观性也明显强于例(57)。

当然,主观性强弱对语气副词的位置影响并不是十分刚性和显现的,只能作为一种倾向性,因为我们对语气副词主观性强弱的判断本身也带有一定的主观性。我们认为,句首位置的语气副词的主观性相对弱化,主要是因为这一位置的语气副词往往兼有了一定的篇章衔接功能。对此,巴丹(2018)也提到评注性副词(即我们所指的语气副词)的主要功能是其评注性功能,但是一些常位于句首的评注性副词已经衍生出了篇章衔接功能,这就有可能导致位于句首的评注性副词的评注性功能有弱化的趋势。

3.5 共现特征

倘若定位语气副词与可位移语气副词在小句内连用或共现时,定位语气副词一般位于可位移语气副词的后边,这与其低位表述功能有关。例如:

(59) 官军灯光零乱,行进很慢,<u>看来一定</u>都是步兵,十分疲惫,部伍不整。(CCL)

(60) 卓东来说,"我<u>本来绝对</u>不会因此而对你下毒手的,只可惜你走错了一步。"(CCL)

(61) <u>其实我又何尝</u>不是这样的呢?(CCL)

例(59)—(61)中的"看来""本来""其实"都是可位移语气副词,"一定""绝对""何尝"都是定位语气副词,它们之间的共现,都是可位移语气副词在前,定位语气副词在后。为了进一步验证,我们对上述几组词在 CCL 现代汉语语料库中的共现情况进行了穷尽性考察,均是如此。

此外,我们还对每一类定位语气副词与其他各类可位移语气副词的共现情况,进行了穷尽式的考察,发现只有一种情况是特例,即预期与反预期语气副词小句内共现时,93%的情况是表反预期语气副词在前，表预期语气副词在后。这是因为不管是"反预期〈预期〉"（他竟果然没有来）还是"预期〈反预期〉"（果然此君竟刺青一个"出"字）的共现模式，实际上都是表达"言者反预期＋他人预期"的复合预期功能，重点仍在言者的反预期，表达一种出乎意料和事情的极不合常理性。认知语言学的凸显原则表明，越是能表达说话者交际意图的词语越是位置靠前，以迫切凸显自身态度和情感。因而"反预期〈预期〉"模式占绝大多数就可以理解了。关于这种情况，我们将另文作详细讨论。

4. 结论和余论

　　定位语气副词专指那些只位于主语后句中状语位置的语气副词。定位语气副词纯粹是根据其句法分布上的共性分出来的一个类，它们分属于不同的语气功能类别。据统计，55.12％的语气副词是定位语气副词，即使单音节语气副词不计算在内，也有43.83％是定位语气副词。定位语气副词分属不同的语气类别，但在不同语气类别中所占比例差别显著。单音节语气副词、具有文言色彩的语气副词基本上都是定位语气副词；定位语气副词只具有低位表述功能，其管辖范围是句中的述题部分；定位语气副词的主观性相对较强，这主要是因为可位移语气副词逐渐衍生出关联功能以致主观评注性功能显得有所弱化；定位语气副词与可位移语气副词在小句内连用或共现时，定位语气副词一般位于可位移语气副词的后边。定位语气副词的几个特点当中，音节限制最为刚性，语体特征的限制也十分明显，而构词特点、主观性强弱等对语气副词位置的影响只是一种倾向性表现，还要受制于音节和语体特征。

　　事实上，就可位移语气副词内部的位置分布而言，也存在很大的差异，其位于句中的比例也是一个连续统：大多数可位移语气副词的优势位置仍然是主语后的位置。约 40% 的可位移语气副词位于主语后的概率在 90%(含)至 99% 之间;还有约 33% 的可位移语气副词位于主语后的概率介于 50%(含)至 90% 之间;只有约 27% 的可位移语气副词位于主语后的概率在 50% 以下。常用于句首的语气副词往往兼有一定的关联功能,尤其是个别位于主语后的概率在 10% 以下的语气副词已经有了明显的连词化倾向,如"难怪""怪不得""好在"等。一旦语气副词在句首位置固化,连接功能专职化,那么便可以认为它们已经发展成为关联连词了⑧,如"不料""无奈"等。因为本文主要讨论定位语气副词,因而可位移语气副词内部的差异问题暂不展开详细讨论。

注释

① 参见张谊生(2000a)、张谊生(2015)、袁毓林(2002)、史金生(2003)、齐沪扬(2003)等。

② 因为这类句子比较特殊。其前面还可以补出一个主语,因而可以看作是省略了主语的句子,如"不定谁赢"可能是"这场比赛不定谁赢","竟然一个人也没有"可能是"教室里竟然一个人也没有"。

③ 根据考察,大多数"可位移语气副词"优势位置仍然是主语后句中状语的位置(参见论文第四节)。个别经常位于句首的语气副词已经有了明显的连词化倾向,一旦其句首位置固化,连接功能专职化,那么就可以认为它已经发展成为关联连词了,故不可能有句首位置的"定位语气副词",否则将会使关联连词和副词的分界模糊。

④ 该比例包括了那些只有在主语是疑问代词或数量(名)等特定情况下才可以位于主语前的语气副词,倘若将这些排除在外的话,可以出现在主语前的语气副词所占比例应该更低一些。

⑤ 为了方便说明,统计时,同一个词如果内含几项语气功能,我们算作不同的语气副词(发现个别语气副词义项的分合情况明显有误的,也略作了调整)。另外,我们排除了少数方言词汇"别是、倒反、敢是、高低、横是、横竖、愣、爽性、敢情、兴许"等。此外,该词典误将动词"不屑"、表动作频率的副词"连"列为了语气副词,我们也将这两个词剔除了出去,同时,该词典误将语气副词"必"归入了助动词,我们将之更正为语气副词。

⑥ "怪、好、太、多、可、老"等到底属于语气副词还是程度副词,存在依违两可的情况,因为它们既有主观评注性功能(语气功能),又有一定的程度义。它们与一般的程度副词"很、非常"等最大的区别在于,后者可以置于句中定语或状语的内部,如"这是一个很可爱的孩子",而前者一般不能内置,须作用于句子的整个述题部分,如"这个孩子好可爱啊"。我们主要考虑到"怪、好、太、多、可、老"的评注性功能,同时根据张谊生(2000a)、张谊生(2000b)、齐沪扬(2011)等的研究倾向于将它们归入语气副词。

⑦ "宁可、宁愿、宁肯"用于句首时几乎都是用来表示言者意愿的,因而其前面可以看作省略了"我"这个主语(即说话人),而且这个"我"也是可以补出来的。因此,我们把"宁可我自己瘫了,也不希望我的球员受伤"这样的句子看作是省略了言者主语"我"(如"我宁可我自己瘫了,也不希望我的球员受伤"),仍将"宁可、宁愿、宁肯"归为定位语气副词。

⑧ 参见邵洪亮(2015)。

参考文献

巴丹　2018　《现代汉语评注性副词篇章衔接功能研究》,上海师范大学博士学位论文。

段业辉　1995　语气副词的分布及语用功能,《汉语学习》第 4 期。

贺阳　1992　试论汉语书面语的语气系统,《中国人民大学学报》第 5 期。

李泉　2002　从分布上看副词的再分类,《语言研究》第 2 期。

潘国英　2010　基于语料库的语气副词和时间副词位置研究,《湖州师范学院学报》第 4 期。

齐沪扬　2002　论现代汉语语气系统的建立,《汉语学习》第 2 期。

齐沪扬　2003　语气副词的语用功能分析,《语言教学与研究》第 1 期。

齐沪扬　2011　《现代汉语语气成分用法词典》,北京:商务印书馆。

邵洪亮　2015　"固然"的连、副之辩——兼及连词和副词的分界问题,《世界汉语教学》第 4 期。

史金生　2003　语气副词的范围、类型和共现顺序,《中国语文》第 1 期。

杨德峰　2009　语气副词作状语的位置,《汉语学习》第 5 期。

袁毓林　2002　多项副词共现的语序原则及其认知解释,载《语言学论丛》(第二十六辑),北京:商务印书馆。

张谊生　2000a　现代汉语副词的性质、范围与分类,《语言研究》第 2 期。

张谊生　2000b　评注性副词功能琐议,载《语法研究与探索》(十),北京:商务印书馆。

张谊生   2000c 《现代汉语副词研究》，上海：学林出版社。

张谊生   2015   从情状描摹到情态评注：副词"生生"再虚化研究，《语言研究》第 3 期。

Lyons，J. 1977 *Semantics*，Cambridge University Press.

言者-主体-观者三方的知情状态与"假装"的反叙实效应[*]

唐正大　强星娜（中国社会科学院
语言研究所　北京语言大学汉语学院）

1. 引言

李新良、袁毓林（2016）认为"假装"是反叙实动词，这与英语研究者将 pretend 归入反叙实动词一样，都是可信的。该文同时注意到"假装 VP"在叙实性方面的复杂性。简单地看，即有时候"假装 VP"其叙实性为"非 VP"，有时候"假装 VP"则是"VP"：

（1）假装害怕→不害怕　[*]害怕

（2）假装啼哭→[*]没啼哭　啼哭

李、袁（2016）概括：当"假装"的宾语为状态时，该状态为假，例如"假装害怕"则"并不害怕"；该宾语为动作时，动作为真，例如"假装啼哭"却"真哭了"。文章将"假装"后的谓词性宾语范畴化为状体和动作两个情状范畴，值得肯定。但自然语言似乎更复杂。

＊　本研究为北京语言大学梧桐创新平台"中央高校基本科研业务费专项资金（项目编号：17PT03）阶段性成果。

首先，行为动词的语义是否真的没有被"假装"否定？"假装啼哭"是"真的""啼哭"了吗？这里首先涉及"啼哭"的词汇义。《现代汉语词典》（第七版）对"哭"的解释为"因为痛苦悲哀或感情激动而出声地哭"，那么复杂谓词"假装啼哭"指称的行为是不是"真正、典型"的啼哭？它和"啼哭"即真正、典型的啼哭有无异同？我们认为，"假装啼哭"的语义解读仅是"（真正）啼哭"的外在表现。这里涉及一个问题，即理解词汇义、谓词含义究竟是否需要包含完整的原型特征束（bundle of features as prototypes）。

其次，李、袁文认为"假装＋状态动词"则可推知该状态为假，这一概括可能需要面对更复杂的情况。例如，同为状态表达，"假装不明白""假装发呆"就很常见，而"#假装呆呆的"就比较难说，而后者是更为典型的状态形容词；另外，同为主观评价类形容词，且都表达恒久属性/状态，"假装高尚"常见，而"#假装漂亮"就较费解？再如"假装有学问"和"#假装有姿色"的对比也是如此。

第三，即便是动作行为类动词，也可能有不同情况。例如，"假装摔倒"似乎看起来是"摔倒了"；"假装唱歌"一般解读是"没唱"，如当今乐坛的"假唱"；类似的再如"假装吵架"，其常规解读是"没有吵架"。更复杂的情况例如："假装唱砸了"的解读是"唱而未砸"，而"假装晕倒"则是"未晕而倒"。再如，"假装握手"的解读可以是"没有握手，看起来像握手（例如侧面看起来）"，也可能是"借着握手传递情报"，或者"以握手方式探知对方的气力或角力"。总之，用"动作"这个语义无法对"假装 VP"进行范畴化。

我们认为，常规意义上的语义范畴，例如包括"动作、状态"等在内的情状类型（situation type）并不能充分概括"假装 VP"的语义解读。之所以会产生"动作-状态"的二分倾向，则是因为其他更具有决定性的要素在很多情况下与"动作-状态"区分具有关联。

我们的观点是，首先，"假装"作为反叙实动词的性质是毫无

疑问的,准确地说,当言者(speaker)说出"假装 VP"的同时:

1)他要么否定 VP 本身(如"假装生病→没有生病"),即完整的显性否定;

2)要么否定 VP 的一部分("假装晕倒→没有晕"),即部分的显性否定;

3)要么否定 VP 典型特征束的部分特征(例如"假装摔倒→没有因为失去平衡而摔倒"),该特征是隐性的,在形态、词汇层面没有编码,因此是隐性否定。

张帆(2017、2018)提出"假装"行为具有"欺骗者"和"欺骗者虚拟的受骗者"两类具有包含关系的认知主体,即前者包含后者。我们认为谓词表示事件的参与者——即"欺骗者"和"(虚拟)受骗者"角色是非常重要的推进。同时张帆(2018)也采用李、袁(2016)提出的"能指-所指"分析角度进行讨论,例如"流泪"的"能指"即外在动作,"常规所指"为"伤心"。这个切入点也有合理性。但本研究不拟采用能指(signifier)和所指(signified)两个概念,首先考虑到,即使是真诚行为(例如真正、典型的"流泪"),也同时具有能指和所指两个方面,二者就像一张纸的两面,不能分割,而且二者之间的联系是恒定的(参看 Saussure, 1959);另外,符号的能指和所指是自在概念,对于常规符号的感知(perception)并不会因为观照者不同而有变化。然而假装行为(pretensions)是高度特殊的,它的存在严格依赖于欺骗行为主体(agent of pretension,以下简称为"主体")与主体确定的目标观照者(targeted spectator,以下简称"观者")的存在,以及二者之间的知情差距(knowledge gap)。同时,假装主体并不一定、而且大多数情况下只是行使假装行为,并为说出"假装 VP",因此自然语言中的"假装 VP"一定还存在一个言者。因此只要有"假装 VP"出现,必须同时存在主体、观者以及无所不在的"言者"这三方面的参与者。而且,观者也并非只是看到了"能指"这么简单,他有自己的推理

(inference)过程。关于"假装 VP"所涉及三方参与者及其知情状态、差距等,下文详细分析。

2. 假装行为与三方互动

2.1　假装行为的编码者:主体

设定一个假装行为"假装 VP",首先得有一个实施假装行为的主体,简称"主体",记为"P$_主$"。"P$_主$"实施假装行为是高度有意的、自主的。然而,其所实施的行为本身 VP 在真诚状况中,则可以是自主的(如"假装唱歌""),也可以不是自主的。例如,(3)中"晕"是非宾格动词,表达非自主语义;(4)中"……似的"更是典型的复杂状态表达,并没有编码动作,甚至其行为主体与"P$_主$"不同指。

(3) 她假装<u>晕</u>了过去。(《飘》)

(4) 我们还假装<u>别人什么都没发现似的</u>。(《一个世纪儿的忏悔》缪塞)

实际上,"假装"后的 VP 表非自主在自然语料中占优势。

2.2　假装行为的感知者:观者

主体只有在确定了目标观者的前提下,才会施事假装行为。本文肯定了张帆(2018)提出"受骗者"的重要意义,并设立概括性更强的观者(spectator)角色。这同时也受 Hall(1973)"接受理论(reception theory)"的启发。Hall(1973)提出"交际的编码/解码模型(encoding/decoding model of communication)",这与假装行为中的主体-观者互动有着紧密联系。需要指出的是,观者在自然语言中不一定都显性表达出来,但必须在广义语境中存在。下面我们通过迂回的方法来证明观者角色的存在。例(5)中,若无第一个小句"她给他打电话时",那么"假装<u>不在那儿</u>"的解读是无穷无尽的,且根据上下文的不同而随机变化,如(5a、b、c)等。而

上下文语境所提供的,实际上就是观者感知的不同。下面例子中,破折号右边是言者对"假装"方式的叙实性解读:

(5) 她给他打电话时,他假装不在那儿。(《为了告别的聚会》米兰·昆德拉)——他在,但不接电话。

    a. 她进来找他时,他假装不在那儿。——他在,但藏在她视线之外

    b. 她在隔壁喊他,他假装不在那儿。——他在,但不作声

    c. 一个能嗅出呼吸/感知体温的怪兽来搜索,他假装不在那儿——他在,但屏住呼吸/裹上冰块……

因此,"在那儿"是言者和主体共享知情状态(shared knowledge status),也即整句所表达的事实(fact),具有不变性。而"假装"的补足语"不在那儿",其解读却只能通过观者视角来获得。再比如例(6),按说一个特定的人敲打键盘,这属于纯粹的表象行为,无法假装,而之所以存在下例的假装敲键盘行为,就是因为"使用电脑画面对话"这一具体行为,隔绝了观者在现场感知的机会,因此其语义解读依赖于主体所知情的观者视角,以及以此造成的知情差距:

(6) 使用电脑画面对话,看不见对方的脸,也听不见声音,未必就没有人假装久美子敲打键盘。(《奇鸟行状录》村上春树)

除了观者角色必须存在以外,"假装"动词还有一个本质特点,即对于"假装 VP"所采用的方式的精确语义解读,依赖于语言之外的事件变量(event variables)。也就是说,和真诚条件下的动词 VP 或"真的 VP"相比,"假装 VP"的语义解读不能仅通过词汇(lexicon)、结构(configuration)和文本语境(context)等变量来获得。

由于观者角色的设立,谓词行为可以分为两种平行行为,即

真诚行为和假装行为，或者主体行使的行为，以及观者眼中的行为。从这一点，我们可以推测出"假装"行为的普遍性。因此，从逻辑的可能性上讲，几乎不存在完全不能被"假装"操作管辖的谓词。我们甚至可以将所有谓词划分为两类：1)真诚谓词，即通常状况下直接出现的谓词 VP，或带有强化词（intensifier）的谓词"真的 VP"等；2)假装行为谓词，多用"假装 VP"表示。由于言语行为的真诚原则，真诚谓词是无标记的，而假装谓词则必须有标记，例如"假装"。有意思的是，汉语中"真的"多实现为副词，而非行为，没有行为主体；而"假装"则是及物动词，具有明确、理性的行为主体。

2.3　永在永知的言者

"假装"是典型的反叙实动词。任何一个假装句，都存在一个言者所确认的、由主体实施的行为或附加行为为假。下面用双小句结构来测试言者角色的存在。双小句之间，不可以相互取消语义真值，因此可以间接证明是同一"言者"所说。下面两句，无论是否"假装"，其后面的谓词"不知道"，都可以推断出相反的命题，即"言者"所拥有的知识——"他（即主体）知道"。

（7）他肯定是知道的，但他假装不知道。

（8）他肯定是知道的，而且他没有假装不知道。

通常情况下，言者对主体的假装行为本身为真、以及所假装出来的行为/状态为假具有常在、确定的认识。因此，在假装行为的三方角色中，"言者-主体"均为"言者"所认为的知情者，而"观者"则是"言者"所认为的不知情者。也就是说，整个假装行为都在言者的信息领地（information territory，参看 Trente，1997）内。

3. 表象型谓词与实质型谓词

上文注意到假装行为同时涉及的三方角色，下面讨论"假装"

所带的谓词性补足语的特征。语言中,动词表达的典型语义是动作或状态。有些动作和状态是可以直接感知的,尤其是诉诸神经系统的视觉、听觉、触觉等基础感知行为。例如下面举例的谓词(包括动词或动词短语),它们表达的动作或状态大都可以还原为简单位移事件(motion events),或者声波震动等,从而可以被视觉、听觉等感觉器官直接感知。这些动作和状态在被感知后形成表象(representation)。本文将这类谓词称为"表象性谓词(predicates of representation)":

(9) 动作类:眨眼、跑步、摔倒、说话、摇头、说了一句"你好"、给了我几枚硬币

(10) 状态类:口若悬河、一动不动、哭得稀里哗啦、湿漉漉的

除了纯粹语义描写以外,表象型谓词也可通过一些句法测试来确定,例如:当言者真是看到这些动作/状态 VP 的行为主体(如"小芹"),就不能同时将 VP 表达的行为/状态作为推理结果处理了,例如,不能放在"看来"类推理(inference)动词之下作其补足语:

(11)(看着小芹说)＊看来,她在眨眼/跑步/给了我几枚硬币/全身湿漉漉的。

还有一类动词或形容词短语,其表达的语义很难还原为简单位移动作或物理意义上的运动,因此要感知这些动作/状态就需要其外在表象,例如"学习知识"可能还原为"看书、伏案写作、去图书馆、蹙眉思考……"等,这些矢量事件(vector events)可以被另一个个体直接感知。我们把前者称为"实质性谓词(predicates of essence)",后者则是对前者的表象还原(representation reduction)。二者之间并非必然联系,而是建立在常识基础上的经验性关联,这种关联可以被取消,例如"伤心"并非一定要"流泪"或"嚎啕大哭"等。对于这些实质性谓词的理解一般需要推理过程。因此,下面的谓词可以顺利通过"看来"测试:

(12) 伤心、厌恶、没听懂、不知道、学习知识、生病、在清除敌
    对者、喝醉、被激怒了

(13)(看着小芹说)看来,她很伤心/没听懂/在学习知识/被
    激怒了。

需要指出的是,并不是所有谓词都可以清楚划一地归入实质
性或表象型,有很多谓词兼有二者的特点。例如不同于"摔倒"偏
重于纯粹表象、"不屑"偏重于纯粹实质的是,复杂谓词结构"晕
倒、痛倒"中,"倒"为表象,"晕、痛"则偏实质,对其进行感知则需
要额外的表象还原,例如"摇晃、呻吟"等,并在此基础上通过推理
得知。

4. 知情差距与假装空间

从接受理论的角度看,纯粹表象性的动作/状态对于编码者
(主体)和解码者(观者)而言,一般是等值的,透明的,较难存在知
情差距(knowledge gap)。以"眨眼"为例,《现汉》(第7版)将其定
义为"眼睛快速地一闭一睁",对于在同一现场的二者来说,都可
还原为透明的位移动作。而实质性动作/状态则不同,编码者和
解码者之间存在信息差距。例如"伤心",《现汉》释义为"由于遭
受不幸或不如意的事而心里痛苦",其中"心里"和"由于……的
事"等关键词表达了"伤心"的实质性特征。由于观者无法直接探
知主体的实质性特征,只能通过表象还原从而获得间接感知。然
而,"伤心"的表象尽管可以是"哭泣、蹙眉"或一些可以跨人际感
知的物理运动,也可以是"毫无表情",甚至可以是微笑、喊叫或其
他任何表象性谓词。通常状况下,表象还原一般呈现出常态性和
倾向性共性,例如"哀-哭""乐-笑""怒-目张""痛-扭曲"等内-外对
应模式,这些可以看作原型的表象还原(prototypical
representational reduction)。

　　人心隔肚皮,正是编码者和解码者之间知情差距,赋予了实施"假装"行为必需的空间。若无这层肚皮,这个空间,假装行为会很难实现。自然语言中的"假装 VP",实质性谓词最易获得解读,最为常见;表象性谓词最难获得解读。其他谓词介于二者之间。然而,很难实现,并非不能实现,只要通过视角的改变,或其他对于观者感知的阻碍,构成假装空间和知情差距,则均可以实现假装行为。下面分别讨论。

5. "假装 VP"中补足语的理想候选项：实质性谓词

　　实质性谓词的语义更凸显其内在属性,即上文所说的实质,和其表象之间可能有常规联系(conventional associations),却不一定具有必然联系。而且,二者之间的联系可能具有无限可能。这一广阔空间使得实质性谓词很容易成为"假装"选择的理想补足语。

　　例如"生病"就经常用于"假装"。"生病"的科学定义是内在的、生物化学意义上的,其常规表象可能是：形声虚弱、卧床不起、皱眉呻吟等可以直接感知的行为,也可能是体温升高、血象数据异常等稍进一步的、可观测的数字化表象。而"假装生病"的方式则可以是主体采取的任何这些表象行为,这些行为都是"观者导向(spectator-oriented)"的,这种观者导向是主体故意假想或设计出来的。例如"假装生病"可能根据主体所推测的、观者的期待(spectator's expectancy)而获得解读(以下假装生病的行为均来自网络)：

　　(14) 假装生病

　　a. 第一层次的位移事件或视听可感事件：卧床不起、皱眉呻吟、声音虚弱……

　　b. 第二层次的观测事件：用热水升高体温计再夹到腋下、服用抗生素使血象异常、贿赂医生开具病历、故意注射疫苗致体温升高……

总之,"假装 VP"完全是主体根据自己对观者的判断,并"投其所好",有意识做出表象,以引导观者进行推理(inference),并相信其具有 VP 的实质性语义的行为。

自然语言中,"假装"和实质性谓词的连用较多,但并非都在上下文中出现主体"造象"的具体方式。也就是说,自然语言中,具体的假装行为本身,可能是清晰表达的,也可能是模糊的。上下文可以看出表象行为(用波浪线标出)的例如:

(15) 他继续干着手里的活儿,假装没听见。(《现代汉语词典》"假装"条例句)

(16) 她翻弄着书,假装不介意的样子,用说笑话的口气说道。(《第二炉香》沉香屑)

也有上下文看不出来表象行为的例子。下面两例中"假装"的补足语小句各有自己的主语,与假装主体不同指,均各指称一种实质性状态。而"一切都没发生过""别人什么都没发现"具体用过什么样的表象表现出来,例如"保持继续谈话、保持安静……"都没有交代。

(17) 最好的办法就是假装一切都没发生过。(《大象的眼泪》莎拉·格鲁尼)

(18) 我们还假装别人什么都没发现似的。(《一个世纪儿的忏悔》缪塞)

"假装"带实质性谓词补足语时,表现出典型反叙实性动词的特点。从知情状态角度看,言者和主体都同时认为"非 VP";且言者知晓,主体试图通过自己对于 VP 实质含义的表象化,让观者感知到,且作出"VP"的推理。

需要补充说明的是,这种"造景式""假装"句多见于外译小说。以汉语创作的文本中"假装"多直接带动词性短语作补足语。

6. 貌似难以"假装"的表象性谓词

我们注意到一些具有恒常属性的纯粹表象性谓词是几乎无法"假装"的,即几乎无法作"假装"的补足语,例如"＊假装漂亮""＊假装修长"等在正常状况下都很难获得解读。因为这些谓词很难在主体和观者之间营造出知情差距出来,简单地说,这些都"一眼便知"。

然而,如果提供特定语境,使得这些谓词带上额外规定的某种"意义";或者创造条件,使这些状态无法一眼看尽,似乎就可以假装了。"假装自己很漂亮"在网络上很高频,下面选择其中的 3 处,其各自对于假装方式均有不同解读。

(19) 假装自己很漂亮

　　a. 具体解读 1:像漂亮姑娘那样打扮、自拍、被人夸

　　b. 具体解读 2:用广角镜头拍出长腿效果

　　c. 具体解读 3:用美图秀秀修图

其实,还可以通过"造境法"获得更多的、无限可能的解读。然而万变不离其宗,就是在主体和观者之间形成一个空间。

另外,正如梁克非(2000)质疑的"摇头怎能假装",纯粹表象性谓词所编码的情状通常一眼便知,其表象和实质是合一、透明的,很难存在知情差距。例如"眨眼、摇头、吐唾沫、摔倒、握手、说'……'"等。

然而,自然语言和动词语义的复杂性与"假装"结合起来,使得这些貌似纯粹的表象动词,在作"假装"的补足语时,似乎也涌现出各种合理的解读。我们将其分为几类:

6.1 舍实求表的"假装"——因假果真

李新良、袁毓林(2016)的"啼哭、摔倒、咳嗽"等被认为是"动作"动词的谓词一旦作"假装"的补足语,貌似无法证伪(falsify)其

发生，因此貌似形成假装"反例"，李新良、袁毓林（2016）也用"他啼哭/摔倒了/咳嗽了"作为"假装啼哭/摔倒/咳嗽"的蕴含项。我们认为，这几种假装行为是被剥离了实质性使因的表象动作 VP，并非"真正"的 VP。下面我们把 VP 分解为 $VP_{因-实}$ 和 $VP_{果-表}$ 两个部分，真正的 VP 应该是二者的合一。而在"假装"辖域之下，$VP_{因-实}$ 被过滤掉了，仅剩下一个纯粹表象意义，我们记为 $VP_{果-表}$：

（20）摔倒：身体失去平衡而倒下（《现汉》释义）

　　{假装（失去平衡$_{因-实}$→倒地动作$_{果-表}$）}→{未失去平衡＋倒地动作}

　　反叙实性体现：（观者视角）失去平衡←→（言者视角）未失去平衡

（21）啼哭：因为痛苦悲哀或感情激动而出声地哭

　　{假装（伤心/胆怯$_{因-实}$→哭泣动作$_{果-表}$）}→{不伤心/胆怯＋哭泣动作}

　　反叙实性体现：（观者视角）伤心/胆怯←→（言者视角）未伤心/未胆怯

从词语含义的组合性原则（composition principle）角度看，"摔倒""啼哭"等动词的含义是组合性的，其中任何一个组合要素如果发生改变，或消失，则整个词义均发生改变。因此，真诚条件下的"摔倒"必须同时含有"失去平衡"和"倒地动作"等要素，"假装摔倒"所呈现出来的，不是"真正的摔倒"，因此也就不是真诚条件下的"摔倒"。所以，即使是带表象性谓词补足语的"假装"，仍然是反叙实性动词。

6.2　实质性和表象性组合出现的谓词——实假表真

如果说"摔倒""啼哭""眨眼"类动词的语义几乎全是表象性的，其常规使因/实质义并为在字面上体现出来。有些动词则是使因/实质义和表象义的结合。

（22）假装晕倒

{假装(晕_{因-实}→倒_{果-表})}→{未晕→倒}

(23) 假装被后卫踢伤了腿

{假装(踢_{因-表}→伤_{果-实})}→{踢→未伤}

上面两种假装行为,从言者角度所进行的反叙实性判断是,"假装晕倒"是"未晕而倒",而"假装被踢伤"是"踢而未伤"。尽管因果的虚实情况异置,其规律是一致的:"假装"的反叙实语义操作,只能落在实质性谓词上,而不能落在表象性谓词上,无论两个谓词在事件中的题元角色是什么。

7. 假装+实质表象合一的谓词 VP——"非唯 VP"的解读

还有一些"假装 VP",无论从其表象还是实质,使因还是结果角度看,都是"明明可知"的,很难在事件内部找出一个实质性事件的论元用来"假装":

(24) 一旁开车的王珂似乎一直忍不住频频的从后视镜中偷看刘涛,但是当刘涛转头的时候他赶紧假装眨眼。(丹波小白,2018.10.20)

(25) 宋妈**假装**一边往外走一边说:"走喽!回家喽!回家找俺们小栓子、小丫头子去哟!""我喝!我喝!不要走!"

两例中的"假装眨眼"和"假装+走+说"事件中,"眨眼、走、说"都是真的,而且由于这几个动词本身的语义也是自主性(volitional)的,因此从事件本身来看,是纯粹表象的。那么如何寻找"假装"所要证伪的对象?

我们认为,这类"假装 VP"所要证伪的"实质事件"并不在该事件内部,而在该事件之外的另一个事件。此类假装行为可以粗略解读为:假借 VP1 来掩盖/证伪 VP2,或者是:不仅 VP1,而且 VP2。再如"假装握手"解读为"通过握手来传递情报"或"通过握手来角力"等,均是这种情况。但即使如此,"假装"的反叙实性和证伪性仍然存在。例如上例(25)中"走、说"甚至"说话"行为本身就无法"假装"，但所说的话在语义上可以还原为另一个事件，即"回家找小栓子……"，因此，该事件成为"假装"反叙实操作的对象，即实质事件。

下面我们用简表概括一下"假装 VP"的不同情况，未加括号的词项为出现在"假装"后做补足语的谓词，括号内的谓词表示未出现在"假装"后：

（假装）VP	实质：言者反叙实对象＝主体希望观者推理的实质	表象：观者感知的表象＝观者进行推理的依据	伴随事件
生病	生病	（萎靡、虚弱、发烧……）	无
不明白	不明白	（懵懂、摇头、说不知）	
摔倒	（失去平衡）	摔倒	
啼哭	（伤心/害怕/绝望）	啼哭	
晕倒	晕	倒	
踢伤	伤	踢	
握手	握手	握手	（传递情报、角力……）

也就是说，自然语言中，有的谓词在成词(lexicalization)或进入结构时编码的主要是表象性语义，有的则编码实质性语义，其他大多数则是兼而有之；纯粹实质性谓词做"假装"补足语时，即被"假装"证伪；纯粹表象性谓词做补足语时，"假装"所证伪的可能是和该表象有因果关系的实质性事件语义，该事件并未表达出来。还有一些半实半表的谓词，则"假装"对其实质性语义进行证伪，而表象义维持不变。另外，有些谓词本身无论从实质性还是表象性上来说都为真（如"眨眼、握手"），此时"假装"证伪对象就是该事件外的其他事件了。但万变不离其宗，"假装"必须要对某

个做题元的事件命题进行反叙实操作,无论这个题元是表达出来的动词本身(实质性动词),还是未表达出来的实质性使因、结果事件,或者还是本事件外的另一个事件(目的,或伴随)。因此,"假装"是典型的反叙实性动词,其反叙实的语义操作所寻找的目标,总是具有实质性语义的事件。

回归《现代汉语词典》对"假装"释义非常准确:"故意做出某种动作或姿态来掩饰真相",其中将"假装"各部分要义都精炼地体现出来了。这体现了词典释义中"规定、描写、宣示"的全方位要求(参看张相名,2018)。此外,本文对于"假装"语义的分析,与尹洁(2016)"框架——参数"模式有一定的关联。

参考文献

杜世洪 2010 论"假装+V"结构的逻辑问题,《现代外语》第 2 期。

李新良、袁毓林 2016 反叙实动词宾语真假的语法条件及其概念动因,《当代语言学》第 2 期。

梁克非 2000 摇头怎能假装,《咬文嚼字》第 10 期。

尹洁 2016 义位分析的"框架—参数"模式,《辞书研究》第 6 期。

张相明 2018 规定·描写·宣示——词典编纂三原则阐释,《辞书研究》第 5 期。

de Saussure, Ferdinand. 1959 *Course in General Linguistics*. New York: McGraw-Hill.

Goldstein, E. Bruce. 2009 Sensation and Perception. *Cengage Learning*. ISBN 978 - 0 - 495 - 60149 - 4. Retrieved 26 March 2011.

Hall, Stuart. 1973 *Encoding and decoding in the television discourse*. University of Birmingham, Centre for Contemporary Cultural Studies in Birmingham.

Trent, Nobuko. 1997 *Linguistic Coding of Evidentiality in Japanese Spoken Discourse and Japanese Politeness*. Ph. D. dissertation, Department of Foreign Language Education, University of Texas, Austin.

句尾"不是"的来源、功能及其词汇化

王世凯　张　亮(渤海大学学报
中国社会科学院语言研究所)

1. 引言

短语词"不是"一直是个受关注的对象,前辈、时贤对此多有研究。从语法单位层级及表达功能的角度看,"不是"可以分为四个:一是"不+是"实义词组,表示否定判断;二是词化的实义名词,意为"错处、过失";三是词化的虚义单词。郭继懋(1987)认为居于句中的"不是"是反问语气副词,居于句尾的"不是"也许在一定程度上相当于一个句尾语气词。史金生(1997)认为居于句中和句尾的"不是"分别表示提醒和确认。张谊生(2004)认为"不是"在不同使用情形中可以分析为选择连词和并列连词。四是话语标记。这是近年讨论较多的方面,如刘丽艳(2005)、殷树林(2011)、邓莹洁(2015)等。

为行文方便,我们把史文中表提醒的"不是"标记为"不是$_1$",表确认的"不是"标记为"不是$_2$"。我们的研究对象定位为"不是$_2$"。本文主要讨论三个问题:首先,在史文基础上系统分析"不是$_2$"的来源及其生成过程,为"不是$_2$"的词汇化提供历史证据;其次,在历时分析"不是"功能演变的基础上,着重讨论"不是₂"的语用功能;最后,讨论"不是₂"的词汇化,并尝试从互动的角度分析其词汇化的深层动因。

2. "是 X 不是 X"的历时演变与"不是₂"的形成

"不是₂"的可能来源有三个:其一,源于"不是……吗"反问句;其二,源于"是……不是"肯否相叠结构;其三,源于"……(,)是不是"附加问。史金生(1997)认为"不是₂"是由"是……不是"这一肯否相叠结构演化而来的。我们同意这种说法,并尝试在史文的基础上深入分析"不是₂"的演化生成过程。

2.1　由"是 X 不是 X"到"是 X 不是"

"是"系词化后出现肯否相叠结构,早期形式为"是 NP 不是 NP",最早见于唐代的对话语体中。例如:

(1) 太后怒少解,乃谓曰:"卿更子细勘问,是支党不是支党奏来。"(《通典》卷一百六十九)

五代到两宋,这种格式还比较常见,尤其在南宋佛语录《五灯会元》中出现较多。例如:

(2) 僧云:"本来地是地不是地?"师云:"三步四步。"(《祖堂集》卷十七)

(3) 云居锡云:"是赏伊罚伊,只如土地前见,是南泉不是南泉?"(《五灯会元》卷三)

(4) 问:"簇簇上来,师意如何?"师曰:"是眼不是眼?"(《五灯会元》卷十)

(5) 山河大地,万象森罗,青黄赤白,男女等相,是心不是心?(《五灯会元》卷十)

《五灯会元》中还出现了"是 VP 不是 VP"的用法。例如:

(6) 见睹金银合杂,朱紫骈阗,是破戒不是破戒?(《五灯会

元》卷八)

(7) 只如会了,是见闻觉知不是见闻觉知?(《五灯会元》卷
十)

元代以后,"是 NP 不是 NP"格式也在使用,但已经不多见。
以北京大学中国语言学研究中心语料库为检索范围,元代没有发
现"是 NP 不是 NP"用例,明清时期尚可以找到少量用例。例如:

(8) 徐良说:"老兄弟,你说实话,到底是你不是你?"(《续小五
义》第六十八回)

(9) 有个泰安州姓温的人,到不晓得他是个公子不是公子?
(《绿野仙踪》第六十四回)

最迟到宋代出现了"是 NP 不是"格式。例如:

(10) 职娘上树摘桃,树下多埋恶刺,刺他两脚成疮,这个是阿
谁不是?(《敦煌变文选·舜子变》)

(11) 这婆婆知他是我姑姑也不是,我如今没投奔处,且只得
随他去了却理会。①(《清平山堂话本·简贴和尚》)

从表意的角度看,"是 X 不是"都与"是 X 不是 X"相同,而且
形式上"是 X 不是"都可以还原为"是 X 不是 X"。显然,这是"是
X 不是 X"在历时使用中脱落了尾部的 X,从而生成了"是 X 不
是"。而这恰好符合语言的经济性原则。

语料核查显示,"是 X 不是"生成后功能上仍然强势表问,②且
框架中的 X 基本为体词性成分。例如:

(12) 听的今年水贼广,是那不是?(后续句:我来时节,五六
个贼船,围着一个西京来的载黄豆的船,又高丽地面里
来,载千余筒布子的大船,冲将去。)(《朴通事》)

(13) 李逵问老儿道:"这个是夺你女儿的不是?"那老儿睁开
羸眼,打起老精神,定睛看了道:"不是。"(《水浒传》第七
十三回)

(14) 老者一看,遂说道:"你们几位是在庙上打抱不平的七位

不是?"萧银龙说道:"<u>正是我们</u>。老大爷何以知晓?"
(《三侠剑》第五回)

(15) 这大个年轻人拦住道:"小兄弟们,有理讲倒人! 和尚,
这圆笼是你的不是?""<u>是</u>。"(《雍正剑侠图》第七十二回)

从内部看,"是 X 不是"疑问框架都有一个主语显现或隐含,
且主语可与"是 X"组合构成主谓关系;"是"为判断标记,与 X 构
成述宾关系。从外部看,含有"是 X 不是"框架的句子都强势表达
疑问。"是 X 不是 X"到"是 X 不是"的演变条件是前后 X 为同指
成分并分别充当框架中前后两个"是"的宾语,其影响机制是语言
的经济性原则。

2.2 由"是 X 不是"到"不是₂"的生成

史金生(1997)认为"不是₂"是从"是 X 不是"肯否相叠结构演
化而来。我们同意这种观点,并在此基础上进一步讨论"不是₂"
的生成。"不是₂"的生成有三个方面的原因。

首先,"是 X 不是"正反问框架的消解。正反问框架的消解表
现在两个方面:第一,"是 X 不是"框架中前一"是"由判断标记转
化为强调标记。例如:

(16) 瞧瞧,<u>是</u>应了我的话了不是? (《儿女英雄传》第三十六
回)

(17) 听听,果然应了我的话了不是? (《儿女英雄传》第三十七
回)

这是《儿女英雄传》中的两个用例。从两例所在语境及二者
比较的角度来看,显然例(16)中的"是"是作为强调标记使用的。
再如:

(18) 褚大娘子笑说:"二叔听,我们<u>是</u>没心眼儿不是? 有甚么
说甚么。"(《儿女英雄传》第十五回)

(19) 制台道:"<u>还是</u>要克扣军饷不是?"(《官场现形记》第三十
一回)

第二,原"是 X 不是"框架中前一"是"消失。例如:

(20) 你瞧团弄上就好了不是?(《儿女英雄传》第三十四回)

(21) 你老人家现在问起他,可想去瞧瞧他不是?(《八仙得道》第五十一回)

(22) 你要问你们贵乡里,竟到汤兴哥家问不是?(《二刻拍案惊奇》卷四)

例(20)(21)还可以还原为"你瞧是团弄上就好了不是""可是想去瞧瞧他不是",到例(22)已经不能补上前一个"是"而构成原"是 X 不是 X"框架。"是 X 不是"框架中前一个"是"由判断标记转为强调标记或消失,都使这个框架的正反问功能消失,转而表示反问。

其次,"不是₂"形成的另一个原因是句尾化。所谓句尾化就是"不是₂"置于句尾且其后不能再像正反问框架一样补出与"不是"相关联的句法成分。例如:

(23) 二位老爷,你瞧我不是说瞎话,是我家里有亲戚住着不是?(《济公全传》第一百七十六回)

(24) 那刘铁嘴也不问,便说:"丢了东西不是?"(《红楼梦》第九十四回)

"不是₂"句尾化的句法后果是"是"失去了充当述语的能力。这与"是 X 不是"正反问框架消解有一个共同的触发因素,就是 X 只选择谓词性成分。"不是₂"句尾化的另一个后果是"不是"在语音上组块化,形成一个独立的音步;同时语义发生规约化,不再是结构组成成分的意义的加合,而主要表达特定的情态义。

最后,"不是₂"不再表示否定判断,③不能进入"是 X 不是"正反问框架,转而表示对信息的确认。详见本文第三部分。

这样,"不是₂"的生成线索就比较明晰了。"是 X 不是 X"在语言经济原则的作用下脱落尾部的 X 生成"是 X 不是"正反问框架。继而,随着"是 X 不是"正反问框架消解,"不是"尾置化,句法功能消失、表达功能突显,"不是₂"最终生成。

这里还要说明的一个问题是:"不是₂"为什么不是源于"不是……吗"反问结构和"……(,)是不是"附加问结构。首先,反问结构的一个显著功能是表示强调,这与"不是₂"的核心功能——表示确认不同;其次,反问结构中的"不是"不具备后移至句尾的条件;再次,汉语从信息传递角度看是前轻后重型语言,从结构角度(尤其是词的结构)看是前重后轻型语言。因此,附加问"是不是"失去前一个"是"的可能性几乎为零;最后,"不是……吗"反问结构、"……(,)是不是"附加问结构和"……不是₂"确认结构是并行使用的三种功能性结构,到目前为止仍处于互补分布的状态。因此,"不是₂"不是源于"不是……吗"反问结构和"……(,)是不是"附加问结构。

3. "不是₂"的语用功能

3.1　关于"不是₂"语用功能的一些看法

史金生(1997)认为,"不是₂"的基本语用功能是表确认。傅惠钧(2001)将"不是₂"的功能二分:"VP 不是"假性问是说话人认为某一情况已经或必然发生,用"不是"表反问,予以确认;"不是"用于祈使句中,表祈使略带商量的语气,意近于"吧",有弱化、舒缓祈使的意味。叶建军(2002)认为"VP 不是"中的"不是"是主语VP 的谓语,语用上体现附加的责备义。

因为傅惠钧、叶建军等使用的语料都源于明清时期,所以我们也以当时语料为对象进行分析。这对现代汉语中"不是₂"的功能分析同样具有借鉴意义。首先,"不是₂"用于祈使句中,本身不表祈使,且与"吧"存在功能对立。例如:

(25) 行者道:"你不会驾云?你把师父驮过去不是?"(《西游记》第二十二回)

（26）玉楼道："你问大姐姐不是？丫头也领在这里，我不哄
　　　你。"（《金瓶梅》第四十回）

（27）如今且说宝玉打发了贾芸去后，意思懒懒的歪在床上，
　　　似有朦胧之态。袭人便走上来，坐在床沿上推他，说道：
　　　"怎么又要睡觉？闷的很，你出去逛逛不是？"（《红楼梦》
　　　第二十六回）

（28）柳家的笑道："知道。今儿怎遣你来了告诉这么一句要紧
　　　话。你不嫌脏，进来逛逛儿不是？"（《红楼梦》第六十回）

　　上述各例如果去掉句尾的"不是"，仍然表示祈使语气。显
然，祈使并非"不是"的功能。另外，抛开语境不计，上例中的"不
是"可以替换为表示不肯定的"吧"。但回归语境，就不合适了。
以例（27）为例。从"不是"所在语境可以看出，袭人是在看到宝玉
的状态之后，认定他应该出去逛逛才提出的建议。在言者袭人看
来，这是她确认宝玉应该实施的动作，并不含有不肯定之意。

　　其次，认为"VP不是"中的"不是"是VP的谓语，这种看法显
然有问题，因为虚化的"不是$_2$"不具备充当句法成分的能力；而认
为"不是"在语用上体现附加的责备义就更不具有普适性了。仅
就例（25—28）来看，例（27）似有责备之意，其他三例则均没有责
备义。显然，"不是"语用上不一定体现责备义。

3.2　"不是$_2$"的确认功能及其表现

　　我们同意史金生（1997）的观点，"不是$_2$"的核心语用功能是
表示确认。更进一步说，"不是$_2$"是一个确认标记，属于表态成
分，核心功能表确认，可以表示对客观事实，言者推理，言者预测，
事理情理，言者观点、看法、意愿等的确认。

　　"不是$_2$"可以表示言者对所言及的客观事实进行主观确认，
论及的对象都是客观的，具有已然性或常然性。例如：

（29）他沉默半天，说道："好好干吧，你还年轻呢不是？来日
　　　方长嘛。"（邓友梅《记忆中的老舍先生》）

(30)"别急,急了<u>不是</u>?"他脸上挂着体谅人的讪笑,顿了一下,又说:"让我再想想……"(徐雅雅《预审官眼中的禹作敏》)

"不是$_2$"可以表示对言者所述推理的主观确认,多是言者叙述一个前件和一个结论,在结论部分出现"不是$_2$",表示对结论的主观确认。例如:

(31)我想到你这一手了! 所以我又回来取我的诗。你白白效劳了<u>不是</u>?(梁晓声《表弟》)

(32)家里热热闹闹的给岔乎着,她那心就淡啦,以后就好办了<u>不是</u>?(陈建功《皇城根》)

"不是$_2$"可以表示言者对其所做的预测或猜测进行主观确认。例如:

(33)看您这老爷子挺正经,第一次来<u>不是</u>?(1994年报刊精选)

(34)"在等您的是个男人?"达达尼昂叫起来,"一个男人!""得啦,您瞧,又要争论起来了<u>不是</u>?"(大仲马《三个火枪手》)

"不是$_2$"可以表示对事理、情理、规矩等的主观确认。例如:

(35)我是作为一个角色参加了演出。虽然是配角,那也得分点"出场费"<u>不是</u>?(贺捷生《我们叫他老迈》)

(36)王伟索性走到她旁边的座位坐下说:"你今晚总得吃饭<u>不是</u>?"(李可《杜拉拉升职记》)

"不是$_2$"可以表示言者对其所述观点、看法、意愿等进行主观确认。例如:

(37)我巴不得立刻找着你,我得了了我的心愿<u>不是</u>?(陈建功《皇城根》)

(38)你要是方便,逢年过节地替我准备一碗茶水,咱们也好好儿聊聊<u>不是</u>?(张大春《四喜忧国》)

因为言者可以确认的对象理论上是无限的,所以我们上面所列的也只是其中的一部分用法。但总体来讲，"不是₂"是个确认标记，有主观确认功能，属于表态性功能成分，与表"不肯定"的"吧"在功能上形成对立。至于语境中整合显现的各种不同的表情功能，那并非"不是₂"的功能。

另外，在核心功能的基础上，"不是₂"在不同的语境中还有提醒、强调等不同的附加功能。例如：

> （39）吴老板说："你看你看，走红了，忘了不是？要不古人说'贵易友，富易妻'呢，一走红，哥们儿交情全撇脑勺子后边儿了不是！你忘了，说过的呀，走红了，走穴的事包我身上的，忘了？"（陈建功《皇城根》）

> （40）苏淳拿手拨开海萍："什么呀什么呀！你看你，狭隘了不是？我心疼你，那边房间的被子薄，也冷。"（六六《蜗居》）

例（39）（40）中的"不是"在表示确认的同时，具有提醒的功能。例中的话语标记"你看"也辅证这一点。以下两例在表示确认的同时，还有强调的作用。例如：

> （41）在我们颍平，这是最高规格的接待。这里没有 1 号厅，1 号不好听不是？（李佩甫《羊的门》）

> （42）见外了，见外了不是？（陈建功《皇城根》）

例（41）是言者强调"1 号不好听"从而解释了"这里没有 1 号厅"的原因。例（42）"见外了"复叠，加以"不是"更有强调意味。

总之，确认功能可以看作"不是₂"内化的语用功能，而提醒、强调等功能往往是在语境中显现出来的言外之义。

4. "不是₂"词汇化的诱因与互动性

4.1 "不是₂"词汇化的诱因

前面我们已经部分地言及了"不是₂"的词汇化，这里我们进一步分析其词汇化的诱因。"不是₂"的词汇化是"是 X 不是 X"的

演化引发的重新分析以及"是"进一步语法化的结果,更深层次的
动因源于语用法的语法化,集中体现在互动性的逐渐下降方面。

　　首先,"是 X 不是 X"的演化引发了对"不是"的重新分析。
"不是₂"衍生自"是 X 不是 X"正反问结构,其本源结构是"是 X 不是
X"。从句法角度看,"不是"中的"是"与其后的 X 有句法关系,
"不"与其后的"是 X"有句法关系,"不"与"是"属于跨层结构。随
着本源结构中尾部 X 的脱落和"不是"前段 X 的唯谓词化,"不是"
得以重新分析,逐渐完成了同层固化。从语音角度看,"是 X 不是
X"中"是 X"与"不是 X"各自构成节拍群。随着"不是 X"中 X 的
脱落,"不是"独自构成一个节拍群并伴随语音的轻化,附着在其
前的宿主 X 上,但句法上与宿主没有关系。比较以下一组例子:

　　(43) 到了若儒身边,又老想着乔晖安好! 我是人/不//是人
　　　　了?(梁凤仪《豪门惊梦》)

　　(44) 在这个厂还没被接收前,总得有个人临时维持着/不
　　　　是?[①](梁晓声《钳工王》)

　　随着"不是"句法和语音的变化,跨层的"不"与"是"得以重新
分析,从而引发词汇化。

　　其次,"是"的进一步语法化也导致"不是"发生词汇化。历时
地看,"是"最初为指代词,后发展为判断词,再由判断词发展为焦
点标记。董秀芳(2004)认为,"是"的进一步语法化就是由虚词变
成词内成分。作为判断词或焦点标记的"是"是一个独立的虚词
或者说是语法词(grammatical word),变为词内成分之后,其依附
性增强、语音上弱化,一般都读轻声。现代汉语中置于句尾表示
确认的"不是"恰恰都不读本音,而是发生轻化。当语速较快时,
"不是₂"在语流中还常读为[pu]。另外,句尾的"不是"已经失去
了句法上的独立性,只能依附于其前的宿主,表示归约性的意义。
这样看来,"是"从词汇词发展为语法词,再进而成为词内成分的
虚化路线,也促使"不是₂"发生词汇化。

4.2   互动性与"不是₂"的词汇化

语音发生轻化、表达功能突显、"不是"同层固化只能证明"不是₂"已经词汇化，还未能说明"不是₂"词汇化的深层动因。我们认为：语用法的语法化是"不是₂"词汇化的根本动因，突出表现在"不是"使用过程中互动性的逐渐降低上。

互动语言学的研究表明，语言首先是互动的工具，互动塑造语言，语言也塑造互动。就我们所讨论的"不是"而言，它既在特定的互动情形中被塑造，同时也因为它的功能变化影响着互动情形的建构。互动表现为在具体语言环境中言者和听者之间的互动交谈。我们认为，对话语体有比较明显的互动特征，而对话中的问答式是典型的互动形式。从问答式对话内部看，还有强势互动和弱势互动之分。在问答式对话中，疑问程度有"强势疑问—假问弱问—不表疑问"的强度序列。强势疑问是有问必答，对话双方中一方要求另一方必须作答，属于强势互动情形；假问弱问是可答可不答，对话双方中一方已经有所认知，只是进行求证，互动性下降；不表疑问是有问不必答，对话双方中一方已经有所认定，对方可不答，也不要求作答，属于弱势互动。从言者的角度看，这就是从"有疑而问"到"略疑求证"再到"无疑确认"的认知情形，反映的是言者的互动诉求的变化。从听者的角度看，反映为听者回应方式的变化。"是……不是"疑问框架到"……不是₂"确认标记的演变正好反映的是从强势互动到弱势互动的渐变过程。

"是……不是"在古今汉语中都是强势互动的疑问框架，言者提出问题，互动诉求强烈，听者需要就言者提出的问题进行回答或做出其他方式的回应。例如：

(45) 那妇人不懂得甚么叫是蓐妇，左右说："老爷问你是收生婆<u>不是</u>？"那妇人说："<u>是</u>。"（《醒世姻缘传》第二十回）

(46) "前面这人就是王爷方才传令放行的那个人，你们看看<u>是</u>冲天杵<u>不是</u>？"众官兵一看，果然是梳冲天杵小辫的矮

子。(《三侠剑》第二回)

(47) 周撰道:"你知道是亲娘不是?如果是养娘,就更容易了。"郑绍畋道:"那却不知道。"(《留东外史》第 2 章)

(48) 我从床上坐起来,带着歉意问他:"是想家了不是?"……"哪里是想家哟,是干活干乏了!"⑤(张贤亮《男人的一半是女人》)

在确认标记"不是₂"的形成过程中,"……不是"曾出现表弱问的情形,一般都是言者对所言内容有所认知,并进行求证,其结果可以是证实,也可以是证伪。从言者的角度看,强势表问到弱问表明其互动诉求在下降。当然,这种互动情形下,听者还是需要就言者的问题作出回答。例如:

(49) 龙光道:"你懂两句外国话不是?"王二道:"是,家人略懂得几句。"(《二十年目睹之怪现状》第一百五回)

(50) 承畴道:"主子在师善斋不是?"太监回说:"在月华楼上,跟范内阁两个瞧什么呢。"(《清朝秘史》第七回)

听说双方互动性降低还有一种情形可以佐证。例如:

(51) 邓九公先就说:"好极了。"因又向安老爷道:"老弟看,我说我的事都得我们这姑奶奶不是?"褚大娘子道:"是了,都得我哟!到了留十三妹,我就都不懂了。"(《侠女奇缘》第十六回)

例(51)的语境显示,言者邓九公是向听者安老爷讲话,意在确认"我的事都得我们这姑奶奶",这里已经没有要求听者回答的互动诉求。而语境显示,听者恰恰也没有回应,而是第三方回复"是了",进行进一步的确认。

到现代汉语中,"不是₂"的确认用法成熟,互动性继续下降。这有两方面的表现:一是"不是₂"语音轻化表示确认,而表疑问多用"……,是不是"或"是不是……"框架,"是不是"语音不轻化。例如:

(52) 赵敏颤声道:"谁……谁说我斩了她十七八剑？是周姑娘说的,是不是?"张无忌道:"周姑娘决不在背后说旁人坏话。"(金庸《倚天屠龙记》)

(53) 鲁豫:是不是开始意识到别人看你的眼神不一样了?自己在外表、心理上是不是也意识到自己已经是一个温柔的女性了?(《鲁豫有约·红伶》)

二是在答语上表现出来:一种情形是没有答语或无须答语;另一种情形是答语不针对"是否"回应而针对"不是₂"的确认对象进行回应,或者答语只是表示进一步确认。这都表明言者的互动诉求在降低。例如:

(54) "哈,你还有脸来,现在成了丧家之犬,又想起我了不是?给我滚,给我马上滚出去——"(李国文《关于狗的传奇》)

(55) "小瞧人不是?"王晓鸣道:"还以为我是在龙溪镇插队的傻丫头吧,实话跟你说,我 3 年前就在上海取得 MBA学位了。"(张卫《你别无选择》)

(56) "我做了什么好事让你请吃这么一顿也许付不出银子的大菜?""太久没吃董食了,挺想念的不是?""很是,但未免太隆重了。"(席绢《逢魔时刻》)

例(54)(55)中,言者已经有所确认,没有要求对方回答的互动诉求。例(56)有答语,"很是"显然是表示进一步的确认。

从"不是₂"形成的过程看,背后的原因是问答双方互动性的下降,表现为当疑问功能下降的时候,言者要求对方回答的互动诉求降低。疑问功能逐渐消失的过程也是互动性逐渐降低的过程。因此,互动性的下降才是"不是₂"形成的深层动因。

5. 结语

短语词"不是"置于句尾,是核心功能表示确认的表态性成分,同时在不同的语境中有提醒、强调等不同的附加功能。"不是"来源于肯否相叠正反问结构,其源头是"是 NP 不是 NP"疑问框架。"是……不是"正反问框架消解,句尾"不是"语音轻化、表态功能突显、尾部脱落引发的重新分析以及"是"的进一步虚化共同促成"不是"发生词汇化,但其深层动因是语用法的语法化,突出表现为"不是"在使用过程中互动性逐渐降低。

当然,关于句尾"不是"还有一些问题有待进一步弄清楚。首先,史金生(1997)提及的均在句尾出现的"不是₁"和"不是₂"如何区分仍旧悬而未决;其次,"不是"在一定程度上已经语气词化,也只是被提及,尚待深入分析。

注释

① 明嘉靖晁瑮编《晁氏宝文堂书目》中记载:"简帖和尚,宋人口议"。据此可证,至迟到宋时已经出现了"是 NP 不是"的格式。

② "是 X 不是"强势表问突出表现在其后续句或答语必定对"是 X 不是"做出直接或间接的回应。

③ 志村良治(1995)认为,唐代"是"的否定判断形式"不是"就已经形成,此后逐渐取代文言的判断句而被广泛使用。

④ 例(43)(44)中的"/""//"表示节拍群。

⑤ 现代汉语中"是 X 不是"是两个框架的表层形式。在不考虑上下文语境时,可以依据位于句尾的"不是"是否轻化进行区分:当"不是"不轻化,表示疑问;当"不是"轻化,表示确认。表示疑问与表示确认所反映的互动性有差异,前者互动性更强。

参考文献

邓莹洁　2015　"不是"的话语标记功能研究,《汕头大学学报》第 4 期。

董秀芳　2004　"是"的进一步语法化:由虚词到词内成分,《当代语言学》第 1 期。

方梅　2016　北京话语气词变异形式的互动功能,《语言教学与研究》第 2 期。

傅惠钧　2001　真性问与假性问:明清汉语选择问句的功能考察,《语言教学与研究》第 3 期。

高华、张惟　2009　汉语附加问句的互动功能研究,《语言教学与研究》第 5 期。

顾伟勤　2010　论"互动假说"的发展与局限,《外语学刊》第 5 期。

郭继懋　1987　谈表提醒的"不是",《中国语文》第 2 期。

李咸菊　2009　北京话话语标记"是不是""是吧"探析,《语言教学与研究》第 2 期。

林大津、谢朝群　2003　互动语言学对修辞学研究的启示,《福建师范大学学报》第 6 期。

刘丽艳　2005　作为话语标记语的"不是",《语言教学与研究》第 6 期。

史金生　1997　表反问的"不是",《中国语文》第 1 期。

陶炼　1998　"是不是"问句说略,《中国语文》第 2 期。

叶建军　2002　表祈使义的反问句"VP 不是?",《甘肃社会科学》第 2 期。

殷树林　2011　说话语标记"不是",《汉语学习》第 1 期。

张谊生　2004　《现代汉语副词探索》,上海：学林出版社。

情态副词"怪不得"的话语
关联与语义情态*

吴婷燕　　赵春利（暨南大学中文系）

正如金岳霖（1979：15）所言："一个事物的性质与关系，都叫做事物的属性"，其中，性质决定关系，而关系反映性质。就副词的语义属性而言，可以通过揭示副词"在句中出现的语义背景"（马真，1983：172）、"句子之间的内在逻辑联系"（方梅，1994：137）等话语关系来提取其语义性质，从而系统深入地解释副词的属性。

1. 综述前人关于"怪不得"的研究

自吕叔湘（1980）首次界定副词"怪不得"的语义以来，诸多学者先后从语义情态、复句关系、句类句义和语义演变四个方面展开了较为深入细致的研究，并取得了丰硕的成果。

首先，在语义情态上，吕叔湘（1980/1999：239）最早把副词"怪不得"的语义界定为"表示醒悟（明白了原因，不再觉得奇

　　* 基金项目：本项研究得到国家社科基金重大项目（16ZDA209）、国家社科基金一般项目（17BYY026）、（13BYY117）和中央高校基本科研业务费专项资金（暨南远航计划 15JNYH002）的资助。《世界汉语教学》匿名审稿专家提供了非常宝贵的意见和建议，在此深表谢忱。

怪)",既首次提出了"醒悟义",也蕴涵了"有如此结果是不足为奇的、完全可以理解的"(廖秋忠,1986:420;张谊生,1996:131)、"有所醒悟而不再觉得奇怪"(肖奚强,2003:15)、"对某种情况出现的原因恍然大悟"(张富翠,2009:287)和"领悟口气"(王纯,2006:24),还启发了"醒悟因果句"(刘畅,2011:12),为陈宝珠(2010:86)的"立场、态度和情感"和张淑敏(2013:84)的"惊讶和感叹"等情态研究奠定了基础。可以说,后来的学者都是以"醒悟义"为基点展开多维研究的,但没有明确说明醒悟义所指的对象究竟是原因句、结果句还是因果关系①,没有把基于"感叹句"的"惊叹"情态与醒悟义的因果关系联系起来,并进行有效验证与解析。

其次,在复句关系上,如果说吕叔湘(1980/1999:239)的"明白了原因,不再觉得奇怪"暗含着"前因后果的因果关系",那么,北京大学中文系 1955/1957 级语言班(1982:217)则明确提出"用于因果复句中,表示事后发现了原因而使结果得到了验证"。根据"因果关系",诸多学者不仅提出了语篇连接功能(廖秋忠,1986:420;张谊生,1996:131;肖奚强,2003:15;王纯,2006:24;陈宝珠,2010:86;张薇、李秉震,2011:109;李雁婷,2013:12;张舒雨,2016:15),而且逐渐注意到了"怪不得"结果句中"用来指代前文所提到的事情的结果"的"这样、如此、什么"的代词功能(杨晓丹,2014:8),甚至提到了"语义结构模式:A 已实施的行为- B 发现事实或真相-C 不再觉得奇怪"(郑晓蕾,2005:7)和"语篇表达模式'很奇怪……,为什么呢? 原来……'"(尹海良,2015:97)。可以说,宏观的话语关联呼之欲出,但始终没有把"不再觉得奇怪"的预设"曾经奇怪过"和"事后发现了原因"的预设"事前曾追问过"放在话语层面进行研究,导致无法系统地解读醒悟义"因果关系"及其句式特征。

第三,在句类句义上,同现副词、句式语义和句类分布先后成为关注焦点。一是同现副词,郑晓蕾(2005:37)、李雁婷(2013:

11)和张舒雨(2016：23)等详细地考察了"怪不得"前分句中出现的"竟、竟然、居然、果真、果然、实在、确实、的确、看来、大概、好像、也许、一定"等各类副词。二是"怪不得"的句式语义,郑晓蕾(2005：15—16)提出了"叙实性、表达性、指明性",孙胜男(2013：26)认为"表达各种容易引起说话者疑问的情况,比如不合常理、比较夸张的状态,或者频繁发生的现象,或者突然变化的情况等",而杨晓丹(2014：11—14)概括为"醒悟义、已然性、自足性、因果逻辑关系",张舒雨(2016：35)认为是"醒悟义、述果义、证实义和委婉义"等。三是句类分布,孙胜男(2013：29—31)、杨晓丹(2014：17)和张舒雨(2016：42)一致认为"怪不得"分布于陈述句和感叹句,排斥祈使句和疑问句。可以说,考察比较全面,描写非常细致,不过,应该把副词的同现类型作为验证手段来验证醒悟义的来源,还应该从话语关联的层面统一解释并验证其句类分布与句式语义。

第四,在语义演变上,一是语义来源,主流的观点认为"醒悟义"副词"怪不得"直接来源于"不能责怪义"动词"怪不得"(董玲玲,2009：14;张富翠,2009：289;陈宝珠,2010：86;张薇、李秉震,2011：107;张淑敏,2013：83;王利,2014：29—20;尹海良,2015：97;李宗江,2016：7;张舒雨,2016：31),而郑晓蕾(2005：41)认为从"不能责怪"到"不再觉得奇怪"再到"领悟义"。二是演变路径,一般观点认为"怪不得"从动补结构词汇化为动词,带动词 VP 后动词性减弱再语法化为副词(董玲玲,2009：21—23;张薇、李秉震,2011：107—108;尹海良,2015：97);三是认知动因,主要有后接成分、重新分析、语义虚化、语用推理等(郑晓蕾,2005：41—45;董玲玲,2009：21—23;陈宝珠,2010：86;张薇、李秉震,2011：107—108;王利,2014：30—31)等。争论的焦点是:副词"怪不得"的"醒悟义"是直接源自动词"怪不得"的"不能责怪义"还是以"不再觉得奇怪义"为过渡桥梁抑或直接来自"不觉得奇怪义"(谢晓明、左双菊,2009：33)? 副词"怪不得"在话语关联、复句关系、句类选择上的准确定位和语义情态的准确提取可以为解决历时来源问题提供参照标准。

本文以情态副词"怪不得"为研究对象,以北京语言大学中国语言学研究中心的 CCL 网络版语料库为调查对象,以语义语法为理论指导,按照话语关联、句类分布再到同现成分的逻辑顺序,提取并验证"原因句"的语义类型和"怪不得"结果句的语义类型、话语特征、语法意义及其情态类型。

2. 副词"怪不得"的整体话语关联

句子与句子连接所形成的话语关联既是还原并呈现副词"应用"本真状态的一面镜子,也是准确理解和验证副词语义的一把钥匙,而"在实际口语中,哪些句子之间的内在逻辑联系表明它们可以构成一个"话语关联(方梅,1994:137),既需要得到认知逻辑的分析与语言事实的证实,也需要形式标记的印证与语义性质的验证。

首先,从认知逻辑上看,吕叔湘(1980/1999:239)认为副词"怪不得""表示醒悟(明白了原因,不再觉得奇怪)",那么,"醒悟"的认知预设就是"新奇、惊奇、奇怪、疑惑、奇疑",而"不再觉得奇怪"的逻辑前提就是"曾经对某种事物觉得奇怪过"。后来,郑晓蕾(2005:7)从语段角度提出了领悟类语气副词的语义结构"A 已实施行为-B 发现事实或真相(补叙原因)-C 不再觉得奇怪",她已经关注到了"寻求因果"的行为表现"A 已实施行为",但尚未触及"因果关系"的认知动因,而尹海良(2015:97)提出了"语篇表达模式'很奇怪……,为什么呢? 原来……'",并极其敏锐地把"怪"看作是"信息传疑的引导词"。其实,准确的说,"很奇怪"并非"引导词"而是直接表达"醒悟"的认知动因"奇疑",而"奇疑"本身也是"因奇而疑"。可以说,从认知上看,"醒悟"因果关系是以"奇疑"为前提的;从因果逻辑和语义功能上看,因对某事物奇怪而寻因的"奇疑句"会引发具有释疑醒悟特征的"原因句",而"原因句"

又会激活因回忆该新奇信息而醒悟的"结果句","结果句"与"奇疑句"之间存在着一定的照应关系。整个话语关联的"因果链条"如图1所示：

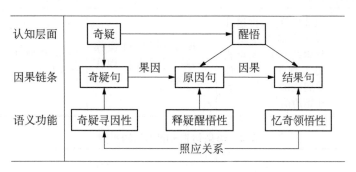

图1　"怪不得"的"奇疑—醒因"话语关联

那么，这一认知逻辑分析能得到语言事实的证实吗？

其次，从语言事实上看，根据语料库的调查，可以发现，无论"怪不得"标记的结果句与"原来"标记的原因句之间的先后排序如何，在上文的话语中通常都有表达"奇疑"的信息，而后才有表示"醒悟"的因果句。整体的话语关联是由认知上的"奇疑"与"醒悟"组合而成的，而"醒悟"则是由"醒因句"和"悟果句"组合成因果关系。表1是"原来"标记的原因句先于"怪不得"标记的结果句；表2是"怪不得"结果句先于"原来"原因句：

表1　醒因句先于悟果句的实例

认知	奇疑	醒悟	
语言	奇疑句	醒因句	悟果句
1a	这是谁？这么在行，又觉得好面熟。	演出结束后，教师通知我们：叶帅对演出很满意。啊！原来是名震天下的叶剑英元帅，	怪不得那么面熟。

续　表

认知	奇疑	醒悟	
语言	奇疑句	醒因句	悟果句
1b	她破口骂人,把这几天的无名火全发泄到唐纳身上,完全丧失了理智。……他拉起她的手劝她,想让她消消气。	一摸手很烫,再摸摸头,呀!【原来】② 她在发高烧,	怪不得邪火这么大!

表 2　悟果句先于醒因句的实例

认知	奇疑	醒悟	
语言	奇疑句	悟果句	醒因句
1c	这些日子来,我一直觉得你们三个人怪怪的,	现在我全明白了!怪不得绍谦每次来找你,世纬总跟着来,一副老大不痛快的样子!	原来,原来他根本在吃醋呀!
1d	也不知是什么时候去世的,怎么从未听公墓有人说过呢。	怪不得好几年听不见贺老总的消息了,	原来他早已离开了人间。

　　第三,从形式标记上看,"怪不得"所标记的悟果句中大量出现"这、这么、这样、这般、如此、那么、那样"等指称旧信息的回指代词,来前指照应包含在奇疑信息中的旧信息,却不能插入"多么、极其、真、很、非常、太……了"等引出新信息的程度副词,否则不合法,如(1):

　　(1) a. 叶君健同志写出了一本《鞋匠的儿子》,更激发了他的好奇心。原来他小时候也挺可怜,怪不得他的故事那么【＊多么】好听!

　　　　b. 何家柱:宋队,今天面色这么好,一定是有什么喜事吧？

宋振义：是啊，昨天见到失散多年的亲哥哥了。

何家柱：可喜可贺啊，怪不得这么【＊非常】兴奋。

c. 颂莲说，我还没去问问那两个鬼魂呢？她们为什么投井？陈佐千说，你别胡说了，以后别上那儿去。颂莲沉吟良久，突然说了一句，怪不得这院子里修了这么【＊很】多井，原来是为寻死的人挖的。

d. 教室里竟出乎意料的安静，……我纳闷着，一眼就瞥到了他们这不经意间的小动作，心里暗暗偷笑，怪不得他们今天表现那么【＊极其】好，原来一个个都是被这突然而来的降温给冻到了，悄悄地躲着在捂手呢。

除了代词回指外，由于"怪不得"后续成分的承前省略所造成的空位回指，也可以证明"奇疑点"的存在，如(2)：

(2) a. "先生，我可以替她唱吗？""哟，怎么心疼了？怪不得……原来你爱她这么深。好，她可以不唱。"那个人阴阳怪气地说。

b. 上回我在你们这儿吃了一回饭，回去我趴了仨月，怪不得呢，净给我苍蝇吃呀！

c. 医生发现富翁的心脏不在应在的位置，弹头并未伤及心脏。"怪不得呢，"医生说，"原来其心不正。"

d. "你怎么会趴下啦？噢！怪不得哪，八成是西瓜皮给滑趴下啦。"

"悟果句"中出现的代词回指或者空位回指本质上都是在"醒因"后对"奇疑句"的照应性补充或说明，通常发出带有情态意义的感叹。

第四，从语义性质来看，一方面，"奇疑"信息或显或隐地存在着。"奇疑句"所传达的信息一般都具有难以理解的异常性、新奇性，从而容易令说话人产生"奇怪、好奇、疑惑"。这些信息通常直接通过疑问句来表现出来,如(3a),也可以采用表达奇怪疑虑的陈述句,如(3b),甚至隐含"奇疑"而传达新信息的陈述句,如(3c),但可以通过插入"为什么呢? 怎么会这样?"来激活因新奇而产生的疑惑,但不改变命题意义,如(3d)。但无论如何,令人"奇疑"的语义信息要么被直接表达出来,要么隐含但可以被激活。

(3) a. <u>怎么回事儿?</u> 您是个作家。呕,怪不得如此旁征博引哪。

　　 b. <u>每天天还没亮,教练就把我从床上拉起来,下楼就开始跑,也不知跑了多长时间,怎么也到不了头,</u>……原来我脚下是工人体育场的圆形跑道,怪不得没有终点。

　　 c. <u>消费者看好国产大屏幕彩电是有道理的。</u>……与国外同类产品相差无几,但价值只有国外同类产品的70%左右,怪不得受到国人的如此青睐。

　　 d. <u>这股火光升到天空中并不落下,却在黑暗里盘旋,【怎么会这样?】</u>……"原来他们是在船上放的,怪不得我看见在移动,"四太太王氏领悟似地对克安说。

另一方面,"醒因句"是不可或缺的。在整个"奇疑-醒悟"的话语关联中,"醒因句"是维系"前奇疑"和"后悟果"的纽带,因此,"怪不得"标记的悟果句在语义上必须以"原来"标记的醒因句为前提,否则,语义不自足,试比较(4a)和(4b);在话语上要以"奇疑"为照应成分,否则,衔接不连贯,请比较(4c)和(4d)。这说明从"奇疑"到"醒因"再到"悟果"构成一个完整的话语关联。

(4) a. 王老汉听了,心不由一沉,生出一股说不出的滋味:<u>怪不得他比那小胡子还冲,原来是邪道上的。</u>

　　 b. *王老汉听了,心不由一沉,生出一股说不出的滋味:<u>怪不得他比那小胡子还冲,</u>……。

c. 见甬路边上围着好多人,崇祯踮起脚跟往里一看……
原来这位就是邵康节,<u>怪不得</u>这么多人围着看哪!

d. ？……原来这位就是邵康节,<u>怪不得</u>这么多人围着
看哪!

可以说,从认知逻辑分析到语言事实、形式标记和语义自足
的证明,"怪不得"的整体结构从对某新奇信息的寻因而产生的
"奇疑"到释疑醒悟性的"醒因"再到回顾领悟性的"悟果"形成了
一个比较完整的话语关联,而"奇疑"的存在,也间接证实了副词
"怪不得"的"醒悟义"来源于"不觉得奇怪义"。那么,因解释
"奇疑"而醒悟的"原因句"具有哪些语义类型呢？或者说,哪些
语义类型的原因可以进入到"原因句"而起到释疑醒因的作
用呢？

3. 原因句的三种语义类型

根据 CCL 语料库的调查,从同现副词来看,可以发现,在"奇
疑-醒悟"话语关联中,能够释疑而导致醒悟的"原因句"可以分为
三种醒因语义类型:新知类、证知类、估知类。

第一,新知类。从获知时间上看,原因句的原因信息具有新
知性而非早知性。造成某种新奇事件或情状的原因,如果是早已
知道的旧信息,就很难令说话者产生"惊奇、疑惑"而激活"奇疑",
如果是"奇疑"后才知道的新信息,就会因无法早知而恍然才知的
较大心理落差激活"醒悟感",具有最高的醒悟度。因此,在"奇疑
-醒悟"的话语关联中,常常进入到"原因句"中而表示新知信息的
标记词,主要是意外类副词"竟、竟然、居然、敢情"等,也有高谓语
动词结构"想不到、没想到、未料到、才知道、才明白、才想到、才发
现",如(5),而早知类高谓语动词结构"早知道、早料到、早听说、
早就明白、早就发现"就不能进入"原因句",如(6)。如果原因句

中没有任何语气副词,一般都可以插入表示新知信息的"副词或高谓语"而命题意义不变,如(7),可以说,新知类是醒因句的典型形式。

(5) a. 徐义德<u>竟然</u>想在马丽琳身上打主意,<u>怪不得</u>迟到哩。

　　b. 她发现山上还有个小庙,<u>居然</u>香火鼎盛,<u>怪不得</u>她常听见钟声。

　　c. <u>想不到</u>小管这么厉害,<u>怪不得</u>车间里的人叫她小辣椒哩。

　　d. 跑堂的这<u>才</u>明白,<u>怪不得</u>刚才听到咔吧一响哪,这是捏在酒壶脖儿上啦。

(6) a. *<u>早知道</u>徐义德想在马丽琳身上打主意,<u>怪不得</u>迟到哩。

　　b. 她发现山上还有个小庙,*<u>早就发现</u>香火鼎盛,<u>怪不得</u>她常听见钟声。

　　c. *<u>早就听说</u>小管这么厉害,<u>怪不得</u>车间里的人叫她小辣椒哩。

　　d. *跑堂的<u>早就料到</u>,<u>怪不得</u>刚才听到咔吧一响哪,这是捏在酒壶脖儿上啦。

(7) a1. 你们不做善事,不敬神,<u>怪不得</u>外邦人会诽谤我们。

　　a2. 你们【竟然】不做善事,不敬神,<u>怪不得</u>外邦人会诽谤我们。

　　b1. 您的脾气可太拧了,怎么劝都不行,<u>怪不得</u>人家和您离婚。

　　b2. 【没想到】您的脾气可太拧了,怎么劝都不行,<u>怪不得</u>人家和您离婚。

第二,证知类。从获知方式上看,原因句的原因信息具有隐蔽的证知性而非显而易见的显知性。在"奇疑-醒悟"话语关联中,某种事物或情状之所以令人觉得奇怪、新奇或疑惑,其原因一般不是显而易见、通俗易懂或众所周知的,否则就很难产生疑惑或新奇感,而是隐而不显、难以捉摸的,需要一个思考、印证、证实"虚实、真假"的证知过程,在从"不知"到"证知"原因信息的获取过程中,因"不知"与"证知"的心理落差而产生"醒悟感",证实过程需要时间而导致醒悟度中等。表示证知类的"原因句"中经常出现副词"是、真的、真是、实是、确实、的确、果然、实在、其实、根本"等,如(8),如果把证知副词换成"明明、显然、分明、明显、显而易见、明摆着"等显知类副词,处于"奇疑-醒悟"话语关联中的"原因句"就不合法了,如(9):

(8) a. 什么?百丽挑拨离间?<u>怪不得</u>高太太也说百丽对安妮不好,原来百丽<u>真的</u>这样坏。

　　b. <u>怪不得</u>你一直推三阻四,原来你<u>果然</u>有苦衷。

　　c. 像你这么清高的<u>实在</u>少有,<u>怪不得</u>这样令人倾慕。

　　d. 她<u>真的</u>被俘了,<u>怪不得</u>敌人在被俘的女红军中查她。

(9) a. 什么?百丽挑拨离间?<u>怪不得</u>高太太也说百丽对安妮不好,*原来百丽<u>明明</u>这样坏。

　　b. 怪不得你一直推三阻四,*原来你<u>显然</u>有苦衷。

　　c. *像你这么清高的<u>明摆着</u>少有,<u>怪不得</u>这样令人倾慕。

　　d. *她<u>明显</u>被俘了,怪不得敌人在被俘的女红军中查她。

　　第三,估知类。从获知情态上看,原因句的原因信息具有基于估测的估知性而非推理的必知性,如果一个事物或情况产生的原因是必然可知的,那么,事物本身就难以产生奇疑,就无需释疑了;如果原因未定却能估测可知,那么,就可以激活一定的醒悟感,由于估测出的原因信息具有一定的可能性,"不知"到"估知"的心理落差较小而醒悟度较低。常见的估知类副词"大概、也许、好像、似乎、八成、一定"和估知动词结构"猜想、看来、看上去"都可以进入到"原因句"中,如(10),与之对立,必知类副词"必然、势必、必定、当然"就很难进入到"原因句"中,如(11):

(10) a. <u>我想</u>北美名校想要的<u>大概</u>就是女儿这样的好学生吧? <u>怪不得</u>,有的大学不但给女儿奖学金,还提供宿舍和停车位。

b. 这一切<u>似乎</u>都与保健食品有关,<u>怪不得</u>有人说:保健食品是 21 世纪食品的新秩序。

c. 从爹的口音里,<u>猜想</u>出来<u>一定</u>是因为没有回乡下去,引起爹的不满,<u>怪不得</u>复了他的信过后,一直没有信来哩。

d. <u>看来</u>此人<u>一定</u>是林大发请回来对付自己的高手! <u>怪不得</u>刚才自己买什么那老头也跟着买什么。

(11) a. *北美名校想要的<u>必然</u>就是女儿这样的好学生吧? <u>怪不得</u>,有的大学不但给女儿奖学金,还提供宿舍和停车位。

b. *这一切<u>当然</u>都与保健食品有关,<u>怪不得</u>有人说:保健食品是 21 世纪食品的新秩序。

c. *从爹的口音里,<u>势必</u>是因为没有回乡下去,引起爹的不满,<u>怪不得</u>复了他的信过后,一直没有信来哩。

d. *此人<u>必定</u>是林大发请回来对付自己的高手! <u>怪不得</u>刚才自己买什么那老头也跟着买什么。

总的看来,通过正反验证,可以发现,在"怪不得"的"奇疑-醒悟"的话语关联中,能够进入到"原因句"中的原因信息从获知的时间、方式和情态上看,分别具有新知性、证知性和估知性,而不能具有早知性、显知性和必知性,否则,解疑释惑的原因信息就起不到"醒悟"的效果。"原因句"的语义类型可以通过表 3 表现出来:

表 3 "奇疑—醒悟"话语关联中原因句的语义类型

原因	逻辑	醒悟程度	选择的语义特征与标记词		排斥的语义特征与标记词	
释疑	获知时间	高■■■	新知类	竟然/居然/才知道	早知性	早知道/早料到/早发现
	获知方式	中■■	证知类	真的/确实/的确	显知性	显然/明明/分明
	获知情态	低■	估知类	大概/也许/看来	必知性	必然/势必/必定

可以说,受"怪不得"标记的"奇疑—醒悟"话语关联所约束,释疑指因的原因句必须具有三种原因语义类型:新知类、证知类、估知类,其醒悟度也随心理落差的大小而依次递减,那么,在这一因果链条中,由原因句的"醒因"所引发的悟果句的"悟果"具有哪些语义类型呢?

4. 悟果句的语义类型

从话语关联来看,"怪不得"结果句所言表达的是:醒悟原因后对回忆起的曾经引发"奇疑"的旧信息"不再觉得奇怪"(吕叔湘,1980/1999:239),即对以往引发"新奇、疑惑"的新奇信息在"知因"后幡然醒悟。那么,从"怪不得"所标记的悟果句看,说话者究竟对哪些新奇信息因醒悟原因而不再觉得奇怪呢?根据CCL语料库的调查,可以发现,"结果句"所回忆的信息主要包括三种悟果语义类型:性状类、事量类、能愿类。

第一,性状类。悟果句通常会描述说话者对事物及其事物之间的新奇性质或状态不再觉得奇怪,有的通过回指代词"这么、这样、这般、如此、那么、那样"等与性质形容词"神气、精致、深厚、灵通、高明、苦恼"等组合,如(12a/b);有的直接带"麻酥酥、咸咸、胖胖"等状态形容词,如(12c);有的则是通过"像、象、没、比、一样"等,如(12d):

> (12) a. 怪不得<u>你的烟长得这么好</u>,光是耘地就有这么多讲究!
>
> b. 怪不得<u>它那么小</u>,原来只有四十天。
>
> c. 原来是吻眼泪,怪不得<u>咸咸的</u>。
>
> d. 吃了好多 babyfood,怪不得<u>它肥得像只小猪</u>。

第二,事量类。悟果句也会描述说话者对某一行为中事物的新奇数量或事件的新奇频次不再觉得奇怪,事物数量主要通过"这么、那么"与"多"组合(13a),而事件频次主要以频率副词"常、经常、常常、时常、有时、老、老是、总、总是、整天、一直、一再、连连、不常、突然、有时"等为标记,如(13a/b/c):

> (13) a. 沟边到处是一丛一丛的野菊和金银花,怪不得<u>飞来这么多蝴蝶</u>呢。
>
> b. 镇里的小车使用控制得这么严,怪不得<u>我经常看到书记骑自行车下乡</u>。
>
> c. 才知道是两挺机枪把飞机引了来,怪不得<u>老在头上团团转</u>。
>
> d. 真是绝代佳人,怪不得<u>老军长三十六岁丧妻,一直没有再娶</u>。

第三,能愿类。悟果句还会描述说话者对主体实施某种行为的"奇疑"能力或意愿不再觉得奇怪,既可以通过可能补语否定式,如"找不到、长不大、睡不着、看不上、算不准、得不到、想不起来、守不住、说不过、斗不过"等表现,也可以通过能愿动词"肯、要、敢、能、会、愿意"及其否定式等表现,如(14):

> (14) a. 怪不得说<u>不过他</u>呢,原来这家伙也有学位!
>
> b. 潘大庆顿时来了火,好你个阿娇,怪不得<u>你不开门</u>,

原来是背着我偷养小白脸。

c. 你住院竟然悟出了这么多哲理来！怪不得你愿意住院。

d. 怪不得安棋不肯把家人介绍给我认识，原来她是怕我受到冷待。

总的看来，"怪不得"结果句具有三种语义类型，这些类型曾引起过说话者的"奇疑感"，如表4所示：

表4 "奇疑—醒悟"话语关联中结果句的语义类型

"奇疑-醒悟"话语关联	语义类型	典型表达形式
"怪不得"悟果句	性状类	回指代词＋形容词、像、比、一样
	事量类	这么＋多、频次副词
	能愿类	可能补语否定式、能愿动词

5. 悟果句的话语、语义和情态特征

在"奇疑-醒悟"因果话语关联中，原因句的醒悟是由"奇疑"与"知因"的心理落差而引起的，而结果句的醒悟则是由"知因"与"忆果"的"回想新奇信息"而引起的，因此，说话者对回忆起的以往新奇信息不再觉得奇怪就决定了"怪不得"标记的悟果句具有三大特征：话语的叙实性、语义的醒悟性、情态的惊叹性。

首先，话语的叙实性。说话者通过"怪不得"所标记的结果句客观叙述曾经引起新奇感的信息不再觉得奇怪，这一话语基调的叙实性可以通过句类选择、动词选择、副词选择和句末助词四个角度验证出来。

其一，从句类选择来看，"怪不得"结果句对以往信息的回顾性决定了其叙实性特征，因此，其主要分布于提供以往信息的陈述句(15)，而不能分布于索取信息的疑问句(16a/b)和索取行为

的祈使句(16c)以及带"多么、太……了、真……"的典型感叹句
(16d),如:

(15) a. 怪不得<u>白小姐这样令人倾慕</u>,原来白小姐有一个好
母亲。

b. 原来她后台很硬,怪不得<u>他对谁都不怕</u>。

c. 怪不得<u>上级让我们下海呀</u>,这是逼着我们动脑筋,学
会"游泳"。

d. 怪不得<u>口气那么大</u>,果然有点本事。

(16) a. *怪不得<u>白小姐令人倾慕吗</u>? 原来白小姐有一个好
母亲。

b. *原来她后台很硬,怪不得<u>他怕谁</u>?

c. *怪不得<u>快下海呀</u>,这是逼着我们动脑筋,学会"游
泳"。

d. *怪不得<u>口气多么大</u>,果然有点本事。

其二,从动词选择来看,"怪不得"结果句通常会通过"说、讲、
称、问、告诉、听说、听见、想起、想到"等言说类动词来据实引述别
人曾经令人称奇的观点,如(17):

(17) a. 婆婆妈妈的。专门管女人的闲事,怪不得<u>人家说,这
样的男人最没出息</u>。

b. 想不到小管这么厉害,怪不得<u>车间里的人叫她小辣
椒哩</u>。

c. 卡波地在青年时期就是这个模样,怪不得<u>有人称他
是"神童"</u>。

d. 啊唷,你一张嘴就是会讨好人家,怪不得<u>人人都说你
好</u>,说我坏。

其三,从副词选择来看,能够进入到"怪不得"结果句的副词
以客观叙述事件频次的"常、经常、常常、时常、有时、老、老是、总、
总是、整天、一直、一再、不常、突然、有时"等副词为主,如(18),而

带有主观色彩的语气副词"明明、明显、分明、显然;确实、的确、真的、实在、根本、本来、其实;可能、大概、也许、或许、似乎、八成;必然、势必、必定、务必、愣是、断然、当然、一定、千万、万万;竟、竟然、居然、原来、果然、果真;反倒、反而、反正、偏偏、幸亏、好在、毕竟"等都不能进入到悟果句中,如(19)。

(18) a. 怪不得麦三<u>总</u>跟你闹离婚,连话都不会说,你不怕烫了我,反倒先心疼汤盆。

　　 b. 一袭旗袍勾勒出江南女子曼妙身材,怪不得<u>时常</u>有外国女代表追问服务员哪里买的。

　　 c. 怪不得上次奶奶<u>一直</u>问东问西的盘问我,我看,就是你这个丫头在我背后嚼舌根!

　　 d. 看来我是高手高手高高手,怪不得最近打麻将<u>老是</u>赢钱呢。

(19) a. ＊怪不得麦三【<u>明显</u>】跟你闹离婚,连话都不会说,你不怕烫了我,反倒先心疼汤盆。

　　 b. ＊一袭旗袍勾勒出江南女子曼妙身材,怪不得【<u>确实</u>】有外国女代表追问服务员哪里买的。

　　 c. ＊怪不得上次奶奶【<u>必然</u>】问东问西的盘问我,我看,就是你这个丫头在我背后嚼舌根!

　　 d. ＊看来我是高手高手高高手,怪不得最近打麻将【<u>幸亏</u>】赢钱呢。

　　其四,从句末助词来看,"怪不得"结果句可以带表示叙述性较强的句末助词"的、了",如(20):

(20) a. 哦,怪不得她说你很聪明<u>的</u>。

　　 b. 这才恍然大悟,那一身绣花的红衣,根本是农村姑娘的新嫁裳嘛! 怪不得她擦胭脂抹粉<u>的</u>。

　　 c. 那花园先前还是皇帝的行宫呢,怪不得如此阔大而又华丽<u>了</u>。

　　　　d. 可喜可贺啊，怪不得你这么兴奋了。

　　可以说，"怪不得"结果句在句类选择、动词选择、特别是副词和句末助词的选择上，凸显了话语基调的叙实性。

　　第二，语义的醒悟性。吕叔湘曾用"醒悟"分别解释了"怪不得"（1980/1999：239）和"原来"（1980/1999：639），也就是说，在"奇疑-醒悟"的话语关联中，"怪不得"标记的结果句与"原来"标记的原因句都具有醒悟义，然而，"原因句"的醒悟义源自释疑而醒因，"结果句"的醒悟义则源自"醒因而悟果"，那么，如何证明结果句的醒悟义呢？可以从主句的述语、同现叹词两个角度提取结果句的醒悟义。

　　其一，从话语的主句述语来看，根据 CCL 调查，可以发现，大量使用"恍然大悟、若有所悟、如梦初醒、恍然道、悟出一点道理来、想明白、一下子全明白、才明白、才知道、点点头、点头道、会意地说"等醒悟义词语，并将醒悟的快速表现出来，如（21）：

　　（21）a. 这个首席学者恍然大悟，怪不得他能忍受那么冗长的演讲，就为得到一个大神器师的称号。

　　　　　b. 他心中马上想明白：怪不得人们往城里逃，四处还都在打仗啊！

　　　　　c. 他忽然悟出一点道理来："怪不得有人作汉奸呢，好吃好喝到底是人生的基本享受呀！"

　　　　　d. 方怡默默点头道："怪不得你这么卖力游说，你们这些中国哪人呀，官本位的观点太顽固了。"

　　其二，从话语的同现叹词来看，"怪不得"结果句前大量使用表示明白醒悟的叹词，如：啊（四声）、哦（四声）、哎（四声）、嗯（四声）、噢（一声）、呕（一声）等，如（22），而表示迟疑的"呃（一声）"、表示鄙视的"呸（一声）"、表示招呼的"嗨（一声）"、表示唾弃的"嗤（一声）"等叹词都不能置于"怪不得"结果句前，如（23）：

　　（22）a. 啊！怪不得你会急速地来找安妮，原来你们也知道安妮有了孩子。

b. 哦！原来如此！一个没母亲的孩子,怪不得如此缺乏教养！

c. 噢,怪不得排队洗脸时,后面有嘀咕声,罗浩准是跟囚友探听到的。

d. 嗯,怪不得她一见我发射短箭的手法,便问"秦红棉"是我甚么人,原来我师父叫秦红棉。

(23) a. *呃！怪不得你会急速地来找安妮,原来你们也知道安妮有了孩子。

b. *嗨！原来如此！一个没母亲的孩子,怪不得如此缺乏教养！

c. *嗤,怪不得排队洗脸时,后面有嘀咕声,罗浩准是跟囚友探听到的。

d. *哑,怪不得她一见我发射短箭的手法,便问"秦红棉"是我甚么人,原来我师父叫秦红棉。

可以说,"怪不得"结果句的醒悟义可以直接从主句述语和同现叹词得到证明,并与同现的确定义句末助词形成一个醒悟后的肯定语气。

第三,情态的惊叹性。从因果逻辑上看,"怪不得"标记的话语关联有一个从"奇疑"到"醒因"再到"悟果"的恍然醒悟的认知过程,而从心理变化上看,说话者由奇疑到解惑的心理落差必然会引起情感状态的变化,那就是惊叹情态。"怪不得"结果句的惊叹性可以从主句述语、同现叹词和句末助词三个层面得到验证。

其一,从主句述语来看,整体的"奇疑-醒悟"因果话语关联的主句述语存在着大量表示惊叹的词语,如:吃了一惊、大吃一惊、听了大惊、略显惊异地说、暗暗心惊、慨然嗟叹、叹口气、感叹道、叹息着说、叹了一口气、叹了一声道等。如(24):

(24) a. 我禁不住感叹,它怎么这么蓝,怪不得拜伦也迷恋着这里不羁的波涛。

  b. 某君<u>大吃一惊</u>:呀,著名作家密尔顿还给题了词呢! 怪不得这儿的厨师一个个都显得自豪呢。

  c. 欢呼者<u>慨然嗟叹</u>:"怪不得你不知天堂何在,原来你 没去过地狱!"

  d. 阿士诺<u>叹了口气</u>:"你太纯了,又这么仁慈,怪不得女 王会这么中意你。"

  其二,从同现叹词来看,"怪不得"标记的结果句前常常分布 大量表示惊讶、惊叹、感叹的叹词,如:唉(四声)、哦(二声)、咦(二 声)、唔(二声)、啊(一声)、呀(一声)、咳(一声)、哼(一声)、嘀(一 声)、天哪、好哇、好嘛等,如(25):

  (25) a. "这谷中从来没一人说过我美",杨过长叹一声,道: "<u>唉</u>,怪不得这山谷叫做绝情谷"。

  b. 无恤说:"<u>啊</u>?你就是大名鼎鼎的范吉射?怪不得武 功这么好。"

  c. <u>天哪</u>,怪不得他老扣着个宽皮带,原来他腰眼伤得这 么厉害!

  d. <u>好哇</u>! 怪不得昨天不赏面子了,原来跟人谈诗去了。

  其三,从句末助词来看,尽管"怪不得"结果句不是典型的感 叹句,但其句末却可以分布表示惊叹的句末助词"呀、啊、哪、啦、 哩、呢"等,如(26):

  (26) a. 铁汉心想:怪不得他能当大哥当老板<u>呀</u>,原来这样心 狠手辣。

  b. 咦,超伢子。穿上皮鞋了,怪不得这么神气<u>啊</u>!

  c. 好嘛,怪不得这么多人念错别字<u>哪</u>,闹了半天根儿在 你这儿呢!

  d. 宋其文对冯永祥的不满情绪化为乌有,恍然大悟,怪 不得马慕韩对民建分会这么积极<u>哩</u>。

综合起来,"怪不得"所引导的"结果句"在话语、语义和情态上的特征及其形式标记上的验证手段可以通过表 5 表现出来:

表5 "怪不得"结果句的话语、语义和情态特征及其形式标记

"奇疑-醒悟"因果话语关联	层次	特征		形式验证手段
"怪不得"结果句	话语	叙实性	句类选择	选择陈述句;排斥疑问句、祈使句和典型感叹句
			动词选择	引述性言语动词"说、讲"等
			副词分布	选择频率副词"老、总是";排斥语气副词"明明、确实、偏偏"等
			句末助词	叙述性确定语气"的、了"
	语义	醒悟性	主句述语	醒悟义述语结构:恍然大悟、若有所悟、如梦初醒、一下子全明白、才明白等
			叹词选择	选择醒悟义"啊、哦、哎、嗯、噢、呕";排斥"呃、呸、嗨、嘘"等
	情态	惊叹性	主句述语	惊叹义述语结构:吃了一惊、大吃一惊、惊异地说、暗暗心惊、慨然嗟叹、感叹道、叹息着说等
			叹词选择	选择惊叹义的"唉、哦、咦、唔、啊、呀、咳、哼、嗬、天哪、好哇、好嘛"等
			句末助词	选择惊叹义句末助词"呀、啊、哪、啦、哩、呢"

6. 结语

根据语义语法理论,副词特别是情态副词属于虚词,其意义

不是指称实体的概念性意义，而是指称"事物、事件、性状及其之间关系"的功能性意义，因此，要提取情态副词的语法意义及其情态类型，就必须借助于其所处的话语关联、句子类型和同现成分来准确定位其分布规律，并从正反两个角度借助形式验证手段准确提取其语法意义和情态内涵。换句话说，话语关联、句类选择、同现成分并不是副词的语法意义，但这些因素所构成的话语背景却成为描写、定位、提取和验证副词语法意义的必要手段。

情态副词"怪不得"的话语分布就是"奇疑-醒悟"因果性话语关联，在这种话语关联中，"原因句"的语义类型、怪不得标记的"结果句"的语义类型及其话语、语义和情态特征都受到严格的限制。那么，情态副词"怪不得"的"不再觉得奇怪"的醒悟义和惊叹义就有了宏观的话语关联约束、句类语义选择以及同现成分限制，这一规律的发现能够为词典编纂和汉语教学提供操作性较强的话语、语义和情态信息。整体的"怪不得"所标记的话语关联与内部语义类型可以通过图2完整地表现出来：

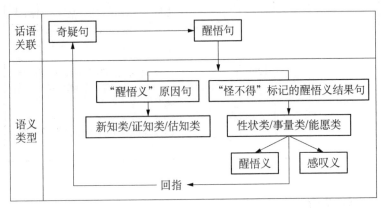

图 2　"怪不得"的话语关联与语义类型

注释

① 由于与副词"怪不得"经常搭配的"原来"也被吕叔湘（1980/1999：639）解释为"发现从前不知道的情况，含有恍然醒悟的意思"，肖奚强（2003：15）和张舒雨（2016：15）都坚持"原因"和"结果"都表示"醒悟"或"领悟"，但需要深入研究"怪不得"与"原来"在"醒悟或领悟"上的联系与差异。

②【】表示原文没有，为了把隐性的语义关系准确地显示出来而插入的。

参考文献

北京大学中文系 1955/1957 级语言班编　1982　《现代汉语虚词例释》，北京：商务印书馆。

陈宝珠　2010　"怪不得"的语法化，《文学界》第 5 期。

董玲玲　2009　《"V 不得"的词汇化及其例证》，上海师范大学硕士学位论文。

方梅　1994　北京话句中语气词的功能研究，《中国语文》第 2 期。

金岳霖主编　1979　《形式逻辑》，北京：人民出版社。

李雁婷　2013　《基于对外汉语教学的"怪不得"多角度考察》，河北大学汉语国际教育专业硕士学位论文。

李宗江　2016　近代汉语"醒悟"类语用标记及其演变，《江西科技师范大学学报》第 3 期。

廖秋忠　1986　现代汉语篇章中的连接成分，《中国语文》第 6 期。

刘畅　2011　《表因果关系的关联词语研究》，东北师范大学硕士学位论文。

吕叔湘主编　1999　《现代汉语八百词》（增订本），北京：商务印书馆。

马真　1983　说"反而"，《中国语文》第 3 期。

孙胜男　2013　《以"怪不得"为代表的现代汉语悟因句研究及对外汉语教学策略》，吉林大学硕士学位论文。

王纯　2006　《现代汉语口气副词语用研究》，浙江大学硕士学位论文。

王利　2014　"怪不得"的语法化，《汉字文化》第 1 期。

肖奚强　2003　非典型模态副词句法语义分析，《语言研究》第 4 期。

谢晓明、左双菊　2009　"难怪"的语法化，《古汉语研究》第 2 期。

杨晓丹　2014　《现代汉语短语词"怪/怨/恨＋不得"研究》，华中师范大学硕士学位论文。

尹海良　2015　一组以"怪"为核心语素表"醒悟"义词语的形式及语法化问题，《语言教学与研究》第 2 期。

张富翠　2009　"怪不得"的现状及其历史属性初探,《西南民族大学学报》第 11 期。

张淑敏　2013　"怪不得"与"难怪",《嘉应学院学报》第 9 期。

张舒雨　2016　《现代汉语领悟类语气副词研究》,南京师范大学汉语国际教育硕士专业学位论文。

张薇、李秉震　2011　"怪不得"之"醒悟义"的产生,《南开语言学刊》第 1 期。

张谊生　1996　副词篇章连接功能,《语言研究》第 1 期。

郑晓蕾　2005　《领悟类语气副词研究》,上海师范大学硕士学位论文。

论副词"只"的场景聚焦用法[*]

夏　军(沈阳师范大学文学院
北京大学中国语言学研究中心)

1. 引言

汉语学界一般认为副词"只"的语义是"限定范围(和数量)"。但这样的说法似乎不太适合解释"只"的下列语例：^①

(1) 姑娘的喊声未绝,只见一个年轻人飞也似地跑过来,一伸手抓住马缰绳,那马立刻安定下来,不再狂跳打转转了。

(2) 未等他问出声来,只听门外传来乱糟糟的人喊声,马叫声,狗吠声,乱成一片。

汉语工具书很少谈到"只"的这种用法。迄今仅见冯志纯(2000)为之设立了一个义项："表示情况迅急地或突然地发生或出现"。这是值得肯定的。但是,对更多同类语例的调查显示,这

---

* 本文获得教育部人文社会科学重点研究基地重大项目(13JJD740001；15JJD740002)、教育部人文社会科学青年基金项目(14YJC740092)、2015 年度"沈阳师范大学优秀人才支持计划(第一层次)"的支持。写作过程中陆俭明先生、马真先生为小文多次提出修改意见,并提供了部分语例,论文阶段稿曾在沈阳师范大学语言学讨论班"辽聊语言吧"及第四届"汉语副词研究学术研讨会"(厦门,华侨大学)报告并听取意见,定稿阶段采纳了《中国语文》匿名审稿专家的多项建设性意见,一并表示感谢！文责自负。谨以此小文祝贺业师马真先生八十华诞。

一义项的概括力、解释力尚显不足。请看:

> (3) 此时,宋查理无限爱怜地抱起刚刚出生的孩子仔细端详,只见她胖嘟嘟的脸蛋,红润的小嘴,浑圆的胳膊儿一舞一抢,煞是可爱。

> (4) 上海市市长徐匡迪介绍说:"这是使用的无土栽培技术,蔬菜靠吸取下边的营养液生长。"李鹏弯腰拔起一棵生菜,只见叶子翠绿,根须雪白,不见一粒土。

> (5) 士兵们围上来,问长问短,只听汤山微笑着说道:"他俩是想把俺治死……"

> (6) 夜里,徽因睡不着觉,只听到平绥路上的车辆声隆隆不断,那声音自北向南,彻夜不停。

> (7) 漫步在杨浦大桥高高的桥面上,只感到天地悠远,江风浩荡。

> (8) 今天,当我走进绿色的原野在别墅式的农家庭院默默徘徊沉思时,我只感到内心深深的惭愧和无言的沉重忏悔。

在例(3)—(8)中,宋查理抱孩子观看、李鹏看生菜、汤山微笑着说话、林徽因睡不着而卧床听车声、漫步杨浦大桥上产生感受、徘徊农家庭院沉思有感这些情形,若用"情况迅急地或突然地发生或出现"来描写说明,显然比较牵强。

那么,究竟应该怎样看待这里的"只"呢? 它究竟具有什么样的表达功能? 具有怎样的性质?

2. 此类用法中副词"只"的使用环境

我们先来看看此类用法中副词"只"的使用环境。

语料考察显示,该类用法中的"只"后总是紧接着一个感知类动词(个别情况下是词组,符号表示为 $V_{[感知]}$)以及一个具有相对完整叙事功能的语段(S)。或者说,这个"只"总是出现在"只＋

V_[感知]＋S"格式中。

2.1　"只"后 V_[感知]的范围

根据我们的考察,在此类用法中,"只"后的动词/动词词组限于感知类,且范围相当受限:视觉类主要是"见",偶有"见得、看见";听觉类主要是"听",也有"听见、听得、闻";嗅觉类主要是"闻到、闻得",偶有"闻着";心理感受或身体触觉类主要是"感到、感觉、觉得",偶有"感觉到、感、觉"等。

2.2　"V_[感知]"后 S 的特点

2.2.1　具有相对完整的事件陈述功能

S 必须具有事件陈述功能,通常是一个主谓词组或小句组(如例1-7),其事件陈述功能不言而喻;有时也可以是名词词组(如例8),但往往与相应的具有完整叙事功能的主谓词组具有变换关系,或者自身就有独立的事件陈述功能。请看:

(8') 今天,当我走进绿色的原野在别墅式的农家庭院默默徘徊沉思时,我只感到<u>内心充满了深深的惭愧和无言的沉重忏悔</u>。

(9) 说也奇怪,只听<u>一声巨响</u>,那塞拉夫突然像倒柴一样扑倒在地,一动也不动了。

例8完全可以变换为例(8')。例(9)中的"一声巨响"是一个名词词组,也可以变换为"某处传来一声巨响"。而"一声巨响"本身常可独立充当表示存现事件的小句,例如:"一声巨响,高压锅炸了!"

2.2.2　生动具体,富有现场感,常描述具有感知冲击力的事件

我们发现,"只"的此类用法中,动词后的 S 不仅要表示相对完整的事件,还必须是现实的场景事件,而不能是非现实事件(如"＊只听<u>妈妈讲故事</u>""＊只觉得冬天会下雪")。②相关场景必须被生动具体地刻画,具有真实的现场感。如果将相关例句中的描写

改为平实的叙述,句子的可接受性往往要大打折扣。请对比例
(1)、(3)、(4)和下面几例:

(1') ? 姑娘的喊声未绝,只见一个年轻人过来了。

(3') ? 此时,宋查理无限爱怜地抱起刚刚出生的孩子仔细端
详,只见她胖脸蛋,小嘴,胳膊儿摆动着,很可爱。

(4') ? ……李鹏弯腰拔起一棵生菜,只见叶子是绿的,根须
是白的,没有土。

平实的叙述之后另有细致描述的后续句作为补充也可以。
例如:

(10) 王维扬背插大刀,上得峰来。最高处空旷旷的一块平
地,四周皆是茶树。只见前面走来一人。那人短装结
束,身材魁梧,向王维扬凝视了一下,说道:"你就是王
维扬?"

(11) 到得那里不久,只见来了两个丫头:一个头上顶着一床
华丽宽大的棉垫,另一个顶着一个大桶,桶里装着各色
各样的东西。

这表明,在"只"的这一用法中,或者是 S 内部描绘生动细致,
或者是在 S 之后接续描写更多的事件环节及相关细节,或者二者
兼有,总之必须以某种方式营造出真实的现场感来。③

语料分析显示,S 描述的事件常常具有突发性,即"情况迅急
地或突然地发生或出现"(冯志纯,2010),譬如例(1)、例(2)。这
样的例子还有很多,再如:

(12) 扈尔汉正在组织士兵攻打内城,突然之间,只听得鼓声
大作,喊杀声骤起,内外城上,箭如雨下,礌石、滚木一齐
打将下来。

(13) 渔子沟一位吴姓厨师应征,将调好的佐料用筷子填入鱼
腹,外面包以荷叶、油泥,塞进灶膛,再焙以糠火。约摸
过了一个时辰,只闻得鱼香扑鼻。吴师傅连忙将鳜鱼掏

出,剥去泥土、荷叶。

(14) 药粉撒到另一个伤口,杨文水只感到犹如一把钢刀刺进心房,巨痛令他浑身颤栗,眼前一黑,他昏厥过去……

但这种事件突发性并不是必须的(如例3—8所示)。比突发性更为本质的,应该是事件的感知冲击力。具有感知冲击力的事件引起人的高度关注,从而感知到场景的具体细节。事件的突发性只是具有感知冲击力的常见因素之一。④

董秀芳(2007)专门研究了"只"与感知动词"见"的组合——"只见",认为在本文所举的这类语例中,"只见"的使用具有"现场感和动态感"。从本文的调查来看,这一点其实也适用于动词是"见"以外的其他感知类动词的情况。⑤

2.2.3　带有主观评价性

我们在语料分析中还发现,S中往往还带有某种主观评价倾向。这种主观态度有时直接以话语明示,如例(2)、例(3)(这里重复列举为例(15)、例(16))及例(17)(以下划线标明主观评价部分):

(15) 未等他问出声来,只听门外传来乱糟糟的人喊声,马叫声,狗吠声,乱成一片。

(16) 此时,宋查理无限爱怜地抱起刚刚出生的孩子仔细端详,只见她胖嘟嘟的脸蛋,红润的小嘴,浑圆的胳膊儿一舞一抢,煞是可爱。

(17) 随车行到街心花园处,只见四周高楼林立,清一色的玻璃门窗,在阳光照耀下,反射着或青或红的光泽,豪华而壮观。

有时只是隐含在相关的描述用语中,如例(4)(这里重复列举为例(18)):

(18) 上海市市长徐匡迪介绍说:"这是使用的无土栽培技术,蔬菜靠吸取下边的营养液生长。"李鹏弯腰拔起一棵生菜,只见叶子翠绿,根须雪白,不见一粒土。

读者看了下划线部分之后不难感受到作者的主观评价——"真是神奇!"

2.3 "只＋V[感知]＋S"格式的语体风格特征

"只"的这一用法(即"只＋V[感知]＋S"格式)的语体风格特征十分突出,主要表现在两个方面。

一是时代方面的风格特征。"只"的这一用法早见于近代白话小说。像"只见""只听""(只)见得""(只)听得""(只)闻得""只觉"等都是近代白话文学作品中常见的说法。[⑥]例如:

(19) 忽闻床前狗斗声非常,举家共视,了不见狗。只见一死人头在地,犹有血,两眼尚动,其家怖惧,夜持出于后园中埋之。(宋《太平广记》)

(20) 忽一夜,夫人方睡,只闻得异香扑鼻,仙音嘹亮。(明《今古奇观》)

(21) 等着三太的刀临头切近,左手练子枪一缠,将三太的刀缠住;右手练子枪一崩刀柄,只听当嘟嘟一声响,三太的刀幸未套挽手,刀崩出去六七尺远。(清《三侠剑》)

当代文学作品(尤其仿近代白话风格的小说、抒情散文、新闻报道等)中虽然也大量存在"只"的此类用法,却总是带有明显的模仿近代白话作品的味道,并不符合当代人的一般语感。[⑦]

二是功能方面的风格特征。"只"的这一用法只适合作形象的文学性描述,而不适合用于平实的说明或雄辩的议论,因而在一般的口语中,在风格较为平实客观的科技文体、议论文体中,都极少见到。

董秀芳(2007)论及"只见"的语体风格时认为,"它的使用仅限于书面语,而且仅限于描述性、文学性较强的文本中"。董文对"只见""描述性、文学性"特征的论述对本文很有启发,但其"仅限于书面语"的说法,似有斟酌余地。像评书话本这样的口头文学作品,很难说是严格的书面语。书面语与口语的语体区分,可能并非此处区分的关键。

这表明,要想对"只"的此类用法及相关现象的语体特征作恰当而简洁的概括描写,还有待于语体研究的进一步深入。譬如说,是平实客观地陈述说明,还是充满主观色彩地精细描摹,就是一种重要的语体功能区分,是文学语体和非文学语体的一个重要区分维度。[8]参照冯胜利(2010,2011)设立语体特征的做法,我们不妨将该语体特征概括为[描绘/平叙]或者[±描绘]。[9]它与冯文所设立的[±正式]、[±典雅]语体特征彼此不能取代。董秀芳(2007)说"只见""仅限于描述性、文学性较强的文本"的同时,还说其"在说明性和议论性的文本中则不常见",这是将"描述性""文学性"与"说明性""议论性"对立了起来。按我们的理解,这种对立是相对的,其实质在于[±描绘]语体特征上的取值差异。

张伯江(2009)曾指出"只见"类用法具有口头"讲说性"文学的语体风格,而时代特点并非本质。我们认为张文的观点大体上合理。但考虑到今人的此类用法并不常见,往往带有模仿色彩,所以可以认为时代风格也是其基本的语体风格特征之一。

3. 此类用法中副词"只"的表达功能

有了上一节的描写基础,现在我们来尝试分析"只"的表达功能。

3.1 场景导入与聚焦功能

根据上节的描写我们知道,这一用法中副词"只"后总是紧跟着一个感知类动词和一个生动描绘场景事件的词组或小句组。通常情况下,感知类动词后出现场景事件时,可以描写生动细致,也可以只是简单平实的叙述,一旦前面有了"只",感知动词后出现的场景事件必须被生动细致地描绘、具有现场感和感知冲击

力,带有"小夸张"意味。前文已有相关论述,这里再举一例:

(22) a. 他刚转过身,听见背后有一辆摩托车"轰"地一声开
过去了。

b. 他刚转过身,听见背后有一辆摩托车开过去了。

c. 他刚转过身,只听见背后有一辆摩托车"轰"地一声
开过去了。

d. ? 他刚转过身,只听见背后有一辆摩托车开过去了。

e. ?? 他刚转过身,只听见背后有车开过去了。

例 22a、22b 没用"只",感知类动词"听见"后的场景细节信息
"'轰'地一声"无论出现还是不出现,语感都很自然。例 22c、22d、
22e 用了"只",只有"听见"后出现了场景细节信息"'轰'地一声"
的例 22c 句语感最自然,而例 22d、22e 句中没有出现足够的场景
细节信息,接受度明显降低。相比之下,例 22e 的信息量更要低
于例 22d,接受度最低。

这意味着感知动词前"只"的存在,必然唤起读者(听者)会对
下文场景事件(且提供具感知冲击力的细节信息)的期待。这种
期待得到满足,则语感自然,否则接受度就要受到影响。因此,
"只+V$_{[感知]}$"在这里不仅起着场景导入作用,还起着场景聚焦作
用——好比摄影的焦点必定会展现出细节信息一样。而在"只+
V$_{[感知]}$"中,"只"是该表达功能的决定因素。[10]因此,尽管严格地说,
场景导入与聚焦是"只+V$_{[感知]}$"组合体的功能,"只"的核心功能
只是"聚焦",但在宽泛的意义上,也不妨说这里的"只"具有场景
导入与聚焦功能。[11]

3.2　篇章衔接功能

上一节证明"只"具有场景导入与聚焦功能,这是从话语的信
息传递角度来说的:说话人向听话人做出一个言语行为——请关
注下文,会有精彩的场景描绘。而从话语的篇章功能来看,在此
类用法中,副词"只"的存在也是一种衔接手段——表明下文与上

文有一定关联,并且预示下文是篇章中重要性等级相对更高的内容。下例(改自例10)与例10的对比不仅体现了场景聚焦期待方面的差异,而且可以体现出上下文的衔接紧密程度的差异:删去"只",前后文失去了那种一句紧接一句地烘托着推出一个令人关注的新场景的语势,连贯性明显降低。[12]

> (10')王维扬背插大刀,上得峰来。最高处空旷旷的一块平地,四周皆是茶树。只见前面走来一人。那人短装结束,身材魁梧,向王维扬凝视了一下,说道:"你就是王维扬?"

因此可以说,副词"只"在这里还有加强连贯性的篇章衔接功能。

相比之下,场景导入与聚焦功能是"只"这一用法最突出的功能。因此,以下将"只"的这一用法简称为"只"的场景聚焦用法。该用法(场景聚焦、篇章衔接)与"只"的基本用法(限定范围(和数量))相差很大。二者之间具有怎样的联系呢?

4. 副词"只"的场景聚焦用法与其基本用法之间的联系

4.1 "只"的场景聚焦功能与"只"基本用法的联系

"只"的基本语义是"限定范围(和数量)",或者更精确地说,是"限定排除"(李强、袁毓林,2013)。即"在母集中选择限定一个真子集,排除其补集"。根据我们的观察,人们在用"只"的时候,有两种主观倾向。第一种主观倾向——表示"淡化",强调"不足",认为和备选的母集成员全体相比,"只"后限定的对象范围较小、数量较少、价值较低,甚至于不值一提。例如:

> (23)所幸我不是匹诺曹,所以尽管这套书一年多以来只看过前言和六七页正文,但我的鼻子软软的,短短的,一切还正常。

(24) 五道竞猜题,他们队只答对了一道。

第二种主观倾向——表达"凸显",强调"重要",认为和备选母集中的其他成员相比,"只"所限定对象的价值、重要性尤为突出。例如:

(25) 村里的小伙子那么多,她的眼里只看见高加林。

(26) 他只听爷爷的话。

这两种差异显著的主观倾向是人对"只"基本语义结构的主观利用造成的。在"只"的基本语义结构中,母集、真子集、补集的存在是相对客观的,但是选择真子集与母集做对比还是选择真子集与其补集做对比,是想说明"差距悬殊、寡不敌众"还是说明"量差虽大、以少胜多",这取决于说话人的主观意识。这两种主观倾向的差异用意象图式(image schema)(Lakoff, 1987; Ungerer & Schmid, 1996)来表示,大致如下(A=母集,B="只"所限定集合。图 1 表示 B 相对 A 较小,是"淡化";图 2 表示 B 相对其在 A 中的补集而言更为重要,是"凸显"):

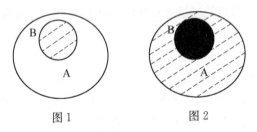

图 1　　　　　　图 2

夏军(2014)曾经用类似的图式描写过"全称否定式+'只'[　]"构式的这两种不同的表达功能——凸显和淡化。其实,"只"的基本用法里就有这两种倾向——强调"只"限定部分的"不足"性、强调"只"限定部分的重要性。

我们推想,"只"的场景聚焦用法可能是从后一种主观倾向上引申发展而来:从强调"只"后对象的较为具体的语义价值和重要

性(如例 25—26),发展为强调"只"后描写内容较为抽象的在篇章
表达上的重要性、凸显性。这种由语义强调到语用强调的演化,
由实到虚,符合词义演化的一般规律。⑬

4.2 "只"的篇章衔接功能与"只"基本用法的联系

"只"这一用法的强化篇章衔接作用,可能是源自其基本用法
的语义结构原型:在上文给定一个范围之后,下文里"只"限定其
中一部分,因此"只"前后组合的成分具有语义上的内在联系。这
种在基本用法中经常出现而形成的实在的语义联系会使母语使
用者形成这样一种语感——副词"只"的上下文总是有密切关联
的。而在没有语义关联基础的情况下,对这种关联语感的利用就
促成了"只"的篇章衔接功能。

语法化学说认为:当一个形式由词汇项语法化为功能项后,
其原有的句法语义性质会保留到功能项的用法之中(Hopper,
1991)。此处副词"只"的篇章衔接功能正是从其词汇项(普通限
定副词)的上下文语义关联中继承而来的。

综上所述,在"只"的"排除限定"的基本用法中,存在两个基
本特征:

一、"只"前存在一个供限定操作的母集,"只"后是其中限定
的真子集。因而,"只"前后的成分存在紧密的语义关联,自然也
有紧密的篇章关联。

二、"只"后的成分在语义上被主观地凸显或淡化。

而在"只"的场景聚焦用法中,也有两个基本特征:

一、"只"前后的成分存在紧密的篇章关联。

二、"只"后的成分在篇章语用上被主观地凸显。

"只"的场景聚焦用法的两个基本特征对其"排除限定"用法
两个基本特征的承袭轨迹十分鲜明:基本用法中"只"前后成分的
语义关联特征(母集、真子集的语义要求)已不存在于场景聚焦用
法中,保留下的仅是"只"前后成分的篇章关联性;基本用法中

"只"后成分的主观凸显或淡化是语义上的(重要或数量少、价值低),到了场景聚焦用法中,则抽象为篇章层面的内容凸显与强调功能(只表示主观凸显)。"只"的两种不同的用法中,一以贯之的是其关联性和主观性,不同的是关联衔接和主观性表达的语言层面(从语义到语用,从句内到篇章)。

5. 场景聚焦用法中副词"只"的性质

下面我们来讨论场景聚焦用法中"只"的性质。我们认为,具有场景聚焦功能的"只"还是副词,但是它已经不再是普通的范围限定副词,它的性质已经虚化,至少具有以下两种性质。

5.1 话语标记(discourse marker)[⑭]

让我们先用较为简单的语言信息结构模型来分析副词"只"的场景聚焦用法:"只+V[感知]"之前的内容是背景信息,之后的 S 是前景信息,"只+V[感知]"是二者的分界线和联系语。其中,"只"是前景信息的焦点提示成分,V[感知]标示前景信息的(感知)语义类型(视觉事件? 听觉事件? 嗅觉事件? 视听综合事件? 心理事件? 等等)。图示如下:

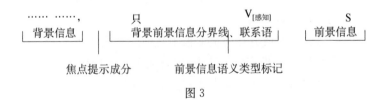

图 3

因此,宽泛地从"关联前言后语的话语联系语"这个角度来看,"只+V[感知]"组合可以算是话语标记。[⑮]董秀芳(2007)就认为"只见"中的第三类是话语标记。方梅(2017)也认为"只见"以及近代白话小说中与其相当的"但见"是篇章衔接成分,具有语篇元话语性质。但董文区分"只见"的第二类用法（动词）和第三类用法（话语标记）的做法颇有商榷余地。⑯根据在句中"只见"前是否存在一个事件内的观察者（"可以实施'看'这一动作的人物"），从而判断"只见"是否可以删除，进而判断"只见"是否动词或话语标记，这种做法似乎并不可靠。有时，句中"只见"前有事件内观察者，"只见"仍能删除。例如：

（27）女工程师借过书一看，只见书的边缘画满了各种记号。

这种情况也不限于"只见"。"'只'＋其他感知动词"有时也同样可以删除。例如：

（5'）士兵们围上来，问长问短，只听汤山微笑着说道："他俩是想把俺治死……"

（28）那时候，我的天空一片灰暗，我不知迎接我的即将是什么，只觉前途一片迷茫，好像脚下就是我的尽头。

对比下列句子我们可以看出，无论"只＋V$_{[感知]}$"前有无事件内观察者，删除"只＋V$_{[感知]}$"的影响是基本相同的（如果可删的话）——影响的都是篇章的连贯以及对其后事件场景的导入和聚焦。以下两例都是"只＋V$_{[感知]}$"前没有事件内观察者的情况：

（13'）渔子沟一位吴姓厨师应征，将调好的佐料用筷子填入鱼腹，外面包以荷叶、油泥，塞进灶膛，再焙以糠火。约摸过了一个时辰，只闻得鱼香扑鼻。吴师傅连忙将鳜鱼掏出，剥去泥土、荷叶。

（29）崔宁认得像是秀秀的声音，赶将来又不知怎地，心下好生疑惑，伤弓之鸟，不敢揽事，且低着头只顾走，只见后面赶将上来，歇了轿子，一个妇人走出来，不是别人，便是秀秀，道："崔待诏，你如今去建康府，我却如何？"（董文所引例句）

因此，也许应该认为，"只＋V$_{[感知]}$"前是否存在一个事件内观察者并不会从根本上影响"只＋V$_{[感知]}$"的语法性质——"只＋

V[感知]"始终都起着衔接前言后语并强调凸显其后场景事件的作用。当"只＋V[感知]"所在小句中出现事件内观察者做主语时,"只＋V[感知]"有时不能删除。但这可以理解为句子结构的需要——与语篇衔接成分相比,句法衔接成分的使用往往具有强制性。而语篇衔接和句法衔接功能并不冲突,二者可以并存。我们不妨认为,"只＋V[感知]"总是有语篇衔接及场景聚焦功能的,当其所在小句有事件内观察者做主语时,还承担了句法衔接功能(不能删除);当其所在小句没有事件内观察者做主语时,不承担句法衔接功能(往往可以删除,但会影响语篇衔接和场景导入聚焦的表达)。

但是从另一个角度来分析,严格地说,"只＋V[感知]"有时还承担句法衔接和概念语义表达功能,其中的 V[感知]有相当一批可替换选项,这些可替换选项的基本概念义仍然在起作用,因而"只＋V[感知]"并非纯粹的"元话语层面的标识说话者的交际意图的功能性成分"。而单独看副词"只"的话,则不仅是纯粹的"元话语层面"的功能性成分,基本不具有概念语义,而且形式稳定,也许更适合看作严格的话语标记。⑰

话语标记是"说话人在构建语篇时非常有力的手段和工具,它以说话人为中心,主要明示说话人意欲实施的言语行为或对话语命题的主观态度、个人评价,其所传递的是有关说话人的信息。因此,主观性是话语标记语的区别性特征,话语标记反映了说话人对话语单位之间的关系或话语单位与语境之间的关系的主观认识"(祁峰,2011)。这段话不仅辅证了我们对副词"只"的场景导入与聚焦功能与篇章衔接功能的分析,也辅证了我们对"只"的主观性的相关分析(参看 2.2 节对 S 部分的相关描写)。祁文在分析话语标记"X 的是"的时候还论述说"作为不同话语阶段之间的一个边界标记,'X 的是'在话语中起到一种连接作用,使语段之间的过渡有了连接的纽带,从而使话语更加连贯"。这一描述同样适合副词"只"的场景聚焦用法。

5.2　强化敏感成分

上一节的分析中,我们看到"只＋V_{[感知]}＋S"格式中的"只"是前景信息的焦点提示成分。学界通常把这种焦点提示成分称作焦点标记、焦点敏感算子。由于焦点标记是直接加在焦点成分上的,而这里的"只"与焦点(被聚焦的场景事件)之间尚有联系语(V_{[感知]}),因此"只"不适合看作焦点标记。⑱那么看作焦点敏感算子呢?殷何辉(2009)就称"只"为焦点敏感算子。但典型的"焦点敏感算子对句子的意义起量化作用,即它们量化由焦点激发的相关选项集合"(殷何辉,2009),而要说"只＋V_{[感知]}＋S"格式中的 S 也可以激发一个选项集合,应该相当勉强。也许,我们可以将这里的"只"看作一种更为宽泛意义上的焦点敏感成分(非紧邻的焦点提示成分),而不必是算子(operator),因为这里不存在复杂的计算过程。

与焦点敏感/提示成分相关的,还有一个强化敏感成分的概念。唐正大(2013)在强化词(intensifier)(Moravcsik,1972;Edmondson & Plank,1978;Siemund,2000;Gast,2002)概念的基础上,进一步指出汉语中存在"强化敏感成分"——本身不是强化词,但是表现出与强化行为高度关联的词语,譬如"……起……来""一时"(以下划线标明强化描写部分):

(30) 这位小姑娘打起拳来<u>多么威风</u>!

(30') ？这位小姑娘打起拳来<u>不太威风</u>。

(31) 小张一时<u>对面条情有独钟</u>。

(31') ？小张一时<u>爱吃面条</u>。

上文指出,副词"只"后的 S 通常必须描绘生动形象,富有细节信息——这都是强化行为。依据唐正大(2013)的相关论述,场景聚焦用法的"只"可以算得上一个典型的强化敏感成分。强化敏感成分,大致应该算作焦点敏感/提示成分中的一种。

6. 结语

本文描写了副词"只"迄今为止较少受到学界关注的一类特殊用法——场景导入与聚焦。这一用法总是出现在"只＋V[感知]＋S"格式中。其中"只"具有导入场景事件并聚焦于其上的突出表达功能,并能起到加强篇章连贯性的作用,可以视为一个话语标记,同时也是一个强化敏感成分;V[感知]是范围有限的一批感知类动词(包括视觉、听觉、嗅觉、肌体与心理感觉等),可以标明其后场景事件的感知类型;S通常是具有相对完整叙事功能的主谓词组或小句组(有时是名词词组),多描写突发性事件场景且描写生动具体,富有现场感,并常伴有主观评价倾向。从信息传递角度来看,"只"之前出现的内容是背景信息,S是前景信息,"只＋V[感知]"构成背景信息与前景信息的分界线和联系语。"只"的这一用法具有近代白话文学作品风格,适合用于文学描绘。本文还分析了"只"的场景聚焦用法与其基本用法之间的联系,认为"只"的场景聚焦功能可能来自其基本用法中的两种主观倾向之一——表达"凸显",认为"只"的篇章衔接功能可能来自其基本用法中上下文之间的密切语义联系。

通俗地说,在副词"只"的场景聚焦用法中,"只"是一个标示"内有大戏"的广告牌,"只"后的生动细致描绘正是与广告牌呼应的"精彩大戏";"只"的运用不仅为"精彩大戏"做了良好的铺垫,更把"精彩大戏"和上文紧密联系了起来。可能正是因为"只"的场景聚焦用法具有这一修辞功能,才被广泛运用于评书小说、新闻报道等文体中,起到了有效烘托气氛(标示焦点,提前铺垫)、牢牢抓住读者(关联篇章,环环相扣)的作用。

本文以上将场景聚焦功能归于副词"只",是一种基于还原论的做法。如果从整体论的视角来看,我们也可以说是"只＋V[感知]

＋S"结构具有场景导入、聚焦描写的功能。根据这样的解释,我们在相关辞书中无需为"只"单立义项,而应描写一个由"只"参与构成的"只＋V[感知]＋S"结构。从形式上讲,这一结构有常项有变项,且变项都有一定的特征限制;从功能上讲,这一结构具有从各部分简单组合无法推导的功能。因此,完全可以将"只＋V[感知]＋S"视作一个语法构式。

那么,究竟怎样描写更好呢?我们认为,还原论和整体论各有优劣。一方面,任何语言单位都是在一定的句法环境、语用场合中表达语义的,脱离语境去解释词义(尤其是虚词词义)往往是有缺陷的,甚至是无法进行的。从整体论的视角描写词语的用法,往往可以更少遗漏细节信息,描写更加完善。但另一方面,任何语法结构的语义、功能总是在一定程度上取决于其构成部分的语义和功能。在许多语法结构中,有一些关键性成分对结构整体功能更具决定性。这种情况下,将结构整体功能放在该成分的描写中,虽然可能看似涉嫌"将含有某个虚词的某种句子格式所表示的语法意义硬归到格式中所包含的这个虚词身上去"(马真,1982),但若适当注意表述,也不失为一种实际应用策略,在辞书编撰工作中尤具实用性。换一个角度来看,这两种做法又可以视为出发点不同的两种研究方法,二者可以互相补充。在基于还原论时,要充分考虑语境,充分考虑语法结构中任何一个成分与其他成分的协同作用,凡是存在协同作用的一定不能作断章取义的片面分析;在基于整体论时,也应充分重视结构的可解析性,深入挖掘、精确定位每一个成分在结构中的作用,凡是能够落实到具体成分的就不要满足于笼统的整体描写。这也正是当今国际语言学界词汇主义研究与构式主义研究日趋融合的发展态势(Ibáñez ＆ Usón,2006;Boas ＆ Sag,2012;袁毓林、詹卫东、施春宏,2014;Müller,2017)。

附注

① 除了少量用于对比的自造语例、一部分转引自他人论文的语例,本文例句默认引自北京大学中国语言学研究中心现代汉语语料库(ccl)。

② "只听妈妈讲故事""只觉得冬天会下雪"可以是合格的句法结构,如:"我只听妈妈讲故事,别人讲故事我不爱听。""只觉得冬天会下雪,谁知道那里夏天也会下雪。"但不属于本文所讨论的情况。

③ 由于汉语并无明确的句子完结形式标记,所以理论上也可以将"只+$V_{[感知]}$"后面的整个细致描述的部分都视作 $V_{[感知]}$ 的宾语 S。例(10)中"那人"之前的句号和例(11)中的冒号都不是那么严格的,前者可以换成逗号,后者也可以换成句号。

④ 我们需要辩证、合理地看待 S 的这种感知冲击力。首先,说话人不仅可以遵循一般规则,说出典型的好句子来,也可以主观地利用"只"的这一用法,诱导读者来关注其后所表达的内容。至于其后实际出现的内容是否具有感知冲击力、具有何等的感知冲击力,则会造成语言形式和内容的匹配合适度差异,从而影响句子的可接受度。请对比:

　a. 冯平走到十字路口正不知该往哪走,只见前面走来一位白发苍苍的老大爷,他急忙上前问道:"……"。

　b. 冯平走到十字路口正不知该往哪走,只见前面走来一位老大爷,他急忙上前问道:"……"。

　c. ? 冯平走到十字路口正不知该往哪走,只见前面走来一个人,他急忙上前问道:"……"。

　显然,a 句最自然;b 句中的 S 虽然不算特别有感知冲击力,但仍可接受;c 句则相对勉强一些。语言表达式固有用法与说话人主观使用意图之间的这种互动,在共时平面展示出语言表达形式的使用张力,在历时平面则可能诠释某些语言演变的机制。

　其次,我们也应注意到,在某些场合(如评书、相声表演)中,感知冲击力不仅可以表现在富有细节、生动逼真的描述性词语上,还可以借助语速、停顿、重音、句调等非词汇手段得以体现。非词汇手段有时可以在相当程度上弥补词汇手段的不足。

⑤ 董秀芳(2007)将现代汉语中"只见"的用法分为三类,分别举例如下:

　a. 那砖砌的古老城门隐在山坳里,远看只见坡而不见门。

　b. 女工程师接过书一看,只见书的边缘画满了各种记号。

　c. 乌拉圭球员本戈切亚主罚任意球,只见他抬脚怒射,球飞过巴西队人墙,从球门左上角入网。

其中,第一类(a句)中,"只见""用作短语,其中'只'是副词,'见'是动词";第二类(b句)中,"只见""用作一个单一的动词",其中"'只'原有的意义已淡化,并接近于消失,'见'的意义则保留和突显";第三类(c句)中,"只见""具有了话语标记的性质","从词性上看","类似于一个句子副词","不再是句子结构的主要成分,因而可以被删除"。这后两类正是我们上面说的"只"的用法。本文认同董文对第一类和后两类的区分,但不主张严格区分后两种用法。相关论述详见下文 5.1 节。

⑥ 当代汉语中也有"只听"(如"他只听古典音乐"),但其表义与本文所说的情况不同。

⑦ 这种风格不仅体现在"只＋V[感知]"上,在 S 中也常有体现。譬如例(1)、(3)、(10)、(12)中的"飞也似地""煞是可爱""走来一人""打将下来"等都具有近代白话文学作品风格。

⑧ 注意,文学语体是充满文学特色的语体,注重以各种方式描写主观感受、传达主观意图。并非文学作品中的每段话都是典型的文学语体,也并非不是文学作品就不包含文学语体片段。

⑨ 再进一步深入的话,文学描绘也有颗粒粗细之分,如同绘画艺术里的精细描绘和粗线条描绘一般,通常把颗粒粗的描绘称为"白描",但这种相对简洁的描绘与平实的叙述仍有本质区别——在是否追求艺术效果方面。

⑩ 从言语生成的次序来分析,大多数情况中,V[感知]都是"只"的伴随、配合成分。根据内省,此类"只＋v[感知]＋S"的生成次序大致如下:1. 拟表达引人关注的场景事件 S;2. 选择用副词"只"来导入并聚焦该场景事件;3. 选择一个适合该场景事件的感知类动词插在"只"与 S 中间,因为这二者在语法上不能直接组合。

从生成的组合层次上来说,是"(只＋V[感知])＋S",而不是"只＋(V[感知]＋S)"。因为如果没有"只",描述场景事件的语句前的感知类动词通常信息量很低,可以不用。例如:

a. 打开窗户,(我感到)一阵凉风迎面吹来。

b. 我在家里写作业,(听到)隔壁装修的声音震耳欲聋。

"只＋V[感知]＋S"的许多语例中单独删去"只"不如完全删去"只＋V[感知]"来得自然,正是这种情况。请对比:

(12') a. ? 扈尔汉正在组织士兵攻打内城,突然之间,听得鼓声大作,喊杀声骤起,内外城上,箭如雨下,礌石、滚木一齐打将下来。

c. 扈尔汉正在组织士兵攻打内城,突然之间,鼓声大作,喊杀声骤起,内外城上,箭如雨下,礌石、滚木一齐打将下来。

也有一些情况下,组合次序是"只+(V_{[感知]}+S)",像例(6)、(8)中的感知类动词就承担了更多的句法功能和概念语义,而不是单纯依附于"只"的。

⑪ 这涉及运用还原论还是整体论的研究方法选择,详见本文结束语部分的探讨。

⑫ 这里姑且不考虑上文注 10 提到的由于感知类动词对"只"的依附性造成的语感接受度问题。对于完全依附于"只"的感知类动词而言,删去"只"很可能会造成句子接受度大大降低(因此删去"只+V_{[感知]}"更合适)。对于不单纯依附于"只"的感知类动词而言,删去"只"能更清晰地体现"只"的表达功能。这里面涉及的因素比较多,笔者拟另文再论。

⑬ 须指出,学界有不少论著在句法语义分析中提及"只"的焦点标记、焦点敏感算子性质(参看蔡维天,2004;殷何辉,2009),但与此处所说的聚焦不在一个层面上。前者是相对抽象的范畴化的语义学概念,着眼于"只"指向成分的排他性;后者则是较为朴素直观的形象化描写,着眼于"只"后场景事件的细节性。二者既有共性又有差异:共性在于语义焦点与篇章中的聚焦均是一种凸显,差异在于语义焦点的实现方式是向相关辖域之外拓展构建一个选项集合来实现排他操作,而篇章聚焦的实现方式是在相关辖域之内安排细节信息以展现聚焦效果。这种从标记语义焦点到标记篇章聚焦的发展演化,可以认为是"只"语法功能的泛化、抽象化。这一分析思路(焦点泛化)与上文我们从人对"只"基本语义结构的两种主观利用倾向出发进行的分析(主观倾向分化)本质上是不冲突的:"淡化"和"凸显"均是一种语义焦点,只是主观倾向分化思路的分析并未经过焦点概念的论述环节。之所以这样处理,是因为我们认为主观倾向分化思路的分析更具有探源性,可以给出更具信息量的恰当解释。普通的焦点泛化分析并不能区分"淡化"和"凸显"这两种情况。当然,从焦点泛化的角度,我们可以更清楚地看到语义焦点和篇章聚焦在实现方式上的差异,也有其价值所在。此处思考受匿名审稿专家启发,谨表感谢。

⑭ 话语标记(discourse marker)是由 Schiffrin (1987)最先提出的概念。它是"依存于前言后语、划分说话单位的界标","为进行中的话语提供语境坐标的语言手段"(参看任绍曾,2007)。此后 Blakemore(1988)、Fraser(1990,1996)、Brinton(1996)等许多学者有后继研究,但在术语使用上存在一定分歧:广义的话语标记基本等同于语用标记,泛指一切元话语层面(metadiscourse)的标识说话者的交际意图的功能性成分;狭义的话语标记是语用标记的一种,专指关联前后话语的话语联系语(discourse connectives)(李心释、姜永琢,2008)。本文对此不作严格区分。一般认为,话语标记基本不具有概念语义,形式通常比较稳定,但有的也有少量变体。

⑮ 特别是那些 V[感知]依附于"只"而产生的情况(参考注10)。

⑯ 方梅(2017)也对这两种情况作了区分(一个是情节内人物视角,一个是"无所不知的"叙事者视角),但并未将这种差别归结到动词和话语标记的差异上。

⑰ 董秀芳(2007)曾尝试论证"只见"已经具有较为概括的话语标记功能。例如:

陈信心里更是紧张,一口大气也不敢吐,只见方青芬缓缓地说:"……"。

董文认为这里的"'只见'不是在其字面意义上使用的,其功能主要不是叙述所见,而是在于引进一个需要引起读者注意的新出现的情形"。但我们认为,"只+见"和"'只'+其他感知动词"的差异可能主要还是基于词汇意义的。因为"见"代表的视觉感知是人的感知能力中最强大也最有代表性的一种,所以使用频率较高,且常常可以(虽然并不总能)代替其他感知动词进入相关句式,相当于以视觉为代表的综合感知动词。上文例(5)的"只听"就可以改成"只见"。

士兵们围上来,问长问短,只见汤山微笑着说道:"他俩是想把俺治死……"

但应该注意的是,这里如果用"只听",描写的是一个以听觉为主的事件;而用了"只见",描写的则是以视觉为主的综合感知事件;二者的语义表达是有一定差别的。这种替换也并非在所有情况都可以进行。如例(13)嗅觉事件中的"只闻得"就不太适合替换为"只见":

? 渔子沟一位黄姓厨师应征,将调好的佐料用筷子填入鱼腹,外面包以荷叶、油泥,塞进灶膛,再焙以糠火。约摸过了一个时辰,只见鱼香扑鼻。吴师傅连忙将鳜鱼掏出,剥去泥土、荷叶。

可见,"只+见"和其他"'只'+其他 V[感知]"的词汇意义差别始终存在,"只+见"并未成为足够纯粹的导入事件场景的话语标记。

还有一种稍微灵活一些的做法——认为"只+(V[感知])"框架是话语标记,即"只"后必须出现 V[感知],有时候 V[感知]依附于"只","只+V[感知]"是话语标记;有时候 V[感知]不依附于"只",只有"只"是话语标记。

⑱ 感谢匿名审稿专家对此处的建议。

参考文献

北京大学中文系 1955、1957 级语言班　1982　《现代汉语虚词例释》,北京:

商务印书馆。

蔡维天　2004　谈"只"与"连"的形式语义,《中国语文》第 2 期。

董秀芳　2007　汉语书面语中的话语标记"只见",《南开语言学刊》第 2 期。

方梅　2017　叙事语篇的衔接与视角表达——以"单说、但见"为例,《语言教学与研究》第 5 期。

冯胜利　2010　论语体的机制及其语法属性,《中国语文》第 5 期。

冯胜利　2011　语体语法及其文学功能,《当代修辞学》第 4 期。

冯志纯　2010　《现代汉语用法词典》,成都:四川辞书出版社。

李强、袁毓林　2013　"都"和"只"的意义和用法同异之辨析,第二届"语言中的显著性和局部性"国际学术研讨会,北京语言大学,12 月 20 日。

李心释、姜永琢　2008　对话语标记的重新认识,《汉语学习》第 6 期。

刘丹青、唐正大　2001　话题焦点敏感算子"可"的研究,《世界汉语教学》第 3 期。

陆俭明　2013　《现代汉语语法研究教程(第四版)》,北京:北京大学出版社。

陆俭明　2014　试说语言信息结构,《学术交流》第 6 期。

吕叔湘　1999　《现代汉语八百词》,北京:商务印书馆。

马真　1982　说"也",《中国语文》第 4 期。

马真　2004　《现代汉语虚词研究方法论》,北京:商务印书馆。

祁峰　2011　"X 的是":从话语标记到焦点标记,《汉语学习》第 4 期。

唐正大　2013　汉语中的强化范畴与限制概说,"汉语中的量化:语言理论与语言获得"国际学术研讨会,中国社会科学院,11 月 14 日。

夏军　2014　凸显例外与淡化例外——"全称否定式＋'只'[　]"构式的逻辑与认知分析,《当代修辞学》第 5 期。

殷何辉　2009　焦点敏感算子"只"的量级用法和非量级用法,《语言教学与研究》第 1 期。

袁毓林、詹卫东、施春宏　2014　汉语"词库—构式"互动的语法描写体系及其教学应用,《语言教学与研究》第 2 期。

张伯江　2009　"出现句"在近、现代汉语中的语法化,吴福祥、崔希亮主编《语法化与语法研究(四)》。

Blakemore, Diane. 1988 The organization of discourse. In Frederick J. Newmeyer(ed.) Linguistics:The Cambridge Survey. Vol IV. *Language: The social-cultural context*. Cambridge:Cambridge University Press.

Boas, Hans C. and Sag, Ivan A. 2012 Sign-Based Construction Grammar.

Stanford: CSLI Publications.

Brinton, Laurel J. 1996 *Pragmatic markers in English: Grammaticalization and discourse functions*. M. de Gruyter.

Brinton, Laurel J. and Traugott, Elizabeth C. 2005 *Lexicalization and language change*. Cambridge: Cambridge University Press.《词汇化与语言演变》,罗耀华等译,北京:商务印书馆,2013。

Crismore, Avon. 1989 *Talking with readers: Metadiscourse as a rhetorical act*. New York: Peter Lang.

Edmondson, Jerold and Plank, Franz 1978 Great expectations: An intensive self analysis. *Linguistics and Philosophy*, 2.

Fraser, Bruce 1990 An approach to discourse markers. *Journal of Pragmatics*, 14.

Fraser, Bruce 1996 Pragmatic markers. *Journal of Pragmatics*, 6.

Gast, Volker 2002 *The grammar of identity-intensifiers and reflexives as expressions of an identity function*. Dissertation. Free University of Berlin.

Goldberg, Adele E. 1995 Constructions: A Construction Grammar Approach to Argument Structure. Chicago: University of Chicago Press.

Halliday, Michael A. K. 1994 *An introduction to functional grammar (second edition)*. London: Edward Arnold.

Hopper, Paul J. 1991 On some principles of grammaticalization. In Traugott, Elizabeth C. & Heine, Bernd (eds.) *Approaches to grammaticalization*. Vol. 1. Amsterdam: John Benjamins.

Hopper, Paul J. and Traugott, Elizabeth C. 2003 *Grammaticalization (second edition)*. Cambridge: Cambridge University Press. Cambridge, England.《语法化学说(第二版)》,梁银峰译,上海:复旦大学出版社,2008。

Ibáñez, Francisco José Ruiz De Mendoza and Usón, Ricardo Mairal 2006 Levels of Semantic Representation: Where Lexicon and Grammar Meet. Interlingüística, 17.

Lakoff, George 1987 *Women, Fire and dangerous things*. Chicago: The University of Chicago Press.

Moravcsik, Edith 1972 *Some cross-linguistic generalizations about intensifier constructions*. In Proceedings of the 8th Regional Meeting of the

Chicago Linguistic Society, vol. 8.

Müller, Stefan 2017 Grammatical theory: From Transformational Grammar to Constraint-Based Approaches. Berlin: Language Science Press.

Schiffrin, Deborah 1987 *Discourse markers*. Cambridge: Cambridge University Press. 北京: 世界图书出版社, 2007. 任绍曾导读。

Siemund, Peter 2000 *Intensifiers-A comparison of English and German*. London: Routledge.

Ungerer, Friedrich and Schmid, Hans-Jörg 1996 *An introduction to cognitive linguistics*. Addison Wesley Longman Limited.

新兴程度表达方式的
两种形成机制[*]

玄　玥　李　多(北京语言大学　上海外国语大学)

1. 引言

　　网络语言中新兴的程度表达方式已经引起了学者们的关注，但是前人研究的关注点多为某一个或某一组新兴程度副词的个案研究，如关注到一些新兴的程度副词"暴"(周娟，2006；赵芳，2006；雷冬平、胡丽珍，2011)、"狂"(杨荣华，2007；蔡冰，2010)"超"(雷冬平、胡丽珍，2011)、"真心"(高逢亮，2013；雷冬平、李要真，2014；李丽虹、孙瑞，2014；黎立夏，2015)、"神"(林碧芸、侯华敏，2014；陶丽，2016)、"巨、狂"(赵芳，2006；胡丽珍，2008)等。也有研究讨论了部分新兴程度补语，如"爆"(李欣，2012；许红晴，2013；黄维军，2015)，"A到(得)没朋友"(张雪梅，2016)等。

　　前人研究虽然引入了一些理论来解释新兴表达的成因，但是由于观察范围所限，不能全面反映程度范畴中新兴成分的语言学

　　* 本成果受国家社会科学基金(项目编号：18BYY175)和北京语言大学校级科研项目(中央高校基本科研业务专项资金)(项目编号：19YJ080301)的资助。文章写作过程中得到宗守云、完权等先生的教正。

意义。本文通过对网络语言的搜集与整理,全面系统地梳理网络新兴程度的表达方式,发现网络中新兴的程度表达方式主要出现在状语位置和补语位置,并对状语和补语位置的程度表达方式进行分析,指出二者不同的产生机制。本文例句源自新浪微博等网络语言,划线部分为新兴程度表达方式。

2. 状语位置

状语位置的新兴程度表达方式,根据来源,可以分为名词来源、动词来源、形容词来源、量词短语来源和跨层否定短语来源五类:

2.1　名词来源

新兴程度表达方式来自于名词的有两个"真心、实力"。"真心"的含义为"真实的心意"①,是名词,如"一颗真心",也可以作状语,修饰含有积极义的动词或动词性结构,如:

(1) 因此,老人真心希望得到社会的承认、支持和理解。
　　　（1994 年报刊精选）

在网络语言的环境中,"真心"的适用范围扩大了。"真心"还可以修饰含有消极义的动词及动词性结构,如例(2);修饰否定性动词短语,如例(3);修饰形容词,如例(4);还可以修饰否定性形容词短语,如例(5、6),具有程度义,如:

(2) 仗着自己年龄大就插队! 真心鄙视各种插队者。（新浪微博,20150905）

(3) 真心不想起床,可是必须得起!! 再不上班就没饭吃了。
　　　（新浪微博,20161114）

(4) 朋友聚会,一堆的小朋友,拍照就只看到我那厚厚的一圈游泳圈,真心丑啊!（新浪微博,20150906）

(5) 这几天娱乐节目停播但荧屏看点真心不少。（网易新闻,

20150902)

(6) 我也算是胃口奇好很少挑食的人了,不过能把食物做的这么难吃,还每天吃的美国人,<u>真心</u>不容易。(新浪微博,20161115)

"实力"的含义为"实在的力量(多指军事或经济方面)",是名词,网络语言中"实力"可以修饰动词,表示程度义"完全",如:

(7) 但是这鹿鹿晗晗组合真是<u>实力</u>冲击,一边修一边飙血。(新浪微博,20151019)

(8) 真心地为我们团妹祈福,希望她们一辈子都能开开心心,喜乐无忧,真的是很善良能忍耐的妹子啊。我<u>实力</u>喜欢吧。最喜欢我们团妹。(新浪微博,20151020)

"实力"还可以修饰形容词,语义逐渐演变为程度义,如:

(9) 一起来看,我 cp 之前做的,<u>实力</u>可爱。(新浪微博,20151019)

(10) 田馥甄现场版我的少女时代主题曲《小幸运》,直戳人心,<u>实力</u>好听!(新浪微博,20151122)

2.2 动词来源

新兴程度表达方式来自于动词的有三个"超、暴/爆"。"超"在词典中释义是"①超过;②超出;③在某个范围以外,不受限制;④跳跃;跨过,作动词。"在网络语言中,"超"非常规搭配,可以修饰心理动词和形容词,作状语,表程度义,如:

(11) <u>超</u>期待电视剧《微微一笑很倾城》。(新浪微博,20150913)

(12) 美妆推荐:<u>超</u>实用化妆品收纳 & <u>超</u>强 DIY 收纳层(韩网博客,20150912)

(13) 我昨天和城市英雄的那个<u>超</u>可爱的小姐姐说话啦。(新浪微博,20150913)

"爆"是表示"猛然破裂或进出或出人意料地出现、突然发生"

的动词,"暴(bào)"有"鼓起来,突出"的动词义,也有"突然而猛烈、凶狠、残酷、急躁"的形容词义。两词词性相近词义相通,有时还互为异形词,导致"暴"和"爆"在语义上有交融,如"暴发和爆发"。在网络语言中,"暴"和"爆"都有了新的用法,互相通用,可以修饰动词,如:

(14) 30 万中国游客东渡日本实行歇斯底里的<u>暴</u>买。(新浪微博,20151006)

(15) 出道短短 2 年 TFBOYS <u>暴</u>红,被大陆媒体誉为"陆版小虎队"。(新浪微博,20150718)

(16) 买买买! 国庆假期,中国游客"<u>爆</u>买"日本,有人批评崇洋媚外,有人指责不爱国。(新浪微博,20151003)

(17) 诺一<u>爆</u>红心理压力大,刘烨:你们忘了他!(新浪娱乐,20150912)

"暴/爆"还可以修饰形容词,表示"很、非常"具有程度义,如:

(18) 最近无意做了些测试题,题题<u>暴</u>准,不得不折服,找个大师算一卦吧。(新浪微博,20150913)

(19) 女性的直觉<u>爆</u>准,准确度碾压所有思来想去的纠结和犹豫。(新浪微博,20150830)

(20) 一年一度的悉尼港新年烟花秀马上就要来了,但是面对禁酒、不让支帐篷、人多带来的安全隐患和<u>暴</u>热的天气等,你还会去么?(新浪微博,20161230)

(21) 16 年<u>爆</u>热单曲《Alone》! 身穿黑帽山(应为"衫")的人群聚在一起时,太帅了!(新浪微博,20170208)

2.3 形容词来源

新兴程度表达方式来自于形容词的有 6 个"神、恶、狂、巨、奇、严重"。上节的"暴"也有形容词义,但因与"爆"通用,所以归入动词来源。本节的形容词在网络中也经历了超常规修饰动词,如:

(22) 小男孩模仿李小龙,动作<u>神</u>同步,这太厉害了啊!(新浪微博,20150912)

(23) 宝宝记事:宝宝昨夜大哭,接近一个小时,方才安静睡去,今夜又是恶哭,睡着一会就醒,然后接着哭闹,弄得浑身是汗,担心不要生病!(新浪微博,20170219)

(24) 暴雨来袭主城气温一天<u>狂</u>降 10.7℃,市民纷纷喊冷。(重庆商报,20150912)

(25) 剪完毛前后对比,剪的时候<u>巨</u>不配合,快要把我给吃了,终于把你这身毛大衣给剪了,瞬间萌萌哒有木有。(新浪微博,20170131)

(26) 但我现在真的<u>奇</u>讨厌他无比人啊。

(27) 有同事一边插花一边说,还是适合去工地搬砖,我<u>严重</u>同意,高举双手赞成。(新浪微博,20170308)

这 6 个词还可以修饰形容词,表"很、非常"义,成为新兴的程度副词,如:

(28) 我来分享一个生活小贴士,一点科学依据都没有,但是<u>神</u>准。(新浪微博,20170222)

(29) 问题涉及到了钱上,爱的寿命就不同了。我常可以见到<u>恶</u>丑无比的男人拥着一个美若天仙的女子。(新浪微博,20170228)

(30) 总是临时起意,每次到了再到处找酒店,以至于酒店游艇都<u>狂</u>贵。(新浪微博,20150904)

(31) 郑秀晶 2017 米兰时装周,身着 TODS 拼接皮裙,自带高贵冷艳光环,真是<u>巨</u>好看呀。(新浪微博,20170227)

(32) 最近睡眠质量<u>奇</u>差,周末睡回笼觉,完全处于半梦半醒之间。(新浪微博,20170311)

(33) 禾慕洋官方店美灵感包饺子的水平<u>严重</u>有限……

2.4 量词短语来源

新兴程度表达方式来自于量词短语的有一个"各种"。"各"是指示代词，"种"是个体量词，表示逐一种类，修饰体词性成分。网络语言中"各种"还可修饰动词性成分，扩大了"各种"的修饰范畴，如：

(34) 在绳金塔里发神经，各种拍各种嗨，累并快乐着！（新浪微博，20150913）

(35) 我小的时候也是各种欺负爸爸，现在还不是成为了一个五好青年。（新浪微博，20150913）

以上"各种"后的动词和形容词可以分析为体词化了的成分，但是在形容词前可以重新分析为程度副词，如：

(36) 从小到大我不喜欢家里来客人，无论是朋友还是亲戚，只要有客人在就很焦躁，就像自己的领域被外人入侵，各种不习惯。（新浪微博，20170222）

(37) 累累累！各种累！不能平静了！（新浪微博，20151123）

(38) 考研的孩子每礼拜只上这么两次课，谁让是导师讲的呢。人各种少，专业课各种无聊。

(39) 雪纺衫配休闲裤～是你的菜吗？各种好看、各种显气质的说～

例(36、37)中"各种"后的形容词若还能分析为体词化成分（各种不习惯的事情，各种累的情况），例（38、39）中"少、好看"的体词化较难解释，"各种"则更倾向于重新分析为程度副词。

2.5 跨层否定短语来源

新兴程度表达方式来自于短语的有两个"不能更、不要太"。"不能更"，起初网友们将英语"I can't agree with you anymore."直译为"我不能同意你更多"，后缩减为"我不能更同意你"，表示"我非常同意你的看法"。由"不能更＋同意"发散开，搭配其他动词，表达程度极高，如：

(40) 我哥哥就是棒，以后还能看到我哥跳舞吗？<u>不能更</u>喜欢
　　了。（新浪微博，20150913）

(41) 这般的碧蓝无云，偶有晚霞的路上，<u>不能更</u>适合把郑秀
　　文的歌翻出来听，哭也笑过的都会女子，都可分享多得
　　一点勇气。（新浪微博，20170313）

"不能更"还可以修饰形容词，表示较高程度，如：

(42) 我可能不适合看法学方法论，看两页就睡着，<u>不能更快</u>。
　　（新浪微博，20170313）

(43) 厌恶一个人从听到就想反胃到听见有人提这个名字都
　　恶心，反应<u>不能更强烈</u>。（新浪微博，20170313）

　　汉语中原有"不能更 A"是"不能［更 A］"，如"这房子不能更
便宜了"，表示已经最便宜，不可以再便宜了，"不能"是义务情态
"许可"义；现在的"不能更 A"中的"能"可理解为认识情态"可
能"，不可能［更便宜］，即最便宜；但是已经有跨层词汇化倾向，整
体识解为非常便宜。

　　另一个是"不要太"。"不要"表示禁止和劝阻，"太"是程度副
词，"不要太"的常规搭配是"不要［太＋消极形容词］"表示劝阻，
同时还表示所说的主体具有某种性质或状态，如"你不要太过分、
你不要太任性"。网络语言中，"不要太"出现了超常的搭配"不要
太＋积极形容词"，开始还是劝阻的形式，后面有商量的"好吗/好
吧"等，是一种反语的用法，如：

(44) 难道没有人喜欢基本演绎法里面的乔恩华生（刘玉玲）
　　演的吗？衣品好到爆炸剧情温暖搞笑简直<u>不要太</u>棒好
　　吧！（新浪微博，20170313）

(45) "世界青年说"真的<u>不要太</u>好看好吗，一口气连看五期，
　　感觉三观正，并且有很多很新奇的想法。（新浪微博，
　　20150825）

渐渐"不要太 A"失去了劝阻的意思，"不要"变成语义羡余，

强调"太 X"，"不要太"也跨层词汇化，表示程度极高，直接修饰心理动词和形容词，如：

> （46）养生藕，也可以当做甜点呢！甜甜糯糯的，<u>不要太</u>喜欢了！（新浪微博，20170313）

> （47）"云中歌"简直<u>不要太</u>好看，等不及了，好想都看完。（新浪微博，20150914）

"不要太、不能更"前面都可以常常出现"简直""实在"等副词，说明其结构凝固明显，与程度副词的句法表现一致，如：

> （48）去上海这么多次，有出差，也有自己去玩，还是第一次吃到上海本帮菜，排队<u>简直</u> <u>不能更</u>长。（新浪微博，20150914）

> （49）现在这些微信公众号不要再荼毒中老年妇女了好不好，<u>实在</u><u>不能更</u>恶心了。（新浪微博，20170309）

> （50）一个炫酷的咖啡拉花教程，哇哦太漂亮，最后那一下<u>简直</u> <u>不要太</u>帅。（新浪微博，20150902）

3. 补语位置

补语位置的新兴程度表达方式，与状语位置的不同，没有来源词性的多样性，也都符合汉语原来补语的形式。根据补语的类型，我们分为五类。

3.1　黏合式动结式补语

"爆、翻、哭、抽、炸、瞎、尿、晕、秃、飞"等词，本来是可以在动词后，作动结式的结果补语，"打爆、推翻、听哭、笑抽（过去）、爆炸、哭瞎、吓尿、撞晕、拔秃、踢飞"，但是网络中搭配被扩大，不是动词的真实结果，而是一种夸张的说法，可以有"快要、简直"等标识为一种夸张用法，如"外面的熊孩子快把我吵<u>炸</u>啦、简直嗨<u>爆</u>了"，也可以直接用，如：

(51) 掌握这些电脑知识，你可以把电脑玩<u>爆</u>了。（今日头条，20170108）

(52) 看了《德惠翁主》，然后哭<u>翻</u>了。（新浪微博，20161119）

(53) 谢娜作文笑<u>哭</u>自己和范冰冰，排名倒数逗坏观众！（新浪微博，20170223）

(54) 录个化妆视频把自己乐<u>抽</u>了，您也五分钟内搞定一个淡妆吗？（新浪微博，20170226）

(55) 看这期"爸爸去哪儿"，哭<u>炸</u>了。（新浪微博，20151003）

(56) 玩个摩托艇眼睛笑<u>瞎</u>。原来摩托艇也是这么容易翻的。（新浪微博，20160915）

(57) 主持人教小学生说绕口令，全程笑<u>尿</u>，最后那个小朋友免不了一顿揍。（新浪微博，20170314）

(58) 机器 1 分钟写稿，记者们已哭<u>晕</u>？（新华网，20150911）

(59) 《红色》最后十集真是哭<u>秃</u>了，分分钟都是泪点。（新浪微博，20141030）

(60) 好热啊，热<u>飞</u>了～

动词多为"笑、乐、嗨、哭"等常用表达情感的动词，"爆、翻、哭、抽、炸、瞎、尿、晕、秃、飞"等词不是真实的结果，而是夸张修辞用法。当这些词可以置于形容词后，从夸张的结果变为表示高程度，已经发展为程度补语，如：

(61) 今天打台球被虐了，虐的好尴尬，不想给自己找借口，就是技术太烂，耻辱啊，烂<u>爆</u>了。（新浪微博，20150913）

(62) 新歌大家都听到了吧，曲风与以往的作品有很大的不同呢，歌词也美<u>翻</u>了！（新浪微博，20150916）

(63) 求安慰！我们被中国美院"开学海报"丑<u>哭</u>了！（新浪微博，20150911）

(64) 在 Facebook 上找的这张照片帅<u>抽</u>！简直就一男模！（新浪微博，20170113）

(65) 嗓子疼炸了，家里还停电，没带钥匙回不去，我现在已经选择了死亡。（新浪微博，20151006）

(66) 杜淳这个造型真是把我萌瞎了。（新浪微博，20150914）

(67) 上班时间累屎了，下班时间闲死了。（新浪微博，20170307）

(68) 今天晚上被自己蠢晕了。（新浪微博，20151221）

(69) 真果粒的美图秀秀贴纸可爱秃了。（新浪微博，20170125）

3.2 "得"字补语

汉语的程度补语本来是由助词"得"介引的，原本"得"后充当程度补语的副词十分有限。但在网络语言中，由"得"介引的程度补语句有更多新的搭配，如"X得打雷了/发芽了/劈叉了/要哭了/突破天际/不如狗/冒泡/没谁了/炸裂/飞起来/令人窒息/不要不要的"等，使用频率也较高，仅各举一例，如：

(70) 我都可爱得打雷了，我都可爱得发芽了，我都可爱得飞起来了，总之我就是可爱死了。（新浪微博，20150901）

(71) 周末三天小长假要泡在图书馆，认真得发芽了。（新浪微博，20170223）

(72) 听了一路悲伤的歌，我伤心得劈叉了。（新浪微博，20150918）

(73) 想到在家等我的爹娘还有蠢狗，幸福得要哭了。（新浪微博，20151127）

(74) 丑得突破天际还有女朋友，看面相就知道不是善类，还是该断则断，分手了就不该见面！（新浪微博，20150910）

(75) 阿妹，听说今天上班被个无理客户骂到哭，真是脆弱得不如狗，能别再让这种蠢事发生了行吗？（新浪微博，20170211）

(76) 看"枫"景不必往北走,咱福建也有这么多美<u>得冒泡</u>的地方!(新浪微博,20151128)

(77) 吃多菲角巧克力味的,天气冷的竟然巧克力都冻住了,冷<u>得没谁了</u>!(新浪微博,20151127)

(78) 一换头像整个人矫情<u>得炸裂</u>。(新浪微博,20151127)

(79) 今天中午秘制凉皮差点把我辣<u>得飞起来</u>。(新浪微博,20151128)

(80) 又一次关于"道德困境"的伊朗电影,显然没有"一次别离"来得震撼,但电影对剧情的叙事推进依然真实<u>得令人窒息</u>。(新浪微博,20170308)

(81) 下雨的天台上,还有听徐太宇的录音带那会小幸运响起的时候,难受<u>得不要不要的</u>。(新浪微博,20151124)

3.3 "到"字补语

"到"作动词有三个义项"①达于某一点;到达;达到;②往;③用作动词的补语,表示动作的结果",朱德熙(1982:130—132)将"到"字补语单独列为一类,与结果补语、趋向补语、可能补语等其他补语类型并列,并指出有一类"到"字补语表示程度高,如"糊涂到连自己的名字都忘了""删到只剩下五百字"。张谊生(2014)认为"到"是当代汉语的新兴补语标记,助词化还处在发展阶段。网络语言中,"到"后程度补语由一些使用频率较高、较为固定的用法,如"X 到爆/哭/窒息/怀孕/飞起/飞出宇宙/冒泡/掉渣/想哭/炸裂/疯掉/变种/泪奔/不要不要的/没朋友"等,表示程度很高,例如:

(82) 桃花都在路上了,据说准<u>到爆</u>!(新浪微博,20151202)

(83) 便宜<u>到哭</u>的国产护肤品,一点不输国外大牌! 请收下这枚自豪的安利!(现代快报,20170314)

(84) 我会微笑的祝福你,就算自己会难过<u>到窒息</u>。(新浪微博,20151206)

(85) 定理:如果一首歌被转载的人说好听<u>到怀孕</u>,那这首歌一定是烂歌。(新浪微博,20151127)

(86) 哈哈哈哈哈哈碧斯都不来内地我好开心,我真的好开心,开心<u>到飞起</u>。(新浪微博,20170316)

(87) 内心紧张<u>到飞出宇宙</u>,但为了你,姐拼了!(新浪微博,20150422)

(88) 这个季节的 Bryant Park 真的浪漫<u>到冒泡</u>。(新浪微博,20151128)

(89) 表示校园网慢<u>到掉渣</u>,没办法继续看直播了,简直哭死。(新浪微博,20151202)

(90) 泰国 3D 眉笔,完胜其他各种眉笔,好用<u>到想哭</u>。(新浪微博,20150913)

(91) 我们马克啊,简直乖<u>到炸裂</u>,好看<u>到炸裂</u>,穿什么都好看,笑起来是天使,太喜欢这种男孩子了。(新浪微博,20151202)

(92) 吃货推荐:这个纯甄酸奶真是好喝<u>到疯掉了</u>。(新浪微博,20151204)

(93) 假期太放飞,牙套没摘成,碰瓷哥哥杀青日失败,悲伤<u>到变种</u>。(新浪微博,20170305)

(94) 感受了把现场版的幽灵公主,女声配钢琴,简直激动<u>到泪奔</u>。(新浪微博,20151206)

(95) 为了腹肌,已经努力<u>到不要不要</u>的了。(新浪微博,20151202)

(96) 酸奶的这几种吃法,好吃<u>到没朋友</u>!

3.4 "成"字补语

现代汉语中"成"最常见的用法是作补语,有"完成"义(建成大楼)和"成为"义(长成大姑娘)。网络语言中大量出现"V/A 成狗/成渣",夸张表示谓词的结果,进而说明程度很高。如:

(97) 乌镇开会,习大大住杭州,早高峰晚高峰堵成<u>狗</u>。(新浪微博,20151216)

(98) 早上冷成<u>狗</u>下午热成<u>狗</u>,这就是杭州的 9 月。(新浪微博,20150916)

(99) 你看你那个样子,要融化<u>成渣</u>了。(新浪微博,20151221)

(100) 每当网速慢<u>成渣</u>时,我都想这么干。(新浪微博,20151221)

3.5　趋向动词"出"作补语

"出"作补语除表示趋向外,也可以表示得到某种结果状态,如"冻出鼻涕、疼出眼泪"等,网络语言中出现一些超常规的结果,如"出翔、出腹肌、出一脸血",表示程度高,如:

(101) 被吓<u>出翔</u>了,一个轰炸声响的雷,我家的电一下子全停了。(新浪微博,20150916)

(102) 机票贵<u>出翔</u>了。(新浪微博,20150916)

(103) 饿<u>出腹肌</u>是一种什么样的感觉?(新浪微博,20150918)

(104) 老炮儿就是冯导,吴亦凡帅<u>出一脸血</u>。(新浪微博,20151221)

(105) 隔着屏幕都甜<u>出一脸血</u>,古筝好好听。(新浪微博,20170311)

4. 状语位置的构式压制

以上是网络语言中新兴的程度表达方式。汉语的程度表达位置只有状语和补语两个位置。在网络语言中,二者都产生了一些新兴的程度表达形式,但是我们认为二者位置的程度表达产生机制不同,因为状语和补语对应于谓语来说的基本功能有别。状语位置出现的程度表达方式是构式压制的结果。

4.1 "程度副词＋谓词"是一种构式

构式的定义有多种,但是我们认为 Fillmore(1988：36) 对 "Construction"的定义更为可取,"语言中的任何一个句法构型, 它被指派一个或多个约定俗成的功能,并对其所在结构的意义或 用法产生规约性影响。"

虽然程度副词与中心语谓词常被认为是一种修饰关系,但是 我们认为因为谓词前的修饰关系倾向加强该谓词,"程度副词＋ 谓词"是汉语中表达程度的约定俗成的句法构型,也是一种构式。 并且本文探讨的新兴程度副词,它们的产生也正是来自于这个构 式的规约。该构式中的程度副词,原有成员内部有差异性,如 "很、挺、真、非常、特别"等词是典型程度副词,而如"这么、那么" 等词在划分时存在争议。但总体上汉语中程度副词的数量有限, 是一个相对封闭的类。

在网络语言中,由网民创造出了一些非常规的搭配,如"真 心/实力/各种/超/暴/爆/神/恶/狂/巨/奇/严重/不要太/不能更 ＋谓词"。网民出于求新求异的心理,创造出了与已有语法构式 不同的形式。某个网民创造了这种形式结构,最初是一种临时形 式,也就是修辞构式。被网络迅速传播后,加速使用频率,最终变 成了一种语法构式。该过程符合施春宏(2012)陆俭明(2016)等 指出的语法和修辞的互动关系。另一方面,新异的表达方式更引 起注意,强调程度之高,因为原有的常规表达法的程度义久用后 语义磨损,程度副词越常规,程度义越弱。新的程度副词的创造 和流行,也是对程度表达系统的不断补充和更替。

4.2 构式压制的语义基础

一个词的句法、语义和语用特征必须依靠其所在具体的整体 语法环境才能做出较为准确的限定,语法构式整体可能会迫使其 中的词汇(特别是动词)改变语法和语义特征,这就是"构式压制

(Construction Coercion)"(王寅,2011,上336)。施春宏(2013)对"构式压制"的内涵作了进一步的调整:"所谓构式压制,指的是这样的现象:在组构成分进入构式的过程中,构式向组构成分提出需要满足的准入条件,如果组构成分的功能、意义及形式跟构式的常规功能、意义及形式不完全吻合,则通过调整其功能和意义结构及形式结构中的某些侧面以满足该准入条件,若两相契合,则构式压制成功;若不能两相契合,则构式压制无效"。

状语位置的程度表达,来源的词性较为丰富,还有固定短语作状语,为什么是这些词语进入了"程度副词＋谓词"构式,并存留下来? 因为它们都具有潜在的程度意义,可分为四类语义基础。

一类是由表确认到程度义。如名词"真心"表示"真实的心意"。原可修饰心理动词,表示该动作是真实心意,确认真实性,真实义扩大后可修饰形容词"真心丑",表示"真心实意地觉得某人或某物丑",也可以说"真丑"。"实力"表示"实在的力量",可以修饰动词"实力吐槽",是"用实在的力量或尽力去吐槽",确认全力以赴的程度;也修饰形容词"实力可爱",理解为"用实在的力量觉得某人或某事可爱",即为"真的"义。二者都是从确认义发展为程度义。

一类是由超常量到程度义。如动词"超"表"在某个范围以外、不受限制",修饰动词"超期待"表"对某人或某事的期待已经不受限制了";修饰形容词"超多",表"多得不受限制"。"暴"表"突然而猛烈","爆"表"猛然破裂或迸出",二者为异形词,在动词"暴/爆买",表动作发生非常突然,程度很剧烈;出现在形容词前"暴/爆热",表"突然变热,且热的程度非常剧烈"。形容词"严重"表"程度深,影响大",本可作状语修饰消极意义动词和形容词,但在构式中,还可修饰积极意义动词"严重同意",表同意程度之深。量词短语"各种"表"不止一种,种类多",修饰动词"各种吃",可指

"吃的种类很多",也可指"用各种方式去吃";修饰形容词"各种累",强调累的情况有很多种,如运动、干活、上班等,这些累加在一起程度自然就高了,相当于"非常累"。"各种"表示程度高是从"数量多"隐喻而来的,也是一种超量。

一类是由极性量到程度义。如形容词"神"表"特别高超或出奇,令人惊讶的,神妙",修饰动词"神配合",表"出奇地配合,配合的程度令人惊讶";修饰形容词"神烦",表"烦的程度令人惊讶"。"恶"表"凶恶,凶狠,凶猛",修饰动词"恶哭",表"哭得很凶猛";修饰形容词"恶多",表"数量多得凶猛"。"狂"表"猛烈;声势大",修饰动词"狂吃",表"吃"的动作很猛烈;修饰形容词"狂贵",表"贵"的程度很猛烈。"巨"表"很大",修饰动词"巨喜欢",表"喜欢"的程度很大;修饰形容词"巨丑",表"丑"的程度很高。"奇"表"罕见,特殊,非常",修饰形容词"奇短",表"非常短"。

一类是从否定极性量到程度义。如"不要太"表示"禁止或劝阻",但是在吴方言中可以表达对事物所具属性程度极深的感叹,当"不要太"出现在积极形容词前时,"不要"的劝阻义已经消失,成为语义羡余,构式强调"太 X"。"不能更"由英语翻译而来,经改造,进入构式,用表示不能超过某极性量来表极性程度义。

综上这些词之所能够进入"程度副词+谓词"构式中,并不是随意进入状语位置、凭空得来的程度义,而是它们都有向程度义转变的潜在语义基础,这些潜在的语义基础在构式的压制中化隐为显,凸显它们程度义的特征。构式形成过程中对原有词性进行了压制,最终产生了名词、动词、形容词、短语等不同来源的程度副词。

4.3　新兴程度副词的产生机制与差异性

状语位置的新兴程度表达方式中,是否进入共同语中成为稳定的程度副词,还需要时间的检验。但是它们作为程度副词的必经过程是"常规用法-超常搭配-修饰形容词",前文所示,每个词语的超常搭配有所不同,但是最终一定要修饰形容词,才能产生程度副词。可见"程度副词＋谓词"构式中,形容词中心语是关键。

构式"程度副词＋谓词"中的程度副词,除了不同词性来源、语义基础有别外,还有不同语言源头。如"巨""狂""奇""暴"和"超"在汉语史中有表示极性程度的副词用法,现在的兴起是古义的激活和继承[②]。还有其他语言或方言的影响,如"不要太"是吴方言的用法,在普通话中扩大使用;"不能更"是英语表达的翻译趣用。其实还有"超"是闽语中常用程度副词,"好"是粤语中常用程度副词,都随着港台语言的传播而进入到普通话中。

这些新兴程度副词产生时间也有差异,如有人认为"超、巨"之类已经是固定的程度副词了,如同"好"一样,已经进入普通话系统中。但是这些词也是近十几年从流行语逐渐变为全民接受的程度副词,如有彭小川、严丽明(2006)研究广州话形成中的程度副词"超",胡丽珍(2008)研究"巨"等,说明演进的过程并不久远,也刚刚经历了新兴——流行——词典义的语言演变过程;只是不同人接受的程度不同。

5. 补语位置的范畴转变

5.1　新兴程度补语都是一种"结果补语"

补语位置的程度表达,并没有突破补语位置的句法结构限制,无论是粘合式动结式,还是"得、到、成、出"等有一定标记作用的补语引导词,都是在原有补语形式的基础上,增加了一些新奇的动词或小句等表达。但是进入的词语并没有突破语法条件的限制。与第四节的状语位置的新兴程度词语不同,那些来自其他词性的词语,本来是不能出现在状语位置的,进入了构式之中才获得了这种功能。而补语位置的新兴程度表达方式,没有突破语法条件限制,首先都是一种补语。

再看这些词语或小句,粘合性动结式"X爆、X翻、X哭、X抽、X炸、X瞎、X尿、X晕、X秃"都是结果补语,如果X为动作动词时,如"打爆、推翻、听哭、笑抽(过去)、爆炸、哭瞎、吓尿、撞晕、拔秃"等,就是一般动结式,这些词都是正常的结果补语。在形容词后,可看作是一种夸张的结果。

"得"字补语中"X得打雷了、X得发芽了、X得劈叉了、X得要哭了、X得突破天际、X得不如狗、X得冒泡、X得炸裂、X得飞起来、X得令人窒息、X得不要不要的"等,"得"后是主语省略的小句;"X得没谁了"是"X得没谁(这样)了",是谓语省略的小句。表达的都是一种结果状态,"得"字补语有人称为情态补语、状态补语等,但也被认为是结果补语(王还,1979;Sybesma,1999等),我们认为"得"字补语从根本语义上来说还是表示结果的,只是更倾向于一种结果状态。

"到"字补语包括"X到爆、X到哭、X到窒息、X到怀孕、X到飞起、X到飞出宇宙、X到冒泡、X到掉渣、X到想哭、X到炸裂、X到疯掉、X到变种、X到泪奔、X到不要不要的"。"到"引出的是一种结果状态,"到"后是主语省略的小句,也是结果补语。

"成"字补语"X成狗、X成渣"是成为某种结果。

趋向动词补语"X出翔、X出腹肌、X出一脸血","出"本有趋向意义,但表达程度的趋向词"出"不是趋向补语的原意,因后面不是地点宾语,而是"某物出","X出腹肌"是X的结果状态是"腹肌出来",是虚化的结果补语。

以上逐一分析补语位置上的新兴程度表达方式,都是结果补语。

5.2   各种补语程度表达的相关性

补语位置的几种表达方式,具有相关性,如有黏合式的"X哭",也有"X得要哭了""X到哭";有"X炸",也有"X得炸裂""X

到炸裂";有"X爆",也有"X到爆";有"X飞",也有"X到飞起"。

那么它们之间的关系呢?"得"字句是描述性的(李临定,1992:196),我们认为,"得"字补语是最早表现结果状态的补语,所以形容词作补语,能作组合式补语的远远高于能作黏合式补语的,都说明"得"字补语表达结果状态较为常见。正常结果,就可以有"感动得要哭了""感动得哭了",也有"到"字补语表示结果,"感动到哭了",黏合式动结式"感动哭了"。表示程度的新兴表达,因为其形式还是结果补语,所以也有这种相关性,有"美得要哭了""美得哭了",也有"美到哭""美哭了"。

而且"得"字补语、"到"字补语和动结式的这种相关性,会促成一个程度表达进入到多种结构中,说明这些超常的结果补语在汉语使用者心中形成了较为固定的程度衡量标准。

5.3　补语语义范畴的转变:从结果到程度

原有程度补语只有"极"是名词来源[③],其他都是谓词性的词语,如"死、坏、透"等,都经历了从终点到极致的认知发展过程[④]。新兴程度补语都是谓词来源,与原有谓词来源的程度补语一样,都经历了从具体域出发,继而向抽象域映射的隐喻认知过程。普通的结果补语用法只有结果状态意义,如"吓哭了",动作"吓"的结果是有人哭了;而结果补语的夸张用法,带有极性意义,如"美哭了",不是"美"真的导致哭了,而变成言其极致,成为极性程度量。

补语位置的程度表达,最初是源于求新的夸张修辞,原初意义还是一种结果补语,扩展使用后,部分得到固定,从结果补语的夸张修辞用法发展到程度范畴,形成了新的程度补语(或趋势)。

6. 状语补语的结构功能差异

上文我们认为"程度副词＋谓词"是表示程度的构式,而"谓词＋程度补语"并不是构式。并分析状语和补语位置的程度表达产生的不同机制。这些表面的现象正说明汉语中状语和补语的功能不同，尤其是作为汉语中程度范畴的句法位置，二者差别很大。

第一，目前汉语中程度状语数量远远高于程度补语。状语位置上的程度副词有几十个，如李泉（1996）共列举了 76 个程度副词，杨荣祥（1999）列出了 61 个程度副词，张谊生（2000）列举了 79 个程度副词，蔺璜、郭姝慧（2003）列举了 85 个程度副词。而补语位置上的程度副词仅十几个，且严格意义上的唯补副词只有"透、慌、坏、绝伦、透顶"5 个，另外 11 个正在形成中的唯补准副词是"要命、要死、不行、不成、邪乎、邪行、吓人、够呛、可以、不得了、了不得"（张谊生，2000）、"到家"（宗守云，2014），还有"很、多、够受的、厉害"等几个副词。但是二者的比例悬殊，作状语比作补语多得多。

第二，补语中除了"透、坏、极、慌、死、远、多"可作黏合式补语，其他都要在"得"后，即"要命、要死、不行、不成、吓人、不得了、了不得"等程度补语明显还有小句的痕迹，并未脱离"得"后带小句的结构模式。说明同是程度范畴的句法位置，程度副词修饰谓词是无标记形式，而程度补语大多数需要"得"或"到"，是有标记形式，并不是程度的常规表达方式。

第三，本文所考察的新兴程度表达方式也有状补差异，在状语位置产生的新兴程度表达方式比补语位置的稳定。状语位的很多词语已经语法化为程度副词，如"超、暴、狂"等；而补语位的程度表达方式还没有成为程度补语。

前人研究虽提出状补句位意义不同，如以形容词状补句位差异指出预期和非预期的对立（李先银，2009）、或方位和结果的对立（朱文文，2010），张黎（2003）考察现象较多，指出状补是修饰性和评价性的差别，但均未涉及程度范畴，即"很好"和"好得很"的区别。

　　我们对状语和补语的结构功能进一步阐述。状语本来是谓语的修饰限定成分,程度范畴是谓词的修饰限定成分,最合适的位置就是状语位置,所以"程度副词＋谓词"是表示程度的构式。而补语是谓语的有界性限定成分,基本范畴是 telicity(完结),所以补语最适合表达谓词的结点状态,结点的状态有很多种(玄玥,2017),而只有当这种结点十分夸张并固化时,才发展为程度范畴。补语位置的程度表达方式是从结果补语发展而来,但只有极少部分结果补语可以发展为程度补语,所以"谓词＋程度补语"并不是程度构式,不存在构式压制的现象,只是修辞到语法的功能固化引起的语义范畴转变。

注释

① 本文词语词义的解释均来源于《现代汉语词典(第 7 版)》。

② 胡丽珍(2008),雷冬平、胡丽珍(2011)。

③ 唐贤清、陈丽(2010)指出的演变路径及机制是"具有指称意义的具体名词"经过隐喻和泛化发展为"一般意义的极点",再经过主观化表示"达到极点",至此具有[＋量]的意义。

④ 唐贤清、陈丽(2011)、张谊生(2013)、宗守云(2014)等。

参考文献

蔡冰　2010　新兴程度副词"狂"的语法化程度,《语言科学》第 9 期。

高逢亮　2013　从言语行为理论看"真心"一词的变异用法,《语文学刊》第 8 期。

黄维军　2015　"爆"作极性程度补语的多维考察,《现代语文(语言研究版)》第 9 期。

胡丽珍　2008　再论三个程度副词"巨"、"狂"、"奇",《修辞学习》第 3 期。

雷冬平、胡丽珍　2011　说说程度副词"暴"和"超",《汉语学习》第 5 期。

雷冬平、李要真　2014　新兴语气副词"真心"探析,《保定学院学报》第 4 期。

黎立夏　2015　副词"真心"的非范畴化及动因,《哈尔滨师范大学社会科学学报》第 1 期。

李丽虹、孙瑞　2014　"真心"变了,《语文建设》第 12 期。

李临定　1992　从简单到复杂的分析方法——结果补语句构造分析,《世界汉语教学》第 3 期。

李泉　1996　《副词和副词的再分类》,北京：北京语言文化大学出版社。

李先银　2009　"X＋V"与"V＋X"的语序考察,《黄冈师范学院学报》第 1 期。

李欣　2012　浅析网络语言"爆"的组词形式,《剑南文学(经典教苑)》第 3 期。

林碧芸、侯华敏　2014　浅析语素"神"在网络语言中的新用法,《现代语文(语言研究版)》第 4 期。

蔺璜、郭姝慧　2003　程度副词的特点范围与分类,《山西师范大学学报(哲学社会科学版)》第 2 期。

陆俭明　2016　从语法构式到修辞构式再到语法构式,《当代修辞学》第 1 期。

彭小川、严丽明　2006　广州话形成中的程度副词"超"探微,《广西社会科学》第 2 期。

施春宏　2012　从构式压制看语法和修辞的互动关系,《当代修辞学》第 2 期。

施春宏　2014　"招聘"和"求职"：构式压制中双向互动的合力机制,《当代修辞学》第 4 期。

陶丽　2016　汉语新词语"神 X"的构式语法研究,《成都大学学报(社会科学版)》第 10 期。

唐贤清、陈丽　2010　"极"作程度补语的历时发展及跨语言考察,《古汉语研究》第 4 期。

唐贤清、陈丽　2011　"死"作程度补语的历时发展及跨语言考察,《语言研究》第 3 期。

王还　1979　汉语结果补语的一些特点,《语言教学与研究》第 2 期。

王寅　2009　构式压制、词汇压制和惯性压制,《外语与外语教学》第 12 期。

王寅　2011　《构式语法研究》,上海：上海外语教育出版社。

许红晴　2013　网络新兴极性程度补语"爆"探析,《现代语文(语言研究版)》第 4 期。

杨荣华　2007　"狂"类词新兴用法中的程度量级差异考察,《修辞学习》第 6 期。

杨荣祥　1999　现代汉语副词次类及其特征描写,《湛江师范学院学报》第1 期。

张谊生　2000　程度副词充当补语的多维考察,《世界汉语教学》第 2 期。

张谊生　2013　程度副词"到顶"与"极顶"的功能、配合与成因——兼论从述宾短语到程度副词的结构与语义制约,《世界汉语教学》第 1 期。

张谊生　2014　试论当代汉语新兴的补语标记"到",《当代语言学》第 1 期。

中国社会科学院语言研究所词典编辑室　2016　《现代汉语词典》(第 7 版),北京：商务印书馆。

赵芳　2006　试论当代新兴的程度副词"巨、恶、狂、超、暴",《海外华文教育》第 4 期。

张黎　2003　"有意"和"无意"——汉语"镜像"表达中的意合范畴,《世界汉语教学》第 1 期。

张雪梅　2016　新兴的高程度表达式"A 到(得)没朋友",《盐城师范学院学报(人文社会科学版)》第 1 期。

周娟　2006　"暴"类新流行程度副词的多维考察,《修辞学习》第 6 期。

朱德熙　1982　《语法讲义》,北京：商务印书馆。

朱文文　2010　状补句位意义及其对形容词的语序选择,《世界汉语教学》第 4 期。

宗守云　2014　从到家的演变看终点义到极致义的演化途径,《世界汉语教学》第 3 期。

Fillmore，Charles. 1988 The mechanisms of construction grammar. In Berkeley Linguistics Society，14：35 - 55.

Sybesma，Rint. 1999 *The Mandarin VP*，Dordrecht：Kluwer Academic Publisher.

"非得 X 不 Y"的形成、演变及相关问题[*]

叶建军(温州大学人文学院)

1. 引言

在现代汉语中有一种常见句式"S 非得 X 不 Y",其中主语 S 可省略,我们将这种句式简化为"非得 X 不 Y"。该句式大致相当于"非 X 不 Y",强调 X 是 Y 实现的必要条件。例如:

(1) 我也真想再看一会,但是揪耳朵的滋味不想再尝了,我坚决地说:"妖妖,我非得回家不可了。"(王小波《绿毛水怪》)

(2) 他出门推车慢慢地走着,心里就又捉摸起来了。他想:这药是非得到平民大药房去买不行了。(刘流《烈火金刚》)

"非得 X 不 Y"是由否定式"非得 X"与"不 Y"构成的双重否定句式,X 一般为 VP,Y 均为 VP(单音节助动词"可"等常见),如

＊ 本文为浙江省哲学社会科学规划课题(19NDJC143YB)成果之一。初稿曾在第四届汉语副词研究学术研讨会(华侨大学,2017 年 12 月)上宣读。《语言科学》编辑部及匿名审稿专家对初稿提出了宝贵的修改意见,谨此致谢。

例(1)、(2)。X 也可以是表示数量或含有数量的 NP。例如：

(3) 林子冲回到县党部时，又知道孙舞阳并没哄他。<u>李克的伤，非得十天不能复原</u>。(茅盾《蚀》)

在现代汉语中有一种与"非得 X 不 Y"相关的同义句式"非得 X 才 Y"，意思是必须具备 X，才能实现 Y，也是强调 X 是 Y 实现的必要条件。例如：

(4) "太值得，你多伟大呀！ 永远谁夸也夸不够，<u>非得自夸才过瘾</u>!"马锐瞪父亲一眼。(王朔《我是你爸爸》)

"非得 X 不 Y"与"非得 X 才 Y"的不同之处是，前者中的后项为否定式"不 Y"，后者中的后项为肯定式 Y。但是二者的句式义却相同。这是汉语中的一种不对称现象。

在现代汉语中甚至还有一种与"非得 X 不 Y"相关的句式"非得 X"，句式义是必须 X，强调 X 的必要性。例如：

(5) "不行。"戈玲道，"我们不愿意让人家当傻瓜耍，<u>这事非得搞得水落石出</u>。不想怎么样她，就要问她一个为什么!"(王朔《谁比谁傻多少》)

(6) 当时，我想求他们通融一下，我是劳动教养，不是犯人，也不会跑，要弄我去劳改也不一定<u>非得大年三十</u>呀!(冯骥才《一百个人的十年》)

"非得 X 不 Y""非得 X 才 Y"与"非得 X"三者之间是怎样的源流关系呢？ 如果从现代汉语视角来看，是颇难梳理清楚的。如"非得 X"没有后项，从共时层面来看，其似乎是后项为肯定式的"非得 X 才 Y"的省略式；再如"非得 X 才 Y"，从共时层面来看，似乎是"得 X 才 Y"前直接加表示"必须"义的副词"非"而形成的。语言事实应该是怎样的呢？ 现代汉语由近代汉语发展、演变而来，二者一脉相承，现代汉语中很多语言现象如果离开了近代汉语是无法得到科学、合理的解释的。现代汉语中的句式"非得 X 不 Y""非得 X 才 Y"与"非得 X"的源头可以追溯到近代汉语。从历时视角来看,这些句式均产生于清中叶以后,先有"非得 X 不 Y",然后出现"非得 X",最后才产生"非得 X 才 Y"。换言之,"非得 X""非得 X 才 Y"属于"非得 X 不 Y"的演变问题。

"非得 X 不 Y"是近代汉语中出现的一种特殊句式,并沿用到了现代汉语。"非得 X 不 Y"是怎样形成的? 其生成机制是什么? 其生成动因是什么? 其历时演变又是怎样的? 迄今为止,这些问题尚未引起学界的关注。吕叔湘(1999:205)在解释"非 X 不 Y"的意义与用法时,间接地提及了该句式,认为"非 X 不 Y""表示一定要这样。'非'后多为动词语,也可以用小句或指人的名词。'非'后有时加'得'。后一部分常用'不行、不可、不成'"。王天佑(2010)从语义表达的角度将现代汉语中的"非得+VP"分为"意愿之必欲""情势之必须""推断之必然"三类,并讨论了三类格式所蕴含的语用功能及其在语义和句式上的差异;其中部分"非得+VP"属于句式"非得 X 不 Y"。我们拟立足汉语史,探究"非得 X 不 Y"的生成机制、生成动因与演变情况等,并探讨相关的近义句式"非要 X 不 Y"的形成及其演变问题。

2. "非得 X 不 Y"与"非 X 不 Y""得 X"的出现与使用

"非得 X 不 Y"的生成与"非 X 不 Y""得 X"有关。我们有必要先考察这三种句式的出现时代及使用情况。

2.1 "非得 X 不 Y"的出现与使用

我们所讨论的句式"非得 X 不 Y"的意思是,在事理或意志上必须 X 才 Y,不具备 X 就不 Y。

我们在明末拟话本短篇小说集《二刻拍案惊奇》中找到 1 例"非得 X 不 Y":

(7) 内中有一僧,法名辨悟,开言对大众道:"寺中僧徒不少,<u>非得四五十石米不能度此荒年</u>。如今料无此大施主,难道抄了手坐看饿死不成？我想白侍郎《金刚经》真迹是累朝相传至宝，何不将此件到城中寻个识古董人家，当他些米粮且度一岁？到来年有收，再图取赎，未为迟也。"（《二刻拍案惊奇》卷一）

我们似乎还不能将该例看作典型而可靠的"非得 X 不 Y"句式。其一，该例虽然可以看成我们所讨论的"非得 X 不 Y"句式，句式义是"必须有四五十石米才能度此荒年"；但是联系语境也完全可以将该例理解成"需要四五十石米才能度此荒年"或"得到四五十石米才能度此荒年"，其中的"得"可解读为"需要"义或"得到"义动词。其二，我们所讨论的"非得 X 不 Y"句式中的"得"是"应该、必须"义助动词（详见下文），"得"应该是首先且主要用于 VP 前表示情理上、事实上或意志上的必要，"得"偶尔用于表示数量或含有数量的 NP 前应该是后起用法。但是上例中"得"后接成分为 NP，而且为孤例，在明末文献中未见一例 X 为 VP（或 NP）的"非得 X 不 Y"。不仅如此，在清初文献中也未发现一例我们所讨论的句式"非得 X 不 Y"。如果说在明末就已出现了典型的"非得 X 不 Y"句式，那么其后一个世纪左右的空白将很难解释。其三，现在所见《二刻拍案惊奇》最早的刊行本为崇祯五年（1632）尚友堂刻本，此刻本国内仅存残卷，所幸日本内阁文库藏有一部完本，但是此本是否为原刻本尚存疑问。所以上例是否有后人改动的痕迹尚不得而知。

不过典型而可靠的"非得 X 不 Y"句式的出现大概不会晚于清中叶。我们在《东周列国志》中找到 2 例，[①]其中 X 为 VP：

(8) 越王曰："攻战之具，尚未备乎？"蠡对曰："善战者必有精卒，精卒必有兼人之技，大者剑戟，小者弓弩，<u>非得明师教习，不得尽善</u>。臣访得南林有处女，精于剑戟；又有楚人陈音，善于弓矢，王其聘之。"（《东周列国志》第八十一回）

(9) 惠文王复书曰："仪如有约，寡人必当践之。但闻楚与齐尚未决绝，寡人恐受欺于楚，<u>非得张仪病起，不可信也</u>。"
（《东周列国志》第九十一回）

为谨严起见，我们认为句式"非得 X 不 Y"最迟在清中叶已出现。②句式"非得 X 不 Y"与"非 X 不 Y"大致相当，用双重否定形式强调 X 是 Y 实现的必要条件，要实现 Y 必须具备条件 X。到了晚清，"非得 X 不 Y"已有较多用例，其中 X 一般为 VP，极少为 NP；Y 均为 VP（单音节助动词"可"等出现频繁）。如在《八仙得道》《康熙侠义传》中，"非得 X 不 Y"分别有 1 例、4 例，其中 X 均为 VP；在《彭公案》《济公全传》中，X 为 VP 的"非得 X 不 Y"与 X 为 NP 的"非得 X 不 Y"的比例分别为 10∶1、18∶1。

下面是 X 为 VP 的"非得 X 不 Y"用例：

(10) 文美没法，回至蚌壳。却好铁拐先生随后到来，问知缘由。这时水势越大，渐向这边淹来。幸各仙俱有避水之法，水至身边便豁然分裂，并不着些微损害。铁拐笑了笑，说道："<u>这非得我的葫芦来盛他一瓯子不可</u>。"（《八仙得道》第三十一回）

(11) 三个人抱头鼠窜，出了井泉馆。白德说："<u>我非得报仇不可</u>！你哥俩回去，我到家自有道理。"（《康熙侠义传》第六回）

(12) 侯爷说："广太，这件事应该如何办理？"张广太说："我去回禀巡抚，奏明圣上，不过是剿灭教匪，还许得点功劳。无奈此事关系重大，<u>非得亲身见巡抚不成</u>。众位走，到我衙门去。"（《康熙侠义传》第六十一回）

(13) 这天金眼佛姜天瑞由铁佛寺逃走，就逃到凌霄观去。一见他师父华清风，华清风就问："姜天瑞为何这样狼狈，怎么胡子没有了？"姜天瑞就把济公在铁佛寺捉妖之故从头至尾述说一遍。华清风一听，气往上冲，说："好济颠，这样无礼，<u>我非得找他去报仇不可</u>。"（《济公全传》第

八十九回)

下面是 X 为 NP 的"非得 X 不 Y"用例:

(14) 清风叫明月倒茶去,褚道缘本是心中有事着急,说:"……现在老仙翁去上九松山松泉寺找灵空长老求降魔宝杵,我来找师爷爷借斩魔剑,<u>非得这两种宝贝拿不了八魔</u>。既是真人没在家,二位师弟慈悲慈悲,把斩魔剑借给我使一使。我去救了济公长老,我赶紧就给送回来,我也不能要祖师爷的宝贝。"(《济公全传》第二百三十五回)

(15) 李能接本赶到官门,烦守宫太监呈与皇爷。正值皇爷与皇后在那里饮酒,席间谈起明日五鼓点将提兵,谁可去做先行,<u>非得一智勇双全之将不可充此重任</u>。(《双凤奇缘》第七十四回)

"非得 X 不 Y"中的 X 有的已复杂化,可以是复句形式。例如:

(16) 华清风一听,勃然大怒说:"你是我师弟,你不说给我报仇,反倒说我不好。<u>我非得跟济公一死相拼,找他报仇不可</u>。"(《济公全传》第一百回)

(17) 雷鸣、陈亮说:"<u>我二人非得把老道宰了,给小师兄报仇不可</u>。"(《济公全传》第一百四十四回)

2.2 "非 X 不 Y"的出现与使用

句式"非 X 不 Y"早在上古汉语中就已出现,X 最初主要是 NP,Y 均是 VP。Y 为助动词"可"的句式"非 X 不可"在上古汉语中已有用例。例如:

(18) <u>天子非展义不巡守,诸侯非民事不举,卿非君命不越竟</u>。(《左传·庄公二十七年》)

(19) <u>非其君不事,非其民不使</u>;治则进,乱则退,伯夷也。(《孟子·公孙丑章句上》)

(20) 是故求其诚者,<u>非归饷也不可</u>。(《韩非子·外储说左上》)

"非 X 不 Y"用双重否定形式强调 X 是 Y 实现的必要条件。张谊生(1992)认为,"非 X 不 Y"是双重否定式,"X 表示前提,Y 显示推导的结果,整个格式通过没有 X 就必然没有 Y,从反面强调了要实现 Y 就必须先有 X,从而突出了 X 的必要性和重要性"。郭攀(1999)将这种句式表示为"非 A 不 B",认为"'非 A 不 B'是古汉语条件关系复句中强化必要条件的一种复句类型","全句利用双重否定,表示'若不是 A 这一条件,就不能产生 B 这一结果'的语义内容"。洪波、董正存(2004)的看法相似,也认为"非 X 不 Y"这种句式"是一种强调格式,通过'非'和'不'的双重否定强调 X 是 Y 的必要条件"。

到了近代汉语,"非 X 不 Y"中 X 主要是 VP,Y 均为 VP(助动词"可"出现频率较高)。例如:

(21) 法眼和尚因患脚,僧问讯次,师曰:"非人来时不能动,及至人来动不得。且道佛法中下得什么语?"僧曰:"和尚且喜得较。"师不肯。(《景德传灯录》卷二十七)

(22) 话说子牙看罢大惊:"这事<u>非我自去不可</u>!"(《封神演义》第七十二回)

(23) 于是把篮中的酒倾了出来,饮个痛快,再把饭送入口中。说也不信,奇怪的事情又发生了,原来空篮中好好的又涨溢了酒瓶,装满了饭。后羿喜道:"原来此篮有这许多好处!等回见到吴刚老人,<u>非求他割爱赠送不可</u>。"(《八仙得道》第五十回)

(24) 胜奎也赶到这里,说:"环儿,你回去,有我拿他,看他往哪里逃,<u>我非拿住他不可</u>。"(《彭公案》第八十三回)

近代汉语中 X 为 NP 的"非 X 不 Y"用例已日益减少。例如:

(25) 上堂,举雪峰云:"南山有条鳖鼻蛇,汝等诸人出入好看。"玄沙云:"用南山作么?"师云:"奇哉! 善知出处,<u>非父不生其子</u>。"蓦拈拄杖,召大众云:"南山鳖鼻蛇,却在者里。"便掷下云:"拟即丧身失命。"(《古尊宿语录》卷四十二)

(26) 始皇问王翦曰:"楚亦难伐,恐二十万人不能济事。"王翦奏曰:"<u>伐楚之师,非六十万不可</u>。"(《全相平话五种·秦并六国平话》卷中)

2.3 "得 X"的出现与使用

这里的"得 X"中"得"为助动词,表示"情理上、事实上或意志上的需要",意思是"应该、必须"(吕叔湘 1999:166)。"得 X"表示情理上、事实上或意志上应该或必须 X。这种句式早在汉代就有用例,X 一般为 VP。例如:

(27) 豹视之,顾谓三老、巫祝、父老曰:"是女子不好,烦大巫姬为入报河伯,<u>得更求好女</u>,后日送之。"(《史记·滑稽列传》)

(28) 沛公曰:"君为我呼入,<u>吾得兄事之</u>。"(《史记·项羽本纪》)

宋代以后,"得 X"开始有较多用例。例如:

(29) 上堂:"诸上座适来从僧堂里出来,脚未跨门限便回去,已是重说偈言了也,更来这里,不可重重下切脚也。古人云,参他不如自参。所以道森罗万象,是善财之宗师;业惑尘劳,乃普贤之境界。若恁么参,<u>得与善财同参</u>。若不肯与么参,却归堂向火,参取胜热婆罗门。珍重!"(《五灯会元》卷十)

(30) 临别,再言:"学者须是有业次,须专读一书了,又读一书。"德明起禀:"数日侍行,极蒙教诲。若得师友常提撕警省,自见有益。"曰:"如今日议论,<u>某亦得温起一遍</u>。"(《朱子语类》卷一百一十三。引自李明,2016:125)

（31）飞龙大惊道："这老道人本领道法不在我师尊之下，我既有缘遇见，<u>得上去结识结识他们</u>，说不定他们也晓得我师尊消息。"（《八仙得道》第五回）

（32）（老君）又对火龙真人说："你在钱塘江中设下一闸，可防许多妖魔，却也很好。不过将来还有本领极高的蛟龙，能够穿闸而过。此妖一出，害人必多。<u>你得时时留心</u>，能够设法镇住了他，免得涂炭生灵，也是一件极大功绩。"（《八仙得道》第九回）

"得 X"中的 X 偶尔为表示数量或含有数量的 NP。例如：

（33）三杯酒罢，李固开言说道："实不相瞒上下，卢员外是我仇家。如今配去沙门岛，路途遥远，他又没一文，教你两个空费了盘缠，急待回来，<u>也得三四个月</u>。我没甚的相送，两锭大银，权为压手。多只两程，少无数里，就便的去处结果了他性命，揭取脸上金印回来表证，教我知道，每人再送五十两蒜条金与你。你们只动得一张文书，留守司房里，我自理会。"（《水浒传》第六十二回）

为了强调 X 的必要性，同义的"须"与"得"可连用，形成句式"须得 X"。例如：

（34）林冲道："上下做甚么？"董超、薛霸道："俺两个正要睡一睡，这里又无关锁，只怕你走了。我们放心不下，以此睡不稳。"林冲答道："小人是个好汉，官司既已吃了，一世也不走。"董超道："那里信得你说！要我们心稳，<u>须得缚一缚</u>。"林冲道："上下要缚便缚，小人敢道怎地。"（《水浒传》第八回）

（35）那小厮慌慌张张走到房门首，西门庆与妇人睡着，又不敢进来，只在帘外说话，说道："姐姐、姐夫都搬来了，许多箱笼在家中，大娘使我来请爹快去计较话哩。"这西门庆听了，只顾犹豫："这咱晚端的有甚缘故？<u>须得到家瞧</u>

瞧。"(《金瓶梅词话》第十七回)

(36) 大夫道:"要我饶你,须得二千缗钱,还只是买那官做。
　　　羞辱我门庭之事,只当不曾提起,便宜得多了。"(《二刻
　　　拍案惊奇》卷十四)

具备某个必要的条件 X 往往会产生某个结果 Y,所以"得 X"
可以扩展为"得 X 才 Y"。③最迟从元末明初开始出现了"得 X 才
Y"用例,句式义是在情理、事实或意志上必须 X 才 Y,表示 X 是
实现 Y 的必要条件。例如:

(37) 宋江听罢,随即教请戴院长商议,可往蓟州寻取公孙胜。
　　　戴宗道:"小可愿往,只是得一个做伴的去方好。"(《水浒
　　　传》第五十三回)

(38) 妙通道:"你要怎么样的才像得你意?"翰林把手指着里
　　　面道:"不瞒老师父说,得像这里表妹方妙。"(《二刻拍案
　　　惊奇》卷三)

(39) 素姐道:"原来是他!他常往俺家做菜。他娘姓强,俺只
　　　叫他是'强婆子';他又吃斋,又叫他'老强道'。要是他
　　　倒也罢了,我每日供备着,那里做斋方便。得那庵里没
　　　有闲杂人才好,我好在那里住的。"(《醒世姻缘传》第六
　　　十四回)

(40) 那人大笑道:"如今是不消那样麻烦了。来来来,就腾云
　　　缩地,也得有一半天工夫才赶得到。既你不愿缩地,可
　　　许随我登天罢。"(《八仙得道》第七十六回)

有时为了强调 X 的必要性,同义的"须"与"得"可连用,形成
句式"须得 X 才 Y"。例如:

(41) 宋江与吴用商议道:"我等诸将,闲居在此,甚是不宜。
　　　不若奏闻天子,我等情愿起兵前去征进。"吴用道:"此事
　　　须得宿太尉保奏方可。"(《水浒全传》第九十一回)

(42) 妇人笑,以手携之,说道:"且请起,未审先生鳏居几时?

贵庚多少？既要做亲，<u>须得要个保山来说，方成礼数</u>。"
（《金瓶梅词话》第十七回）

有时为了强调 X 的必要性，同义的"必"与"得"可连用，形成句式"必得 X 才 Y"。例如：

(43) 员外道："大人虽如此说，甥女岂肯心伏？<u>必得闻舍人自来说明，方好处分</u>。"（《二刻拍案惊奇》卷十七）

(44) 谈星的假意推算了一回，指着鹤龄的八字对黄翁道："此不是翁家之子。他生来不该在父母身边的，<u>必得寄养出外，方可长成</u>。及至长成之后，即要归宗。目下已是其期了。"（《二刻拍案惊奇》卷三十）

扩展式"得 X 才 Y"的语义重心仍然是"得 X"，强调 X 的必要性。在语言经济原则的驱动下，"得 X 才 Y"又可省缩成"得 X"，原来的命题义并未发生变化。如例(37)"只是得一个做伴的去方好"，可省缩成"只是得一个做伴的去"；例(38)"得像这里表妹方妙"，可说成"得像这里表妹"，原因就在于"一个做伴的去""像这里表妹"是句式的语义重心。也就是说，正是因为"得 X 才 Y"的语义重心是"得 X"，所以其中表示结果的后项"才 Y"可以省略。因此"得 X"可看作隐含了结果"才 Y"的肯定句式。

3. "非得 X 不 Y"的生成机制与动因

3.1 "非得 X 不 Y"的生成机制

句式"非 X 不 Y"实际上可以看作假设复句"如果非 X，那么就不 Y"的紧缩式，"非 X"与"不 Y"之间是假设与结果的关系，其中表示假设的"非 X"中"非"否定的是 X。如前所述，"得 X"可看作隐含了结果"才 Y"的肯定句式，"得 X"与"才 Y"之间是条件与结果的关系，其中表示条件的"得 X"中"得"是修饰 X 的。但是"非得 X 不 Y"与一般句式不同，我们无法按照常规句式的句法层次、语义关系对其进行分析。

表示"应该、必须"义的"得"的肯定式"得 X"没有相应的否定式"不得 X"或"非得 X"。在汉语史上虽有"不得 X",但是其表示不能、不可或不许 X,"得"是"可以、能够、许可"义。例如:

(45) 子曰:"圣人,<u>吾不得而见之矣</u>;得见君子者,斯可矣。"（《论语·述而》）

(46) 子墨子谓鲁阳文君曰:"大国之攻小国,譬犹童子之为马也。童子之为马,足用而劳。今大国之攻小国也,攻者,<u>农夫不得耕,妇人不得织</u>,以守为事;攻人者,<u>亦农夫不得耕,妇人不得织</u>,以攻为事。故大国之攻小国也,譬犹童子之为马也。"（《墨子·耕柱》）

在汉语史上"非得"后一般接 NP,但"非得 NP"的意思是"（如果）不得到 NP","得"是"得到"义。例如:

(47) 今有千里之马于此,<u>非得良工</u>,犹若弗取。（《吕氏春秋·知士》）

在汉语史上,与"应该/必须 X"义的"得 X"对应的否定式是"无须 X""不必 X"等。例如:

(48) 文帝知之,应遣先戒曰:"善候何颜色,如其不悦,<u>无须多陈</u>。"（《南史·何承天传》）

(49) 季布低声而对曰:"切莫语高动四邻。<u>深夜不必盘名姓</u>,仆是去年骂阵人!（《敦煌变文校注·捉季布传文》）

表示"应该、必须"义的"得"的肯定式"得 X"没有相应的否定式"非得 X",而"非得 X 不 Y"中的"得"是"应该、必须"义,所以从句法上看,"非得 X 不 Y"中"非"与"得"或"得 X"虽然在线性顺序上紧邻,但是不在同一层次上。换言之,"非"既不否定"得",也不否定"得 X"。事实上,"得"与 X 在同一层次上,"非"跨过"得"也与 X 处于一个层次上。从语义上看,"非 X"与"不 Y"构成假设与结果的关系,而"得 X"与"不 Y"没有条件与结果的关系,如前所述,"得 X"只与肯定式"才 Y"有直接的语义关系,即条件与结果的关系。由此可见,句式"非得 X 不 Y"无法按照常规的句式进行句法、语义分析。

我们认为,"非得 X 不 Y"是一种糅合句式,其生成机制是糅合,即由双重否定句式"非 X 不 Y"与隐含结果"才 Y"的肯定句式"得 X"糅合而成。这一生成过程可以表示为:

非 X 不 Y＋得 X→非得 X 不 Y

"所谓句式糅合,是指两个语义相同或相近的句式 A 与 B,因某种语用目的主要通过删略重叠成分合并成新的句式 C 的过程"(叶建军,2013)。句式糅合须遵循三个基本原则,即语义相近原则、时代先后原则和成分蕴含原则。(叶建军,2013)"非 X 不 Y"与"得 X"糅合生成"非得 X 不 Y"完全遵循句式糅合的三个基本原则。

句式糅合的语义相近原则,是指"源句式 A 与 B 在语义上必须相同或相近"(叶建军,2013)。"非 X 不 Y"与隐含结果"才 Y"的"得 X"语义相近,符合句式糅合的语义相近原则。"非 X 不 Y"用双重否定的形式强调 X 是 Y 实现的必要条件,而隐含结果"才 Y"的"得 X"是从正面或肯定的一面强调 X 是 Y 实现的必要条件。不过双重否定与单纯的肯定比较,其语气更为强烈,因而"非 X 不 Y"的强调意味比"得 X"更浓。例如:

(50) 老蛟刚要动身,忽听外面仙乐嘹亮,鹤唳长空。老蛟大疑道:"又是什么仙人来帮他们么? 若果如此,<u>我们真真非请教主前来不可了</u>。"(《八仙得道》第三十回)

上例中双重否定句式"我们真真非请教主前来不可了",可以说成肯定句式"我们真真得请教主前来",但是前者强调"请教主前来"的语气比后者更强烈。也就是说,"非 X 不 Y"与"得 X"语义相近,只是语气的强弱有别。

句式糅合的时代先后原则,是指"语义相同或相近的源句式

A 与 B 必须先于糅合句式 C 而存在，或与糅合句式 C 同时存在"（叶建军，2013）。"非 X 不 Y"与"得 X"糅合生成"非得 X 不 Y"，遵循句式糅合的时代先后原则。如前所述，"非 X 不 Y"早在上古汉语中就已出现，"得 X"在汉代也已出现，在近代汉语中"非 X 不 Y"与"得 X"均有大量用例，而"非得 X 不 Y"到了清中叶才开始出现。

句式糅合的成分蕴含原则，是指"糅合句式 C 必须蕴含源句式 A 与 B 的主要成分，甚至是全部成分"（叶建军，2013）。成分蕴含原则也可以称为语义蕴含原则，是因为"糅合句式 C 既然蕴含了源句式 A 与 B 的主要成分，甚至是全部成分，那么在语义上必然蕴含源句式 A 与 B"（叶建军，2013）。"非 X 不 Y"与"得 X"糅合生成"非得 X 不 Y"，也遵循句式糅合的成分蕴含原则或语义蕴含原则。"非得 X 不 Y"既蕴含了"非 X 不 Y"的所有成分，又蕴含了"得 X"的所有成分；或者说既蕴含了"非 X 不 Y"的语义，又蕴含了"得 X"的语义。如例（13）"我非得找他去报仇不可"，既蕴含了"我非找他去报仇不可"的所有成分，又蕴含了"我得找他去报仇"的所有成分；或者说既蕴含了"我非找他去报仇不可"的语义，又蕴含了"我得找他去报仇"的语义。

综上所述，从句式糅合的三个基本原则可以看出，句式"非得 X 不 Y"的生成机制是糅合，即由双重否定句式"非 X 不 Y"与隐含结果"才 Y"的肯定句式"得 X"糅合而成。

3.2　"非得 X 不 Y"的生成动因

"非 X 不 Y"与"得 X"语义相近，均是表示 X 是 Y 实现的必要条件，均体现了言者的主观性，不过二者主观性程度有差异。

助动词"得"可以表示情理、事实或意志上的需要，意思是"应该、必须"，由这种意义的"得"构成的句式"得 X"表示言者根据情理、事实或意志作出某种主观性的推断：要实现 Y，必须具备 X。言者的主观推断不是凭空臆造的，而是有依据的。如果这个依据是某个事实,很显然,言者的主观推断具有客观性;如果这个依据是情理或意志,事实上言者的主观推断也具有一定的客观基础。如例(32)"你得时时留心",是"你必须时时留心"的意思,是言者的主观推断,但是这种主观推断是基于未然的可能事实——"将来还有本领极高的蛟龙,能够穿闸而过。此妖一出,害人必多",言者的主观推断符合情理,是有一定的客观依据的。再如例(31)"得上去结识结识他们",意思是"应该上去结识结识他们",表示言者主观意志上的需要,但是这种主观意志上的需要也是有客观依据的:一是"这老道人本领道法不在我师尊之下",二是"有缘遇见"。总之,"得 X"强调的是言者根据事实、情理或意志作出的某种主观性的关于 X 的必要性的推断。

　　"非 X 不 Y"是一种双重否定句式,言者先作出否定性的假设"非 X",然后推导出否定性的结果"不 Y",从反面出发强调正面的观点,即要实现 Y,唯有具备条件 X;或者说唯有具有条件 X,才可实现 Y,X 是 Y 实现的必要条件。"非 X 不 Y"与"得 X"一样强调 X 的必要性,但是与"得 X"不同的是,"非 X 不 Y"具有言者更为鲜明的主观性,表达的是言者的强烈的主观意愿或推断,语气更强。如例(23)"非求他割爱赠送不可",表示言者后羿主观上认为唯有求吴刚老人割爱赠送方可,甚至有不达目的不罢休的意味。该句式表达的是言者强烈的主观意愿,这种主观意愿甚至只是言者的一厢情愿,而不是基于事实或情理。再如例(24)"我非拿住他不可",用双重否定的形式强调"拿住他"的必要性,表达了言者"不拿住他决不罢休"这样的强烈意愿,这种主观愿望也不是基于事实或情理的,因而"我非拿住他不可"具有言者极强的主观性。

　　当言者想表达基于某种情理、事实或意志的"要实现 Y,必须具备 X"这种主观推断时,大脑中会浮现肯定句式"得 X";当言者想表达不一定基于某种依据的"唯有具备 X 才 Y"这一强烈的主观意愿时,大脑中会浮现双重否定句式"非 X 不 Y";当言者在使用具有一定的主观性的肯定句式"得 X"的同时,又想进一步凸显强烈的主观性,那么大脑中就会浮现、叠加双重否定句式"非 X 不 Y",从而在外在的语言形式上通过删略重叠成分生成了"非得 X 不 Y"这样的句式。如例(13),如果言者华清风想基于"济颠这样无礼"这样的客观事实表达自己的主观愿望,可以使用肯定句式"我得找他去报仇";如果言者同时又想进一步凸显自己强烈的主观情感,表达愤怒之情,那么大脑中就会浮现、叠加双重否定句式"我非找他去报仇不可",在外在的语言形式上,二者便通过删略重叠成分糅合生成了"我非得找他去报仇不可"。

总之,"非 X 不 Y"与"得 X"糅合生成"非得 X 不 Y"的动因是凸显言者的主观性。

4. "非得 X 不 Y"的演变及"非得"的副词化

4.1　省缩式"非得 X"与扩展式"非得 X 才 Y"

"非得 X 不 Y"在清中叶开始出现,在发展过程中衍生出了"非得 X"与"非得 X 才 Y"两种变式。我们认为,"非得 X"由"非得 X 不 Y"省缩而来,而"非得 X 才 Y"由"非得 X"扩展而成。

在晚清小说《八仙得道》中已出现 1 例省缩式"非得 X"。例如:

(51) 闲言少叙,再说天师受了这场暗亏,回府之后,便有一同出门的灵官和侍从人等前来问好请安。天师把经过的事情一字不瞒的对他们说了。早激动了董、王两位灵官,立时掣出钢鞭,大呼道:"鬼物侮辱天师,我辈更不在他们眼内了。请天师立刻召齐群鬼魂,<u>非得逐个赐以一鞭</u>。将来鬼风嚣张,鬼势蓬勃,还能治得下来么?"(《八仙得道》第八十回)

我们认为,"非得逐个赐以一鞭"是由"非得逐个赐以一鞭不可"脱落句式末尾"不可"而来的，即"非得 X"由"非得 X 不 Y"脱落"不 Y"而来。那么"不 Y"为什么会脱落呢？这是因为"非得 X 不 Y"的语义重心是 X。如"非得逐个赐以一鞭不可"，言者所要传递的重要的新信息是"逐个赐以一鞭"，"不可"仅仅是与前面"非"相呼应的句法上的强制性成分，并未传递新信息，只是一个次要的而句法上又不可或缺的成分。也就是说，"非得逐个赐以一鞭不可"的语义重心是"逐个赐以一鞭"。言者说出"非得逐个赐以一鞭"，业已传递并强调了新信息"逐个赐以一鞭"，言者主观上觉得传递的信息量已足够，且新信息处于句末自然焦点位置，于是在语用上忽略了该句式句法上的强制性呼应成分"不可"，因而造成了句法上的缺省。但是这并不妨碍接受者对言者欲表达的语义的理解，因为重要信息"逐个赐以一鞭"已明确传递，接受者能够准确推导出句式义，并不会因句式在句法上的缺省而曲解其语义，原句式的肯定义于是附着在新的句式"非得逐个赐以一鞭"上。也就是说，由于呼应的否定成分"不 Y"的脱落，言者或接受者会重新解读"非得 X"，认为该句式大致相当于肯定句式"得 X"，因而抑制了"非"的否定义。不过原句式"非得 X 不 Y"的凸显言者主观性的语用功能仍然保留了下来，或者说"非得 X"仍然具有言者强烈的主观性。

下面二例同现于一种文献中，颇有启发性：

(52) 李虎臣叫众人快走。此时那老头儿把眼一瞪，说："你等往哪里走？老爷子非得把你们结果了不可！我也绝不能与你们善罢甘休！"（《康熙侠义传》第十八回）④

(53) 自己想罢，他从身背后就往前捯，捯到吴德的跟前，一伸手，说："好一个八卦教匪，你往哪里走！我今天非得结果你的性命！无缘无故的你要杀张广太，明明你是贼党！"（《康熙侠义传》第六十一回）

以上二例所要表达的命题义是相近的，只是具体的施事、受事不同,因而也可以看作同义句式。不过例(52)属于"非得 X 不 Y"句式,例(53)属于"非得 X"句式。通过比较可以看出,"非得 X"是由"非得 X 不 Y"脱落句式末尾的"不 Y"而来的,其仍然具有言者强烈的主观性。

由于"不 Y"的脱落,"非得 X"在语境中被重新理解成了肯定句式,用来强调 X 的必要性。具备某个必要的条件 X,往往会产生某个相应的结果 Y。如果言者在强调 X 的必要性的同时,又想附带指出相应的结果 Y,那么被理解成肯定句式的"非得 X"就会扩展成一个新的肯定句式"非得 X 才 Y",这就如同肯定句式"得 X"可以扩展成"得 X 才 Y"一样。在晚清小说《康熙侠义传》中已有 4 例扩展式"非得 X 才 Y"。例如:

(54) 山东马说:"这菜卖多少钱一个?"跑堂的说:"你们吃吧,别问价钱。昨天有一个人在我们这里吃饭,他一问价钱,把我们掌柜的问烦了,叫人来打了一个腿伤胳膊烂,托出了好些个朋友来了事,给了三百吊钱才算完了,然后又给我们掌柜磕了一个头。"山东马一听,怒从心上起,气向胆边生,说:"好哇,<u>我非得问个价钱多少才吃哪</u>!"(《康熙侠义传》第五十三回)

(55) 又见马成龙执大环金丝宝刀出来,吴恩先派人知会那巴永太说:"这清朝的武将甚是厉害,须要小心!"巴永太说:"这就是临敌无惧、勇冠三军的马成龙? 不要长他人之威风,灭自己的锐气,<u>我非得结果他的性命才可</u>!"(《康熙侠义传》第七十八回)

例(55)与例(52)、(53)均出自《康熙侠义传》,表达的命题义相近,只是具体的施事、受事不同而已,因而可看作同义句式。例(55)属于"非得 X 才 Y"句式,将其与例(52)、(53)进行比较,可以看到例(55)是由"我非得结果他的性命"扩展而来的,而"我非得结果他的性命"是由"我非得结果他的性命不可"省缩而来的。这一生成过程可以完整地表示为：

我非得结果他的性命不可→我非得结果他的性命→我非得结果他的性命才可

也就是说，"非得 X 才 Y"是由"非得 X"扩展而成的，⑤而"非得 X"是由"非得 X 不 Y"省缩而来的。"非得 X 才 Y"的生成过程可以完整地表示为：

$$非得 X 不 Y→非得 X→非得 X 才 Y$$

在汉语史上，"非 X 不 Y"可以省缩成"非 X"，进而可以扩展成"非 X 才 Y"，这一语言事实可以作为支持以上观点的旁证。

"非 X 不 Y"的后项"不 Y"在句法上具有强制性，是不可或缺的，不过在语用中也可以脱落。在言语交际中，句末信息往往是新信息，是自然焦点，但是"非 X 不 Y"要强调的是 X 的必要性，句式的语义重心是 X，占据句末自然焦点位置的"不 Y"反而是次要信息。言者在语用上为了强调 X 而忽略了边缘化的信息"不 Y"，致使"不 Y"脱落，形成了句法上缺省的句式"非 X"。句法上缺省的句式"非 X"的意义仍然与原句式"非 X 不 Y"一致，言者或接受者对新句式"非 X"进行重新解读，将其理解成肯定句式，语义上大致相当于"必须 X"。不过"非 X"出现较晚，大概到了清末才出现。例如：

(56) 欧阳德说："我先要去找这个刺客，混帐东西！他给我惹下这样大祸，我找着他，<u>非把他掰岔了</u>，这个人怎么这样子？"(《彭公案》第二百一十一回)

(57) 三太倒吸一口凉气，悔不听大师兄胡景春之言，果然又上了贼人之当。心中暗想："如要再想出山，<u>非把贼人拿住</u>，走马换将。我要把他拿住，叫他将我送出山口，不然万难出山。"(《三侠剑》第一回)

"非 X"被重新解读成了肯定句式，强调条件 X 的必要性。由

于句法与语义的制约,"非"丧失了否定义,吸收了肯定义,相当于
"必须"。"非"的这个新的意义与其否定义没有关联性,这是一个
句式的演变导致词语语义演变的典型例子。⑥言者如果要进一步
指出必要条件 X 产生的相应的结果 Y,那么又可将"非 X"扩展成
一个肯定句式"非 X 才 Y"。这种句式到清末开始有用例。例如:

(58) 侯蒙道:"寻常刀斧哪里砍得动那山中的荆棘? <u>非有宝
刀才能济事</u>。"(《侠女奇缘》第六十三回)

"非 X 才 Y"的生成过程可以完整地表示为:

$$非 X 不 Y \rightarrow 非 X \rightarrow 非 X 才 Y$$

由此可见,"非得 X 才 Y"与"非 X 才 Y"的生成过程是平
行的。

综上所述,"非得 X 不 Y"在发展过程中先衍生出了省缩式
"非得 X",省缩式"非得 X"又衍生出了扩展式"非得 X 才 Y"。

4.2　"非得"的副词化

到了清末,新生的句式"非得 X"与"非得 X 才 Y"已有较多用
例。例如:

(59) 张文彩过去一踢,把血脉踢活,纪逢春才能站起来,说:
"好贼! 把大官老爷差点要了命,<u>我非得拿锤把他打
死</u>。"(《彭公案》第二百〇八回)

(60) 今天见苗配又来了,马兆熊本是个直心人,说:"苗配,你
真不要脸,我头一次给你十五两,第二次又是十两,第三
次又是十五两,第四次又是五两。你说自今以后改邪归
正,现在你又来借钱了。就是你姐丈也不能尽着你输
去,<u>今天我非得管教管教你</u>。"(《济公全传》第二百二十
四回)

(61) 众人说:"请问老英雄,他是什么功夫?"追风侠刘云说:
"他这叫蛤蟆气,<u>非得见血才破得了</u>。不见血是白打,他

不知道疼。"(《彭公案》第一百六十一回)

（62）法洪说："你要打算要他的命也可,我要叫他死,他就得
　　　死,非得我念咒他才能活。我冲着兄长你,不叫他活就
　　　是了,你叫他落个全尸首就完了。"(《济公全传》第二百
　　　〇四回)

在晚清文献中"非得 X 不 Y""非得 X"与"非得 X 才 Y"共存,
这种态势一直保持到现代汉语。下面是三者在晚清六部文献中
的使用情况表。

表1　晚清六部文献中"非得 X 不 Y""非得 X"与"非得 X 才 Y"的使用情况

句式	八仙得道	康熙侠义传	彭公案	济公全传	小五义	续小五义	合计
非得 X 不 Y	1	4	11	19	7	3	45
非得 X	1	3	8	21	3	3	39
非得 X 才 Y	0	4	10	9	7	3	33

总的来看,在三种句式中,"非得 X"与"非得 X 才 Y"已逐渐
使用开来。

由于韵律制约,"非得 X"与"非得 X 才 Y"中原本不在同一句
法层次上的相邻成分"非"与"得"便组合成一个标准韵律词,"非"
与"得"的句法分界模糊乃至消失,因而跨层结构"非得"的黏合度
增强了,有了词汇化的可能性。"非得 X"与"非得 X 才 Y"中 X 一
般为 VP,韵律词"非得"是 X 的修饰、限制性成分,经常处于状语
的句法位置,而这一句法位置主要由副词占据,这就为"非得"的
副词化提供了句法条件。"非得 X"与"非得 X 才 Y"的句式义是
肯定的,韵律词"非得"摆脱了否定式"不 Y"的制约,便在语境中
丧失了否定义,吸收了肯定义。伴随着"非得 X""非得 X 才 Y"的
广泛运用,可以认为韵律词"非得"最迟在清末已副词化,大致相
当于"必须"。需要指出的是,直到现代汉语"非得 X 不 Y"并未消

失,其与变式"非得 X""非得 X 才 Y"仍然共存,变式"非得 X"与
"非得 X 才 Y"可以自由变换为"非得 X 不 Y"。由于受到肯定的
句式义与双重否定的句法框架的制约,"非得 X 不 Y"中的"非得"
虽然仍然可以理解为副词,但是其被抑制的否定义已被激活,大
致相当于否定副词"非"。

5. 相关句式"非要 X 不 Y"的形成及其演变

5.1 "非要 X 不 Y"的形成

在现代汉语中还有一种"非要 X 不 Y"句式,其中的 X、Y 均
是 VP,Y 往往是助动词"可"等。该句式不仅表示 X 是 Y 实现的
必要条件,而且表示在言者看来施事为了实现 Y 而意志坚定地去
实施行为 X。[⑦]例如:

(63) "啊哈,妈妈! 不是真事? 篇篇电影是那样,出出戏是那
样,本本小说是那样,就算有五成谎吧,不是还有五成真
的吗?"玛力非要把母亲说服了不可,往前探着头问:"对
不对,妈? 对不对?"(老舍《二马》)

(64) 然后,像梦里醒过来似的,老通宝猛跳起身,沿着那小河
滩,从东头跑到西头。为什么要这样跑,他自己也不大
明白;他只觉得心口里有一团东西塞住,非要找一个人
谈一下不可而已。但是全村坊静悄悄地没有人影,连小
孩子也没有。(茅盾《秋收》)

"非要 X 不 Y"最早可能出现于晚清小说《八仙得道》,清末已
有较多用例。[⑧]例如:

(65) 铁拐先生又道:"他们既敢贪他人之功,势必还要实行他
们卑劣手段,非要害得徐福等子孙吃他们的亏不止。你
们瞧着罢!"(《八仙得道》第四十四回)

(66) 众鬼也纷纷争论,说张法官不应无故开他们的玩笑,非

要将他惩治不可。(《八仙得道》第七十九回)

(67) 话说济公带领二位班头，正走到山内，只见华清风手举宝剑，要杀杨明、雷鸣、陈亮。书中交代，华清风由梅花山逃走，自己一想，非要把济公杀了不可。(《济公全传》第一百〇二回)

(68) 众人紧紧一追，高珍头前逃走，这几个人也不知高珍要往哪跑。马兆熊是死心眼，非要把高珍追上不可，直追出有五六里地。(《济公全传》第二百〇一回)

上例中的"非要 X 不 Y"不仅表示 X 是实现 Y 的必要条件，而且表示在言者看来施事具有实施 X 的坚强意志，或者说施事具有强烈的主观性。"非要 X 不 Y"与"非得 X 不 Y"语义相近，属于近义句式。如例(66)"非要将他惩治不可"可以替换成"非得将他惩治不可"，替换前后的命题义基本不变，都是表示"欲将他惩治"。不过二者还是有一些差异："非得 X 不 Y"侧重强调的是在情理上必须 X 才 Y，主要体现的是言者(不一定是施事)的主观性。如例(12)"非得亲身见巡抚不成"，侧重强调的是在情理上"必须亲身见巡抚"，主要体现的是言者张广太的主观性。而"非要 X 不 Y"侧重强调的是施事(不一定是言者)具有实施 X 的坚强意志或坚决态度，主观上认为必须 X 才 Y，主要体现的是施事的主观性。如例(68)"(马兆熊)非要把高珍追上不可"，侧重强调施事马兆熊具有"把高珍追上"的坚强意志或坚决态度，主要体现的是施事的主观性。比较下例中的"非得 X 不 Y"与"非要 X 不 Y"，更能清楚地看出二者的差异。

(69) 老头说："你是走路的，走你的路！你揪着我们为甚么事情？"二爷说："我平生好管闲事。我问问你们，因为何故？我给你们分析分析。"老头说："我们这个事情不好分析，非得到当官去不成!"二爷说："我非要领教领教不可。"(《小五义》第九十回)

　　"非要 X 不 Y"与"非得 X 不 Y"一样，也是句式糅合的结果，换言之，其生成机制也是糅合。"非要 X 不 Y"无法按照常规的句式进行句法、语义分析，"非"并不是否定"要"或"要 X"的，而是跨过"要"否定 X 的（即"非 X"），然后与"不 Y"构成假设与结果的关系。"非 X 不 Y"是一种双重否定句式，表达的是言者的主观意愿或推断，言者的主观性极强。"非要 X 不 Y"中的"要"是助动词，"表示做某事的意志"（吕叔湘 1999：592），"要"是修饰限制 X 的，"要 X"与"不 Y"没有条件与结果的关系。"要 X"表现了施事强烈的主观意愿，其往往是达到某个目的的必要的前提条件，有了这个必要的前提条件往往会产生相应的结果 Y，所以，"要 X"隐含着"才 Y"这样的结果。如果言者想直接表达施事强烈的主观意志，可以使用肯定句式"要 X"；如果言者想表达自己强烈的主观性，那么就会使用双重否定句式"非 X 不 Y"；如果言者既想表达施事强烈的主观意志，又想表达自己强烈的主观性，那么"要 X"与"非 X 不 Y"便先后在言者大脑中浮现、叠加，在外在的语言形式上通过删略重叠成分生成了"非要 X 不 Y"。

　　"非 X 不 Y"与"要 X"糅合生成"非要 X 不 Y"完全遵循句式糅合的三个基本原则。

　　首先，"非 X 不 Y"与"要 X"语义相近，二者的命题义均是表示欲实施 X，如"非将他惩治不可"与"要将他惩治"命题义一致。"非 X 不 Y"与"要 X"发生糅合遵循句式糅合的语义相近原则。

　　其次，"非要 X 不 Y"到了晚清才有用例，而"非 X 不 Y"在上古就已出现，表达施事强烈的主观意愿的"要 X"最迟到宋代也已出现。下面是"要 X"用例：

（70）曰："古人'危邦不入，乱邦不居'。近而言之，若一乡之人皆为盗贼，吾岂可不知所避！圣人言语说得平正，必欲求奇说令高远如何！今人说文字，眼前浅近底，他自要说深；在外底，他要说向里；本是说他事，又要引从身

<u>上来</u>;本是说身上事,<u>又要引从心里来</u>,皆不可。"(《朱子语类》卷二十六)

(71) 荆公作字说时,只在一禅寺中。禅床前置笔砚,掩一龛灯。人有书翰来者,拆封皮埋放一边。就倒禅床睡少时,又忽然起来写一两字,看来都不曾眠。字本来无许多义理,<u>他要个个如此做出来</u>,<u>又要照顾须前后</u>,<u>要相贯通</u>。(《朱子语类》卷一百三十)

也就是说,"非 X 不 Y"与"要 X"糅合生成"非要 X 不 Y"遵循句式糅合的时代先后原则。

最后,"非要 X 不 Y"蕴含了"非 X 不 Y"与"要 X"的所有成分,既蕴含了"非 X 不 Y"的语义,又蕴含了"要 X"的语义,遵循句式糅合的成分蕴含原则或语义蕴含原则。

综上所述,"非要 X 不 Y"是因凸显言者的主观性这一语用目的,由"非 X 不 Y"与"要 X"糅合而成的。

5.2 "非要 X 不 Y"的演变

如同"非得 X 不 Y"有省缩式"非得 X"一样,"非要 X 不 Y"在晚清也出现了省缩式"非要 X",其中的韵律词"非要"在语境中被重新理解成"一定要"义。"非要 X"最早可能出现于晚清小说《八仙得道》,清末已有一定的用例。例如:

(72) 凭心而论,这一种人,实是世上最可敬可佩最有希望的人。可是有了这种性格的人,也有一样非常危险之事,就是观察上的错误和见解的乖谬。因为他们的毅力最坚,迷信最甚,对于可信之人,礼为之事,原该有此迷信和毅力,设或遇到一种虚伪的人和谬妄之事,他却一般的迷信和执意,<u>非要把这人抬高到十足</u>,并要拼出全力,牺牲自己,拼命价去干那乖谬的事情。(《八仙得道》第七十四回)

(73) 喜大人说:"今天请你们几位到后面三间花厅住一夜,在那里给你们预备点酒菜、果子点心。那里发生的事,也不知道是鬼还是妖精,我们这衙门也没人敢到后头去。以前,我这倒有一个家人,他胆子大,不信鬼神。有一天半夜,<u>他非要去看看</u>,可是一去就没见出来。第二天一找,他死在门后边,脸都黑了。兴许是妖气给扑的,如今谁也不敢上后头去了。"(《彭公案》第二百〇五回)

(74) 严春说:"礼物倒不多,千里送鹅毛,礼轻人物重。不论多少也算是我的人心,也算是我严春有街坊的义气。毕大王口出不逊,<u>非要劫我镖船</u>。我船支入一水岛,竹城上卦,这是何故?"(《大八义》第三十五回)

"非要 X"沿用到了现代汉语。例如:

(75) "一眼就认出来了。"丁小鲁暧昧地笑,"我是《影迷报》的记者,我叫丁小鲁。这位是刘美萍,我的一个同事的女儿,也是您的影迷,听说我今天来采访您,<u>非要跟来</u>。"(王朔《你不是一个俗人》)

(76) 我早已从她的杂杂碎碎的诉说中,料定了最终的结局将是怎样的,却<u>非要迫她亲口道出</u>,而且腰斩了她本能地抻长又抻长的诉说。(梁晓声《表弟》)

如同"非得 X"有扩展式"非得 X 才 Y"一样,"非要 X"从晚清开始也出现了扩展式"非要 X 才 Y",最早也见于《八仙得道》,清末已有一定的用例。例如:

(77) 二郎手指玄珠子,笑而叱道:"好好,你倒会刻薄人家,还说人家冷心冷面刻薄你呢! 好得很,你既说我诖误公事,我就在灌口小庙内,天天替你求天拜地,<u>非要求得祸祟前来寻你</u>,要你做几件诖误事情给我看看,才出得我这口恶气咧!"(《八仙得道》第五十四回)

(78) 淫贼在地跪着,心中异常愤恨,心说道:"我采花没上胜家去,镖打秦天豹事,在前二十余年,说了半天我全不知道呀！现在我养父哀求于你，你是铁打心肠，毫不怜惜，<u>非要结果我这条性命</u>，方算遂你心头之愿。并且我跪在地下半晌的工夫，苦苦哀求，你是完全没有听见？小太爷好乐，与你姓胜的何事？你是前来无事寻非。"（《三侠剑》第一回）

(79) 湘林脸上微红，接着道："捻花人何足珍重，一枝两枝梅花给你，真不在你眼里，<u>非要引你到邓尉香雪海去，才见得情深义重哩</u>！"（《人海潮》第七回）

"非要 X 才 Y"沿用到了现代汉语。例如：

(80) 那年，本村王跛子的婆娘病重，费尽周折好不容易弄到城里。谁知，<u>非要交三百元押金才能住院</u>。（张胜利《八舅》）

(81) 星子能怎么说呢？星子有千条反驳理由，但星子没说。星子也觉出自己太矜持太自尊，<u>非要等着牺明目张胆地追求才肯认账</u>。（方方《桃花灿烂》）

在晚清省缩式"非要 X"与扩展式"非要 X 才 Y"日益使用开来，受到句法、语义制约的"非要"丧失了否定义，吸收了肯定义，大致相当于"一定要"。可以认为，韵律词"非要"最迟在清末已副词化了。

6. 结论

句式"非得 X 不 Y"典型而可靠的用例最早可能见于清中叶，意思是在情理、事实或意志上必须 X 才 Y，强调 X 是 Y 实现的必要性条件。从句式糅合的语义相近原则、时代先后原则和成分蕴含原则来看，"非得 X 不 Y"的生成机制是糅合，其由双重否定句式"非 X 不 Y"与隐含结果"才 Y"的肯定句式"得 X"糅合而成。凸显言者的主观性是"非 X 不 Y"与"得 X"糅合生成"非得 X 不

Y"的动因。

　　"非得 X 不 Y"从晚清开始衍生出了"非得 X"与"非得 X 才 Y"两种变式,并沿用了下来。"非得 X"是由"非得 X 不 Y"省缩而来的,而"非得 X 才 Y"是由"非得 X"扩展而成的。伴随着"非得 X"与"非得 X 才 Y"的广泛使用,受到句法、语义制约的韵律词"非得"在语境中吸收了肯定义,最迟到清末已副词化,大致相当于"必须"。

　　在晚清出现的与"非得 X 不 Y"相关的近义句式"非要 X 不 Y"的生成机制也是糅合,即由"非 X 不 Y"与"要 X"糅合而成。"非要 X 不 Y"的生成动因也是凸显言者的主观性。如同"非得 X 不 Y"一样,"非要 X 不 Y"在晚清也出现了省缩式"非要 X"及扩展式"非要 X 才 Y"。在晚清省缩式"非要 X"与扩展式"非要 X 才 Y"日益使用开来,受到句法、语义制约的韵律词"非要"最迟在清末也已副词化,大致相当于"一定要"。

注释

① 明代中叶余邵鱼编写了平话《列国志传》,明末冯梦龙在此基础上改编成了《新列国志》,现在流传的《东周列国志》则是清代乾隆年间蔡元放对《新列国志》的再次改编本。可见《东周列国志》的语言反映了不同的时代层次,我们姑且将其看作清代中叶文献。

② 即便认为典型而可靠的"非得 X 不 Y"在明末就已出现,也丝毫不会影响下文关于其生成机制的解释。

③ 句式中最初使用较多的是"方",后来使用较多的是"才"等,有时"方"与"才"连用。为了行文方便,我们将这种句式记作"得 X 才 Y"。

④ 此例"老爷子非得把你们结果了不可"为表示处置的句式"非得 X 不 Y",可以变换为非处置的句式"非得 X 不 Y",即"老爷子非得结果了你们不可"。在汉语史上也有表达相近命题义的非处置的句式"非得 X 不 Y"。例如:

　(1)卧云居上灵官说:"道友,你别管,我等原与济颠远日无冤,近日无仇,只因他火烧我徒弟韩棋,戏要邓连芳,这都算小节。决不该主使他徒

弟火烧了我们圣教堂,大闹万花山。我等非得结果他的性命不可。"(《济公全传》第二百三十三回)

⑤ "非得 X 才 Y"有没有可能是"必须"义的"非"直接加在"得 X 才 Y"前而形成的呢? 从现代汉语的视角来看,似乎是有这种可能性的,但是共时层面的解释有可能是以今律古,掩盖了真相。与共时视角相比,历时视角往往能更科学、更合理地揭示语言现象之间的源流关系,因为这能得到汉语史上语言事实的支持。当一种观点或理论假设与语言事实相左时,我们宁可相信语言事实。由"非得 X"扩展为"非得 X 才 Y"是一种有理据的句式演变,而且能得到历史语料的支持。另一方面,据我们考察,"非"的"必须"义出现较晚(详见下文),不早于"非得 X 才 Y"的出现,因而"非得 X 才 Y"不可能是由"必须"义的"非"直接加在"得 X 才 Y"前而形成的。

⑥ 直到现代汉语"非 X"与"非 X 不 Y"不仅共存,而且可以互相自由变换。如果前者变换为后者,那么肯定的句式义与双重否定的句法框架就会激活"非"的被抑制的否定义。

⑦ 这里的施事可能是言者,也可能不是言者。

⑧ 下例"非要 X 不 Y"中的"要"是索取义动词,X 是 NP,充当"要"的受事宾语。这种"非要 X 不 Y"实际上属于"非 X 不 Y"句式,不是我们所讨论的"非要 X 不 Y"句式。

　(1)那店内伙计给了他一文钱,他不要,又添了一文,他也不要。添至一百钱,他还嫌少,非要五两银子不走。(《彭公案》第六十七回)

参考文献

郭攀　1999　"非 A 不 B"句型的出现及其发展,《华中师范大学学报》第 3 期。

洪波、董正存　2004　"非 X 不可"格式的历史演化和语法化,《中国语文》第 3 期。

李明　2016　《汉语助动词的历史演变研究》,北京:商务印书馆。

吕叔湘　1999　《现代汉语八百词》(增订本),北京:商务印书馆。

邵敬敏　1988　"非 X 不 Y"及其变式,《中国语文天地》第 1 期。

王灿龙　2008　"非 VP 不可"句式中"不可"的隐现——兼谈"非"的虚化,《中国语文》第 2 期。

王天佑　2010　"非得+VP"格式及相关问题,《中国矿业大学学报》第 3 期。

叶建军　2013　"X 胜似 Y"的来源、"胜似"的词汇化及相关问题,《语言科学》第 3 期。

张谊生　1992　“非 X 不 Y”及其相关句式,《徐州师范学院学报》第 2 期。

张谊生　2014　《现代汉语副词研究》(修订本),北京：商务印书馆。

"有＋NP_双"的构式化及其句法表征*

张　亮(中国社会科学院语言研究所)

1. 引言

　　现代汉语"有"与双音节名词性成分的组合结构(即"有＋NP_双",以下简省"有 NP"或"有＋NP";可看作 VO 式述宾结构)是一组非常能产的多功能语法构式,引起了学界的广泛关注与研究。本文拟在已有研究的基础之上,对"有＋NP"的构式化及其在此过程中的句法语义表征进行深入探讨。需要说明的是,我们所秉持的构式观是 Goldberg(1995)和 Goldberg(2006)的并和。^①所谓的构式化指的是构式的语法化(过程)。我们对"有 NP"的构式化判定遵从的实例导向,即在"有 NP"的构式化连续统的节点(如"有 NP"的形容词化、副词化)总是先出现部分实际语言用例,之后随着"有 NP"构式语法化程度深化,才有更多的节点用例出现。

　　* 本研究得到国家社科基金青年项目"相邻语言单位的语义负载与语法化研究"(批准号:18CYY044)和第 63 批中国博士后科学基金(资助编号:2018M630253)资助。

2. "有NP"的构式化

基于实际语料检索分析"有NP"的构件属性,勾勒"有NP"构式化连续统。

2.1　"有NP"的构件属性

"有NP"由固有构件"有"和变量构件NP构成。"有"是汉语中仅次于"是"的第二高频动词,有多种引申甚至虚化的用法(刘丹青,2011:99),通行的语法著述概括为"存在动词""存现动词""领有动词""领属动词"等。②已有研究性文献立足"存在"和"领有"概念基础,提出多样化的属性解读。"有NP"的构件"有"具有其特殊性:"一方面,它是表示'拥有'和'存在'的动词,另一方面,它还是一个肯定标记。当我们说某人拥有某物,或某地存在某物的时候,我们不仅仅是做出一个判断,同时我们也是进行一种肯定(判断)"(王灿龙,2016:56)。"有"表领属,还是存在,都以"有"是动词为讨论基础。

我们认为,领属与存在的划分,既涉及"有"字句所在的句法主语的属性界定,又关涉"有"的后接宾语成分。"一个句子可以同时激活存在图式和拥有图式。一个参与角色可以身兼二职,既是拥有图式中的属者,又是存在图式中的存在物。当领者退隐时,存在义得到凸显;当存在处所退隐时,拥有义得到凸显。"③那么,"有"的原型功能为何? 即使是表存在,存在的样态同样存在下位范畴,如"空间、时间"的存在,"领有、具有"的存在。如果,在存在范畴内部,能够切分出领有或具有的话,那么,我们可以选择"存在"作为原型讨论范畴。但是,如果把"领有"作为原型上位范畴,同样可以进行"空间领有"与"时间领有"的下位分类。所以,我们认为,存在和领有之间存在相互包含关系,二者间存在梯次过渡。也就是说,在存在与领有(领属)之间可以构建连续统,进而将"存在的有"与"领有的有"进行归并。

　　变量构件 NP 属性解读,我们拟在实例分析的基础上进行。根据 BCC 语料库对检索项的词性设置情况,以"有 n"为检索项得出"有机会、有条件、有意义"类;以"有 v"为检索项得出"有影响、有发现、有希望"类;以"有 an"为检索项得出"有困难、有热情、有冲动"类;以"有 vn"为检索项得出"有发展、有竞争、有保障"类。④基于沈家煊(2007)以来所提出的"名动包含"说,⑤我们不拟严格区分"n、v、an、vn",将其进行统称归并,为"有 NP"。⑥

　　动词、形容词等本身具备的述谓性及潜在指称性,所以,动词、形容词可以与名词一样,可以有选择地进入"有 NP"构式;我们意在强调,并不是所有的动词、形容词都可以自由进入"有 NP"构式。动词、形容词进入"有 NP"构式,其自身原有述谓性被压制,其潜在指称性被突显,所以,动词、形容词可以进入"有+NP"结构做宾语。在"名动包含"理论框架下,取消动词、名动词、名形词与名词的分立,取消名词与动词、形容词等的兼类,使得本有的研究分析过程更加简洁。这样的归结符合语言研究的简洁性与自洽性原则。⑦

　　所以,名词、动词、形容词都能够有条件地进入"有 NP"结构。名词准入具有原型性,而动词、形容词参与构成的是"次生结构",不具有原型特征。动词、形容词进入"有 NP",原有述谓性特征被"压制",指称性特征被突显,此过程,可称为动词、形容词的"名词化"。

2.2 "有 NP"的构式化连续统

　　构式"有 NP"是"有"与名词性成分搭配的开放性组合。作为变量构件,NP 的属性影响"有 NP"构式的整体解读。"名词本身表积极义还是表消极义,会对句法构式(按:有+NP 构式)产生影响"(吴为善,2013:376);名词的空间性越强,与"有"字的结合越松散,空间性越弱与"有"字的结合越紧密(姚占龙,2004:32)。不同属性的 NP 与"有"可以组构不同属性的"有 NP"结构。在连续统的概念视域下,NP 的概念空间属性不是截然分立的,NP 的有界性、指称性、述谓性等应呈现为一个连续统。虽然,"大名词"观认定汉语"名动包含",但是,不可忽视的是,名词、动词、形容词三者之间存在内在演化性。

范畴的切分与界定原本就存在模糊性,只有典型成员方具有范畴的原型属性。名词、动词、形容词三者之间存有指称性由高到低、述谓性从弱到强的连续统。同时,在名词、动词内部也同样存有指称性、述谓性或名词性、动词性强弱的差异。NP 的指称性与述谓性呈现为渐变的连续统,名词、动词、形容词根据其自身的抽象化程度分布在不同的阶段(位置);"有"表存在与领有(领属)之间也构成一个渐变的连续统,不同阶段的"有"对 NP 有着不同的特殊要求。换言之,"有"的连续统与 NP 的连续统之间存在互动关联,而这种互动关系即为"有 NP"构式化实现的关键。据此,我们构拟了"有 NP"结构构式化连续统:

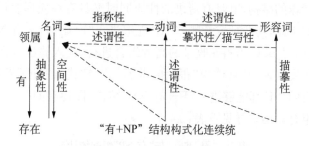

"有＋NP"结构构式化连续统

NP 的语义越抽象泛化,"有 NP"的构式化程度越高,"有 NP"内部语义整合度同步递增。比如,"有房子""有才华""有必要"中,"有房子""有必要"分属构式化连续统的两端:"房子"的空间立体性较强,是普通的物性名词,"有房子"是典型的述宾结构;"必要"是抽象名词,抽象化程度较高(按:已经形容词化),"有必要"构式整体已经形容词化(详见下文分析);"有才华"既可以被看作是述宾结构,有可以被程度副词修饰,处于"有 NP"构式化连续统中间阶段。

王灿龙(2016)根据"有NP"结构(按：原文为"有＋N"结构)是否发生语义整合(按：原文称之为"语义偏移")，将"有NP"分为两类：固化结构和动宾结构，即"发生偏移的是固化结构，未发生偏移的是一般的动宾结构"(王灿龙，2016：54)。我们认为，动宾结构、固化结构都处在"有NP"构式化连续统的序列之上。固化结构的构式化程度高于一般的动宾结构。

3. "有NP"的形容词化

"'程度副词＋有＋名'结构表示的是对该结构(按：S＋程度副词＋有＋名)中名词所指对象(S)的一种评价"(贺阳，1994：23)；"很＋有＋W"结构中"有＋W"的整体功能相当于一个形容词(李宇明，1995：80)；闫新艳(2006)将"有＋N"视作一种表评价义的特殊的结构，既具有短语的性质同时又具有性质形容词的特性。基于此，为验证究竟哪些NP能够进入"F(副词)＋有NP"结构，我们对BCC语料库收录的高频组合进行"代入验证"，将F设置为程度副词，并具体为"很"和"非常"。经"代入验证"发现，并非所有的NP都能够进入"F＋有NP"结构，即使有的"有NP"为高频组合短语。详见下表：

表1　"很/非常"与"有NP"组配统计[①]

	有n	有an	有vn	有v
1	＋＋有机会	＋＋有困难	＋＋有影响	＋＋有希望
2	＋＋有办法	＋＋有必要	＋＋有发展	＋＋有需要
3	＋＋有意义	＋＋有危险	＋＋有创新	＋＋有影响
4	＋＋有问题	＋＋有矛盾	＋＋有研究	＋＋有准备

续　表

	有 n	有 an	有 vn	有 v
5	＋＋有条件	＋＋有烦恼	＋＋有保障	＋＋有帮助
6	＋＋有兴趣	＋＋有麻烦	＋－有变化	＋－有发现
7	＋＋有理由	＋＋有礼貌	＋－有进步	＋－有改变
8	＋＋有能力	＋＋有冲动	－＋有竞争	－－有想到
9	＋＋有关系	＋＋有热情	－－有工作	－－有得到
10	＋＋有好处	＋－有温暖	－－有控股	－－有看到
11	＋＋有道理	＋－有不满	－－有生产	－－有出现
12	＋＋有本事	＋－有民主	－－有教育	－－有发生
13	＋＋有特色	－－有卫生	－－有活动	－－有选择
14	＋＋有责任	－－有痛苦	－－有保护	－－有组织
15	＋＋有文化	－－有努力	－－有投资	－－有报道
16	＋＋有勇气	－－有腐败	－－有管理	－－有回答
17	＋＋有针对性	－－有幸福	－－有生活	－－有注意
18	＋－有时间	－－有健康	－－有相关	－－有达到
19	－－有企业	－－有恐惧	－－有反应	－－有看见
20	－－有资产	－－有安全	－－有革命	－－有形成

　　表 1 的统计可以从侧面反映"有 NP"内部的动态连续统分布。以往研究(贺阳,1994a;李宇明,1995;姚占龙,2004;刘春卉,2007 等)认为只有抽象名词能够进入"F＋有 NP"结构;观察较为细致,但是总结不够严谨。我们认为,在一定的条件下,所有名词都能够进入"F＋有 NP"结构;所不同的只是,不同的 NP 所组构的"有 NP"构式化程度不同,其与程度副词的组配化程度存在频率差。

　　"有 NP"可以被程度副词修饰是否就能够说明"有 NP"就具有了形容词性功能或者进一步地发生了形容词化？对形容词的界定,我们选取朱德熙(1982)的经典定义,即:

　　凡受"很"修饰而不能带宾语的谓词是形容词。

　　确定形容词必须兼备两项标准:受"很"修饰和不能带宾语(朱德熙,1982:55)。"有 NP"能够受以"很"为代表的程度副词修饰,同时不能带宾语,据此,我们将"有 NP"界定为具有形容词属性的句法结构。伴随使用频次的提升,"有 NP"结构凝固化、语义整合化,最终走向熟语化,词汇化。⑨鉴于"有 NP"结构的原型性,我们将"有 NP"界定为正走向形容词化的形容词性谓词结构。

　　根据"家族相似性"理论,"有＋$N_多$"的形容词性判断可以从同类"有 $N_单$"的形容词化进行类推。现代汉语中"有劲、有礼、有力、有利、有名、有谱ㄦ、有趣、有幸、有序、有益"等"有＋单音节 N"已经形容词化,并被《现代汉语词典》作为形容词所收录。从"有＋$N_单$"的形容词化类推"有＋$N_双$、有＋$N_多$"等具备形容词功能具有合理性与可操作性。

　　所以,"有 NP"结构已不再单纯地表示事物的存在亦或对事物的领有,"有 NP"已从一般的 VO 式述宾结构逐渐语法化为一个具有特殊语义语用功能的能产构式。

　　"有 NP"可以与其他的结构成分进行组配,构成更大的句法组合;"有 NP"参与形成的再生成结构的句法语义属性会对"有 NP"构式化解读产生影响。比如,在"有 NP＋VP"结构中,"有 NP"的功能、性质较之"F＋有 NP"中的"有 NP"不同。

4. "有NP"构式化深化及其句法表征

不同的句法环境下,"有NP"充当不同句法成分,具备不同的句法、语用功能,此与"有＋NP"的构式化程度密切相关。"有NP"具有谓词结构的原型属性,在现代汉语中可以充当状语、定语、谓语和补语等成分。据此我们将其码化为:

Ⅰ. S＋有NP

Ⅱ. 有NP＋的＋NP

Ⅲ. S＋VP＋得＋有NP

Ⅳ. S＋有NP(＋地)＋VP

在此,我们仅关注"S＋有NP＋VP"句法语境下"有NP"的深度语法化。我们认为,"有NP＋VP"句法格局下,"有NP"所负载句子基本信息量直接决定其语法化程度。"有NP"语法化程度的高低决定其与VP的句法关系分配。"有NP＋VP"句法格局下,"有NP"具备向副词进一步演化的外在与内在条件。

"有NP＋VP"在结构层次上存在切分差异,其结构性质的界定存有一定的争议。例如:

(1) 为了进一步规范市场秩序,<u>有必要出台地方性的格式合同监督管理条例</u>。(《霸王合同"吃"定消费者》厦门日报 2003－7－28)

(2) 在1983年,他们参加了另一个马拉松赛,他们的成绩太好了,这令他们<u>有资格参加1984年的波士顿马拉松赛</u>。(周海亮《哲理励志》)

(3) 格鲁吉亚国家元首谢瓦尔德纳泽主席说,我作为格鲁吉亚国家元首能<u>有机会访问中国</u>感到十分高兴,此次访华标志着格中关系进入了一个新的纪元。(1993年人民日报)

上述例子中,"有NP"所处句法环境均可以码化为"有NP＋

VP"。"有 NP"作为述宾短语具有谓词性,可以抽象码化为"VP";那么,"有 NP＋VP"则可以进一步抽象为"VP$_1$＋VP$_2$"。"VP$_1$＋VP$_2$"可以是连谓短语,可以是状中短语。"有 NP＋VP"内部结构关系存在多重解读。即,不同语义类型的有字短语在句法分布上有一定的选择性(赵春利、石定栩,2011:106)。

4.1　连谓式"有 NP＋VP"

连谓式范畴内,"有 NP"与 VP 具有相同的句法语义功能权重。在"S＋有 NP＋VP"中,设"有 NP"＝VP$_1$,VP＝VP$_2$;在原始句法语义功能权重上,VP$_1$＝VP$_2$。也就是说,"有 NP"与 VP 都是言语交际中的基本信息负载单位(Primary Information-bearing Units,PIBUs)。此时,"S＋有 NP＋VP"中,"有 NP"与 VP 构成连谓结构。例如:

A. 有机会调整和改进结构　　有资格获得称号　　有实力承担风险

B. 有调整和改进结构的机会　有获得称号的资格　有承担风险的实力

C. Have the opportunity to adjust and improve...

Have the qualifications to acquire...

Have the strength to bear...

连谓结构"有 NP＋VP"可以被置换为"有＋VP＋的＋NP"(B组),可对译英语的 Have the NP to do...;连谓结构"有 NP＋VP"中"有"对译英语的动词 Have。

虽然在连谓式内部"有 NP"、VP 同是基本信息负载单位(PIBUs),但是随着语言单位的演化不平衡性及语言信息传递最优化配置的原则作用下,"有 NP"与 VP 因所处句法位置不同,走向不同的演化路径。VP 处于核心信息焦点位置,是句式基本信息负载;而"有 NP"则逐渐降格,由句式基本信息负载单位降格(reduce/reduction)为非基本信息负载单位。在降格过程中,"有

NP"较之 VP 发生更深层次的语法化。此过程验证了 Croft（2009)所提出的语法化与语义演化之间的关系论断：

If there are two candidates for headhood... the one that is not the PIBU will undergo grammaticalization.（Croft，2009：259）

最终趋势是：the non-PIBU elelment may be reduced and attracted to the PIBU element.（Croft，2009：268）

所以，构式"有 NP"的句法地位会不断降格，逐渐向 VP 粘附，即形成状中结构"有 NP 地 VP"和评注式"有 NPVP"。

4.2　状中式"有 NP 地 VP"

"有 NP"充当状语成分大多是有标记的使用（即带状语标记"地"）。例如：

A. 有原则地闪躲掉　有计划地利用　有选择地引进

不同与连谓式，状中式"有 NP 地 VP"却不可以转换为"有＋VP＋的＋NP"。

B. ？有闪躲掉的原则　？有利用的计划　？有引进的选择

状中式的英文对译：

C. to avoid something with the principle

　　to utilize something with the plan

　　to introduce something with the choice

将 C 组码化，可得：To do something with the NP。此时，汉语"有"对译英语的介词 with。从与英语的对译中，我们也能看出，连谓式与状中式之间的区别。

4.3　评注式"有 NP＋VP"

评注式"有 NP＋VP"与连谓式在语言编码形式上并无差异，只是构成评注式的"有 NP"数量较少，常用的只有"有必要、有可能"等。例如：

A. 有必要打乱计划　　　　B. 有打乱计划的必要

　　　　有可能连任获胜　　　　　　　　有连任获胜的可能
　　　　有可能有必要减少品种和数量 有减少品种和数量的可能
　　　　与必要

　　A、B 对比发现,评注式和连谓式都存有向"有＋VP＋的＋NP"变换的可能。此外,评注式还可进行如下变换:

　　C. 打乱计划是必要的　　连任获胜是可能的
　　　　减少品种和数量是可能与必要的

　　C 组可以抽象码化为:VP 是 NP 的。但是,连谓式却不能向"VP 是 NP 的"转换。例如:

　　　　＊调整和改进结构是机会的　　＊获得称号是资格的
　　　　＊审视价值和道路是信心的

　　所以,评注式存在"有＋VP＋的＋NP"和"VP 是 NP 的"两种转换可能,而连谓式只能向"有＋VP＋的＋NP"的变换。

　　同样,可对评注式做英语对译:

　　D.　It is necessary to disrupt the plan
　　　　It is possible to continue in office
　　　　It is necessary to reduce the variety and quantity

　　据此可以认为,评注式"有 NP＋VP"对译英语:It is NP to do something。评注式对应于英语的强调结构 It is 。

　　评注式也不同于状中式。状中式"有 NP"修饰的是句中谓语动词,而评注式"有 NP"评注的范围是句子的整个谓语,是对命题的修饰。

　　相对于处在其他句法位置的"有 NP"而言,具备评注功能的"有 NP"语法化程度相对更高,其外在形式表现为:评注语"有 NP"与其他副词性成分共现时一般总倾向于前置,尽管其自身仍可以被其他程度副词修饰。

　　"有 NP"在与同层级"VP"的句法竞争中逐渐失去焦点信息负载功能,由句子的基本信息负载单位(PIBUs)向非基本信息负载单位(non-PIBUs)转化。非基本信息负载单位(non-PIBUs)"有 NP"相对于同层级谓词性成分"VP"更易于语法化。一经语法化,"有 NP"的结构属性需要做出重新分析与解读。

评注语位"有 NP"的语法化程度最高,鉴于其所处句法位置(居核心谓语前)为汉语典型状语位,即:

$$有 NP + VP \quad \leftrightarrow \quad adv. + VP$$

$$有 NP \quad \leftrightarrow \quad adv.$$

"有 NP"严格意义上居副词位,即 adv. +VP 中的 adv. 位置。评注语位"有 NP"是"有+NP"构式化连续统中语法化程度较高阶段,已经走向副词化(深度语法化),当然这也只能是其发展的总趋势。

5. 结语

VO 式述宾结构"有+NP"是现代汉语中使用较为频繁的具有特殊句法、语义、语用功能的能产构式。连续统概念下,NP 的抽象化程度越高,"有 NP"形式越固化,语义整合度越高,构式整体越能够被程度副词修饰,"有 NP"的形容词属性越明显。"有 NP"充当不同句法成分与其构式化程度之间紧密相关。"有 NP"能否充当句子基本信息负载单位(PIBUs)直接决定其是否发生语法化,决定其与句中其他谓语成分 VP 的句法关系分配。因语义转化而发生语法化的现象在"有 NP"与同位 VP 共现中表现更为突出。评注式结构"有 NP+VP"是"有 NP"构式化高级阶段。评注式结构"有 NP+VP"在汉语典型的"adv. +VP"强势类推下,"有 NP"具备被重新分析为副词的极大可能。即,现代汉语"有 NP"的构式化最高端是(评注)副词化。

注释

① 构式判定基础——Goldberg(1995：4)"C is a CONSTRUCTION ifdef C is a form-meaning pair 〈Fi，Si〉 such that some aspect of Fi or some aspect of Si is not strictly predictable from C's component parts or from other previously established constructions. "

   构式判断延展——Goldberg(2006：5)"(Any linguistic) Patterns are stored as constructions even if they are fully predictable as long as they occur with sufficient frequency. "

② 通行现代汉语教材的观点：A. 存现动词：张斌(2008)，齐沪扬(2007/2015)，邵敬敏(2007/2015)，张谊生(2013)，崔应贤、刘钦荣(2014)，杨文全(2010/2015)，王世凯(2016)；B. 存在动词：黄伯荣、廖序东(2011/2014)，黄伯荣、李炜(2016)，陆俭明(2012/2014)；C. 有无动词：邢福义、汪国胜(2011)；D. 联系动词：周一民(2010/2015)。另外，赵元任(1979/2005，《汉语口语语法》)："有"的主要用途有二：(1)表领有(广义)，(2)表存在；吕叔湘(1999/2009，《现代汉语八百词》)："有"，表示领有、具有；表示存在；表示性质、数量达到某种程度；刘月华等(2001/2014，《实用现代汉语语法》)："有"，非动作动词，基本意思是"领有""存在"。

③ 张秀松：《从世界语言拥有结构的语法化看汉语相关现象》，《中国语文》2011年第1期，第27页。

④ 在BCC语料库中"n、v、an、vn"分别代表"名词、动词、名形词、名动词"。BCC语料库所收"有NP"高频结构详见文章表1。

⑤ 对"名动包含"理论的阐释与概括，我们主要参阅沈家煊(2016)，即《名词和动词》，北京：商务印书馆，2016年版。

⑥ "汉语的'名词'和'动词'是语法范畴也是语用范畴，名词就是'指称语'，动词就是'述谓语'。"(沈家煊，2016：1)名词具有指称性，动词具有述谓性；名词包含动词则意味着指称性成分(指称语)包含述谓性成分(述谓语)，换句话说，述谓语也是指称语，指称语不都是述谓语。所以，"名动包含"的实质是"指述包含"(沈家煊，2016：4)。

⑦ 朱德熙(1982)明确"有"为准谓宾动词，认为("有影响"中)"影响"一类动词具有名词的功能，是名动词；"有危险"中的"危险"与"很危险"中"危险"可视作一类，即为形容词里的一个小类，为名形词。"名形词和名动词都是兼有名词性质的谓词"(朱德熙，1982：76)。

⑧ 1—20排序体现原BCC数据分布。"＋"表示可以组配，"－"表示不能组配或组配的可能性低。

⑨ 吴为善(2013：367)指出,熟语化的极端形式就是"词汇化"。

参考文献

崔应贤、刘钦荣　2014　《现代汉语》,北京：北京师范大学出版社。

郭锐　2002　《现代汉语词类研究》,北京：商务印书馆。

黄伯荣、李炜　2016　《现代汉语(第二版)》,北京：北京大学出版社。

黄伯荣、廖序东　2011/2014　《现代汉语(增订五版)》,北京：高等教育出版社。

李先银　2012　容器隐喻与"有＋抽象名词"的量性特征——兼论"有＋抽象名词"的属性化,《语言教学与研究》第5期。

李宇明　1995　能受"很"修饰的"有X"结构,《云梦学刊》第1期。

刘春卉　2007　"有＋属性名词"的语义语法特点——兼谈与名词性状化无关的一类"很＋名"结构,《山东师范大学学报(人文社会科学版)》第1期。

刘月华等　2001/2014　《实用现代汉语语法(增订本)》,北京：商务印书馆。

刘志富　2016　基于语义特征的无标记量大"有＋N"的表义机制考察,《三峡论坛》第2期。

陆俭明　2012/2014　《现代汉语》,北京：北京师范大学出版社。

吕叔湘　1999/2009　《现代汉语八百词(增订本)》,北京：商务印书馆。

孟艳丽　2009　"有"的语法意义及其成因,《解放军外国语学院学报》第1期。

庞加光　2015　"有＋数量结构"：从客体观照到主体观照,《当代语言学》第2期。

齐沪扬　2007　《现代汉语》,北京：商务印书馆。

祁从舵　2011　论"有·专名＋VP"的语篇特征与传信功能,《北方论丛》第3期。

邵敬敏　2007/2015　《现代汉语通论(第二版)》,上海：上海教育出版社。

沈家煊　2016　《名词和动词》,北京：商务印书馆。

沈家煊　2001　语言的"主观性"和"主观化",《外语教学与研究》第4期。

施春宏　2001　名词的描述性语义特征与副名组合的可能性,《中国语文》第3期。

唐善生　2000　"程度副词＋名词"与"程度副词＋有＋名词"结构,《华中师范大学学报(人文社会科学版)》第3期。

王灿龙　2016　"有"字结构式的语义偏移问题,《语法研究和探索(十八)》,北京：商务印书馆。

王世凯　2016　《新编现代汉语教程》,上海：上海交通大学出版社。

温锁林、刘元虹　2014　从"含蓄原则"看"有＋NP"的语义偏移现象,《汉语学报》第 1 期。

温锁林　2010　汉语的性状义名词及相关问题,《语言教学与研究》第 1 期。

吴为善　2013　"有＋N 双"的熟语化趋势及其语义倾向探源,《语法化与语法研究(六)》,北京：商务印书馆。

邢福义、汪国胜　2011　《现代汉语(第二版)》,武汉：华中师范大学出版社。

徐阳春　2015　"有＋NP＋VP"结构考察,《语言教学与研究》第 2 期。

闫新艳　2006　浅谈表评价义的"有＋N"结构,《新疆教育学院学报》第 2 期。

杨文全　2010/2015　《现代汉语》,重庆：重庆大学出版社。

姚占龙　2004　也谈能受程度副词修饰的"有＋名"结构,《汉语学习》第 4 期。

于根元　1991　副＋名,《语文建设》第 1 期。

张敏　1998　《认知语言学与汉语名词短语》,北京：中国社会科学出版社。

张斌　2008　《新编现代汉语(第二版)》,上海：复旦大学出版社。

张新华　2011　释"有",《语言教学与研究》第 5 期。

张秀松　2011　从世界语言拥有结构的语法化看汉语相关现象,《中国语文》第 1 期。

张谊生　2013　《现代汉语》,北京：中国人民大学出版社。

张豫峰　1999　"有"字句的语义分析,《中州学刊》第 3 期。

赵春利、石定栩　2011　《主谓间"有＋NP/VP"的句法语义研究,《《语言学论丛(第四十四辑)》》,北京：商务印书馆。

赵元任　1979/2005　《汉语口语语法》,吕叔湘译,北京：商务印书馆。

周一民　2010/2015　《现代汉语(第 3 版)》,北京：北京师范大学出版社。

朱德熙　1982　《语法讲义》,北京：商务印书馆。

Goldberg, Adele E. 2006 *Constructions at work：The nature of Generalization in Language*, Oxford：Oxford University Press.

Goldberg, Adele E. 1995 *Constructions：A Construction Grammar Approach to Argument Structure*, Chicago：University of Chicago Press.

凝固格式"不 X 不 Y"

杜　鹃(上海三联书店)

　　本文讨论内部不隐含逻辑关系的"不 X 不 Y"四字格式,这一格式因人们的经常使用已趋于定型化、凝固化,许多都已成为固定的四字格成语。所以"不…不…"已成为一种类化格式,即已成为一种"构式",有特定的形式和意义了。我们把这种经常在一种格式中出现,并且格式的形成与它的出现密不可分的词,叫做格式词。所以这里"不…不…"可以看作是两个格式词。前人虽已从多方面对这一格式进行了比较详尽的描写和分析,但还不够深入、全面。本章将在前人研究的基础上,对这一格式重新进行多角度分类,并从认知角度对这类格式进行分析,以期对此格式有更深入的理解。

1. 构成类别

　　1.1　构成这一格式中的 X 和 Y 主要是语素、词,另有少量的单音节,还有一些则是一个语素拆开后的两个音节。

　　从这一角度分类,首先要明确三个概念:音节,是人们从听感上分辨出来的自然语音单位,不能区别意义。语素是语言中最小的音义结合体,是能够区别意义的最小的语言单位;语素的作用和职能主要是构词。词是比语素高一级的单位,是最小的能够独立运用的语言单位。

1.1.1　嵌合型

构成这一格式的 X 和 Y 是语素。如:

A1$_A$:不清不楚　不明不白　不干不净

A1$_B$:不蔓不枝　不衫不履　不稂不莠

其中"清楚""明白"都是一个双音节词语,拆开后嵌入到格式中,"清""楚","明""白","干""净",都是形素;"蔓、枝","衫、履","稂、莠"都属于名素,嵌入格式中。如:

(1) 招弟这样<u>不明不白</u>的被李宝山抢去,她吃不消。

(2) 吹花老爱男打扮,她一辈子就没上过几次妆,习惯成自然,自然转进随便,<u>不衫不履</u>,倜傥风流,什么也都没有关系,头发是大问题。

1.1.2　组合型

构成这一格式中的 X 和 Y 是词。如:

A2:不大不小　不快不慢　不人不鬼　不吃不喝　不长不短

其中"大""小"、"快""慢"等是相关、相反的两个词,进入格式中后组合成一个四字格短语。如:

(3) 我还是挑两个<u>不大不小</u>的吧!

(4) 他低着头,一声也不出,依旧<u>不快不慢</u>的跑着。

还有特殊的一类是不常见的,构成这一格式中的 X 和 Y 是音节,X 和 Y 不表示任何意义。如:

不尴不尬

(5) 对于 29 岁的江淮来说,<u>不尴不尬</u>的位置让他好生苦恼。

1.2　从构成这一格式的 X 和 Y 的语素、词的性质方面分类,可以分为以下几类

1.2.1　X 和 Y 是名素、名词。如:

B1:不声不响

不茶不饭　不年不节

(6) 四外什么也看**不**见,就好像全世界的黑暗都在等着他似的,由黑暗中迈步,再走入黑暗中;身后跟着那<u>不声不响</u>的骆驼。

(7) 贾冲忽然病起来,一天到晚,哼声不绝,一连三天,<u>不茶不饭</u>。

(8) 梁大婶见他手里提的肉和酒,就问:"<u>不年不节</u>的,你买这个干什么?"

例(6)是双音节词"声响"嵌入到格式中,这里"声""响"是名语素。例(7)、(8)名词 X 和 Y 都是临时活用为动词,"不茶不饭"就是"不喝茶不吃饭","不年不节"就是"不过年不过节"。

1.2.2　X 和 Y 是形素、形容词。如:

B2:不干不净　不慌不忙

不长不短　不真不假

(9) 她转而忍俊不禁地失声笑了,"农村有句俗话,说<u>不干不净</u>,吃了没病……"加林没笑,把桶从井边提下来,放到一块石头上,对巧珍说:"干脆,咱两个到城里找点漂白粉去。

(10) 陈二奶奶还有主意,<u>不慌不忙</u>的教祥子跪一股高香。

(11) 听我的伙计说,一个是圆脸儿,<u>不长不短</u>,水汪汪一对眼睛,皮肉略黑一点。

例(9)、(10)是双音节词"干净""慌忙"嵌入到格式中,这里"干""净""慌""忙"是形语素。

进入这一格式的形容词都必须是相对性质形容词,状态形容词不能进入这种格式中,主要原因是,性质形容词表示的是连续量,而"不"所否定的概念在量上必须具有一定的伸缩性,即是"非定量词"。我们通常用一组程度词"有点、很、十分、最"来分量级,能用程度词分量级的叫非定量词,不能用程度词分量级的叫定量词。性质形容词可以用这一组程度词来分量级,而状态形容词不可以,所以只有性质形容词可以用于这一格式中。如例(11)中的"长、短"。

1.2.3　X 和 Y 是动素、动词。如:

B3:不折不扣

　　不管不顾　不闻不问

(12) 弄准了赚上三百五百,不惊惊乍乍;偶尔失算,赔上三百五百,也<u>不疼不痒</u>。

(13) 这种对相似的依赖几乎形成了她对自己的一个心理暗示,她在<u>不折不扣</u>地按照前一个人的模子来寻找今后的幸福,这注定是不可能的。

(14) 四嫂:反正蹬三轮的<u>不偷不抢</u>,比你强得多!

(15) 据此间媒体 10 日报道,美军对巴格达的哄抢基本上采取<u>不管不顾</u>的态度。

例(13)是双音节词"折扣"嵌入到格式中,"折""扣"是动语素。

1.2.4　X 和 Y 是方位词、区别词、数词。如:

B4:方位词:不左不右　不南不北　不前不后

区别词:不男不女

数　词:不三不四

(16) 认识杜南时,我已工作一年有余,在这座<u>不南不北</u>的城市里,过着闲散舒适的日子,没事的时候坐在屋子里翻读一本又一本自己喜欢的经典名著。

(17) 这时,用异样的眼光盯着张琳看了好一会儿的周玉辉突然冒出一句:"你明明是个男的,穿这么花的衣服干啥子?<u>不男不女</u>的!"

(18) 这叫他心里更弄不清楚了:为什么那些好人要信洋教呢?为什么教堂收容那些<u>不三不四</u>的人呢?他想不

明白。

2. 语义类型

2.1　X 和 Y 是同义或近义语素、词,比如:

Ⅰ:不明不白　不清不白　不干不净　不仁不义　不清不楚

Ⅱ:① 不慌不忙　不理不睬　不知不觉　不言不语　不声
　　　不响　不折不扣

　　② 不哼不哈　不管不顾　不闻不问　不依不饶　不疼
　　　不痒　不忠不孝　不吃不喝　不磕不绊　不昏不花
　　　不偷不抢　不红不白　不方不圆

Ⅲ:不蔓不枝　不衫不履　不伦不类　不三不四

Ⅳ:不尴不尬

Ⅰ组中的 X 和 Y 两个语素组合起来可以构成一个双音节合成词,如"不明不白"是双音节词"明白"嵌入该格式。不过"不 X"和"不 Y"有些能单独使用,有些不能单独使用。单独使用后的意义与组合的意义、感情色彩有差异。如:

(19) 一切饭菜,只好自己做,否则,<u>不干不净</u>,祖宗是不吃的。

(20) 她虽然不是他名义上的妻子,但是她和他的关系一直<u>不清不楚</u>的,比较暧昧。

(21) 他如果就这么<u>不明不白</u>地死了,我怎么向他死去的父亲交待。

在这一格式中的 XY 本身组合起来是一个双音节褒义词,如"明白、清白、干净"等。在结构"不 X 不 Y"中,这一构式的目的就是分别用两"不"来修饰限制 X 和 Y,从而表示强调之义,表示"比较不 XY"之义,但尚未达到"很不 XY"程度,如例(19)中的"不干不净"。在语言表达上,这种四字格式更加生动,带有感情色彩,描写性意味更浓。

其中有些格式并不等同于一般的"比较不 XY",而是具有了引申义。如例(20)、(21)中"不清不楚"不是一般的"比较不清楚",而是专用于形容男女关系暧昧。"不明不白"有时不是一般的"比较不明白",而是专用于指人有冤屈而不得伸冤。

Ⅱ组中的"不 X"和"不 Y"组合起来使用有意义。但是当"不 X"和"不 Y"单独使用时,有的有意义,有的无意义。而且有些结构中的"不 X"或"不 Y"单独使用和二者在组合中的意义不同。组合起来使用时,其否定意义可以表达为"既不 A,又不 B",这是一种完全的否定,不蕴含对其他项的肯定,而且有强调之意。这一类还可以再分两类①和②。①中的 X、Y 是同义或近义的语素,并且可以组成一个双音节合成词,②中的 X、Y 只是同义或近义语素、词,不能组成一个双音节合成词。如:

(22) 我这对老眼不昏不花,看得出来。

(23) 好不容易他们不磕不绊地下了六层楼。

(24) 弄准了赚上三百五百,不惊惊乍乍;偶尔失算,赔上三百五百,也不疼不痒……

(25) 四嫂:反正蹬三轮的不偷不抢,比你强得多!

其中 X 和 Y 在语义上总是具有某种或某些共同的义素。如:/昏/花/[＋视觉＋模糊]　/磕/绊/[＋腿＋移动＋不稳],这些共同义素使 X 和 Y 形成语义上的相关性聚合,构成一个类属义场。在每个类属义场中,除 X 和 Y 之外,可能还有 Z、W 等项,但是 X、Y 语义可以代表 Z、W 等项的语义,也就是说的 X、Y 语义具有代表性。如:

昏—花—瞎

磕—绊—碰—摔

类属义场中的项无必然的排列顺序,它们之间是离散关系,不构成渐变的连续系统。格式否定 X,否定 Y,但并不肯定语义场中的其他词项,也就是否定了类属义场中的全部项。如例(24)中的"不疼不痒"中以"疼"和"痒"代表身心上一切不舒服的感觉,通过否定"疼"和"痒"说明"即使赔上三百五百,也没有任何不舒服的感觉"。例(25)以"偷"和"抢"代表一切违法犯罪行为。

而且其中有些格式并不等同于一般的"既不 X,也不 Y",而是具有了引申义。如:"不折不扣"也不是"没有折扣"的意思,而是指"确实的、肯定的"。

Ⅲ组中的"不 X"和"不 Y"单独使用时,是不成立的。组合后产生一种新义,是从原义引申出来的,而且 X 和 Y 由指称义转化为陈述义。如"不蔓不枝",原义是指莲梗既不蔓生,也不分枝。后来用于比喻文章没有什么多余的东西,很简洁,不啰嗦;"不伦不类"原义是不像这一类,也不像那一类,后用于形容不成样子,不成体统。"不稂不莠",其中稂和莠都是混在禾苗中的杂草,所以这一词组原义指田里既没有稂,也没有莠,即没有野草,后比喻人不成材,没出息。如果用公式表示,可以是"不 X 不 Y＝不是/像 X,也不是/像 Y＝不 Z"。如:

(26) 银虎走了二三年了,这时候<u>不年不节</u>哭什么?

汉语的名词一般表示指称义,但在一定条件下也可以表示陈述义,这就使得相当一部分名词及名词性短语能够在不改变词性的情况下根据不同的语用需要灵活自由地表示陈述义,可以接受副词的修饰。"不 X 不 Y"格式中是名词 X 和 Y 受副词"不"修饰后再由指称义转化为陈述义。由此可见,副词"不"是先决的,是"不…不…"这种格式使 X 和 Y 转化为陈述义,并赋予其新的意义。

Ⅳ组中的 XY 是一个单纯词"尴尬",拆开来嵌入这一格式中,表示"比较尴尬","不"的否定语义没有显现出来。如:

(27) 三十岁真是<u>不尴不尬</u>的年龄,一来面临着"而立"的重任,根本无暇顾及其它,二来脸上多少添了些风霜,再来装天真顶多也不过是"老天真"。

单纯词"尴尬"是贬义词,嵌入构式"不X不Y"中后,表示"比较尴尬",但尚未达到"很尴尬"的程度。由此可知,当单纯词或双音节合成词"XY"是褒义词时,嵌入构式"不X不Y"中后,"不"的否定语义显现,如"不干不净"表示"比较不干净"之义。当"XY"是贬义词时,嵌入格式"不X不Y"中后,"不"的否定语义不显现,如"不尴不尬"。甘位豪(2008)认为构式义压制词汇组合义,"不尴不尬"呈现消极义,不过,通过我们对语料的收集,这一类在汉语中比较少。

2.2 X和Y是对义或反义语素、词。如:

Ⅰ:不冷不热　不多不少　不紧不慢　不厚不薄　不快不慢

Ⅱ:① 不死不活　不男不女　不人不鬼

　② 不真不假　不对不错　不分不合　不即不离

Ⅲ:① 不输不赢　不胜不败　不赚不赔　不攻不守

　② 不产不销　不存不取

Ⅳ:不土不洋　不僧不俗

Ⅰ组中的X和Y语义相反,构成一个包括X和Y两项的反义聚合。X、Y处于一个渐变的连续系统的两极,其间有中间状态Z、W等,因此可以将X、Y构成的反义聚合称为相对反义关系义场。如:

冷(X)—凉(Z)—温(W)—热(Y)

在相对反义义场中,肯定X,即否定Y;肯定Y,即否定X;否定X,不一定肯定Y;否定Y,不一定肯定X。所以在此格式中,如果处于两极的X和Y被同时否定,则X和Y之间的过渡项得到肯定。其否定意义可以表达为"既不X,又不Y,然而Z",这是一种蕴含肯定项的否定,在否定X、Y的同时,肯定了"X……Y"语义系列的中间项。如:

(28) 天气正好<u>不冷不热</u>,昼夜的长短也划分得平均。

(29) 发动机的声音<u>不紧不慢</u>,飞机行驶得非常平稳。

　　有时,相对反义义场的中间状态在词汇系统中并没有确定的语素、词项来指称,而"不 X 不 Y"正好填补这种中间状态,成为 X、Y 之间的 Z 的替代物。如:"不胖不瘦"就正好起了这样的作用。

　　语言具有主观性的特性。沈家煊(2001)指出主观性指话语中包含说话人或多或少的自我表现成分,也就是说,说话人在说出一段话的同时表明自己对这段话的立场、态度和感情,从而在话语中留下自我的印记。主观化指语言为表现这种主观性而采用相应的结构形式或经历相应的演变过程。在相对反义义场中,否定两极的 X、Y,使中间项得到肯定,其结果是"恰到好处"。这种主观评价被表现为主观化的特定结构形式"不 X 不 Y"。但是主观化的结构形式所表达的主观性含义不是一成不变的,还可以再受主观性的影响而发生改变。在相对反义义场的 X、Y 两极中,说话人对 X、Y 两项的取舍态度可以使"不 X 不 Y"的否定意义发生明显的偏移。如:

　　(30) 他说起话来<u>不紧不慢</u>的,十分从容。

　　(31) 他说起话来<u>不紧不慢</u>的,真是急死人。

　　(32) 他们就这样<u>不紧不慢</u>的工作着,不停歇。

　　可见"不紧不慢"在不同的语境中可以表达不同的语义。例(30)中的"不紧不慢"是否定两极,肯定中间,表现了说话人"恰到好处"的主观评价。带有褒义色彩。例(31)中的"不紧不慢",说话人褒的是紧迫,贬的是缓慢,否定偏向"紧","不慢"在表达中完全丧失了作用,整个句子的语义带有贬义色彩。这种否定偏移不是没有规律的,它决定于语言的主观性,即说话人的肯定性取向正是结构形式中否定词"不"的偏指项。例(32)中的"不紧不慢"只是很客观的陈述着"他们"的"工作"状态,带有中性色彩。

　　由此可见,正如陆俭明(2008)所说,构式语法理论深受认知语言学的影响,符合认知语言学"整体大于部分之和"的完形原则,"不 X 不 Y"这一构式可以表达抽象的句式义,并深受语境的影响。

Ⅱ组中的 X 和 Y 语义相反,构成一个包括 X、Y 两项的反义聚合。但是 X 和 Y 互相对立,不存在处于其间的过渡状况,即构成互补反义关系义场。在这种反义义场中,X 和 Y 的关系是:肯定 X,即否定 Y;肯定 Y,即否定 X;否定 X,即肯定 Y;否定 Y,即肯定 X。实际上,这类 X 和 Y 有非此即彼、非彼即此的关系,因此既肯定 X,又肯定 Y,或既否定 X,又否定 Y,都是不合逻辑的。人们用这种格式表达一种强烈的主观否定,意在说明某事物什么都不像,或什么都不是,具有较浓的贬斥色彩。其否定意义可以表达为"X 不 X,Y 不 Y"或"X 不像 X,Y 不像 Y"。如:

(33) 众人开始感到了寒冷和饥饿,尤其令人难堪的是这种<u>不死不活</u>的状态。

(34) 你这么一个温文而雅的男士,今天打扮得这么<u>不男不女</u>的,像什么样子!

(35) 回想起那段过得<u>不人不鬼</u>的日子,小春仍禁不住掩面而泣,她说:"真是不堪回首啊,所有的朋友,几乎都是'烟友'。"

例中的格式都可替换成"死不死,活不活","男不男,女不女","人不人,鬼不鬼"。但是,应该看到例中"不 X 不 Y"结构属于①类,其中"不死不活"仍是指"活着","不男不女"仍是"男","不人不鬼"仍是"人"。这里出现了现实世界的实际情况和语言表达的不一致,为什么呢?"认知语言学"认为,语言不是直接表现或对应于现实世界,而是有一个中间的认知构建层次将语言表达和现实世界联系起来。在这个认知中介层,人面对现实世界形成各种概念和概念结构。现实世界通过这个认知中介层"折射"到语言表达上,语言表达也就不可能完全对应于现实世界,其中会受到语境、说话人的主观性或某种特殊要求的影响。举个简单的例子,现实世界中墙角并没有明确的边界,我们无法划出一条界线来确定墙角的范围,但是在语言表达上我们仍然说"一个墙角"和"在墙角里",这是因为在认知上我们把墙角"视为"一个有边界的事物,"墙角"因此是一个"有界"概念。

这个"视为"现在有一个专门的术语,叫做"识解"。* 因此,这里现实世界通过认知中介层"折射"到语言表达上,就出现了两者的不一致。

Ⅲ组中的 X 和 Y 是依存关系,构成一个包括 X、Y 的依存反义关系义场。肯定 X 并不能否定 Y,肯定 Y 也不能否定 X。两者的关系是:有 X 必有 Y,有 Y 必有 X,X 与 Y 相互共存,互为前提。这种依存关系可分为直接依存和间接依存。①直接依存,指 X、Y 双方必须同时存在,或同时进行,或同时实现,两者缺一不可。其否定意义可以表述为"既不 X,也不 Y",事情的发展只处于一种中间状态。只是客观的陈述一种事实,没有任何褒贬色彩。②间接依存,指 X、Y 两个方面,X 的存在、实施并不需要 Y 同时存在、实施,但 Y 的存在和实施要以 X 的存在和实施为先决条件。虽然 X、Y 无须并存,可以先有 X 再有 Y,但是 X 的存在、实施通常在意念上还是与 Y 互为条件或互相依存的。②中结构的语义我们将在后面专门论述,不属于本章所论范围。如:

（36）NBA 总裁斯特恩昨天在接受记者采访时表示,NBA 今年两场中国赛总开销达到几百万美元,但这些费用全部通过赞助商的赞助得到解决,总体财政情况是：不赚不赔。

（37）如果以后有人提到这局赌牌的时候,就说结果被视作正

---

　* 沈家煊　专题讲座九：认知语言学　中国社会科学院语言研究所（2005 年 04 月 28 日）

好不输不赢,打了个平手。

Ⅳ组中的 X 和 Y 是对称关系,构成一个包括 X、Y 的异质义场。在异质义场中,肯定 X 或否定 X,对 Y 均不产生直接影响,反之亦然。这组对称反义词的特点是:①不以对方的存在为前提;②没有客观的矛盾关系;③往往由社会习惯决定。从另一个角度看,那就是,对称反义词往往带有一定的主观性、随意性和习惯性。其否定意义可以表述为"半 X 半 Y",X 和 Y 并列于一个没有其他词存在的语义场里,"不"只是分别地、部分地否定 X 和 Y,同时也就分别地、部分地肯定 X 和 Y,等于把 X 和 Y 部分地混合起来。

(38) 谐音也要巧谐,把大家都恶心吐了可不成,赶快回家把舌头熨平了再来做广告! 这种弄的不土不洋的广告放在过去糊弄农村人还可以,不过现在连农村人都会说"靠,装嫩呢!"

(39) 俗装面貌和善的清瘦老人,右手持着一串佛珠,面带慈祥的笑容,二人行至近前,吴湘心中正在纳闷,此人不僧不俗,亦非僧亦非道。

在这一语义组合类型中,有两个语用原则可以被体现出来:因为语言的结构,特别是语法结构,跟人对客观世界(包括对人自身)的认识有着相当程度的对应或"象似"关系,或者说,语法结构在很大程度上是人的经验结构(人认识客观世界而在头脑中形成的概念结构)的模型。我们把这种对应称作语法结构的"象似原则"。这条原则包括两个方面,一是"成分象似",即语言结构的单位跟概念结构的单位一一对应,例如构成句子的每一个语素对应于一个概念;一是"关系象似",即语言结构单位之间的关系跟概念结构单位之间的关系一一对应。从认知讲,象似原则体现人的一种"类推"能力:语法结构的组织方式类比或仿照概念结构的组织方式。在这一语义组合类型的"不 X 不 Y"格式中,我们发现一般总是肯定项在前,否定项在后。所谓认知上的肯定项是指对人的感知而言具有某些显著的特征,因此更能引起人的注意的那一项;否定项则缺乏相应的显著特征。因为人倾向于把认知上显著的成分、或先引起注意的成分先说出来,这就是"象似原则"中的"顺序象似"原则在组成一种格式时的反应。如:"不大不小,不多不少,不高不低"。相反的情况也有,但较少。如:"不死不活"。评价某事物为肯定项还是否定项,设立这种标准不仅涉及心理因素还涉及社会因素。如"不男不女"中,遵循社会评价标准,"男"总是放在"女"之前,所以很少说"不女不男",这也是"顺序象似原则"的一种体现。

格式中一般总是褒义词在前,贬义词在后。而褒义词也是表示肯定,贬义词也是表示否定义。如:"不好不坏,不赏不罚"等。这是因为人总是看重或追求好的一面,摒弃坏的一面,所以这也体现了语用上的"乐观原则"。

当然,如罗耀华(2002)说在这一构式中也有不按上面的次序和规则组成的,不 X 不 Y 结构相对松散,X、Y 两者可以交换位置,不改变格式的意义。比如"不今不古"和"不古不今","不赚不赔"和"不赔不赚"。

经过我们对语料的收集统计,在这两种语义类型中,格式是 X 和 Y 是同义或近义语素、词的出现频率较低。X 和 Y 组合成一个双音节合成词(X 和 Y 都不是,或者其中之一不是独立语素,不能单用,如"尴尬";或单用时跟在"不 X 不 Y"中的意思相去甚远,如"干净"中的"干")一般都属于这类中。这里 X 和 Y 大多是动词或名词语素、词,形容词及其语素很少见。

格式中 X 和 Y 是对义或反义语素的出现频率较高。这里 X 和 Y 大多是形容词语素,其次是动词语素,方位词和名词语素很少。

3. 语法功能

"不 X 不 Y"格式中"不"的否定副词用法已退化，"不 X 不 Y"
格式形式上已是一种兼表关联的固定化格式。这一格式在表达
功能上来讲，它是静态的，但具有描写性。因此可以在句子中充
当句子成分，主要作谓语、定语、状语、宾语、补语。但只有一种语
法功能，即谓词性功能。因为同样的格式"不 X 不 Y"作宾语、定
语、状语时，只是偶尔的情况；它主要还是作谓语、补语。

3.1　作宾语。如：

A1、A2、B1、B2、B3 中有些可以做宾语，不过通过我们对语料
的收集整理，这样的例子并不多。如：

（40）我对此事的态度是<u>不闻不问</u>。

（41）她对我总是<u>不即不离</u>。

（42）最终结果是<u>不胜不败</u>。

3.2　作谓语。如：

A1、A2、A3、B1 可以作谓语，A1、A3、B1、B2、B3、B4 可以做
补语。

（43）嵇远清的杀手锏，是他跟那个命案的疑凶，有些<u>不清
不楚</u>！

（44）我们站着，有点愣住了，康雪却<u>不惊不诧</u>脸都没有红
一红。

（45）她的打扮一直这样<u>不伦不类</u>，没什么可惊讶的。

（46）中秋前后是北平最美丽的时候。天气正好<u>不冷不热</u>，昼
夜的长短也划分得平均。

还有一种是格式作省略了主语的谓语，如：

（47）一切饭菜，只好自己做，否则，<u>不干不净</u>，祖宗是不吃的。

例（47）可以变换为"否则，一切饭菜不干不净，祖宗是不吃
的"，其中省略了主语"一切饭菜"。

3.3　作补语。如：

(48) 他表达能力不好,说得<u>不清不楚</u>的。

(49) 这部电影拍得<u>不伦不类</u>,是个大杂烩。

(50) 她继续说:"这个奖来得<u>不迟不早</u>,成就了我和她一生的电影事业。"

(51) 她打扮得<u>不男不女</u>的,谁都认不出来。

还有一种格式作省略了主语和谓语的补语,如:

(52) <u>不早不迟</u>,偏偏要在这时候——这就可见是一个谬种!

例(52)可以变换为"他来得不早不迟,偏偏要在这时候",其中省略了主语"他"和谓语"来"。

3.4　作定语。如：

A1、A2、A3、B1、B2、B3、B4 都可以作定语

(53) "五四运动"犹如一声信号,把沉睡着的<u>不清不醒</u>的青年都惊醒了,起来擦着眼睛对自己审查一番。

(54) 身后跟着那<u>不声不响</u>的骆驼。

(55) 这叫他心里更弄不清楚:为什么那些好人要信洋教呢?为什么教堂收容那些<u>不三不四</u>的人呢? 他想不明白。

(56) 但大多数人仍是垂青于<u>不高不矮</u>、<u>不胖不瘦</u>的匀称身材,<u>不长不短</u>、<u>不肥不紧</u>的合身衣裳,因为是适中。

(57) 你看吧,照片上的父亲一副<u>不死不活</u>的样子。

(58) 我们最终得到了一个<u>不输不赢</u>的结果。

(59) 谐音也要巧谐,把大家都恶心吐了可不成,赶快回家把舌头熨平了再来做广告! 这种弄的<u>不土不洋</u>的广告放在过去糊弄农村人还可以,不过现在连农村人都会说"靠,装嫩呢!"

3.5　作状语。如：

A1、A2、A3、B1、B2、B3、B4 都可以作状语

(60) 招弟这样<u>不明不白</u>的被李宝山抢去,她吃不消。

(61) 两个人<u>不言不语</u>就相好上了。

(62) 我这样<u>不人不鬼</u>地活着,有什么意思?

(63) 四年之前,他曾在山脚下遇见一只饿狼,永是<u>不近不远</u>的跟定他,要吃他的肉。

(64) 他一直<u>不即不离</u>地跟着她。

(65) 他<u>不赚不赔</u>地做成了这笔买卖。

(66) 他总是这样<u>不僧不俗</u>地打扮自己。

(67) 几年前,他的话多稠啊,任何场合,他话语的密度都是一个针插不进、水泼不进的独立王国;现在,多岁的王朔,笑话刚说到一半,就突然沉默了,开始撒手不管,任笑话自己走下去,或<u>不尴不尬</u>地停在半路

要注意的是,"不 X 不 Y"作定语时,后面必须有结构助词"的"。作状语时,后面必须有结构助词"地",也可以不加结构助词"地",不过在语言运用中,以加结构助词"地"为常见。作补语时,前面必须加"得"。

4. 成因、扩展及与相关格式的比较

4.1 成因

格式"不 X 不 Y"的产生与很多因素有关,比如:语音方面和语义环境因素等,下面我们将对此进行具体分析。

4.1.1 音节

双音节是发生粘合的形式条件。格式是"不 X"和"不 Y"两个双音节的结合而形成。"四字格"是汉语成语的常见形式,也是汉语使用者最喜欢的形式之一。吕叔湘先生曾指出:四音节好像一直都是汉语使用者非常爱好的语音段落,最早的诗集《诗经》里的诗以四音为主,启蒙课本《千字文》《百家姓》等等都是四音,流传最广的成语也是四言为多。

为什么"四字格"备受使用者喜爱呢？其中有诸多原因。首先，因为它是最具有汉语文化特点的庄重典雅的形式，它最符合汉语文化中"以偶为佳""以四言为正"的审美要求。古人对客观美的认识，就是成双成对的："天"和"地"，"方"和"圆"，"日"和"月"，"山"和"川"等等。反映在文学艺术上，对联要求上下两联字数、结构相同，平仄相对；诗歌讲究对仗，尤其是律诗，是一定要用对仗的。其次，从语言内部考察，"四字格"结构灵活多变，它几乎能配置任何一种语法关系，满足结构变化的需要。再次，从音律上看，"四字格"大多能平仄相间，体现出汉语声调特有的节奏感和音乐美。由此可见，汉语成语在形式上选择了"四字格"，其根深深扎在汉语文化的土壤中。从现代心理特点来分析，它能提高记忆的效率。

在声调方面有一定的规律，但这并不是严格的规律，只是在出现频率上有一个大概的趋势。Ⅰ．平声在前，仄声在后。如：**不人不鬼　不凉不热　不轻不重　不伦不类**。Ⅱ．都是平声的，阴平在前，阳平在后。如：**不生不熟　不阴不阳　不虚不实　不依不饶**。Ⅲ．都是仄声的，上声在前，去声在后。如：**不喊不叫　不好不坏　不紧不慢　不远不近**。

4.1.2　语义、语用环境因素

格式"不 X 不 Y"存在于一定的语义、语用环境因素中，它的产生与这些因素有关，有如下几点：

一是表达的形象化和生动性的要求。如："不人不鬼"表示既不像人，也不像鬼，非常落魄的样子。"不痛不痒"表示既不痛，也不痒，非常形象地比喻言行不触及实质，不切中要害。

二是新义和新用法的产生。如："不清不楚"不是简单的表示"很不清楚"之义，是表示男女关系暧昧之义。"不三不四"，表示"不正派""不像样子"之义。

三是语义强调的需要。如："不哼不哈"表示"既不哼，也不哈",表示没有发出任何声音,其中"哼、哈"是近义语素,同时否定"哼、哈"而有强调之义。

四是表达的简约、经济性的要求。如:"不男不女"可以说成"男不男,女不女",但是用"不男不女"这一格式更体现了语言经济、简约的原则。

总之,就如邢福义(1997)所说,汉语语法重于意而简于形。在结构形式的选择上,常用减法;在结构语义的容量上,则常用加法。中国的国画,是一种减法绘画。山水画上,往往留有大块空白,许多意思就隐匿在空白处里。汉人的绘画语言和汉人的有声语言、文字语言似乎有惊人的相似之处。

4.1.3　粘合要素本身的性质

董秀芳(2003)认为否定性语素在语言中有着特殊的性质。许多语言中的事实都表明,否定性语素在语音上缺乏独立性,常需要其他词汇性成分的支持。在语言发展史中存在的否定性语素与其他语素发生粘附的例子是相当普遍的。

4.2　扩展格式"X 不 X, Y 不 Y"

格式"不 X 不 Y"中有一部分可以扩展为格式"X 不 X, Y 不 Y",而语义并无太大变化。"X 不 X, Y 不 Y"是汉语中的一种特殊的语言形式,"X 不 X"或"Y 不 Y"这种语言形式具有粘着性,本身不能独立成句,它必须在对举的情况下,与其他词语相配合才能成句。

4.2.1　结构形式

根据格式"X 不 X, Y 不 Y"中 X、Y 的词性,可以分为体式和谓式两种:

Ⅰ.体式

构成格式的 X、Y 是体词性语素、体词。如:

(68) 夜里,大街上常常游荡着一些男不男女不女的年轻人。

(69) 他穿得中不中西不西的,连小孩看见了都要发笑。

(70) 现在的长毛,只是剪人家的辫子,僧<u>不</u>僧,道<u>不</u>道的。

格式只可以作句法成分,(68)做句法成分,作定语。例(69)做补语,例(70)做谓语。这里 X、Y 在性质上是对立的,两者之间不存在中间状态,即否定了两端,就会产生矛盾,形成一种不调和的情况。进入这种格式的体词或体词性语素不多。

还有一类连用格式。如:

(71)"秀苹那死丫头,给那个男<u>不</u>男,女<u>不</u>女,人<u>不</u>人,妖<u>不</u>妖的马蹦蹦迷住了心窍。"嘀咕二婶鼻涕一把,眼泪一把……

例(71)是体式的连用,体式"男不男,女不女"与体式"人不人,妖不妖"连用。连用格式作句法成分,作定语。罗耀华(2002)对这种连用结构进行了阐释,他认为这里的连用结构是指两个或两个以上的语言结构单位相互影响相互作用,一同改变结构本身的表层语义,而传达了一种新的深层语义,产生了语义增殖功能,扩大了结构本身表层语义信息量,增加语言信息能的现象。所以例(71)中的"男不男,女不女,人不人,妖不妖"不是表面上说的"不是男人,不是女人,不是人,不是妖",却蕴含"马蹦蹦这个人什么也不是",无形中扩大了原有的信息量,产生附加值。

Ⅱ. 谓式

构成格式的 X、Y 是谓词性语素、谓词。如:

(72) 旁边就站着一台国产的控制柜,国内有名大厂的产品,技术质量指标都不低,用起来也满好,可就是配了一个方<u>不</u>方正<u>不</u>正的机柜,漆着深灰色的、还没有喷匀的漆,让人一看就不舒服。

(73) 不知哪个心术不正的浑小子,在角落里阴<u>不</u>阴阳不阳地小声儿说:"这就得问问德子了。"

(74) 女教师……上衣也很怪。是棒针钩的套头衫,肥大得能塞下两个窝瓜……颜色既不红,也不绿,而是蓝<u>不</u>蓝,紫不紫的。

这里格式做句法成分,例(72)做定语,例(73)做状语,例(74)做宾语,

此外,还有一种特殊的连用格式。如:

(75)"如果在外边碰上了,你也认不出我单雨徕了!"单雨徕指着自己的头,"变得人不人,鬼不鬼,疯不疯,颠不颠了。"

例(75)是体式和谓式的混合连用,体式"人不人,鬼不鬼"和谓式"疯不疯,颠不颠"连用。连用格式作句法成分,作补语。

4.2.2 语义关系

结构"X不X"和"Y不Y"组成这一格式后,格式便赋予了它们以新的语义,而并不是单独的"X不X",或"Y不Y"语义或它们简单的字面上的组合义。

张卫国(1992)认为当分别在两个"不"的前后重复两个意义相关、相反、相对的体词或体词性语素,谓词或谓词性语素,构成"X不X,Y不Y"格式时,格式可以换为"不X不Y"格式。人们用这种格式大多表达一种强烈的主观否定,表示事物处在一种令人不喜欢、厌恶的中间状态,表示既不像这又不像那,常常含有较强的贬义。X和Y互相对立,不存在处于其间的过渡状态,即X和Y构成互补反义关系义场,如:

(76)夜里,大街上常常游荡着一些男不男女不女的年轻人。

(77)一个在这店里拿份的混星子死催,将斧头砸在他左眼上,血糊糊的,只当瞎了。伤好后,眼珠子还在,却黑不黑白不白成了花花蛋子……

例(76)中"男不男,女不女"可以换成"不男不女"格式,表示"既不像男,也不像女"的状态,含有否定的贬斥意味。例(77)中的"黑不黑白不白"可换成"不黑不白",表示"既不黑,也不白",也有贬义。

4.2.3　指称性和陈述性

根据我们以上的分析,我们发现当 X、Y 进入该格式后,"不"前的 X、Y 就带有指称性,是静态的;"不"后的 X、Y 就带有陈述性,用来陈述 X 的功能、特征等,是动态的,而不管 X、Y 是体词还是谓词。如:

(78) 两条皮毛模样都不体面······<u>黄不黄</u>,<u>灰不灰</u>的狗迎了上来。

(79) 我觉得他学得这个专业一点都不实用,属于<u>文不文</u>,<u>理不理</u>的一类尴尬专业。

例(78)、(79)的格式语义分别是"黄不像黄,灰不像灰","文不是文,理不是理"。

综上所述,我们发现,格式"不 X 不 Y"和其扩展格式"X 不 X,Y 不 Y"在语义上可以表示事物处在一种令人不喜欢、厌恶的中间状态,从而表达人们的一种强烈的主观否定。语法功能方面都只可以作句法成分。结构方面,构成格式的 X 和 Y 可以是体词,也可以是谓词。因此,二者确实有很多相似之处。

但是,两格式也有许多不同之处,格式"X 不 X,Y 不 Y"只是格式"不 X 不 Y"所有类型中的其中一部分的扩展格式。"不 X 不 Y"还有其他语义类型,还可以表达其他语义内容。

4.3　格式"不 X 不 Y"与格式"半 X 不 Y"的比较

"不 X 不 Y"四字格式有许多相似的格式,或半同形,或半同义,或同义,如还有"无 X 无 Y""未 X 未 Y""没 X 没 Y""半 X 半 Y""半 X 不 Y"等。而与"不 X 不 Y"格式意义最相近的是"半 X 不 Y"格式,但它们的意义有细微差异,否定程度也有差别。"半 X 不 Y"格式一般嵌入意义相反、相对的单音节动词或形容词。前面"半 X"部分地肯定一个方面,后面"不 Y"否定相反、相对的另一方面,从而表示性质、状态处于接近前一方面的中间状况,在句中常作定语,也可以作谓语、状语,有时含有"不喜欢、厌恶"之

义。如:

> (80) 秋莲染上了伤寒病,病得半死不活的,却没有钱请郎中。
>
> (81) 破坏人的神经,以达到抑制毒品的作用,但后果是患者可能丧失对世界的任何感觉,也就是从此过上不死不活的生活。

例(80)中"半死不活"表示偏重于前一方面的中间状态,死的程度更大一些。例(81)中"不死不活"表示"既不像死,也不像生",即比"生、死"更让人难受。这里两句都具有贬斥的感情色彩,但"不死不活"的难受程度要大于"半死不活"。

> (82) 轮流吃饭时,她们挤在一小方转不开身的办公室里,有的围住炉子,有的倚着门框,马马虎虎扒几口。没有食堂,自己带饭,半冷不热的。
>
> (83) 他采取不冷不热的态度,和她保持若即若离的关系。
>
> (84) 不冷不热的天气让人觉得舒服,对你不冷不热的人让你觉得会头痛。

例(82)中的"半冷不热"偏重于"冷",具有贬斥的感情色彩。例(83)、(84)中的三个"不冷不热"随语境的变化而分别具有中性、褒义、贬义的感情色彩。

> (85) 他在柴屋安下一口缸,里面铺上半干不湿的泥土,把蛋放在上面,再用浸过水的稻草扭干覆盖着。
>
> (86) 它只能在楚文化中的楚地出现,在南方几乎没有,因为它对气候的要求是不干不湿。
>
> (87) 2006年元旦期间,广西不晴不雨、不冷不热、不干不湿,多云而又暖和的天气,将伴随你迎来2006年的头3天。

例(85)中的"半干不湿"偏重于"干",具有中性的感情色彩。例(86)、(87)中的"不干不湿"随语境的不同分别具有中性、褒义的感情色彩。

> (88) 半大不小的院子,一劈两半,夹缝里一条窄窄的通道,两

边都是夹着秋千篱笆的小园。

(89) 出现了一个<u>不大不小</u>的故障,那就是充电接口比较松。

(90) 我是一个<u>不大不小</u>的孩子,所以就尴尬,大人的东东不能看,小孩的东东也不能看。

(91) 这件家具<u>不大不小</u>,放在我的屋里正合适。

例(88)中的"半大不小"偏重于"大",具有中性的感情色彩。例(89)、(90)、(91)中的"不大不小"随语境的不同分别具有中性、贬斥、褒扬的感情色彩。

(92) 你甭瞧这是个<u>半土不洋</u>的小厂子,一年能加工一、二十万斤水果。如今,产品在北京市场上也能站得住脚。

(93) 造好后,大家的感觉就是有些<u>不土不洋</u>。我心里偷偷地笑,华西和我吴仁宝要的就是不土不洋。而且这<u>不土不洋</u>就是一个形式,专门对付官僚主义。

例(92)中的"半土不洋"偏重于"土",具有贬斥的感情色彩。例(93)中的两个"不土不洋"随着上下文语境的变化,分别具有贬斥和褒扬的感情色彩。

像这样比较相似的格式还有"不生不熟"和"半生不熟","不新不旧"和"半新不旧","不明不暗"和"半明不暗"等等。通过研究,我们发现"半 X 不 Y"在语言中随语境不同通常具有中性或贬斥的感情色彩。"不 X 不 Y"在语言中随语境的不同可以具有中性、贬斥、褒扬的感情色彩,有时择其一,有时择其二,有时全都具有。当"不 X 不 Y"和"半 X 不 Y"都具有贬斥的感情色彩的时候,一般情况下,"不 X 不 Y"比"半 X 不 Y"的贬斥色彩要浓。

5. 小结

本文对格式中的凝固格式进行了讨论。根据其结构和词性特点对其进行了比较科学的分类。根据构成格式的 X 和 Y 的语义特点，对格式进行了语义类型的划分和研究。针对其在句子中的分布，对其语法功能进行讨论。最后从格式的成因、扩展格式进行了讨论，并对与其相似的格式进行了比较。

参考文献：

蔡振生　1988　"不 A 不 B"结构浅析，《语言教学与研究》第 4 期。

崔显军　2001　双重否定句和一般肯定句的分工，《天津外国语学院学报》第 1 期。

邓英树、黄谷　2002　论"不 A 不 B"的否定意义及其制约因素，《汉语学习》第 4 期。

董秀芳　2003　"不"与所修饰的中心词的粘合现象，《当代语言学》第 1 期。

董秀英　2003　"不 A 不 B"格式的类化，《青海民族学院学报》第 1 期。

甘莅豪　2008　"不 A 不 B"的构式义与语义的消极倾向，《修辞学习》第 2 期。

傅远碧　2002　谈谈"不 A 不 B"，《绵阳师范高等专科学校学报》第 20 卷第 3 期。

黄永健　1995　"非……不……"句式初探，《深圳大学学报》第 12 卷第 3 期。

李铁根　2003　"不"、"没（有）"的用法及其所受的时间制约，《汉语学习》第 2 期。

李卫中　2002　"非 A 不 B"与"不 X 不 Y"格式的比较，《汉语学习》第 3 期。

李玉宝　1989　汉语中"不…不…"的几种构成形式及语义关系，《山西师大学报》第 1 期。

刘丹青　2005　《语言学前沿与汉语研究》，上海：上海教育出版社。

陆承刚　1998.　"不…不…"在假言判断中的作用，《高等函授学报》第 2 期。

陆俭明　2004　"句式语法"理论与汉语研究，《中国语文》第 5 期。

罗耀华　2002　连锁型"不 A 不 B"格式的认知模式，《南都学坛》第 22 卷第 1 期。

邵敬敏　2011　汉语框式结构说略，《中国语文》第 3 期。

寿永明　1997　"不……不……"格式的语法意义，《杭州大学学报》第 27 卷第 2 期。

王树瑛　1999　汉语"不 A 不 B"格式的结构关系及语义研究，《华中师范大学学报》第 38 卷第 5 期。

王威　2004　汉语中"不 A 不 B"格式语义关系之考察，《北京市经济管理干部学院学报》第 19 卷第 1 期。

邢福义　1997　汉语语法结构的兼容性和趋简性,《世界汉语教学》第 3 期。

杨满生　1997　对"不 A 不 B"语型的分析,《北京第二外国语学院学报》第 4 期。

原所秀　2000　"不……不"语句的判断类型及分析,《锦州师范学院学报》第 22 卷第 1 期。

周小兵　1996　析"不 A 不 B",《语言教学与研究》第 4 期。

从夸张类别到穷尽方式与强调程度[*]

——"百般、万般"与"千般"的表达功能与演化模式探讨

张谊生（上海师范大学语言研究所）

1. 引言

1.1　《现代汉语词典》（七版）和《现代汉语规范词典》（三版）都收录了"百般"与"万般"，除了列出这两个词都可以表示"各种各样、多种多样"的类别义之外，同时也都列出了两词的副词用法。然而，两本词典都认为副词"百般"表示"采用多种方式/办法"，表情状；而副词"万般"相当于"非常、极其"，表程度。^①令人感到困惑的是，为什么"百般"修饰"刁难"就是表示方式，而"万般"修饰"刁难"却是强调程度呢？请比较：

(1) 为了自身的利益不惜撕破面子，借征地开发之机，以"对话、协商"为幌子，对政府及有关单位<u>百般刁难</u>，层层加码，漫天要价，一旦不能如愿即兴师动众，大动干戈。（1994 年《报刊精选》）

---

* 基金项目：国家社科基金（15BYY131）"程度副词的生成、演化及其当代功能扩展的新趋势研究"、教育部规划基金项目（13YJA740079）"介词演化的规律、机制及其句法后果研究"、上海市哲学社会科学规划课题（2012BYY002）"当代汉语流行构式研究"。

(2) 推销时说得天花乱坠，理赔时<u>万般刁难</u>，这是大多数车主投保车险都曾遭遇的现象。（《项俊波第一把火：车险理赔难》2012－02－16 人民网）

很显然，两句都是表示方式的；同样，"万般"修饰"无奈"表程度，"百般"也一样。例如：

(3) 事业扶摇直上、硕果累累，面对一切成功，朱明瑛却深有感慨又<u>万般无奈</u>地说："作为一个人，我成功了，我实现了我的价值，但作为一个女人，我很遗憾"。（1994 年《报刊精选》）

(4) 在民警要求下，驾驶员<u>百般无奈</u>地向民警出示了其身份证，并称"身份证是真的"。（《违法司机众生相：司机一紧张掏出两本假驾照》2014－03－06《齐鲁晚报》）

至于"千般"，目前各家均未予以收录，其实，尽管现代汉语"千般 VP"单用频率确实不高，但合用表示方式或程度时，与"百般""万般"并没有实质性的不同。例如：

(5) 尤其是处于"中层板块"的一些股长、科长们，任凭"上级喊破嗓子、群众跑坏腿脚"，始终"慢吞吞"、"冷冰冰"，<u>百般推诿</u>、<u>千般刁难</u>，人为设置障碍。（《全力提高机关效率》2012－08－20 人民网）

(6) 纵使<u>千般无奈</u>，<u>万般感伤</u>，时光也不会重来，只要珍藏了相遇的美好，那便是人生最纯净的幸福。（《早安青春一纸流年，一纸华章》2014－05－24 新浪教育）

1.2　本文的基本观点是：现代汉语的"百般"与"万般"，都可以表示类别、方式与程度；两词既可以由凸显类别衍生出表示方式，也可以由强调类别发展出表示程度；只是搭配对象、表义侧重与使用频率略有不同。而"千般"早已词化，以表类别义为主，尽管副词化程度不高，经常用在与"百般、万般"的对举格式中，但其演化途径与动因还是一致的。

1.3　本文从三个方面展开探讨与分析：首先考察"X 般"的分布、搭配及其配合、共现的合用方式；然后分析与描写"X 般"的三种各具特色的表达功能与用法特点；最后揭示并解释"X 般"从表类别到表方式、表类别到表程度的两种引申轨迹及其演化动因与机制。

1.4　本文例句引自于北大语料库及网络报道与博客（长句略有删节），例句全部注明出处。为了便于行文，本文用"X 般"统一指代不同句法功能及词性的"百般""千般"与"万般"；必要时用"VP、AP"与"NP"分别替代被"X 般"修饰的谓词性成分或体词性成分。

2.　分布搭配及其共现与配合

2.0　本节主要描写与分析"X 般"的句法分布、搭配关系及其相应的词类归属。

2.1　不同分布的功能类别。现代汉语中，除了充当状语之外，"X 般"都还保留着或衍生出一系列其他的分布与用法。首先，都可以修饰一些抽象的"NP"，直接充当定语。例如：

(7) 只要农民眼中对土地的认识宽阔了，那蕴藏在农民之中的百般武艺就会编织出一条通往小康的康庄大道。（1994 年《报刊精选》）

(8) 为扶贫，她经历了苦、辣、酸千般滋味后，最终尝到了真正的甜。（1994 年《报刊精选》）

(9) 这里，我们且不说渡口、乐山、大足、重庆的千种风采，也不说荆州、武汉、九江、庐山的万般神韵，我们只说"钟山龙盘，石头虎踞"的南京城。（1996 年《人民日报》）

"X 般"修饰"NP"或指称性"VP"一起充当主、宾时，还经常带上标记词。例如：

(10) 乔致庸站起,深深看她,不禁悲从中来,痛声道:"太太,就是乔致庸有<u>千般的错处</u>,你也该看在孩子们的面上,跟我回去。"(电视电影《乔家大院》)

(11) 夫妻间有几多的互不沟通呵? 但是,即使如此,又怎么可能割舍这<u>万般的情意</u>和不尽的思念。(谢柳青《毛泽东情寄〈蝶恋花〉》)

(12) 中华民族在许多方面是相似的:他们都有古老的文明和传统,遭受过<u>百般的折磨</u>,而且他们的斗争都十分顽强。(《读书》vol-068)

毫无疑问,充当定语的"X 般"都应该分析为形容词而非"数量词"或"数词",②这是因为强调各种类别的"X 般",除了充当定语外,都还可以充当状语甚至谓语。例如:

(13) 她喜欢骑马,喜欢男装,骂起人来满口粗言秽语,谈情说爱时却<u>百般柔情</u>,<u>千般风流</u>。(《读者》合订本)

(14) 眼前这个男人,<u>千般好</u>,<u>万般好</u>,处处是优点,他不爱你,这个缺点,你永远改变不了。(张爱玲《倾城之恋》)

(15) 五一劳动节,回家之后自然也不能闲着。到了春暖花开的时节,农家小院里的杂草在菜园里可劲儿的疯长,有的开出名不见经传的小花,或黄或粉,竟也<u>媚态百般</u>。(杨百林《农活》)

(16) 秋风接着一阵阵呼呼作响,树叶片片飘落,犹如颜色各异的蝴蝶在林间翩翩舞蹈,或缓或急,<u>姿态千般</u>。(《京城琐记·不为避暑,只为一游》2011-10-18 网易博客)

其次,"万般"的情况比较特殊,表种类义的"万般"还是形容词,但表程度义的"AP 万般",结构关系已由主谓转向了述补,该"万般"也就转化为程度副词了。③请比较:

(17) 远在京中的亲王却因这不足道的恋情而<u>愁绪万般</u>,觉得甚是无聊。(《源氏物语》丰子恺中译本)

（18）我的目光流连在画集外套与内封的黑色上，不仅为装潢
　　　者的设计匠心叫好，更为世纪老人的文化人格与审美理
　　　想得到妥恰的包装而慰藉<u>万般</u>。（《读书》vol‑194）

　　显然，前一"万般"表示类别，还是形容词，而后一"万般"强调
程度，已经是副词了。而且，"万般"还保留着名词甚至代词的用
法，相当于"万物"或者"一切"。例如：

（19）陈琳向太后表白：幼年入宫，深谙宫中规矩，<u>万般</u>都按
　　　主子之意行事，对太后更是如此了。（《狸猫换太子》
　　　2003‑07‑28 华夏经纬网）

（20）一了百了<u>万般</u>皆了的那扇窄门，也曾于灯昏雨骤意冷心
　　　灰的俄顷想发发狠索性挤了过去的，又因为缺少了那操
　　　刀持剑或吞下些什么的勇气，所以伸过去的半身觉得冷
　　　森森又缩回来了。（吴伯箫《海上鸥》）

　　其他如"万般皆是空、万般皆由（都是）命、万般都放下"的"万
般"，也都是名词或代词。除了上述基础分布与特殊功能外，这三
个"X般"当前最主要的分布与功能，就是修饰动词、形容词及其
短语，充当性质与功能不同的状语。当然，主要是充当句子状语。
例如：

（21）小莫<u>百般</u>挣扎，一个多小时后终于将绳子挣脱，打开窗
　　　户呼救，正好对面房间有一名男子，对方于是报警。
　　　（《女研究生做家教被强奸　31 岁惯犯再获刑八年半》
　　　2014‑03‑20《信息时报》）

（22）天下大势，分久必合，合久必分，在经历近 300 年的统一
　　　之后，大明王朝迎来了生命中的最后时刻，内忧外患，纷
　　　争不断，拆东墙补西墙，终究拆无可拆，补无可补，纵使
　　　崇祯<u>千般</u>努力，终难扭转乾坤。（《明朝那些事儿·最后
　　　的较量》2011‑12‑01 百度知道）

（23）乔冠华回国后，周恩来表扬他，外交部同仁钦佩他，江青

自然抢在前面，她大耍手段，<u>万般赞誉</u>，一时，鲜花、美酒、喝彩、英雄，"老乔"似乎"全方位"成功了。（张容《一言难尽乔冠华》）

一旦"X 般＋VP"带上标记进入句内充当定、状语，该"X 般"充当的就是句法状语。④例如：

（24）从 29 日开始，经过对张犯不间断审讯，死顶硬扛、<u>百般狡赖</u>的张计忠，终于交待出在石市郊区的塔谈村还有另外两处窝藏《金瓶梅》的书库。（1994 年《报刊精选》）

（25）给学生以诗的阳光，小说的空气，戏剧的水分，散文的土壤，让他们每个人都有一棵<u>千般美丽</u>、<u>万般风情</u>的心灵之树。（《语文教学名言名句》2014－02－27 江西教育网）

如果整个偏正短语一起充当句子的主、宾语，那么，随着"X 般＋VP"短语的指称化，这些原本充当句子状语的"X 般"，也会转化为修饰指称成分的句法状语。例如：

（26）独生子女，居住高楼大厦，邻里交往少，孩子缺少伙伴，由于家长的<u>百般呵护</u>，动手的机会少，而且从小接受来自听、说方面的强化较多。（新华社 2004 年《新闻稿》）

（27）这些景观之所以延续至今，得到人们的<u>万般珍惜</u>，吸引世界各地的来宾，绝不在于什么"文化搭台，经济唱戏"，而是它们自身无价的文化性。（1996 年《人民日报》）

从分布与功用看，无论是充当句子状语还是句法状语，只要是凸显方式与强调程度的"X 般"，都应该归入副词⑤，大多是情状副词，少数是程度副词。

2.2　对举连用的多种模式。由于"百般、千般、万般"三词具有相近的句法分布与表达功用，所以，这三个词在现代汉语中共现配合、并存连用、交替使用的频率相当之高。

首先，就共现的类别来看，通常都是"百、千、万"之间的异类对举或连用。例如：

(28) 苦于媒婆之殷殷情谊,便撒口道:"你老说说看。"经过<u>百般沟通</u>,<u>万般调理</u>,终于找到一般配女子,但后生连连摇头。催急了,便骂一句:"多事!"(《读者》合订本)

(29) 为了斩断她的翅膀,将她拖向自己的地狱,他对她<u>千般刁难</u>,<u>万般凌辱</u>。地下赌场,他以她为赌注,让她面对那些能当她爷爷的老男人。(《豪门旧爱:总裁的VIP情人》2013-09-02 舞若小说网)

但也有少数是同类的共现与连用,比如下面就是"百般"的两项叠加与三项复叠:

(30) 说不定,雕骑军的这些散兵,如此<u>百般挑衅</u>,<u>百般欺凌</u>,就是为了引诱他们发起进攻,陷入白衣军的枪炮攻击范围。(《百般挑衅 百般欺凌》2012-01-21 百度贴吧·锦衣杀明吧)

(31) 粗粗的麻花辫,配以薄薄的鲜艳纱裙,在没有固定旋律的音乐中,扭动着不和谐的舞姿;特别是在摄像师的镜头面前,她更是<u>百般妖冶</u>、<u>百般妩媚</u>、<u>百般放纵</u>,那不是POSE的POSE,令人讶异的表情……种种的种种,都给人留下了深刻印象。(《〈大冒险〉要与芙蓉姐姐试比高》2007-03-09 挂游网)

其次,就配合的方式来看,主要是两项的联合或对举,表示并存或递进关系。例如:

(32) 她喜欢骑马,喜欢男装,骂起人来满口粗言秽语,谈情说爱时却<u>百般柔情</u>,<u>千般风流</u>。(《读者》合订本)

(33) 在那片神奇的地方,经历了那里的艰苦,见到了那里的天高地阔,援藏干部都显示了一种视名利为身外之物的豪迈之情,回内地看到一些人<u>百般计较</u>,<u>千般牢骚</u>,真是不习惯。(1996年《人民日报》)

(34) 礼尚往来,你吃我,我吃你,吃出<u>千般风景</u>、<u>万般友情</u>。

（1994 年《报刊精选》）

　　总之，就总和分布（total distribution）来看，可以充当典型定语、谓语的"X 般"，都是形容词，而不是数量词或数词；主要充当状语的"X 般"，不管呈现什么样的分布，都是副词；"万般"位于"AP"之后也是程度副词，充当主语时则是名词或代词。"百般、千般、万般"经常在一起共现配合；对举、连用时多为异类共现，也可以是同类并用；相互配合的方式，可以是两项联合对举，也可以三项并存连用；三项式的位序可以顺向，也可以逆向。

3. 表达方式及其功用与对象

　　3.0　本节分析"X 般"表种类、方式与程度的表达功用及其修饰对象的语义特征。

　　3.1　凸显夸张的类别。"般"的基本义是"种、类、样"，"百、千、万"又都可以表示概约多数，所以，"X 般"都还保留着强调"多种多样、各式各样"类别义的用法。例如：

（35）孩子一天一天成长，由褓襁中的婴儿到长大独立生活，对于父亲们来说可谓<u>百般</u>滋味在心头：因为在香港为父大不易。（新华社 2004 年《新闻稿》）

（36）仔细探究这类作家的心理历程会让人们明白许多事理的，那可真是酸甜苦辣<u>千般</u>风味。（《读书》vol‑131）

（37）那<u>万般</u>事体要是分摊在每日轮换一新的医护人员身上，反倒能让他们有充分的精神和力量，将其转化为"南丁格尔"的崇高精神。（张洁《世界上最疼我的那个人去了》）

　　无论修饰对象是"NP"还是"VP"，这类"X 般"所表示的都是各种夸张性的类别义。再如：

（38）有的人勤恳敬业，感到十分充实，有的人饱食终日、无所事事，觉得<u>百般</u>虚苦；有的人在烈日下锄禾、在寒风里跋

涉仍苦中寓乐,有的人在办公室里喝茶、在温室中闲聊却唉声叹气。(1995年《人民日报》)

(39) 十多年了,自从那场政治浩劫平地卷起以来,这还是他们第一次见面。她想象着自己所尊敬的人,经历了<u>千般磨难</u>,该是怎样的模样和神情?(《读者》合订本)

(40) 男友痛苦万分,在电视台匿名点了一曲《你最无情》,诉说心中的<u>万般苦楚</u>,希望对方"回心转意,把旧梦重温。"(1994年《报刊精选》01)

也就是说,不管是修饰"NP"做定语,还是修饰"VP"做状语,只要修饰对象"NP"或"VP"具有可计量或可量化的语义基础,那么,该形容词"X般"就必然会表示类别义。请比较:

(41) 正在南京莫愁湖公园举办的中华民族风情艺术活动,使人们"一日之内云游天下、领略<u>百般风情</u>"的夙愿成为现实。(1993年《人民日报》)

(42) 芭茅溪村的老乡就是这么淳朴,第一次见面对我们不仅不设防,而且盛情款待,<u>百般热情</u>,但并不觉得别扭,就是跟走亲戚家一样的,拉家常,遛弯儿,和谐美好。(《芭茅溪小蔡》2013-08-21人民网)

"百般风情"是定中短语,"百般热情"是状中短语,"风情"与"热情"都具有可量化基础;区别在于:"X般"修饰"VP"强调类别的量化特征没有修饰"NP"那么清晰。再比如:

(43) 中世纪文学里的"宫廷之爱"是这种爱情的最佳范例:求爱的骑士把美丽的贵妇人升高到女神的地位,为了感动对方,不惜用自己的<u>百般坚忍</u>和仰慕衷肠来赢得美人的心。(《读书》vol-200)

(44) 启程的日子终于来临,玉菡心中真有<u>千般不舍</u>,抱紧身穿长行衣的致庸久久不肯撒手。(电视剧《乔家大院》)

(45) 终于,当他抓住那两座耸动的雪峰时,那<u>万般颤栗</u>化成

了一句话:"恩人哪,要了我吧!"(李佩甫《羊的门》)

同样道理,"X般"共现配合表达类别义时,修饰对象也要具有可量化的语义基础。例如:

(46) 礼尚往来,你吃我,我吃你,吃出<u>千般风景</u>、<u>万般友情</u>。(1994年《报刊精选》)

(47) 纵有<u>千般无奈</u>、<u>万般苦楚</u>,不是自己的终不是自己的,毕竟,一句失去以后才想再拥有才真是说到了心上。(《深夜十大禁听歌曲》2012-01-09音乐网)

(48)《北爱》的热播,在观众中引起来热烈的讨论,其中讨论最热烈的是对"疯子"的<u>千般热爱万般崇拜</u>。(《从人物形象的塑造看〈北京爱情故事〉中的价值观冲突》2012-07-03影视天地)

"风景、友情"是体词,"无奈、苦楚、热爱、崇拜"是谓词,都可以表示夸张的类别义。

3.2　竭尽一切的方式。凡是"X般"修饰的"VP"是可控的行为,该"X般"所表示的就很可能是带有类别特征的方式义,以突出"用尽各种各样的方法"来"VP"。例如:

(49) 有的还<u>百般抵赖</u>,寻找借口,说:"我们贷了款来打鱼,你们不让打,谁来还贷款"等等,正面说服教育已不能使之动心回头。(1994年《报刊精选》)

(50) 借征地开发之机,以"对话、协商"为幌子,对政府及有关单位<u>百般刁难</u>,层层加码,漫天要价,一旦不能如愿即兴师动众,大动干戈。(1994年《报刊精选》)

(51) 他的父母为他一个人准备了一套二居室住房,从高中时起对他<u>百般照顾</u>,让他专心读书,不必做任何家务;但他一直学习吃力,并且考大学时成绩不佳。(王登峰、张伯源《大学生心理卫生与咨询》)

既然"X般"一般只能充当状语表示方式,那么,具有相应分布与表达功能的"X 般"自然都是情状副词；而且，都还可以附加状语标记"地"或者"的"以增强摹状性。⑥例如：

（52）狼对它的天敌和弱小的动物是凶残的，但在它的家庭里，爱的图景颇为感人。不时地，"妻子"会伴怒，娇嗔地在"丈夫"面前耍威风；而"丈夫"，会一个劲地退让，<u>百般地投其所好</u>。（《读者》合订本）

（53）这是因为凡夫穿衣，总要<u>百般的挑剔</u>，或是衣料不满意，或是花色不美，或是款式不好等等，心生种种烦恼。（《佛法修正心要》）

比较而言，"千般、万般"单独表方式的频率都太不高，所以，用例也相对有限。例如：

（54）浮舟想，那时妹尼憎已返回草庵，定要<u>千般阻拦</u>，那就晚了。她担忧此事，定要当即举行受戒诸事。（《源氏物语》丰子恺中译本）

（55）说罢，哭得几乎从车上跌了下来。众传女忙来挽扶，<u>万般劝解</u>。她们道："早就担心会弄到这般地步的。"（《源氏物语》丰子恺中译本）

就被修饰对象的语义特证来看，表方式义的"VP"几乎都是自主动词及其短语。例如：

（56）我妻子对我好，我的家庭幸福，这有什么错！这些人却要无事生非，<u>百般丑化</u>，似乎我这样的人就不该有妻子，更不该有个漂亮的妻子。（1994 年《报刊精选》）

（57）可是到皇帝按惯例御赐婚姻的时候，纵使王小姐<u>千般丑化自己</u>，老儿还是看到了她裙下的纤纤细腿。（《神域魔豆》2013－01－20 起点小说中文网）

（58）尽管《水浒传》和《金瓶梅》两书的作者，对西门庆的恶，竭力描写，历尽笔墨<u>万般丑化</u>但从不写西门大官人与未成年女孩苟且取乐，做下伤天害理的事情。（《别美化贪

官污吏》2012－06－07新浪博客)

　　"丑化"与"风景"不同,与"坚忍、苦楚"也不一样,具有主观的能动性,所以,表示的就不再是类别而是方式。"努力、挣扎、苦撑"具有类似的特征,也都表类别义。例如:

(59) 佟掌柜急火攻心,慌不择路,<u>百般努力</u>却始终不能力挽狂澜,只好把气撒在伙计身上。(电影《武林外传》)

(60) 田小娥与黑娃的结合原本是两厢情愿、美满自然的,但在宗法制的笼罩下,<u>千般挣扎</u>,终难逃脱,他们成了白鹿原上无家可归的一对孤雁。(《〈白鹿原〉故事梗概与人物分析》2013－07－19百度知道)

(61) 崇祯望着他的脊背,想着自己对国事<u>万般苦撑</u>竟不能得他这样的大臣谅解,不由得叹口气,恨恨地说:"黄道周一生学问,只学会一个'佞'字!"(姚雪垠《李自成》)

　　同样,只要"VP"具有能动可控特征,也可以通过共现连用来表达协调配合的方式义。例如:

(62) 曹商来到秦国后,对秦王<u>百般献媚</u>,<u>千般讨好</u>,终于博得了秦王的欢心,于是又赏给了他一百辆车。(《寓言故事·曹商舐痔》2010－06－09百度故事)

(63) 买东西之前,营业员当你是上帝,<u>百般讨好</u>,<u>千般献媚</u>,毕竟营业额与她的收入有关啊,一旦买了她的商品,顾客就成了孙子,不愿解答顾客的疑问,更不会主动解决商品的退、换问题。(《吃不消的上帝待遇》2010－10－22新浪博客)

　　"献媚、讨好"都具有主观能动性,"百般、千般"交替合用,以凸显其表达效果。再比如:

(64) 可您看三聚氰胺的毒奶粉事件当中,当地政府不但监管失误,而且在出事之后<u>百般遮掩</u>、<u>千般抵赖</u>,监管不力还能说是观音难救世间苦,这种行为大概只能说是纵容为

恶了。(《政府的良心是社会的风向标》2012 - 06 - 18
经济观察网)

(65) 此次两档节目中对男士们<u>千般刁难万般挑剔</u>的女士们
营造出了"女色消费男色"的概念,节目也因此有趣了许
多,"很符合当下的社会环境"。(《〈完美先生〉一场仓促
的男色秀》2011 - 12 - 29 星娱乐)

正因为"VP"都是能动性自主行为,所以,"X 般"合用配合,就
更能凸显表达方式的效果。

3.3　强调极性的程度。程度副词"X 般"的表达功效接近于
"极其、非常"⑦。例如:

(66) 在一条黑巷口,两个姑娘停下来,<u>万般妖娆</u>地笑望着我
们。(王朔《橡皮人》)

(67) 她长着天仙般的美貌,却陷在十八层地狱般的痛苦和不
幸之中,不免<u>万般感慨</u>。(欧阳山《苦斗》)

与"万般"相比,"百般、千般"表程度用法较少,所带有的类别
义痕迹也更强些。例如:

(68) 布力菲是个善于看风使舵、诡计多端的伪君子。在长辈面
前,他总是表现得<u>百般恭顺</u>,彬彬有礼。(《读书》vol - 006)

(69) 晁恒功是一个重声誉如同生命的人,每当想起这些悲惨
遭遇,心里就<u>百般痛苦</u>,总觉得在村里人面前抬不起头。
(《济源违规招商项目强征耕地致人死亡》2013 - 07 - 24
济源网)

(70) 程阳看着微愣的女子,心里<u>千般惆怅</u>,她总是能用这样
一个简单的神情将他吸进去;一如她的名字,深深的,再
也不能自拔。(《时光如青苔,十年不思议》2010 - 11 -
09 百度贴吧)

(71) 我烧了她爱吃的菜端给她,她<u>千般无奈</u>地咬嚼两下,趁
我转身又偷偷地吐在碗背后。(《读者》合订本)

发展到现、当代,表程度已成了"万般"的主要用法,其种类义痕迹也已不再那么明显了,而且"万般无奈",更是成了现代汉语中的成语,其使用频率相当之高。⑧例如:

(72) 他首先从那份合同讲起,讲它是在怎样一种没有第二个选择的<u>万般</u>无奈的大背景之下产生的。讲港商所做的种种承诺的可靠性,讲哪<u>些</u>方面港方做不到,为什么做不到。(梁晓声《钳工王》)

(73) 粮食收购部门为何不履行合同呢? 店下粮站负责人<u>万般无奈</u>地吐露了隐情:全镇粮食定购任务加上公粮及其他代收项目的总量,大大超过了现有的库容量。(1996年《人民日报》)

就限制的对象来看,表程度的"VP/AP"基本上都是心理动词和性状形容词。再比如:

(74) 其实,"陕军"的这几部作品,其相互间的文本意图存有相当明显的差异:《废都》<u>百般</u>无奈却又满心欢喜地制作出一个当代文人"影像"。(1994年《报刊精选》)

(75) 与其说那一草一木,一桌一窗,一书一画都浸透着孩子们的心血和汗水,自然<u>百般</u>珍惜爱护,不如说它是王思明的精神、品格及理想在孩子们身上的实现和伸延。(1994年《报刊精选》)

显然,正因为心理动词、形容词本身都具有一定的量幅,所以,更适合程度副词修饰。再如:

(76) 叶绿荷漫无目的地走在大街上,纵然大街上<u>千般</u>热闹,为什么我的心却感到那么的失落和寂寞?(《烛光剑影》2008-08-01潇湘书屋)

(77) 同志们撕碎敌人的"自白书",战胜<u>万般</u>残忍的酷刑,不怕牺牲,坚持斗争到底终被集体释放回到延安,投入党的怀抱,受到毛泽东主席的接见。(《那些难以忘却的记

忆》2013 - 09 - 27 亚心网)

同样,通过共现配合、表达互相关联、有所深化的程度,也必须具有量幅的语义特征。例如:

(78) 不过说真的,女人千般漂亮万般温柔,也抵不过独立自主最重要,尤其是中国这样男人不会把照顾老婆家庭当事业的地方。(《重起炉灶,讨论:什么是女人味?》2008 - 05 - 06 摇篮网)

(79) 他对待敌人可以毫不留情,纵使手段千般残忍,万般毒辣,受到万人唾弃,身背千载骂名,他也不以为意。(《武侠世界大祸害》2013 - 12 - 31 笔下文学网)

通过三项连用,表达步步递进、层层深化的程度,各"VP"更须要具备这一语义特征。例如:

(80) 我们一心一念,十分注意,我们虽然百般隐忍,千般努力,万般勤勉,然而能够保证的,仅仅是自己不会伤害到别人。(《廊坊吧》2013 - 01 - 29 百度贴吧)

(81) 不过说真的,女人就是百般漂亮、千般温柔、万般高雅,也抵不过自立自强,尤其是在现在中国这样还是男权占主导的社会里,女人独立自主更重要。(《讨论:什么是女人味?》2009 - 05 - 06 新浪博客)

总之,形容词"X 般"主要表示不同的类别义,但被其修饰或陈述的对象,都必须具有可数性及可物化的语义特征。副词"X般"可以表方式也可以表程度,尽管都是作状语,但搭配对象的语义基础不同,情状副词重在能动性与可控性,程度副词重在性状化与量度化。

4. 发展演化及其动因与机制

4.0 本节主要从历时的角度探讨、分析"X 般"的演化的历程与结果,机制与动因。

4.1　短语的固化与词化。甲骨文"般"从"凡(盘)、从攴",金文已将"凡"误作"舟",篆文承之。随着量词"般"逐渐形成,数量短语"X般"在晚唐时已经广泛使用。例如:

(82) 大王见太子愁不乐,更添<u>百般细乐</u>,万种音声,令遣宫内,为欢太子,太子都不入耳,再处分车匿,来晨被朱鬃白马,却往南门观看。(《敦煌变文选·八相变》)

(83) 我家有子在临胎,<u>千般痛苦</u>诞婴孩。父子忙重发愿,只愿平善不逢灾。(《敦煌变文选·八相变》)

(84) 太子闻偈,哽噎非常,遂乃叫切含悲,亦道一偈:太子闻道病来侵,<u>万般愁苦</u>转萦心。(《敦煌变文选·八相变》)

(85) 古人云,路逢达道人,第一莫向道。所以言,若人修道道不行,<u>万般邪境</u>竞头生。(唐《镇州临济慧照禅师语录》)

随着"百、千、万"与"般"搭配凝固化,"X般"的表达功能趋向定型化,在临界语境(adjacent context)的制约下,"X般"逐渐由一开始双音化的韵律词,经过不断地高频共现(frequency of co-occurrence)因结构固化而过渡到语法词,最终经语义融合(mixture)成为三个表示夸张性类别的形容词。同时,分布也从定语扩展了状语,表达从修饰指称转向描摹陈述。例如:

(86) 更添音乐,<u>百般悦乐</u>太子。其太子闻乐,转加不乐。(《敦煌变文集新书·悉达太子修道因缘》)

(87) 忽见一人,四体极甚赢劣,刑容瘦损,喘息不安。两面人扶,<u>千般疼痛</u>,兼有药碗,在于头边,百味饮食将来,一般都不向口。(《敦煌变文选·八相变》)

(88) 适蒙慈悲圣主,会上宣扬;大觉牟尼,筵中告语。<u>千般赞叹</u>,何以胜当,百种谈论,实斯悚惕。(《敦煌变文集新书维·摩诘经讲经文》)

(89) 细屈指寻思,旧事前欢,都来未尽,平生深意。到得如

今,<u>万般追悔</u>。空只添憔悴。对好景良辰,皱着眉儿,成甚滋味。(宋·柳永词《慢卷紬》)

仔细观察与分析,可以发现:凡是被"X般"修饰或陈述的词语,都具有[＋数量][＋物化]语义特征;而且,三个"X般"的定型化与词汇化的发展进程,大体保持一致;从句法功能与表达作用来看,大约到宋、元时期,三个形容词"X般"都已基本形成了。^⑨再比如:

(90) 且如兴灭继绝,诛残禁暴,怀诸侯而尊周室,<u>百般好事</u>他都做,只是无恻怛之诚心。(《朱子语类》卷六十)

(91) 譬如合一药,须先有真药材,然后和合罗碾得来成药。若是药材不真,虽<u>百般罗碾</u>,毕竟不是。(《朱子语类》卷六十一)

(92) 若不知去处,向外边学得<u>千般巧妙</u>,记持解会,口似倾河,终不究竟,与汝自己天地差殊。(《五灯会元》卷十五)

(93) 他吃饭时不肯吃饭,百种须索;睡时不肯睡,<u>千般计较</u>。所以不同也。(《五灯会元》卷三)

作为形容词,"X般"在这一时期,自然都还可以充当谓语,尤其是与"X种"对举时。例如:

(94) 树神奉敕,便于西坡之上,长叩三声,云务陡暗,应是山间鬼神,悉皆到来,是日夜拣炼神兵,<u>闪电百般</u>,雷鸣<u>千种</u>,彻晓喧喧。(《敦煌变文选·八相变》)

(95) <u>好花万种</u>,布影而锦偞池中;<u>瑞鸟千般</u>,和鸣而乐陈林里,皇居匪远,天步频游。撑舡而冲破莲荷,奏曲而惊飞鸳鹭。(《敦煌变文集新书》卷二)

与此同时,一部分"X般"还可以指称化充当主语、宾语,开始向体词化演变。例如:

(96) 且大犯即爰破逃散,小犯则失爵亡官,其余杂犯,火光口舌,跋蹇偏枯,衰殃疾病等,<u>万般皆有</u>,岂得轻之哉!(唐

李淳风等《黄帝内经》）

(97) 问："如何是学人出身处?"师曰："<u>千般</u>比不得,<u>万般</u>况不及。"(《五灯会元》卷八)

(98) 却说蒋兴哥跟随父亲做客,走了几遍,学得伶俐乖巧,生意行中<u>百般</u>都会,父亲也喜不自胜。(《喻世明言·蒋兴哥重会珍珠衫》)

这些充当主、宾语的"X 般"严格地讲还是一些固化中的数量短语,并没有完全词汇化。值得注意的是,这三个词在演化、发展的过程中,相互之间出现了竞争(rivalry),进而导致了协调与分工。所谓协调,主要体现为"X 般"之间各种形式的对举与连用。例如:

(99) 上堂:"<u>千般说</u>,<u>万般喻</u>,只要教君早回去。去何处?"良久曰:"夜来风起满庭香,吹落桃花三五树。"(《五灯会元》卷十七)

(100) 公家为女婿,有妻是刘月仙,生的有些颜色,十分的不贤惠,将小人<u>千般毁骂</u>,<u>万般憎嫌</u>。(《全元曲·好酒赵元遇上皇》)

所谓分工,则体现为:"百般"只是偶尔做谓语很少充当主、宾语;而"千般"充当主、宾语、谓语都较常见;发展到现代,"百般、千般"充当主、宾语的指称化用法基本消亡了;而"万般"由于受到格言"万般皆下品,唯有读书高"(北宋汪洙《神童诗》)的类推(analogy)影响,"万般 X,唯有 Y"已经构式化了,所以,直到现代还保留着充当主语的功能。

4.2　功能的转化与虚化。"X 般"形容词形成以后,表类别义的用法逐渐成熟,随着一部分被修饰的表陈述性"VP",是带有一定的目的性与功利性的行为,那么,这些"X 般"就会逐渐地由表类别义转向表方式义。也就是,当发话人要表示用各种方式从事某项行为、而被修饰的"VP"具有[＋能动][＋可控]的语义特

征时,那么,这些"X般"也就逐渐从单纯表示"各种各样"的类别义转向了主要表示"竭尽各种方式方法地"的方式义。例如:

(101) 单于重祭山川,再求日月,百计寻方,<u>千般求术</u>(各种各样地求术→以各种方式求术→竭力求术),纵令春尽,命也何存。(《敦煌变文集新书·王昭君变文》)

(102) 李梦先问情、意之别。曰:"情是会做底,意是去<u>百般计较</u>(各种各样地计较→以各种方式计较→竭力计较)做底,意因有是情而后用。"(《朱子语类》卷五)

(103) 妾是真州人,乃是永嘉崔县尉次妻,大娘子凶悍异常,<u>万般打骂</u>(各种各样地打骂→以各种方式打骂→竭力打骂)。近日家主离任归家,泊舟在此。(《今古奇观·崔俊臣巧会芙蓉屏》)

当然,这些方式义都带有一定程度的种类语义积淀,都是呈现各种各样类别的方式。例如:

(104) 以利存心,做时虽本为衣食不足,后见利入稍优,便多方求余,遂生<u>万般计较</u>,做出碍理事来。(《朱子语类》卷一百一十三)

(105) 如宋时玉通禅师,修行五十年,因触了知府柳宣教,被他设计,教妓女红莲假扮寡妇借宿,<u>百般诱引</u>,坏了他的戒行。(《警世通言·况太守断死孩儿》)

(106) 至于被诬冤枉的,却又六问三推,<u>千般锻炼</u>,严刑之下,就是凌迟碎剐的罪,急忙里只得轻易招成,搅得他家破人亡。(《初刻拍案惊奇·恶船家计赚假尸银 狠仆人误投真命状》)

就在表示方式义的"X般"情状副词渐趋成熟之际,大约在明、清时期,一部分"X般"又从表种类义逐渐分化出表程度的副词用法。也就是说,当部分被修饰的"VP/AP"具有[+程度][+性状]的语义特征时,那么,该"X般"就会开始由表类别义转向了强调程度义。例如：

> (107) 那日天晚，只见那农夫张三老往城中卖菜来家，马氏接着收拾了晚饭与丈夫吃了，因问曰："如今姜子牙，闻说他出将入相，<u>百般富贵</u>(<u>尽显各种富贵→非常富贵</u>)，果然真么？"(《封神演义》第九十二回)

> (108) 秋谷看程小姐已经梳洗，梳了一个懒妆髻，薄施脂粉，又换了一件衣服，出落得别样风流，<u>千般袅娜</u>(<u>尽显各种袅娜→煞是袅娜</u>)。(《九尾龟》第五十四回)

> (109) 狄希陈虽与寄姐如鱼得水，似漆投胶，<u>万般恩爱</u>(<u>尽显各种恩爱→极其恩爱</u>)，难以形容，到只为这珍珠一事，放心不下。(《醒世姻缘传》第七十六回)

"X般＋富贵/袅娜/恩爱"从类别转向程度的轨迹是，既可以认为"表现出各种各样的富贵、恩爱、袅娜"，也可以重新分析(re-analysis)为"显得非常富贵、袅娜、恩爱"。再比如：

> (110) 公子扶他上马，又扶他下马。一上一下，将身偎贴公子，挽颈勾肩，<u>万般</u>(≈<u>万分</u>)旖旎。夜宿又嫌寒道热，央公子减被添衾，软香温玉，岂无动情之处？(《警世通言》卷二十一)

> (111) 他诡谋毒计，暗箭伤人，面上一团和气，像是一个好人，心里<u>千般</u>(≈<u>非常</u>)恶毒，比强盗还狠三分。(《七剑十三侠》第一回)

> (112) 谒过驾，圣祖特沛恩纶，就命她乾清官侍寝。是夜圣祖同她颠鸾倒凤，<u>百般</u>(≈<u>十分</u>)恩爱，不消细说。(《清朝秘史》第二十三回)

在语境吸收(absorption of context)作用下，一部分"X般"的类别义开始逐渐弱化，程度义就渐趋形成。当然，由于"万般"的竞争，"百般、千般"表示程度的用法一直不多。例如：

> (113) 睡也不好，起也不好。正在<u>百般无奈</u>的那一刹那间，秦

士林已走近身边，用那使降魔杵的气力，将被一揭。（《留东外史》第二十五章）

(114) 恰便似呖呖莺声花外啭，行一步可人怜。解舞腰肢娇又软，千般袅娜，**万般旖旎**，似垂柳晚风前。（《西厢记杂剧·崔莺莺待月》）

另外，补语位置上表程度的"万般"，大约在清朝后期也已完成了副词化进程。试比较：

(115) 吾受此罪，**苦痛万般**，不可言说。赖汝夫妇，为吾修无上黄箓宝斋，功德一切，吾乘此功德，已得生天，故来相别。（宋·张君房《云笈七签》卷一百二十）

(116) 盖朔人**狡猾万般**，其居不容外人，若以异处之士去守，彼必为乱，国不能安，燕凤之策，可保久长。（《两晋秘史》第二百四十九回）

从结构与表达看，"苦痛万般"还应该分析为主谓短语，而"狡猾万般"则须要分析为述补短语；同样，前"万般"还是形容词，后"万般"则已经是后补式程度副词了。

总之，本节的基本结论是：a. "X般"正是在紧邻语境的吸收下，通过语义感染、高频类推从形容词派生出情状副词，而"X般"的主观约量（subjective quantity）及重新分析，是导致"X般"进化为程度副词的语义基础与语法化机制。b. 从认知机制来看，从类别义到方式义，是相邻概念之间逐渐过渡的演化，其进化的机制是转喻（metonymy）；从类别义到程度义，则是不同认知域之间认知投射的顿变，其转化的机制是隐喻（metaphor）。c. 副词"百般"与"万般"并没有表方式与表程度的明确分工，只是因为各自语义量级有别，表义侧重不同而已。也就是说，"百"与"万"虽然都是汉语中表示大量的位数词，但是"百"的大量只是一般的"多"，而"万"的大量是极顶的"多"，所以，"百般"更倾向表方式演化；"万般"更倾向于表程度；[⑩]当然，表义倾向只是一种发展趋势而不是规律。

5. 结语与余论

5.1　综上所述,可以归纳如下;一、只能充当状语的"X 般",不管呈现什么样的分布,都是副词;充当定语、谓语的"X 般"都是形容词。"万般"位于"AP"之后是程度副词,充当主语时是名词或代词。三个"X 般"因竞争而协调或者分工;协调共现时,可以两项联合或对举,也可以三项并存或连用。二、形容词"X 般"基本上都表示夸张的类别义,副词"X 般"可以表方式也可以表程度,句法功能基本一致,但搭配对象的语义基础不同,情状副词重在能动性与可控性,程度副词重在性状化与量度化。三、"X 般"正是在紧邻语境的吸收下,通过高频类推、语义感染、重新分析,从形容词分别派生情状副词与程度副词。从认知的机制来看,从类别义到方式义,是相邻概念之间的逐渐过渡的演化,其进化的机制是转喻;从类别义到程度义,是不同认知域之间的认知投射的顿变,其转化的机制是隐喻。

5.2　通过对"X 般"的探究与讨论,还可以进一步得出如下结论:汉语词类在语法化过程中,人类语言共有的机制当然是必须遵循的,但是汉语的复合词都是具有形音义三位一体的语素凝固而成的,汉语的实词乃至虚词都没有显著的形态特征,所以,在词类演化的过程中,各类词语本身的源义积淀以及具有一定用频保障的临界语境,有时就成了汉语实词与短语语法化过程中最为重要的决定性因素。比如,同样是数量短语"各种",在当代网络用语中也已词汇化了,不但从表类别发展到表方式,而且也已从表类别衍生出了表程度。例如:

(117) 房子收拾的超级干净,到最后要退房的时候,房东和他老婆马上变脸,各种刁难,各种要赖,说看了合同,要满

一年才退押金。(《承诺退的押金被扣,博士房东耍赖撒泼》2014－07－15 百度贴吧)

(118) 绝对真事,绝对原创:公交车上,上来一美女,<u>各种妖娆</u>,<u>各种妩媚</u>,<u>各种暴露</u>,那美腿,看得公交司机一瞄一瞄的,侧目不下十几次,旁边一大妈实在看不下去了,把那美女往后面一拉,说:你站我后面去,站这里,有人容易分心,威胁全车人安全。(《把那美女往后面一拉》2014－07－01 糗事百科)

显然,"刁难、耍赖"表方式、"妖娆、妩媚、暴露"表程度,"各种"与"X 般"的演化机制是一致的,尽管现在还不够典型。不管怎么讲,由各种汉字构成的汉语准虚词和虚词,尽管已经词汇化、甚至副词化,但许多汉字本身的语义积淀,还一直会影响这一虚词的功能、语义和用法,而这一点,正是我们以往研究汉语短语词汇化、实词虚化时一直忽略的。

注释

① 《现代汉语词典》(七版)和《现代汉语规范词典》(三版)都指出"百般""万般"可以表示种类义,但都认为"百般"还能表示方式义,却没提到可以表示程度义(p. 28、25);都认为"万般"还能表示程度义,却也没提到可以不能表示方式义(p. 1350、1352)。至于"千般",两本词典均未予以收录。

② 关于主谓结构到述补结构的演化及程度副词充当补语表程度的详细分析,请参考张谊生(2013a)。

③ 关于句法成分与句子成分的性质、特征及其差异与关系,请参看张谊生(2013b)。

④ 关于句法成分与句子成分的性质、特征及其差异与关系,请参看张谊生(2013b)。

⑤ 现代汉语副词在特定情况下可以充当定语的详细分析,请参看张谊生(2011、2012)。

⑥ 关于状语用标记词"的"而不用"地"的现象及其原因与作用,张谊生(2012)已有论述,请参看。

⑦ 与典型的程度副词相比,"X 般"表程度时,一般都会保留着一定程度的类别义积淀,这是因为"百般、千般"表程度,由于用频一直不高,至今还处在定型阶段,显得还不够典型。其实,回顾汉语史上像"非常""极其"等,刚开始表程度时,也都会或多或少地保留"异常"和"极端"的语义积淀。

⑧《现代汉语规范词典》(三版)已将"万般无奈"作为成语收录。尽管已是成词,但"千般无奈、百般无奈"还是时有所见,比如例(1)、例(71);不过,例(47)的"千般无奈"是表类别的。

⑨ 在汉语数量短语的发展演化史上,"一般、一样"也成了形容词,"十分、万分"则进一步成了副词。

⑩ 既然"X 般"都可以表示方式和程度义,那么为什么一般都认为"百般"表方式,而"万般"表程度呢? 关键就在于:这三个词遵循了数量短语演变的共性——从表类别的依次虚化为方式副词和程度副词,但"百"只是基本多量,而"万"是极限多量,所以,"百般"更倾向于表方式;"万般"更倾向于表程度。

参考文献

曹秀玲　2006　量限与汉语数量名结构的语法表现,《语法研究和探索》十三,北京:商务印书馆。

储泽祥　2014　网络语言里"各种"的词汇化和语法化——兼论网络语言的语法化特征,《语言学论丛》第 49 辑,北京:商务印书馆。

刘丹青　2008　重新分析的无标记化,《世界汉语教学》第 1 期。

王萍　2013　多媒体网络语境下的"各种＋非 N"结构的认知语用机制,《学术探索》第 8 期。

王慧菊　2005　古汉语的类别词在现代汉语中的使用情况,《西华师范大学学报》第 4 期。

吴福祥　2005　汉语语法化演变的几个类型学特征,《中国语文》第 6 期。

徐开妍　2013　概念整合理论对网络流行语的解读——以"各种"的超常规搭配为例,《现代语文》第 8 期。

杨一飞　2010　浅论实副词的形成,《语言科学》第 1 期。

张谊生　2011　表迅捷义的"X 速"词族的功能、用法与发展,《语言教学与研究》第 4 期。

张谊生　2012　现代汉语副词状语的标记选择,《汉语学报》第 4 期。

张谊生　2013a　程度副词"到顶"与"极顶"的功能、配合与成因——兼论从述宾短语到程度副词的结构与语义制约,《世界汉语教学》第 1 期。

张谊生　2013b　句法层面的语序与句子层面的语序——兼论一价谓词带宾语与副词状语表程度,《语言研究》第 3 期。

朱彦　2004　《汉语复合词的语义构词法研究》,北京：北京大学出版社。

F. Ungerer，H. J. Schmid 2005 *An Introduction to Cognitive Linguistics*，Beijing：Foreign Language and Research Press.

Givón，T.　1971　Historical syntax and synchronic morphology：an archaeologist's field trip. Chicago Linguistic Society.

Hopper J. Paul & Elizabeth Closs Traugott 1993 *Grammaticalization*，Cambridge：Cambridge University Press.

Heine，B.，U. Claudi，& F. Hünnemeyer 1991 *Grammaticalization — A conceptual Framework*，Chicago：University of Chicago Press.

语气副词的主观量级和语用预设
——以"也许"和"一定"为例

章天明(小樽商科大学商学部)

1. 引言

我们首先从两组对话开始：

(1) A：小王明天来学校吗？

　　B1：他也许来。

　　B2：他也许不来。

(2) C：小王明天来学校吗？

　　D1：他一定来。

　　D2：他一定不来。

同样是提问"小王明天来不来学校？"，例(1)的回答 B1"也许来"和 B2"也许不来"对 A 来说其实都一样，二者语义上等值。但例(2)的回答 D1"一定来"和 D2"一定不来"对提问者 C 来说却是截然不同的答案。(1)和(2)的不同源自或然类的"也许"和必然类的"一定"，说语气副词有主观性而且这种主观性有强弱的不同，恐怕谁也不会否认。那么不同语义类别的语气副词的主观性强弱能不能比较？如何比较？造成它们主观性强弱差别的原因是什么？

2. 语气副词和主观量①

2.1　主观大量和主观小量

李宇明(1994)"带有主观评价的量是'主观量',不带有主观评价的量是'客观量'"。对于"干了几天了"的回答有以下三种:(例文转引自陈小荷,1994)

(3) E：干了几天了?

　　F1：三天。

　　F2：都三天了。

　　F3：才三天。

以上 F1 表达的是客观量,F2 和 F3 表达的主观量,F2"都"为主观大量,F3"才"为主观小量。

这里所谓的主观大量和主观小量还是对客观数量的主观判断,即说话人主观认定数量上的"三天"的多与少。本文讨论的不是这种主观量。

2.2　关于语气副词的"量"

陆俭明、马真(1981)及李宇明(2000)等都对语气副词和数量主观评价作了总结和分析,但他们说的主观量还是对客观数量的主观评价,也就是"数"的主观大量和主观小量。其实,语气副词的主观量不仅是一种数量评价,而且更是一种程度评价,这个程度我们可以量化,成为一个连续统。比如,语气副词中或然类的"也许"和必然类的"一定"就可以表示"确信""推断"等主观性量度,而且这些"确信量"有强弱大小,可以构成一个关于"确信""推断"的量的序列,"也许"和"一定"可以在表示"确信推断"主观量级的序列中占据不同的位置。

2.3　主观性大量和主观性小量

除了着眼于逻辑数量外,反映说话人主观态度评价的主观性本身也存在一种"量"的差异,即我们通常所说的主观性的强和弱。"强""弱"其实也就是一种程度量差的表现。

(4) 他也许不来。

(5) 他一定不来。

(4)和(5)中不存在对"数量"的主观评价,但我们还是可以感觉到言者的主观意图并不一样。(4)用了或然的"也许",对"不来"确信程度低,(5)用了"一定",言者对"不来"的确信程度高。这里对"不来"的确信程度高低的不同反映就是"主观性大量"和"主观性小量"。

3. 或然和必然

3.1　或然类和必然类语气副词量的表现和特征

3.1.1　"也许"和"一定"[②]的语义特征

《现代汉语词典》(第5版)对"或然"和"必然"是这样解释的:"或然"表示有可能不一定;"必然"表示事理上确定不移。

我们以典型的或然类"也许"和必然类"一定"为例进行分析说明。《现代汉语八百词》对这两个词的解释是:"也许"表示猜测或不很肯定;语气委婉,说话人有商量的意思。"一定"表示必然,确实无疑。"不一定"表示情况不能肯定,但偏于否定。《现代汉语词典》(第7版):"也许"表示不很肯定;"一定"表示坚决或确定,必定。根据以上的解释,我们可以得出"或然"和"必然"的共同语义特征如下:

表示对客观命题真值的主观推测和断定

二者的语义差异只是在于"或然"表示不太确定的推断,确信量小,主观确信度低。而"必然"表示比较确定的推断,确信量大,主观确信度高。如:

(6) 小王回来了,他也许还爱着小莉。

(7) 小王回来了,他一定还爱着小莉。

也许:[+推断]、[+所有可能中的全部=全程]、[+确信量小]

一定:[+推断]、[+所有可能中的一个=极点]、[+确信量大]

天气预报中经常用"也许",就是一种"双保险",说"明天也许下雨"其实就覆盖了"下雨……不下雨"的之间的所有可能。

3.1.2 "也许"和"一定"的语义结构

"一定"可以和表示不确定的疑问语气词"吧"共现,进入一个语义框架,因为我们可以说"他一定来吧",由此看来"一定"应该也有"不确定"的语义因素存在。这样一来,或然的"也许"和必然的"一定"都可以统一到一个共同的语义框架结构中,我们把这个语义框架结构叫做"推断"语义框架。如:

(8) 小王也许来学校。

(9) 小王一定来学校。

对于"来学校"而言,(8)的可能性不如(9)大,确信度也不如(9)高,但(8)和(9)都是表示说话人的一种推断。因此,"也许"和"一定"可以自由出现在表"推断"的语义框架中。但是由于在"推断"的确信度上有高低强弱不同,二者还是有不同的语义表现和句法差异。我们先看它们的肯定表现。例句(8)"也许来学校"的等值隐含义是"也许不来学校",而"一定来学校"不等值"一定不来学校"。如果我们可以把从"来"到"不来"的确信度的高低量化成一个量续段的话,"一定"推断的是这个量续段的量极,"也许"推断的是整个量程。如下图所示:

"一定来"只是对"来"这一个极点进行推断,不包括其他情

况。"也许来"则对从"来"到"不来"整个量续段进行推断,在其中任何一点都有可能。所以"也许来"等值于"也许不来","一定来"却不能等值于"一定不来"。正因为如此,(10)可以成立,而(11)不能说。

(10) 小王也许来,也许不来。

＊(11) 小王一定来,一定不来。

这里(10)中的"也许"推断全程量,两个极端的"来"与"不来",都在"也许"推断范围之内,并不对立。而(11)中的"一定"只是推断量极,互相对立的"来"与"不来"只能被推断一个,因此同时出现在一个句子中就自相矛盾了。

这种"量"的特征我们还可以从它们的否定表现看得更清楚。如:

＊(12) 小王不也许来学校。

(13) 小王不一定来学校。

"也许"和"一定"否定表现的不对立也证明了我们前面的分析。"也许"推断的是所有可能情况中的任何一种,也就是所有成员中的每一个个体都有被推断的可能,这样也就没有必要特意去否定每一个成员了。"也许"既可以"或A"又可以"或B",因此就没有单独(或同时)否定A、B的必要。而"一定"是对所有成员中某一个可能情况的推断,当我们否定"一定A"时,意味着除A以外的所有成员(非A)都有可能,这就和"也许"的语义表现一致了,即"不一定A＝也许非A"。因此(14)的表达可以成立。如:

(14) 明天不一定下雨＝明天也许不下雨＝明天也许下雨

明天不一定不下雨＝明天也许下雨＝明天也许不下雨

跟"也许A,也许非A"一样,"不一定A,不一定非A"这种对举格式也常常出现。如:

(15) 输了不一定不好,赢了也不一定好。(输了也许好,赢了也许不好)

从(14)的变换可以看出，"不一定 A＝也许非 A"。但由于"也许 A＝也许非 A"，这样的话，代换后也可以得出："不一定 A＝也许 A"。可语言事实告诉我们，"不一定 A"一般情况下更倾向性地理解成"也许非 A"而不是"也许 A"。如上面的(15)，说话人想要表达的是"输了也许好，赢了也许不好"，但如果说成"输了也许不好，赢了也许好"的话，估计很多人认为等于没说，因为"输"与"不好"以及"赢"与"好"之间的认知关联模式是最典型也是最普通的理想模式。也就是说这样变换后的说法客观上传达不了任何新信息，主观上表现不出言者的任何态度和评价。

从(14)和(15)的变换分析我们可以看出，"也许"和"一定"至少在语用表达上存在着明显的差异。

3.2　"也许"和"一定"的搭配限制和句法表现

3.2.1　否定表现的不同

在 3.1.2 部分，我们从语义表达特征上分析了"也许"和"一定"受"不"修饰时的不同。句法上表现为"也许"不能受"不"修饰，而"一定"可以受"不"修饰。除了"也许"和"一定"外，我们另外还检索了 CCL 语料库中典型的或然类语气副词"大概""恐怕"和典型的必然类语气副词"必定""必然"等受"不"修饰的情况，结果是或然类的语气副词都不可以受"不"修饰，而必然类的语气副词都可以。

古川裕(1989)指出，表情态的副词都不能直接被否定。语气副词"也许"和"一定"都属于情态范畴，"也许"类比"一定"类难以被否定的原因在于"也许"的主观评价程度更高。

3.2.2　在句首(主语)前分布的不同

(16) 他也许回家了。/也许他回家了。

(17) 他一定回家了。/＊一定他回家了。

或然类的语气副词更容易出现在句首(主语)位置上，是句修副词。而必然类的语气副词只能出现在句中，是动修副词。从主观性的角度来看,当然是统括整个命题的句修副词要比限定修饰句中成份的动修副词的主观性强。

3.2.3　句中分布位置的不同

或然类的"也许"等是句修副词,可以位于句首、句中或句尾,而必然类的"一定"等是动修副词,一般只位于句中动词性成分前,很难移到句首,更不能独用。例如:

(18) 也许他有这个担心。

＊(19) 一定他有这个担心。

3.2.4　二者连用

我们没有发现"一定也许……"的用例,但我们在 CCL 检索到 1 例"也许一定……"。

(20)"他们可以通过变更审判地点、向法院提出各种申请、上诉等等办法,也许一定能够推迟审判,到头来争取到一个不给判处死刑的终审判决"。(当代翻译作品《美国悲剧》)

一般来说,主观性强的语气副词更容易游离出句子结构外修饰整个句子。或然类的语气副词更容易出现在前面的位置,这也说明了或然类的主观性要高于必然类。

3.2.5　与重叠形式共现

(21) 也许看看别人的艰苦历程,自己也会想开一些。

＊(22) 一定看看别人的艰苦历程,自己也会想开一些。

"也许"可以和动词重叠形式共现,而"一定"不可以。再看句法重叠的情况:

(23) 也许领导就是领导。

＊(24) 一定领导就是领导。

动词的重叠可以表示短时量和小量,句法重叠主要表示属性或程度的强化(属性程度的强化其实也是量的强化)。因此,不管是小量也好还是强化属性程度也好,重叠的作用都在于调量,重叠的功能其实就是一种调量功能。从上面的例句我们可以看出，必然类"一定"不可再进行程度等主观调量,而或然类"也许"可以自由调量。

3.2.6   与其他副词共现(语义搭配限制)

与表示量极的"至多""至少"的共现。

(25) 也许至少能当个连长。

(26) 也许至多能当个连长。

(27) 上面的冰一定至少有三尺厚。

＊(28) 上面的冰一定至多有三尺厚。

"也许"可以和表示最小量的"至少"以及表示最大量的"至多"自由组合,如(25)和(26),但"一定"却只能和最小量的"至少"组合。至于为什么不能和表示最大量的"至多"组合,我们目前还不能做出合理的解释。但我们至少可以发现,"也许"可以修饰从"至少……至多"整个量程,而"一定"只能修饰一个量极。这也证明了我们前面的分析:"也许"是对整个量程的推断,而"一定"只是推断一个量极。

4. "也许"和"一定"主观量级和语用预设

4.1 主观量级和预期量

动作行为性状也可以表达一种主观量(不是数量)的特征,只不过相对于数量结构,动作行为性状等表达出的不是直接的数量主观量,而是一个比较性的结果。如(胡建刚,2007):

(29) 他才是个小工长。

(30) 他都当人大代表了。

例(29)说话人的预期是"应该地位更高",而现实还"才是个小工长",对比后"小工长"应该是低等级量。同样(30)说话人的意思是"他应该是个普通人",可已经"当上了人大代表",对比后的结果是高等级量。其实这里等级量的处理可以看成是现实和预期量的结果对比。对比的标准就是说话人主观意识中的一个预先设定,言者主观性通过语气副词的预设来实现。我们所说的预设不是一种语义预设,语气副词主观性和主观性量级差异是由于语气副词语用预设的不同造成的,也是通过语用预设的满足而得到表现的。例如:

(31) 他也许是老师。

(32) 他一定是老师。

这里(31)和(32)说话人的预设是对"他"和"老师"二者之间一种关系预设。只不过说话人对"他是老师"还是"他不是老师"无法进行命题真值判断,因此通过语表的主观性语气(用语气副词来作语用预设)来表达说话人的主观认识。前面我们已经分析了"也许"的主观量级高于"一定",其实正是因为"也许"和"一定"的语用预设的不同。

4.2　语用预设(pragmatic presupposition)

4.2.1　语用预设的定义和特征

Fillmore 从言语行为的合适条件出发点,认为语用预设就是指"通过一句话来有效地实施某一个言外行为所必须满足的条件"(何兆熊,2000)。语言的意义与语境关系密切,语用预设的合适性的一个重要依据是语境。何自然(1991)认为,语用预设是指那些对语境敏感的,与说话人(有时包括说话对象)的信念、态度、意图有关的前提关系。彭有明(2006)认为"预设是命题态度而不是语义关系,语用预设是没有明确直接地表达出来的语句,它总是蕴含在现存语句内层,是一种隐性前提。这种隐性前提就是语用预设。"

综合起来,语用预设就是关于交际双方互有的认知环境的假设,是一种依赖于语境与说话人的信念、态度、意图有关的前提关系。语用预设是说话人在说话前的预设内容,是一种主观推断,本身不具备真实性和正确性。可以预设客观事实,也可以是说话人心目中所认为的事实,还可以是假定的情况。语用预设体现了语言使用者与语句之间的关系,具有很强的主观性。

4.2.2　语用预设的满足度

既然语用预设是一种隐性的主观前提,那么这种表示说话人信念态度的主观前提在语言中得到满足的程度大小其实就是言者主观性实现程度的大小。从语言使用的角度看,说话人主观认为的语用预设应当独立于命题事实、先于句子形式而存在,然后通过选择适当的语言表现手段来实现。我们假设存在这样一个过程:

主观信念态度等表现欲—语用预设—语言形式手段—主观性实现

也就是说,语用预设得到满足就是言者主观性最后得到实现,主观性表现就越强,反之越弱。无论是用"也许 A"还是"也许非 A"的表现形式,"也许"的语用预设总是能得到实现。而"一定"的语用预设只能对应"一定 A"或"一定非 A"这样的语言表现,因此"一定"的语用预设的满足度不高,所以说话人在选择"一定"时,相比"也许"主观性得到实现的可能性降低,也就是"一定"的主观性不如"也许"更容易通过语用预设来实现。章天明(2007)也提到语用功能和预设实现的关系,由于"总算"的预期实现值比"终于"高,因此"总算"的主观性要强于"终于"。其实预期实现值就是一种语用预设的满足度。

语用预设是一种表达说话人主观态度前提的事先设定,是言语交流的背景和出发点,因此不能被否定。这样,我们似乎可以从另一个角度找到情态副词(通常是语气副词)不能被否定的原因:情态表现是一种满足度要求很高的语用预设,它不能也没必要否定,因此表情态的语气副词也就不能有否定的句法表现形式。我们检验了一般公认的语气副词,除了"一定"有"不一定"

"没一定"的否定形式外，其他都不能被"不"或"没"否定。

5. 结语

本文想要说明的是，或然义语气副词"也许"和必然义语气副词"一定"看似"貌离"，其实"神合"，二者有共同的语义结构来源，即表示一种"推断"关系。"必然"和"一定"在语义结构上的同源性，正可以通过它们的语用预设来得到反窥，而语用预设由于受语境和说话人主观态度的影响又有不同表现。语义小类的不同是造成语用预设不同的语义基础，而语用预设的差异（言者主观性的差异）又正是语义差别要求言语表达精密的形式表现。

附注

① 本文参照李宇明（2000）关于"量"的叙述。
② 只分析语气副词的"一定"，助动词的"一定"不考察。

参考文献

郭锐　2008　语义结构和汉语虚词语义分析，《世界汉语教学》第 4 期。
古川裕　1989　副词修饰"是"字情况考察，《中国语文》第 1 期。
胡建刚　2007　主观量度和"才""都""了₂"的句法匹配模式分析，《世界汉语教学》第 1 期。
李宇明　2000　《汉语量范畴研究》，武汉：华中师范大学出版社。
彭有明　2006　原型范畴理论视角下的语用预设，《广西大学学报》（哲社版）第 6 期。
齐沪扬　2003　语气副词的语用功能分析，《语言教学与研究》第 1 期。
杉村博文　2005　否定情报の獲得と応用，『中国语学』No. 252。
沈家煊　2001　语言的"主观性"和"主观化"，《外语教学与研究》第 4 期。
益冈隆志　1997　『表现の主観性』，田窪行则（编）『视点と言语行动』，くろしお出版。
张黎　2007　汉语句法的主观结构和主观量度，《汉语学习》第 2 期。
章天明　2007　"终于"和"总算"的语用功能与主观化，《现代中国语研究》

第 9 期。

张谊生   2000 《现代汉语副词研究》,上海:学林出版社。

张谊生   2004 《现代汉语副词探索》,上海:学林出版社。

汉语程度副词句法功能扩展的历时研究

赵　军(浙江工商大学国际教育学院)

1. 引言

　　程度副词作为汉语副词中相当活跃的一类副词,一直是语法学界关注的焦点之一。对于其句法功能,特别是副名结构,学界关注颇多,且论述丰富。邹韶华(1990)、于根元(1991)、胡明扬(1992)、桂诗春(1995)、张谊生(1996,1997)、张伯江、方梅(1996)、原新梅(1996)、邢福义(1997)、储泽祥、刘街生(1997)、谭景春(1998)、肖奚强(2001)、施春宏(2001)、任芝锳(2003)、李敏(2003)、刘润清、刘正光(2004)、邵敬敏、吴立红(2005)、张国宪(2006)、王寅(2009)、黄洁(2009)、皇甫素飞(2010)、邓慧爱、罗主宾(2013)等诸多学者从各个角度解析了该结构。而副名结构只是副词句法功能的一个方面,程度副词的句法相当丰富。

　　范畴化是人类认识一切事物的根本方法。范畴化的结果是形成了一个个的范畴。从原型范畴的理论可以看出,范畴内的成员拥有的属性并不是二分的(binary),即并不是有或没有该属性,而是该成员拥有多少个母范畴的属性值,拥有属性值越多的就越有可能成为范畴中的典型成员,反之,则是边缘成员。程度副词的句法功能也有典型与边缘之分。

在句法功能上，隶属于汉语副词的程度副词既具有与大多数副词相一致的共性，同时也彰显出自己的个性。程度副词在句法分布上可以位于形容词、动词及其短语以及部分名词之前，其句法功能是用作状语；同时也可以位于性质形容词、部分动词之后，用作补语。当然，从典型范畴理论的角度来看，在这些句法分布中，前置作状语是典型的分布，而后置作补语则是非典型的分布。从语义功能上来看，程度副词的作用在于标量功能的体现。

从典型的搭配和句法分布来看，程度副词都是前置于被饰成分而用作状语的。这些被饰成分包括性质形容词、区别词、自由心理动词、自由非心理动词、部分动词短语、方位词和方位名词等。因为这些成分都具有无界的性状义，因而很自然能受到程度副词的修饰。

程度副词还有非典型的句法分布。[①]它们表现为：程度副词可以作状语用来修饰普通名词、状态形容词和数量短语，同时，程度副词还可以置于被饰成分之后，用作补语，从而用来表达程度量。

依据历时的观点来审视，程度副词的句法分布和句法功能都在不断的扩展之中。程度副词最先修饰的词类或者结构应该具有无界的性状义。当然，这只是我们的设想。我们感兴趣的是，从历时的角度来看，程度副词的句法功能是如何演进的？程度副词的语法化与程度副词的共时句法功能存在什么样的关系？

本文例句绝大多数取之于北京大学现代汉语语料库，只有一小部分来自新闻报刊和网络文章。

2. 分布扩展

依据历时的观点来审视，程度副词的句法分布和句法功能都在不断的扩展之中。具体来说，就充当状语的历时分布来看，程度副词最先修饰的是性质形容词,因为性质形容词的性状最容易被人们感知,而后是心理动词及其短语,接着是修饰动宾短语、兼语短语、偏正短语、数量短语、动补短语。这一点可以从赵军(2006)对汉语极性程度副词的演化过程的勾勒中找到线索。他的研究显示,作为程度副词的"最、极"在先秦就已经形成,但当时主要以修饰性质形容词为主。例如:

(1) 故农之用力最苦,而赢利少,不如商贾、技巧之人。(《商君书·外内》)

(2) 洪泉极深,何以填之。(《楚辞·天问》)

(3) 景公问晏子曰:"天下有极大乎?"公曰:"天下有极细乎?"(《晏子春秋·卷七》)

以上的"最苦、极深、极大、极细"都是程度副词修饰性质形容词的最早用法。

而到了两汉时期,程度副词便可以用来修饰心理动词。例如:

(4) 而亦因秦灭六国,兵戎极烦,又升至尊之日浅,未暇遑也。(《史记·历书》)

(5) 吕后最怨戚夫人及其子赵王,乃令永巷囚戚夫人,而召赵王。(《史记·吕太后本纪》)

上例中的"极烦"是程度副词修饰心理动词,而"最怨戚夫人及其子赵王"则是程度副词修饰由心理动词构成的动宾短语。

到了魏晋南北朝时期,程度副词则可以修饰由非心理动词组合而成的动宾短语。例如:

(6) 王子猷尝行过吴中,见一士大夫家极有好竹,主已知子猷当往,乃洒埽施设,在听事坐相待。(《世说新语·简傲》)

例中的"极有好竹"是程度副词"极"修饰非心理动词构成的动宾短语"有好竹"的用法。

程度副词修饰兼语短语、介宾类偏正短语的用法则是到了清

朝之际才出现的。例如:

(7) 康熙辛酉二月,上谒孝陵,诸公卿三品已上皆从,多赋诗纪事。刑书蔚州魏公环溪(象枢)一诗,<u>极令人感动</u>。(文件名:\笔记\池北偶谈·清·王士禛)

(8) 一天总爷不在船上,王长贵同水手们推牌九,又赌输了钱。人家逼着他讨,他一时拿不出,<u>很被赢他的人糟蹋了两句</u>。(文件名:\14 清\小说\官场现形记)

例(7)中的"极令人感动"是程度副词修饰兼语短语的用法,而例(8)中的"很被赢他的人糟蹋了两句"则是程度副词修饰介宾类偏正短语的用法。

而程度副词修饰数量短语也是在清朝产生的。例如:

(9) 倒也<u>很吃了些小亏</u>。这面洞宾却计穷力竭,再难支持了。(文件名:\14 清\小说\八仙得道)

(10) 知府道:"你听他讲。"首县便说道:"卑职今天一早,刚从大人这里回去,就有这乡下的地保,来报说拿住四个骑马强盗。卑职听了,<u>很吃了一惊</u>,因为地方上一向平安,没有出过盗案,那有来的强盗呢?……"(文件名:\14 清\小说\文明小史)

(11) 话言未了,就听济公高叫道:"俺的金大人,俺的金御史,你修的大成庙怎么样子了? 俺听说你<u>很吃了一顿苦</u>了。"金仁鼎吓得连忙回答道:"已经开工,请圣僧放心。"(文件名:\14 清\小说\续济公传)

例中的"很吃了些小亏""很吃了一惊""很吃了一顿苦"都是程度副词"很"修饰数量动宾短语的用法。

程度副词修饰动补短语的用法则是在民国时期产生的。例如:

(12) 他却<u>最舍不得女儿</u>,三日两头,总要到汪家来探望。(文件名:\15 民国\小说\清朝三百年艳史演义)

例中的"最舍不得女儿"是程度副词修饰由动补短语"舍不得"组合而成的动宾短语"舍不得女儿"的用法。由于"舍不得"是一个及物性的动补短语，因而，此例本质上还是程度副词修饰动补短语的用法。

就程度副词修饰名词来说，程度副词修饰方位词的用法是在宋朝出现的。例如：

（13）乳母老矣，犹在，守之未瘥。而仲任复苏，言曰："初见捕去，与奴对事，至一大院，厅事十余间，有判官六人，每人据二间。仲任所对最西头，判官不在，立仲任于堂下。（文件名：\10 北宋\话本\太平广记）

例中的"最西头"是程度副词"最"修饰复合式方位词"西头"的用法。

而程度副词修饰普通名词的用法则是从 20 世纪 30 年代（民国时期）开始出现的。例如：

（14）顾八奶奶：所以我顶悲剧、顶痛苦、顶热烈、顶没法子办。暧，爱情，从前我不懂，现在我才明白了。（文件名：\现代\戏剧\曹禺日出）

例中的"顶悲剧"是程度副词"顶"修饰普通名词"悲剧"的用法。

就程度副词修饰状态形容词这一用法而言，是从 20 世纪 90年代开始陆续出现的。例如：

（15）金融机构之间开展"储蓄大战"、"利率大战"的结果，使银行存款大起大落，存款大搬家。去年一季度武汉市"储蓄大战"最火热的时候，全市储蓄存款大幅度滑坡。（文件名：\当代\报刊\人民日报\1995 年人民日报\3月份）

例中的"最火热"是程度副词"最"修饰状态形容词"火热"的用法。

就程度副词用作补语的情况来看，在元朝时期已有所显现。例如：

(16) 看看日没黄昏，李万腹中饿极了，看见间壁有个点心店儿，不名脱下布衫，抵当几文钱的火烧来吃。（文件名：\12 元\话本\元代话本选集.TXT 文章标题：沈小霞相会出师表）

例中的"饿极了"中的"极"是程度副词"极"充当补语的用法。而如此用法在元朝以后逐步流行开来。例如：

(17) 师父见他来得甚快，便叫："悟空，我们去化斋的人家，求问他一个过河之策，不强似与这怪争持？"行者笑道："这家子远得很哩！相去有五七千里之路。他那里得知水性？问他何益？"（文件名：\13 明\小说\西游记）

(18) 行者道："你这汉子好不明理，常言道，不冷不热，五谷不结。他这等热得很，你这糕粉，自何而来？"（文件名：\13 明\小说\西游记）

(19) 丑陋蓝缕的婆娘，没人去理论，多有走得脱的；其余但是略有半分姿色，或是穿戴的齐整，尽被把衣裳剥得罄净，最是素姐与程大姐吃亏得很，连两只裹脚一双绣鞋也不曾留与他，头发拔了一半，打了个七死八活。（文件名：\13 明\小说\醒世姻缘传）

例中的"远得很、热得很、吃亏得很"都是程度副词"很"用作补语的情况。

从以上程度副词修饰各种成分的时间序列来看，程度副词修饰性质形容词是最早的，在先秦时期就有如此用法。之后逐步扩展到心理动词、各种动词短语、普通名词以及状态形容词。同时，程度副词用作补语的句法功能则出现在元朝时期，这是程度副词用作状语的句法功能的发展和有益补充。上述程度副词的句法分布和功能所经历的演化过程可图示如下：

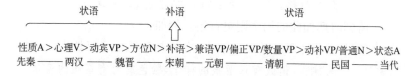

性质A＞心理V＞动宾VP＞方位N＞补语＞兼语VP/偏正VP/数量VP＞动补VP/普通N＞状态A
先秦 ── 两汉 ── 魏晋 ── 宋朝 ── 元朝 ── 清朝 ── 民国 ── 当代

　　从这一历程中我们完全可以看出：程度副词的组配功能随着时代的发展在不断的扩展之中。而随着组配功能的扩展，程度副词的标量功能也随之得到扩展。

3. 虚化时间

　　如上所述，作为程度副词的"最、极"在先秦就已经形成，但当时主要以修饰性质形容词为主，因为无界的性状义最容易被感知。例如：

　　(1') 故农之用力最苦，而赢利少，不如商贾、技巧之人。(《商君书·外内》)

　　(2') 洪泉极深，何以填之。(《楚辞·天问》)

　　(3') 景公问晏子曰："天下有极大乎?"公曰："天下有极细乎?"(《晏子春秋·卷七》)

　　例中的"最苦、极深、极大、极细"都是程度副词修饰性质形容词的最早用法。

　　可见，在先秦时期，高量级程度副词就已形成。

　　而相比之下，低量级程度副词"有点""稍微"虚化的时间则晚得多。根据现有语料，作为程度副词的"有点"的形成不早于明代，如下例：

　　(20) 却说马元同殷殷下饮酒，至二更时分，只见马元双眉紧皱，汗流鼻尖。殷洪曰："老师为何如此?"马元曰："腹中有点痛疼。"郑伦答曰："想必吃了生人心，故此腹中作痛；吃些热酒冲一冲，自然无事。"马元命取热酒来吃了；

越吃越疼。（文件名：\13 明\小说\封神演义）

清朝时期如此的用法则更普遍。例如：

(21) 有的是那股子傲气欺人，有的是脸色难看而欺人，温弟
的神气，稍微<u>有点蛮狠</u>的样子，脸色有时有蛮狠的表情，
最容易凌人。（清\曾国藩家书.清・曾国藩）

(22) 看报纸，上面有一条说：何根云六月初七正法，读后真
<u>有点惧怕和惆怅</u>。我去年十二月底，买了一架鹿茸，花
了百九十两银子。（清\曾国藩家书.清・曾国藩）

上两例说明"有点"在清朝已虚化成为一个真正的程度
副词。

而低量级程度副词"稍微"虚化得更晚些。最早的程度副词
用法见于清朝。用例如下：

(21') 有的是那股子傲气欺人，有的是脸色难看而欺人，温弟
的神气，<u>稍微有点蛮狠</u>的样子，脸色有时有蛮狠的表
情，最容易凌人。（清\曾国藩家书.清・曾国藩）

(23) 耳鸣近日稍好了些，但<u>稍微劳累</u>一点便又响起来了。每
天除应酬外，不能不略为自己用功。（清\曾国藩家书.
清・曾国藩）

由此可见，高量级程度副词的形成的时间要远远早于低量级
程度副词。虚化时间越早，语法化程度越高，因而句法功能丰富。
反之，虚化时间越晚，语法化程度较低，因而句法功能受限。两者
之间存在正比例的函变关系。

4. 组配规律

基于上述对程度副词与各种成分的具体组配情况的分析，我
们得到了如下的表格：

句法功能 程度副词		修饰性质形容词	修饰区别词	修饰自由心理动词	修饰自由非心理动词	修饰动宾词	修饰动补短语	修饰兼语短语	修饰偏正短语	修饰数量短语	修饰方位词	修饰普通名词	修饰状态形容词	后置做补语
相对程度副词	最	＋	＋	＋	＋	＋	＋	＋	＋	－	＋	＋	＋	－
	更	＋	＋	＋	＋	＋	＋	＋	＋	－	－	＋	＋	－
	比较	±	＋	＋	＋	＋	＋	＋	＋	－	＋	±	＋	－
	稍微	±	－	±	±	±	－	－	－	－	－	±	＋	－
绝对程度副词	太	＋	＋	＋	＋	＋	＋					＋	＋	
	极	＋	＋	＋	＋	＋	＋					＋	＋	＋
	很	＋	＋	＋	＋	＋	＋	＋	＋	＋		＋	＋	±
	有点	±	－	±	±	±	±	－	－	－	－	±	＋	－

（"＋"表示组配自由，"－"表示不能组配，"±"表示可以组配，但受限）

　　从上表可以发现，量级越高，组配自由度越高，而量级越低，组配自由度也越是低，即"高量优先，低量受限"。这种差异的存在跟程度副词的语法化程度密切相关。因为高量级的程度副词虚化（grammaticalization）得更为彻底，上述历时材料足以证明它们在先秦时期就已经可以用作程度副词。而低量级的程度副词虚化的时间很晚，因而还带有一定的语义积淀，所以在与被饰成分组合时体现出了不自由的特征。比如"有点"倾向于与贬义性的被饰成分组合，而"稍微"则倾向于与褒义性的成分组合。

　　从程度副词与被饰成分在相互选择时所遵循的一些基本规则来审视，因为程度副词表达的是程度量，而程度量是一个语义范畴，所以程度副词和被饰成分在语义上的相互选择限制更为明显和突出。通过上述对程度副词与被饰成分组合的具体分析,我们可以得出程度副词与被饰成分之间的组配规则有:无界的性状义、模糊性、和谐性。

（一）无界的性状义

无论是性质形容词、心理动词,还是动宾短语、动补短语、兼语短语、偏正短语,抑或是方位词、方位名词、普通名词等,它们之所以能得到程度副词的修饰,就是因为它们表达了无界的性状义。这种无界的性状义具有一定的伸缩性,而当它们在接受程度副词修饰之后,所呈现的则是有界的程度量。

就有界的状态形容词来说,当我们以内部的视点去审视它所拥有的固化量时,同样可以得到一个具有连续性的性状义,因此也可以得到程度副词的修饰。

（二）模糊性

就程度副词可修饰的动宾短语和数量短语来说,它们所表达的都是模糊量。而具有精确语义的成分则很难得到程度副词的修饰。诸如:

＊很有200元钱　＊很吃了一个苹果

很有钱　　　　　很吃了几个苹果

从以上两组例句的对比不难看出,程度副词对被饰成分的所表达的数量是有内在要求的。

而从更广义的角度来看,可被程度副词修饰的成分体现的都是一种模糊性的性状义。一旦这个性状义是明确的,那么该成分在受程度副词修饰时往往是不自由的,诸如具有显性程度量的状态形容词,只有当从内部的视点去观察它的性状时,它才可以得到程度副词的修饰。具有明确指称的专有名词在受程度副词修饰时同样受限,诸如意义明确的"桌子、椅子、钢笔、台灯、本子"等大量的专有名词难以进入副名构式之中,而具有模糊性语义特征的抽象名词诸如"青春、热门、新潮、根本"等都可以较为自由地接受程度副词的修饰。

　　（三）和谐性

　　以上两条组配规则是程度副词对所饰成分的选择，而同时被饰成分对程度副词也有选择限制的要求。这种选择限制的要求可概括为和谐性。

　　具体来说，一方面，从量性的和谐性来看，具有高量义的被饰成分诸如"酷爱、笃信、鼎盛、钦佩、高级"等是不能与表低量的程度副词"有点"和"稍微"共现的。因为"有点"和"稍微"表示的是低量的程度量，所以两者之间没有和谐性可言。另一方面，从情感色彩的和谐性来看，具有褒义性的被饰成分一般不与"有点"组合，诸如："优秀、繁荣、精心、慷慨、开朗"等，而具有贬义性的被饰成分则一般不与"稍微"组合，诸如："肮脏、倒霉、难吃、糟糕、放肆"。可见，被饰成分的语义对具体程度副词的选择也有一定的影响。

　　总之，程度副词与被饰成分之间存在着双向选择的关系，而这种选择基本上都是基于语义之上的，这也正体现了程度量作为语义·语法范畴的本质属性。

5. 结论和余论

　　依据历时的观点来审视，程度副词的句法分布和句法功能都在不断的扩展之中。具体来说，就充当状语的历时分布来看，程度副词最先修饰的是性质形容词，因为性质形容词的性状最容易被人们感知，而后是心理动词及其短语，接着是修饰动宾短语、兼语短语、偏正短语、数量短语、动补短语、普通名词以及状态形容词。同时，程度副词用作补语的句法功能则出现在元朝时期，这是程度副词用作状语的句法功能的发展和有益补充。

　　在组配自由度上，程度副词所表量级越高，组配自由度越高，而所表量级越低，组配自由度也越是低，即"高量优先，低量受限"。这种差异的存在跟具体程度副词的虚化时间和语法化程度和密切相关。

通过对程度副词与被饰成分组合的具体分析，我们可以得出程度副词与被饰成分之间的组配规则有：无界的性状义、模糊性、和谐性。总之，程度副词与被饰成分之间存在着双向选择的关系，而这种选择基本上都是基于语义之上的，这也正体现了程度量作为语义·语法范畴的本质属性。

注释

① 这里我们把程度副词充当状语修饰状态形容词、名词和数量短语的句法功能看做是程度副词的非典型功能。其实，程度副词作状语的功能是典型的，但修饰这些成分时具有非典型性。

参考文献

储泽祥、刘街生　1997　"细节显现"与"副十名"，《语文建设》第6期。

邓慧爱、罗主宾　2013　程度副词修饰名词成因的跨语言考察，《古汉语研究》第3期。

桂诗春　1995　从"这个地方很郊区"谈起，《语言文字应用》第3期。

胡明扬　1992　"很激情"、"很青春"等，《语文建设》第4期。

皇甫素飞　2010　范畴转换对"程度副词＋名词"结构的认知解释，《西南民族大学学报》（人文社科版）第4期。

黄洁　2009　副名结构转喻操作的语义压制动因，《解放军外国语学院学报》第1期。

李敏　2003　名词与程度副词组合的语义制约，《烟台师范学院学报》第4期。

刘润清、刘正光　2004　名词非范畴化的特征，《语言教学与研究》第3期。

任芝锳　2003　"程度副词＋名词"结构的语义分析，《暨南大学华文学院学报》第4期。

邵敬敏、吴立红　2005　"副＋名"组合与语义指向新品种，《语言教学与研究》第6期。

施春宏　2001　名词的描述性语义特征与副名组合的可能性,《中国语文》
　　第 3 期。

谭景春　1998　名形词类转变的语义基础及相关问题,《中国语文》第 5 期。

王寅　2009　汉语"副名构造"的认知构造语法分析法——基于"压制、突
　　显、传承、整合"的角度,《外国语文》第 4 期。

肖奚强　2001　从内涵角度看程度副词修饰名词,《修辞学习》第 5 期。

邢福义　1997　"很淑女"之类说法语言文化背景的思考,《语言研究》第
　　2 期。

于根元　1991　副＋名,《语文建设》第 1 期。

原新梅　1996　试论"程度副词＋N",《河南师范大学学报》第 2 期。

张伯江、方梅　1996　《汉语功能语法研究》,南昌：江西教育出版社。

张国宪　2006　《现代汉语形容词功能与认知研究》,北京：商务印书馆。

张谊生　1996　名词的语义基础及功能转化与副词修饰名词,《语言教学与
　　研究》第 4 期。

张谊生　1997　名词的语义基础及功能转化与副词修饰名词(续),《语言教
　　学与研究》第 1 期。

赵军　2006　《极性程度副词研究》,上海师范大学硕士论文。

邹韶华　1990　名词性状特征的外化问题,《语文建设》第 2 期。

两种句法结构的情态化[*]
——兼谈其传信功能与语用趋势

赵　彧(上海师范大学)

1. 引言

本文所说的两种句法结构是指动宾结构"看＋N"和动补结构"看＋C",各自内部是非匀质的,存在着一个由实而虚的连续统,分为两大类:短语型与情态型。短语型源于动宾的"看样子$_1$、看情况$_1$",源于动补的"看起来$_1$、看上去$_1$"[①],行域层面用作基谓语;情态型源于虚化的"看样子$_2$、看情况$_2$","看起来$_2$、看上去$_2$",知域层面表认识情态,内部结构紧密固化。为了行文方便,我们把短语型记作"看 X_1",情态型记作"看 X_2"。

学界对此有很多富有启发性的研究,如张谊生(2006)、刘楚群(2009)、刘琉(2011)、何姝琳(2014)、李宗江(2016)等,但均没有提到情态型的"看 X_2"除了感知功能、推估功能和总结功能等肯定性用法外,还兼具隐性否定的语用趋势,否定义的形成有其自

　　* 基金项目:本研究得到了刘红妮副教授主持的国家社科基金项目"汉语跨层词汇化的再演变研究"(项目编号:17BYY161)和上海师范大学研究生优秀成果培育项目(项目编号:A-0132-17-002021)的资助。

身的语义与语用条件,是基于语义基础上的语用化的结果,与"看X_2"自身的情态化关系密切。

本文语料取自 CCL 现代汉语语料库、BCC 现代汉语语料库以及人民网、新浪网等的当代新闻报道、网络上的报刊。所有例句均标明详细的出处,少数自拟语料除外。

2. 功能分化与分布差异

由于虚化程度不一,既保留感知动作类的"看X_1"类短语,又发展出认识情态类的"看X_2"类情态成分。性质不同带来功能分化,句法分布也相互有别。

2.1 句子谓语

我们的概念系统中存在三个不同的概念域,即行域、知域、言域,语词的行域义是基本的,知域义和言域义都是从这个基本义引申出来的(沈家煊,2003)。作为句子谓语的"看X_1",都是行域层面用作基谓语,表示命题信息,其中"看"为感知动词,具有动作性和视觉性。句法上,"看X_1"与主语之间的句法关系非常明确,都不可以作删除处理。如:

(1) 现在生客、路短钱少的我不去,一般搭客的我要先看样子是不是白领,虽然风险大一点,但赚一点算一点。(《广州"单车军团"重出江湖》大洋网-广州日报 2007-01-05)

(2) 三江的事算告一段落了,我明天一早去松岭,在那里呆几天再看情况。(龙志毅《政界》)

(3) 欧阳娟在心里"哼"了声,便走到桌前,打开台灯,胡乱翻开一本书看起来。(尤凤伟《月亮知道我的心》)

(4) 每个石屋顶上都有一个大铁环,谢羽晖抬头看上去。石室上面,好像民家烧火的烟囱大了许多倍,高达数十丈。(佚名《无双剑法》)

例(1)、(2)描述一价名词"样子、情况"关涉的配价成分"搭客、三江的事"客观实际的情况,即"搭客的样子""三江的事的情况";例(3)、(4)中"起来""上去"表示动作"看"的状态和趋向,后例"看上去"处在连动结构后项位上。"看"是行域中视觉性的动作,可以受副词"先、再"等修饰,与主语"我、我;欧阳娟、谢羽晔"的句法联系也很紧密。这里的"看 X_1"仍为句法组合关系,在句中作述谓性的命题成分。

2.2　泛化谓语

所谓"泛化谓语",[②]是指主语因分离或者隐含相对于谓语部分泛化而变得不再那么确定,主谓句法关系不再那么紧密,已经部分泛指化,使得"看 X_1"述谓性降低,语义趋向情态化。如:

(5) 城堡周围的行道树全是这样,看样子很难看,遮阴效果也不好,感觉有点异样。(《法国意大利自由行(19)——法国罗纳河谷城堡游》新浪博客 2015 - 11 - 25)

(6) 我和你现在不能结婚,一结婚难免会有小孩儿,我就不能再上舞台了。学了两年,不能白学,到北平看情况再说。(王素萍《她还没叫江青的时候》)

(7) 那脸庞似乎很熟悉,可又很陌生;应该说是印象很深的眼睛,猛地看上去是深情的,闪烁出热烈的光彩,但细细注视,眸子里又有点冷漠和不可捉摸的神情,很看不透她的心。(李国文《危楼记事》)

(8) 中国戏是大敲、大叫、大跳,使看客头昏脑眩,很不适于剧场,但若在野外散漫的所在,远远的看起来也自有它的风致。(鲁迅《社戏》)

例(5)主语隐含而泛化,例(6)主语分离而泛化,"看样子、看情况"的主语可以是其他人,也可以是句法主语"我"。例(7)、(8)因隐含而泛化,"看上去、看起来"的主语可以理解为逻辑主语"我",理解为其他相关的人也是可行的。以上各句主语因分离或隐含而使得主语的句法位变得松动,主语与整个"看 X_1"的句法关系也不再那么紧密明确,整个"看 X_1"的述谓性也降低,句法泛化,进而逐渐走向情态化。

2.3 话语标记

标记用法是指从动宾、动补的句法关系的基语言用法发展到具有篇章衔接关系的情态标记用法[3],其标记功能有两种:一种是句间评注,另一种是句内评注。两种评注方式的共性都是述谓功能弱化,从行域层面表感知发展到知域层面表情态,其中"看"表"观看"义的动作范畴特征减弱,逐渐发展成为认识情态标记(高增霞,2003)。

(9) 吴晴:医生,我丈夫到底怎么样了?

　　医生:癌细胞已经扩散了,看样子……(徐兵《请你原谅我》)

(10) S:也就是说你将来还是会加盟一家国内俱乐部了?

　　X:这个也不好说,看情况暂时是这样,不过说不定也许三四天后就联系上国外俱乐部了,什么事情都有可能发生。(《肖战波:转会制度应以人为本　不排除一气之下退役》沈阳晚报 2009 - 03 - 05)

(11) 贾母截断尤氏,厉声说:"你倒是天下第一贤妻良母,看起来,倒是我忒狠心了!"(刘心武《秦可卿之死》)

(12) 那帮坏蛋也看见了他们,有几个背向他们的也转过身,脸上笑嘻嘻的,看上去似乎毫无恶意。(王朔《我是你爸爸》)

作为认识情态的"看 X_2",其逻辑主语进一步泛化,认知主体是言者主语,功能则从表基谓语功能到表"推测义"的认识情态功能。上述四句都是句间评注,再一种就是句内评注,多位于主谓之间,主语为述物主语或事件主语。如:

(13) 我自己是力气越来越小,家珍的病看样子要全好是不可

能了，我们这辈子也算经历了不少事，人也该熟了，就跟梨那样熟透了该从树上掉下来。（余华《活着》）

(14) 突然对面也出现四辆并排飞驰的车子，死几个人看情况是难免的。（韩寒《像少年啦飞驰》）

(15) 现在的局面看起来好像很乱，出现了这样那样的问题，如通货膨胀、物价上涨，需要进行调整，这是不可少的。（《邓小平文选·第三卷》）

(16) 布莱尔在采访中说："在防治艾滋病方面，非洲大陆看上去似乎是一个绝望的大陆。其实我们还可以做很多工作。"（新华社 2004 年 12 月份新闻报道）

　　情态功能的"看 X_2"，都不是所在句子的直接句法成分，形式独立，其删除后也不影响原句的结构关系和基本语义。上述四句，"看 X_2"的主语为述物主语或事件主语，情态功能显化，其还可以与"好像、似乎、大概、恐怕"等表示揣测的评注性副词配合共现使用。以上我们分析了这两种句法结构的功能与分布，其从基谓语到情态成分是一个自由度提升、融合度提高的过程，基语言用法萎缩，情态用法显化，逐渐成为一个表认识情态的话语标记。综上所述，该两种句法结构的虚化过程可以概括为：

行域层面到知域层面　命题成分到情态成分
句法主语到言者主语　自由度低到自由度高

3. 叙实程度与传信功能

　　本小节主要研究"看 X_2"的传信评注功能，就其信息来源的可靠性来看，大致具有三个可靠性逐次递增的传信功能：感知功能、推估功能与总结功能。

3.1　感知功能
　　"看 X_2"既可用来对具象实体进行感知，也可以用来对抽象事

件进行感知,表达言者的主观感受与体验,是基于感知对象所做出的肯定性感知。如:

(17) 贾正就咸菜吃着干焦不白的发面饼,每咽一口,就端起水罐子喝口凉水,喝完了还接着吃,吃得是那么香甜有味,<u>看样子</u>真比吃八八席<u>还带劲</u>。(冯志《敌后武工队》)

(18) 他用手摸了摸孩子的头,不知是孩子刚刚睡醒的缘故,还是嗅到了医院的味道,烧突然又退了下去,眼睛也有神了,指着医院对面的"哈蜜瓜"要吃,<u>看情况有些缓解</u>,小林觉得老婆的办法也可试一试。(刘震云《一地鸡毛》)

(19) 那些红的、黑的、白的、蓝的和紫的大小旗帜,队各一色,在起伏而曲折的丘陵间随风招展,时隐时现,<u>看起来十分壮观</u>。(姚雪垠《李自成》)

(20) 切尔已去除了面部粉刺,并缩小了肚脐眼。她去除了两肋骨之后,<u>看上去很苗条</u>。(《读者》(合订本))

表感知功能的"看 X₂"其感知结果一般由性质形容词充当。例(17)、(18)是对"吃发面饼""发烧到退烧"这两个抽象事件的感知,感知结果为"带劲""有些缓解";例(19)、(20)是对客观实体"红的、黑的、白的、蓝的和紫的大小旗帜""去除两肋骨之后的她"的感知,感知结果为"十分壮观""很苗条"。

3.2 推估功能

认知主体的认知顺序可以概括为"以身喻心、由表及里",人们的认识、思想、情感是建立在日常生活中的所见所闻所感之上,借助客观的、外在的感知,表达主观的、内在的认知或心理,正符合由具体到抽象的思维规律(Sweetser,1990;沈家煊,1997)。例如:

(21) 午儒修媳妇去北河地里摘菜豆角,发现她家地里的菜瓜没有了七八个,还不能吃的青嫩的玉米被人瓣下去五六穗,<u>看样子</u>是昨天窃去的,脚印都干了。(冯德英《迎春花》)

(22) 我们这里也听说敬轩已经从川西奔往川东，<u>看情况</u>是要出川。（姚雪垠《李自成》）

(23) 白杨树几乎成了光秃秃的枝条，几棵混生在松林中的榛树，满树金黄枯叶，但并不脱落，在阴风中哗哗作响，<u>看起来</u>好像满树蝴蝶。（莫言《师傅越来越幽默》）

(24) 老人躺在一堵墙下面，脸朝上，身体歪曲着，一条右腿撑得很开，<u>看上去</u>裤裆那地方很开阔。（余华《一个地主的死》）

借助外在的感知与体验进行心理世界的推理和估测，可以是由果推因，也可以是由因推果。例(21)依据"菜瓜没有了七八个、不能吃的青嫩的玉米被人掰下去五六穗"这个结果推理出"昨天窃去的"这个原因；例(22)根据"敬轩已经从川西奔往川东"这个推导出"出川"；例(23)依据"满树金黄枯叶哗哗作响"估测出"好像满树蝴蝶"；例(24)从"右腿撑得很开"估测出"裤裆那地方很开阔"。感知与推估不是泾渭分明、截然两分的，内部存在两头清楚、中间模糊的连续统关系，但二者还是有一些细微的差异：感知是易变的、临时的，重外在的表象感觉；推估是稳定的、固化的，重内在的事理关系。

3.3　总结功能

所谓总结功能，就是说话人在对事实或现象作出判断以后作出总结与概括。这些总结性的概括，从信息属性来看，多属已知信息。如：

(25) 我们这一次回来，本来想通知安娜，好让我有机会回家，向妈妈赔罪，可是，既然安娜已被逐出去，<u>看样子</u>，我这一辈子，恐怕也很难有机会再回家了。（岑凯伦《合家欢》）

(26) 我呆呆地站着、思考、站着、思考，<u>看情况</u>，倩彤是要留宿一宵的了。（梁凤仪《风云变》）

(27) 李冬宝：是亲人，那没错儿。判的时候儿，法官也是挥

泪判的。可是他跟我说，咱们虽然是哥们儿吧，但法律
就是法律，你下去打我一顿都行，但法庭上就得这么判，
否则就是徇私枉法，国法难容，我还有什么说的。

余德利：咳，<u>看起来</u>啊，这法律还真是无情啊。（王朔
《编辑部的故事》）

(28) 总有一些人会抓住主教练说话中的某些部分，并扭曲其
中的意思，<u>看上去</u>，有些人有自己不可告人的目的。
（《阿森纳铁卫驳斥转会流言　坎贝尔：我哪有心病?》
体坛周报 2005 - 08 - 15）

例(25)是依据"安娜已被逐出去"得出总结性的推论结果"很
难有机会再回家了"；例(26)根据思考的状况得出"倩彤是要留宿
一宵"这个概括性的结果；例(27)依据李冬宝所述情况得出"法律
还真是无情"这一总结性的概括；例(28)从前述话语中得出"有些
人有自己不可告人的目的"的总结。上述四例虽伴有推理的意
味，但就其事实性来看，无疑都是对前述话语的总结。传信范畴
关心的是信息来源的可靠性，据此可以建立可靠性等级：总结功
能＞推估功能＞感知功能（"＞"表示可靠性强于）。

4. 语用趋势与否定功能

语法分析不仅要关注句法与语义的限制，还应该探求语用、
语境因素对句法和语义的影响。"看 X_2"否定的语用趋势既有其
语义基础，也有其语用、语境动因。

4.1 语义基础

前项和后项的语义对立（semantic opposition）是构成转折关
系的一个必要的语义条件，感知与推估的前项叙述可以与后项相
符，也可与后项相反，句法上可以出现转折连词"但是、然而、可
是、却"，或转折性副词"事实上、实际上、其实"等。例如：

(29) 周炳以为陈文英和张子豪有什么反目不和之处,<u>但是</u>看样子倒还恭恭敬敬,热热呵呵的。(欧阳山《苦斗》)

(30) 本来唐诗语是打算游了华山下来,看情况再行顺便游览下玉泉院与稍远的西岳庙,<u>却</u>是为了方慕南而改变了计划。(佣肖《懒仙》)

(31) 他的那面忠字旗看起来簇新,<u>实际上</u>是整整一百年前的东西。(白桦《古老的航道》)

(32) 心情的好坏,看上去是源自身外在的烦恼,<u>事实上</u>是你的一种态度和控制力。(张晓梅《修炼魅力女人》)

上述四句,前项与后项相悖,形成转折关系。例(29)"反目不和"与"恭恭敬敬,热热呵呵"前后相悖;例(30)"游了华山下来,再行顺便游览下玉泉院与稍远的西岳庙"与"为了方慕南而改变了计划"前后语义转折;例(31)"簇新"与"一百年前的东西"形成相互对立的语义关系;例(32)"源自身外在的烦恼"与"是你的一种态度和控制力"形成对立性转折。除了与转折标记配合使用,还可以与语境中临时激活转折义的词语配合使用,如"竟然、谁知、结果、想不到"等,请看例句:

(33) 这世界和一刻以前毫无不同,但是,因为做了某个微妙的决定,这世界看起来<u>竟然</u>就有了微妙的变化。(芙蓉三变《非诚勿扰》)

(34) 家珍像是睡着一样,脸看上去安安静静的,一点都看不出难受来,<u>谁知</u>没一会,家珍捏住我的手凉了。(余华《活着》)

(35) 当我买到一件看起来质地纯粹的羊毛衫,<u>结果</u>,适得其反时,便十分懊恼。(1996年《人民日报》)

(36) 你小子看上去憨头憨脑的,<u>想不到</u>还有一肚皮传种接代的学问。(余华《一个地主的死》)

"看 X₂"的语用过程,除了表达感知、推估和总结功能以外,也彰显出一定的衔接功能。可以发现，转折语境是情态型的"看 X_2"隐性否定义浮现的主要语境因素，宗守云（2002）、蔡凯燕（2013）、李小军（2015）[④]均谈到转折语境是隐性否定义产生的重要语境因素，内部蕴含的逻辑语义关系"感知和推估形成的预期与实际情况不符或相悖"，"看 X_2"的隐性否定是对既定预期的否定。

4.2　语用动因

否定和转折这两种语义范畴密切关联，转折常常隐含着某种否定。吕叔湘（1982）在论及"转折"时指出："所说不谐和背戾，多半是因为甲事在我们心中引起一种预期，而乙事却轶出这个预期，因此由甲事到乙事不是一贯的，其间有一转折。""预期偏离"是否定与转折关联的语用机制（尹洪波，2014），也是"看 X_2"隐性否定义形成的语用动因。如：

（37）这过江的小轮船，向前冲着，向前挣扎着，突突地响着，<u>看样子</u>是很勇敢的，其实它也不过摆出那么一副架儿来，吓唬吓唬江上的水鸟。（萧红《马伯乐》）

（38）她不是一个人来，而是带回了五个大男人外加一个十来岁的小孩，<u>看情况</u>应该就是张大丫说的那群过路的客商，但这群人也没推着车挑着担。（阿菩《东海屠》）

（39）这当然是种原始的食品，和流行于西北地区的"手抓羊肉"一样，<u>看起来</u>人人都会做，但是，其实这里面大有学问在。（张贤亮《羊杂碎》）

（40）我父亲很有意思，<u>看上去</u>大大咧咧，自由自在，但出门常常带雨伞和套鞋。（严歌苓《寄居者》）

上述四句，"其实、但是、但"等标示预期偏离（谷峰，2014），转折与否定相互关联。如果一种语言形式经常传递某种隐含义，听者会利用言内和言外知识进行回溯推理[⑤]，显化隐藏在话语背后的隐含义，使得词语的"言外之意"逐渐明确、固定。上述各例的隐性否定义浮现的推理过程为：

例(37)的回溯推理过程为：

事理为：如果很勇敢,就不要摆出那么一副架儿来,吓唬吓唬江上的水鸟。

事实为：摆出了那么一副架儿来,吓唬吓唬江上的水鸟。

结论为：不是很勇敢。

例(38)的回溯推理过程为：

事理为：如果这群人是客商,就会推着车挑着担。

事实为：这群人没有推着车挑着担。

结论为：这群人不是客商。

例(39)的回溯推理过程为：

事理为：如果人人都会做,就不会大有学问在。

事实为：其实这里面大有学问在。

结论为：不是人人都会做。

例(40)的回溯推理过程为：

事理为：如果大大咧咧,自由自在,就不会出门常常带雨伞和套鞋。

事实为：出门常常带雨伞和套鞋。

结论为：不是大大咧咧,自由自在。

更进一步看,那些起预期偏离的转折义标记词所管辖的后分句因为是社会预期中共有的、不言自明的,符合常理和常识,或者是言内可推导的,在经济原则和量原则的作用下,言者一般会求简,避免冗长繁复,这些后项转折成分可以隐省,隐性否定的话语意义被"看 X_2"语境吸收了,可以单独表达隐性否定。例如:

(41) 这么大的队伍,还这么正规地上课,公司看样子不错。[其实不然]《新民周刊:"传销家长"洗脑亲历》新民周刊 2004 - 08 - 28)

(42) 当民主党内部不支持,国际上也摆不平,看情况,美国即使想要重启谈判,也要到大选之后。[事实上现阶段重

启谈判希望渺茫]（《港媒称各国利益让美国头痛　告别霸主地位》军事中国 2015 - 08 - 14）

(43) 老人一辈子生活在北京,养老却要去外地,不能接受。还有人说,异地就医结算没有实现,配套设施也不完善,异地养老只是看上去很美。[实际上异地养老很难推行]（《专家：异地养老首先要在区域发展均等化上下功夫》东方网 2016 - 06 - 10）

(44) 记者通过对这些网站追踪,发现隐藏在这些网站背后的往往是一些看起来很正规的公司。[事实上是不正规的]（《记者"潜伏"俩月　揭开论文造假黑链》北京晚报 2016 - 7 - 12）

　　语言交际传递信息既要足量,也不要过量。如果基于客观常理或常识就能表达交际意图,就不要赘述多余信息,听者也可以利用自身知识结构推导出言者所言意图。例(41)传销公司上课只是徒有其表,其目的在于洗脑,发展下线,掩盖其违法的本质;例(42)"民主党内部不支持,国际上也摆不平",这就暗示了现阶段重启谈判希望渺茫,举步维艰;例(43)异地就医结算没有实现,配套设施也不完善等异地养老措施没有完善使得异地养老很难顺利推进;例(44)论文造假公司在背景知识中是非法的,这在常识中是不言自明的。转折后项隐省后,"看 X_2"语境吸收以后就可以独立表示隐性否定义,加强了言者与听者的双方互动。

　　总而言之,在转折语境以及预期偏离、回溯推理、经济原则等影响下,"看 X_2"逐渐发展出隐性否定的语用趋势,除了在转折语境中表否定,语境吸收后,也可以单独表否定。同时,也要看到隐性否定义不同于逻辑否定义,其是语用化的过程,对语境的依赖较强,具有可取消性,隐性否定的话语意义还没有完成语义化、规约化过程成为新的编码意义。

5. "看 X_2" 情态化历程

"看 X_2"的语法化起步较晚,在近代汉语晚期才逐渐发展出情态化的用法,其情态化历程经历三个过程:主语提升、语义虚化与以命题为操作域。

5.1　主语提升

短语型"看 X_1"独立充当小句的谓语,具有述谓性,句子主语是明确的,"看"与" X_1 "的句法组合关系还很紧密,句法位置也相对固定。如:

(45) 随便何人,随便去哪一国,或是采办军装,或是购买机器,都是先<u>看样子</u>,再订合同,交易妥了,办差的即可动身,回国销差。(不肖生《留东外史续集》)

(46) 海川暗暗地跟到东院<u>看情况</u>,他知道马亮被雷大爷撅了,不会善罢甘休。果然,一会儿马亮来了,直奔东房推门进去亮匕首,说了许多难听的话。(常杰淼《雍正剑侠图》)

(47) 这段评话虽说酒、色、财、气一般有过,细<u>看起来</u>,酒也有不会饮的,气也有耐得的,无如财、色二字害事。(冯梦龙《警世通言》)

(48) 目如朗星,眉如漆刷,面如傅粉,粗<u>看上去</u>,哪里还像是田舍人家生的子弟,简直是官宦人家的后裔。(徐哲身《汉代宫廷艳史》)

上述四句中"看"具有动词性,可以受副词修饰,反映的是句子主语的动作行为,当主语与"看 X_1 "不存在语义支配关系或者主语是述物主语时,就一定存在一个更高一层的言者主语没有在句法表层出现,"看 X_1 "只能分析为情态成分。情态型"看 X_2 "源结构不同,主语提升也要分别对待:"看样子、看情况"首先经历配价成分提升为句法主语,再由逻辑主语提升为言者主语。如:

(49) <u>看大官</u>的<u>样子</u>今天要在这里留宿。

　　　　"天色不早了,<u>大官今天看样子</u>要在这里留宿。我得去
　　　　安排一下,你们先用膳吧。"田安说着,便走了出去。(齐
　　　　秦野人《武宗逸史》)

(50) 看你家厨房一团混乱的情况……

　　　　<u>你家厨房一团混乱,看情况</u>你果然还没吃饭。(乔安《亲
　　　　亲小懒猫》)

　　"样子、情况"为一价名词,由于语用的需要,其领属性的配价
成分"大官、你家厨房一团混乱"成为交际双方关注的信息,被提
升至句首作话题,后面可以有停顿,也可以出现话题标记,"看样
子、看情况"某种程度上已经情态化了,作为情态成分对命题进行
推断评注,"看"的逻辑主语就被提升为更高层次的言者主语;而
"看起来、看上去"则经历小句主语提升为全句话题,再由逻辑主
语提升为言者主语。如:

(51) <u>看上去小孩子</u>有七八岁光景。

　　　　把门的没有叫他进来,送个信给小的。小的赶出去一
　　　　看,那妇人倒也穿的干干净净,<u>小孩子看上去</u>有七八岁
　　　　光景,倒生的肥头大耳。(李伯元《官场现形记》)

(52) 看起来<u>腰这个东西,在人身上</u>,是最不重要的部
　　　　位,……。

　　　　<u>腰这个东西,在人身上</u>,看起来是最不重要的部位,它
　　　　既不管吃喝,也不主生死,可它对女人来说,却是贵之
　　　　又贵的。(李佩甫《羊的门》)

　　上述两例,"小孩子、腰"作为话题,后面可以有停顿,如"小孩
子,看上去有七八岁光景;腰,看起来是最不重要的部位";也可以
出现话题标记,"小孩子啊,看上去有七八岁光景;至于腰,看起来
是最不重要的部位"。小句主语提升为全句话题后,原谓语部分
仅是一个 VP 形式,"看"的逻辑主语也就成为言者主语,走上情态
化,对命题进行评注。"看 X_2"源结构虽然不同,但都经历句法主

语到言者主语的提升，言内成分到言外成分的演变，"看 X_2" 也逐渐走上情态化发展之路。

5.2　语义虚化

述谓性的"看 X_1"均表示视觉动作的客观命题信息，可以单独构成命题，也可以参与构成复合命题，是行域层面的基谓语。例如：

(53) 咱们先看样子，价格头几天我已经跟你们分别打了电话。（鲍光满《苦旅》）

(54) 等会炮袭停止，大家依旧往上冲，不过方向有改变，向着左边的那些巨石，我们先到达那里，再看情况。（一仓康人《老山狙击手》）

(55) 陈一平拿起合同迅速看起来。（电视剧《冬至》）

(56) 华璎在楼梯上顿住了脚步，从楼梯边的窗口抬头看上去，看着三楼。（沧月《武之魂系列》）

上述四例，"看样子、看情况、看起来、看上去"去范畴化特征不明显，语义较为实在。在语用推理（pragmatic inference）和隐喻机制作用下，语义从"看""观看"动作域（源域）投射到"推测""估计"情态域（目标域），由现实世界域发展为逻辑推理域（沈家煊，1997），属于"推测义"的认识情态，所谓"认识情态"，即对命题为真的可能性或必然性的看法或态度（彭利贞，2007），本质属性是"非确定性"（宗守云，2016）。"看 X_2"去范畴化特征明显，句法关系也发生转变，由"看＋样子/情况；看＋起来/上去"发展为"看样子、看情况、看起来、看上去＋谓宾/小句宾"，由言说和感知动词发展为认识情态义具有一定的跨语言共性。⑥如：

(57) 张宝珠的肚子一天比一天大，看样子她又快要生孩子了。（岑凯伦《合家欢》）

(58) 那明黄色的符纸上，正散发着淡淡的光晕，看情况应该是道符启动了大半之后，才被百里宾突然打断。（开荒

《八荒诛魔录》）

(59) 当我醒来的时候，奇怪，我正躺在一张床上。这屋子比较黑，窗帘都拉上了，但是这间房子看起来还是蛮讲究的。（马识途《夜谭十记》）

(60) 隆起的腹部使她微微后仰，脚挂在床下，脚上苍白的皮肤看上去似乎与里面的脂肪脱离，如同一张胡乱贴在墙上的纸，即将被风吹落。（余华《夏季台风》）

上述四例，"看 X_2"均是充当高层谓语的主观情态成分，伴随着从客观性逐渐减少到主观性逐渐增强的主观化过程，表态功能逐渐增强，表义功能逐渐减弱，其虚化过程呈单向演变：从真值条件到非真值条件、从内容的到程序的、从命题成分到话语成分、从客观意义变为主观意义（Traugott& Dasher, 2002）。

5.3　以命题为操作域

情态型的"看 X_2"并不是命题成分，但却能对命题表达产生影响，属于语言的元层面，可以视为评注性准副词（张谊生，2006），其作用域为整个命题成分，句法位置灵活多样，既可以出现在小句主语之前，对命题进行全幅评注。例如：

(61) 飞机票是今夜七时的班机，看样子事情真的很急，也好，离开三五七天，度过尴尬时期，回来时又可享受到叮当的如珠妙语。（亦舒《香雪海》）

(62) 第 59 分钟上港用吕文君换下埃尔克森，看情况埃尔克森比赛中受伤。（《门将关震破门武磊百球　永昌 1—2 送上港 5 连胜》新浪体育 2016 - 05 - 08）

(63) 看起来他们还不知道我们钻进他们的老窝子里来了。（马识途《夜谭十记》）

(64) 看上去耿荻和蔻蔻就是梁山伯与祝英台。（严歌苓《穗子物语》）

也可以在主语之后，对命题进行半幅评注。试举两例：

(65) 那时候天都亮了,我想了想还是先送家珍去城里医院吧,家珍的病看样子不轻。(余华《活着》)

(66) 这个地球看起来很大,其实还是很小的,咱们又碰上了。(安顿《绝对隐私》)

两种评注方式的差别就在于全幅评注是以句外因素作为评注基点,半幅评注是以句内因素为评注基点。从所表信息的角度看,全幅评注时,连同主语整个句子都是新信息;半幅评注时,则只有述题是新信息(张谊生,2014)。此外,情态型的"看 X_2"充当高谓语进行评注时,可以与表揣测功能的评注性副词"大概、好像、也许、想必、似乎、约莫、恐怕"等以及具有削弱句子肯定性的揣测性语气词"吧"(Han,1995;徐晶凝,2003;周士宏,2009;赵春利、孙丽,2015)共现使用。如:

(67) 看样子恐怕不会饶过他们　　看起来似乎很简单
　　　看情况好像不乐观　　　　看上去也许不纯洁

(68) 看样子吧,我父亲节的时候,还得给我爸买一个。
　　　看情况吧,什么时候不想活就不活了,这也简单。
　　　有些男人看上去吧,什么都好,偏偏就有这么一个嗜好。
　　　看起来吧,挺厚,到了一试,躺下就平了,和没枕一样。

与评注性副词和语气词共现配合更加表明情态型的"看 X_2"具有高层谓语性质,使其在语言的元层面(meta-level)发挥表态功能。总之,"看 X_2"在满足情态化的条件下,经主语提升、语义虚化和以命题为操作域,最终完成了情态化,成为认识情态的话语标记。

6. 结语

共时层面中的动宾结构"看＋N"和动补结构"看＋C"是非匀质的语言单位,存在着一个由实而虚的连续统,既保留视觉动作型的"看 X_1"类短语,又发展出认识情态型的"看 X_2"类情态成分。

就分布与功能来看,主要有句子谓语、泛化谓语和话语标记三种。分布的不同反映出其虚化的差异,其从基谓语到情态词大致经历了行域到知域、句法主语到言者主语、命题成分到情态成分、自由度低到自由度高四个过程。

　　就叙实程度与传信功能看,情态功能的"看 X_2"可以表达传信度与可靠性递增的三种功能,即感知功能、推估功能和总结功能。在语义对立、转折语境以及预期偏离、回溯推理等语用动因的影响下,"看 X_2"发展出隐性否定的语用趋势,隐性否定义对语境的依赖较强,是语用义,而非语用语法化以后的语法义。"看 X_2"的情态化历程经历主语提升、语义虚化和以命题为操作域三个过程。

注释

① 短语型"看 X"内部结构不同、来源不同,既有来源于动宾的"看样子、看情况、看情形",也有来源于动补的"看来、看起来、看上去",还有来源于跨层结构的"看似"。

② 关于"泛化谓语",请参看张谊生(2006)。

③ 对于"看 X_2"的话语标记用法,较早的学者从传统语言学的"插入语"角度进行研究,如廖秋忠(1986)的《现代汉语篇章中的连接成分》一文中把"(由此)看来、(由此)可见、足见"等称为"推论连接成分"。胡裕树(1995)的《现代汉语(重订本)》提到"独立成分"的作用时,其中一类就是表示对情况的推测和估计,举例如"看来、看起来、想来、看样子、说不定"等。黄伯荣、廖序东(1997)的《现代汉语》在给插入语进行分类时提到,有一类表示对情况的推测和估计的插入语,口气比较委婉,对所说实情的真实性不作完全的肯定,留有重新考虑的余地,通常用"看来""看样子""说不定""算起来""我想""充其量"等。张谊生(2006)从句法功能、表达功用和动趋式短语词汇化的角度研究了"看起来、看上去",认为句法分布上二者是可以作为插入语使用的。邵敬敏(2007)的《现代汉语通论》(第二版)也提到了这类表推测和估计的插入语,举例如"看来""看起来""算起来""说不定""少说"等。

④ 宗守云(2002)、蔡凯燕(2013)、李小军(2015)在谈到"似乎、理论上、原则

上、名义上、好像、仿佛"的隐性否定义时,都强调转折语境是重要语境因素。

⑤ 关于"回溯推理",请参看蒋严(2002)、沈家煊(2004)、侯瑞芬(2009)。

⑥ 言说和感知动词发展为认识义是世界上很多语言的共性。(引自贝罗贝2009 年 12 月 11 日在中国社会科学院语言研究所做的学术报告《语法化理论的一些问题》)转引自曹秀玲(2010)。

参考文献

蔡凯燕   2013   "理论上""原则上"与"名义上"的隐性否定功能考察,《国际汉语学报》第 1 辑。

陈振宇、杜克华   2015   意外范畴:关于感叹、疑问、否定之间的语用迁移的研究,《当代修辞学》第 5 期。

高增霞   2003   汉语担心-认识情态词"怕""看""别"的语法化,《中国社会科学院研究生院学报》第 1 期。

谷峰   2014   汉语反预期标记研究述评,《汉语学习》第 4 期。

李小军   2015   相似、比拟、推测、否定——"好像""似乎""仿佛"的多维分析,《汉语学习》第 2 期。

吕叔湘   1982   《中国文法要略》,北京:商务印书馆。

彭利贞   2007   《现代汉语情态研究》,北京:中国社会科学出版社。

沈家煊   1997   词义与认知——《从词源学到语用学》评介,《外语教学与研究》第 3 期。

沈家煊   2003   复句三域"行、知、言",《中国语文》第 3 期。

徐晶凝   2003   语气助词"吧"的情态解释,《北京大学学报》(哲学社会科学版)第 4 期。

尹洪波   2014   否定与转折,《语言研究集刊》第 13 辑。

张谊生   2006   "看起来"与"看上去"——兼论动趋式短语词汇化的机制与动因,《世界汉语教学》第 3 期。

张谊生   2014   《现代汉语副词研究》(修订本),北京:商务印书馆。

赵春利、孙丽   2015   句末助词"吧"的分布验证与语义提取,《中国语文》第 2 期。

周士宏   2009   "吧"的意义、功能再议,《语言教学与研究》第 2 期。

宗守云   2002   浅论科技语体中的"似乎 VP"句,《中国语文》第 1 期。

宗守云   2016   "不知道"的分化及其情态化历程,《语言学论丛》第 52 辑。

Han，Yang Saxena 1995 A pragmatic analysis of the *BA* particle in Mandarin

Chinese，《*Journal of Chinese Linguistics*》23.

Sweetser，Eve 1990 *From etymology to pragmatics：metaphorical and cultural aspects of semantic structure*，Cambridge：Cambridge University Press.

Traugott，E. C. andDasher，R. B 2002 *Regularity in Semantic Change*，Cambridge：Cambridge University Press.

"快要……了""就要……了"
与时间状语问题

朱庆祥(上海师范大学对外汉语学院)

1. 引言

　　对外汉语教学和研究过程中,在介绍表示事情很快要发生的
"快要……了"与"就要……了"格式的时候一般强调二者有一个
重要的区别,即"快要……了"前不能用时间词语,"就要……了"
可以(如姜丽萍,2006;孙德金,2002;杨寄洲,2009;邓苗雯,2011;
张新明,2012 等)。姜丽萍的国家汉办规划教材《体验汉语基础教
程(下)》(2006:66)说"'就要……了'前面可以加时间词语,而'快
要……了'不行"。张新明《简明对外汉语教学法》(2012:82)说,
"快要"前不能用时间词语,"就要"可以。如:

　　(1) a. 我<u>明天</u>就要回国了。—— *我<u>明天</u>快要回国了。

　　　　 b. 他<u>后天</u>就要到家了。—— *他<u>后天</u>快要到家了。

　　　　 c. 他<u>下个月</u>就要来了。—— *他<u>下个月</u>快要来了。

　　为了表述简洁,本文把表示事情很快要发生的"就要……了"
格式称为"就式",而"快要……了"格式称为"快式"。当前国内很
多对外汉语教学都是这样教的,笔者 2013—2014 年在韩国东国
大学工作,发现在韩国的诸多汉语老师也是这样教的,韩国学生

也是这样学的。本文主要是针对两个格式前加时间词语问题展开的,我们认为就添加时间状语而言,"就式"和"快式"的真正区分不是能否前加时间状语的问题,而是能加什么样的时间状语、匹配相宜性问题。语料主要来自北大语料库(CCL)。

2. "就式/快式"与动前时间词语匹配推理验证

"就式"前面可以加时间词语,而"快式"不行,这种说法不严谨,因为汉语谓语动词前面存在主语和状语两个类型的句法位置。杨寄洲(2009:44—45)区分状语和主语,指出句中有表示具体时间的词语作状语时不能用"快要……了",而要用"就要……了"。主语位置上表时点和时段的时间词语都可以出现。例如:

(2) a. <u>1994 年元旦、春节</u>快要到了。(《人民日报》1993)

　　b. <u>今年</u>快要结束了,但愿今年早点结束。(《读者(合订本)》)

　　c. <u>一年</u>快要过去了,实在不能再拖下去。(王蒙《名医梁有志传奇》)

(3) a. <u>春节</u>就要到了,未来岁月将是一个美丽的企盼。(《人民日报》1996)

　　b. <u>一年</u>就要到了。(《地球杀场》)

　　c. <u>1995 年</u>就要过去了。(《人民日报》1995 年)

所以二者的区别要修正,改为修正 1:如果前面是主语,"就式"行,"快式"也行。如果前面是时间词语作为状语出现,"就式"行,"快式"不行。

修正 1 的观点并不严谨。VO 型语言状语倾向是后置的(Greenberg,1966),现代汉语作为 VO 型语言状语却是前置的,但是汉语的前置状语,又分为主语前的状语和主语后的状语。时间状语可以在主语前出现,也可以在主语后谓语前出现。(刘丹青,2003；杨德峰,2006；余东涛,2006)而主语前时间状语是可以的。例如：

(4) a. 现在日本鬼子快要完蛋了。(知侠《铁道游击队》)

　　b. 14日,客人快要来了。(1994年报刊精选)

　　c. 临近耶布斯的时候,日头快要落了。(《圣经》(简体中文))

(5) a. 今晚我们就要交朋友了。(知侠《铁道游击队》)

　　b. 明儿我们就要过三峡了。(老舍《鼓书艺人》)

　　c. 明年7月1日香港就要回归祖国了。(《人民日报》1996)

因此,就本文讨论的问题而言,最严格的时间状语应该限制为主语后谓语前的状语,所以前面的观点还是需要修正：

修正2：如果是主语前时间状语,"就式"行,"快式"也行。如果是主语后谓语前的时间词语作为状语出现,"就式"行,"快式"不行。

修正2的观点似乎还是有问题。一般认为"就式"谓语前(非主语前)有时间状语的例子是普遍现象,语料调查发现这类例子数量也确实多,我们提取前300例来分析,这些时间成分包括名词性、副词性、谓词性三大类时间状语成分等。如：

1) 名词性时间状语

(6) a. 《劳动法》明年1月1日就要实施了。(《人民日报》1994)

　　b. 这个戏最近就要上演了。(《倒序现汉词典》)

2) 谓词性时间状语,主要指的是介(动)宾结构性时间状语

(7) a. 租的房子确实在四月份就要到期了。(新华社2004年新闻稿)

　　b. 他在奥运会期间就要当爸爸了。(新华社2004年5月份新闻报道)

c. 这次论坛到现在就要结束了。(张泽、秦禄昌《走近纳米材料》)

3) 副词性时间状语

(8) a. 他马上就要开演了。(《1982 年北京话调查资料》)

b. 电影眼看就要开演了。(《倒序现汉词典》)

c. 太阳已经就要落下去了。(《福尔摩斯探案集》)

"快式"谓语前(非主语前)似乎应该没有时间状语,但是出乎我们的预料,对北大语料库(CCL)进行穷尽统计,统计到 130 例谓语前(非主语前)有时间状语的句子,这些时间成分同样包括名词性、副词性、谓词性三大类时间状语成分等。例如:

1) 名词性时间状语

(9) a. 那种中国人现在快要找不到了。(《读者(合订本)》)

b. 曹操这个时候实际上快要断粮了。(《易中天品三国》)

c. 伊娃·凯恩当时快要生孩子了。(《清洁女工之死》)

d. 最后快要启程了。(《尼尔斯骑鹅旅行记》)

2) 谓词性时间状语,指的是介(动)词结构性时间状语

(10) a. (那座老宅)到如今快要塌下来了。(《美国悲剧》)

b. 迄今快要两年了,可是总不见出版。(《读书》vol -021)

c. 百年来上海文明到这里快要结束了。(《读书》vol -088)

3) 副词性时间状语

(11) a. 他们已经快要把书理完了。(杨绛《洗澡》)

b. 他的房子已快要烧光了。(读者(合订本))

c. (董祀)眼看快要执行了。(《中华上下五千年》)

d. 马上快要三点了,他很忙。(《小飞人三部曲》)

同类范畴多层共现是跨语言的普遍现象。汉语的时间状语

成分存在多层共现情况。(潘国英,2010)语料调查发现,"就式"和"快式"前不仅可以出现时间成分,而且可以出现两层时间状语的情况。如:

(12) a. 我们1现在2马上就要回国了。(1994年报刊精选)

　　 b. 建筑学1当前2马上就要转向了。(新华社2004年新闻稿)

(13) a. 那人1这时2已经快要咽气了。(《十日谈》)

　　 b. 福尔摩斯1回来时2已快要到一点了。(《福尔摩斯探案集》)

　　 c. 她害的是妇女们常犯的病。1现在2已经快(要)好了。(老舍《赵子曰》)

这样看来,修正2的观点也不准确。真实的情况应该是:

修正3:无论"就式"还是"快式",无论是主语前的状语还是主语后的状语,二者前面都可以有时间性状语成分,这种时间性成分包括名词性、副词性、谓词性时间状语。究竟什么样的时间状语可以出现,这需要分析时间状语和"就式""快式"的匹配特征,语义功能相宜的可以出现,不相宜的不能出现。

3. 基于真实语料的"快式"主谓间时间状语类型分析

3.1 "快式"框架语义特征

《现代汉语词典(第6版)》(2012:753)收录副词"快要",释义是:

【快要】副　　表示在很短的时间以内就要出现某种情况:铅笔快要用完了,再买几支去 | 国庆节快要到了 | 她长得快要跟妈妈一样高了。

句尾"了"反映新事态的已然出现,具有当前(说话时)相关性(见《现代汉语八百词》,1999;孙德金,2002;王洪君等,2009;金立鑫、邵菁,2010 等)。

综上,"快要……了"格式的语义框架初步可以归纳为:1)当前相关性,以"当前(说话时)"为默认时间参照点背景;2)已然将要性,描摹某种已然将要发生的情况,但还没有发生;3)短时快速性,事态在认知的相对短时间内要出现。

3.2　时间状语类型

根据北大语料库统计到的 130 个例句,能够在"快式"前(主谓之间)出现的时间状语语义类型主要是三类:时间背景参照点类词语、事件已然性副词、强调迅速短时性副词等。

1)事件时间背景参照点类型。从类型学上看,每个句子都有时间背景、时空参照点。余东涛(2006)考察了包括汉语在内的 55 种语言材料后发现,这些语言中的时间词都可以自由、独立地充当状语,可在主语前也可在主语后,而修饰全句时,时间词的主要功能就是全句陈述的一个时间背景,是时间参照点。跨语言无标记的、最基本最简单的时空参照点就是"此时此地"(here and now),所以无标记默认的时间参照点"现在/此时"肯定可以和"快式""就式"搭配,例如:

(14) a. 火车现在/此时快要进站了。

　　 b. 火车现在/此时就要进站了。

前文例(9)"名词性时间成分"和例(10)"介(动)宾结构时间成分"状语实际上主要都是表当前或过去某个"当前"的时空背景参照点。又如:

(15) a. 现在快要走出胡同了。(余华《现实一种》)

　　 b. 最后真的快要清理完了。(李晓东《金字塔太阳船》)

　　 c. 那人这时已经呛得快要咽气了。(《十日谈》)

　　 d. 我来这边的时候快要吓死了。(《龙枪传奇》)

　　 e. 辛师傅当时快(要)六十岁了,办事热情负责。(王春才《彭德怀骨灰查寻记》)

　　f. 孩子<u>那天</u>快要生了,他妈妈就来到李树下。(姚淦铭
　　　《老子其人》)

　　g. 敦煌大展结束前最后一个周末,浙美<u>昨天</u>快要被挤
　　　爆了(《钱江晚报》2014/3/6)

　　这里的"时间参照点"主要指时间名词性成分和介宾结构时
间性成分。Reichenbach(1947)、陈平(1988:417)等认为"时"范
畴是"三时"比较特征,即"说话时间 S""参照时间 R""事件情状时
间 E"三者在时轴上的关系。当"快式"前没有时间参照点出现,
"说话时间 S""参照时间 R"往往重合,不需凸显;当"快式"前有时
间参照点出现,有两种情况:①"说话时间当前 S"与"参照时间
R"重合,如"现在、当前、此时、到如今"等;②"说话时间当前 S"晚
于"参照时间 R",如"在那时、当时、那天"等,属于过去某个"当
前"时间参照点。当时间参照点"R"凸显,"快要"句式可以刻
画为:

　　R+快要+核心 VP+了

　　句式意义可以描写为:以"R"为时间参照点,"VP"在"R"之
后快要发生了,但是不会在"R"内发生。"快"起到了双重功能,一
是加速了将来,另一是强调了"事件"在"参照点"内绝对没有发
生。例如:

　　(16) a. 火车<u>现在</u>快要进站了。

　　　　b. 我<u>这些天</u>都快要发疯了。(《地球杀场》)

　　　　c. 辛师傅<u>当时</u>快(要)六十岁了。(王春才《彭德怀骨灰
　　　　　查寻记》)

　　例(16)a"进站"在"现在"快要发生,但是并没有发生,只能在
"现在"之后发生;(16)b"发疯"在"这些天"快要发生,但是就是没
有发生,即使真发生,也只能在"这些天"之后。(16)c"六十岁"在
"当时"没有达到,只能在"当时"之后才达到。所以,"快(要)……
了"之前的时间参照点基本上就限定在现在的"当前"或过去的某

个"当前"。

2）事件已然性类型。已然类时间副词可以匹配，例如"已经、已、早已"等：

(17) a. 日本<u>已经</u>快要对美发动战争了。（吴越《破译密码的奇才(下)》）

　　b. 现在我们的婚期<u>已</u>快要临近了。（《仲夏夜之梦》）

　　c. 插在歪着的烛台上的蜡烛头<u>早已</u>快要熄灭了。（《罪与罚》）

这种已然类时间副词与表将然的、未然的"快、快要、要"等共现的情况前贤也已观察到。（见《现代汉语八百词(增订本)》，1999；郭春贵，1997；邹海清，2012 等)《现代汉语八百词(增订本)》(1999：612)指出副词"已经"可以与表将来的时间副词"快、要"等共用，指即将完成而尚未完成。郭春贵(1997：38)指出"快/要＋动词＋了"这种结构之前再加上"已经"修饰的话就表示即将实现或达到的情况不是现在才出现的而是在这之前就出现了。已然类与未然类时间副词共现表面看似乎有冲突，实则不然。因为，汉语通常所说的时间副词大多不表示"时"，而表示"态"；"已经"并不表示"过去时"，而是表示"已然态"，强调句子所说的事情、情况在说话之前，或在某个行为动作之前，或在某个特定的时间之前就成为事实了(陆俭明、马真，1999：98；马真，2003：23)也就是说，时间副词"已/已经"并不是"过去时"标记，也不是说事情一定发生了，而是强调某种事态在某个参照点之前(无标记即为当前说话时)就成为事实了。时间副词"快要"表示的是一种将要发生还没有发生的事态，"已经"强调了这种将要发生的事态在某个参照点之前成为事实，所以可以搭配。

3）进一步强调迅速性。副词"快要"已经表明短时迅速了，但是语料调查还是显示存在进一步增加短时间词语、迅速类副词"马上、眼看"等进行强调的情况。如：

(18) a. 郡恭平<u>马上</u>快(要)20 的人了,听说还总把从幼儿园
　　　　领的熊当作护身符带在身边。(《人性的证明》)

　　b. <u>眼看</u>快要 30 岁了,她还是待字闺中。(汤雄《陈毅与
　　　　小妹》)

　　c. 他的脸上全是汗水,<u>眼看</u>快要中暑了。(《龙枪短篇
　　　　故事集》)

　　排除 6 例"快式"前有双重时间状语的,在 124 例中,能够在
"快式"前出现(有主语的要在主语后)的时间状语类型与比例如
下表:

表一　"快式"前的时间状语类型与比例

类型	参照点类	已然类	迅速类
时间类型	名词/谓词性	副词	副词
例句总数	37	76	11
比例	29.84%	61.29%	8.87%

　　"快式"前可以出现的时间成分主要是"时间参照点类""已然
类""短时迅速类"。首先,在句法层次上,状语是多层次的,共现
的时间状语与"快要"处于不同层次;其次,在语义上,"参照点"和
其他两类不同,侧重显示更高层次的时间背景:"参照点"往往是
以当前(说话时)的时间为参照点,或者以过去的某个当前为参照
点;再次,"已然"类与表将然的、未然的"快、快要"并不冲突,又与
句尾"了"已然事态性相匹配;"短时迅速类"和"快要"意义接近,
起到强化的作用。总之,只有与"快式"的语义框架相匹配的时间
状语才能出现,这是时间状语可以出现的根本原因。

3.3　类型限制条件

　　上述三类可以出现在"快式"中,但并不代表每一类的所有成
分都可以出现在该结构中,时间成分作为状语出现要受到系列倾
向性条件限制。主要以时量和时间参照点来说。如:

1）短时量可以有，长时量、不定时量必然不行。表达时间的词语可以分为两大类：时量词语和时点词语。（朱德熙，1982；陆俭明，1991；李向农，1997；李宇明，2000；张斌，2010 等）时量词语可以分为长时量和短时量，短时量可以有，如"马上、眼看"等可以进入"快式"，见前文短时"迅速类"，长时量必然不行。如：

（19）a.　＊论坛永远快要结束了。

　　　b.　＊重庆永久快要解放了。

　　　c.　＊他长期地快要进站了。

由于"快式"主要用在描述某种事件在短时间内要快速发生，所以表示长的、不定的时间词语一般不能进入该格式作状语。

说短时成分可以进入"快式"作为状语，但是并非所有短时词语都可以。结合前贤（陆俭明，1991；李向农，1997；李宇明，2000；李冰洁，2007；张斌，2010；杨荣祥、李少华，2014 等）对短时词语的分类，发现：Ⅰ）表让步的"暂时、暂且"不可以。因为这种类型和"快式"无标记指向事态将要很快真的发生产生了冲突。Ⅱ）表事态就要发生的临界点短时词语或者说瞬时间词语"立时、顿时、霎时、登时"一般也不能和"快式"搭配，因为"快式"表示短时内将要发生，但并不具有瞬时要发生的临界情态，参见下文的与"就式"区别研究。

2）"快式"和"当前/现在"的时间参照点搭配可接受性最强；但"快式"一般不接受将来时间参照点。解释见后文与"就式"的区别。如：

（20）a.　＊孩子明天快要考试了。

　　　b.　＊孩子明年快要考大学了。

　　　c.　＊孩子下周快要走了。

3）"过去-现在-将来"这一组词语，只有"现在"可以和"快式"搭配：

（21）a.　＊他过去快要当上师长了。

　　b.　他现在快要当上师长了。

　　c.　*他将来快要当上师长了。

　　这里的"c"不合法容易理解,因为"快式"一般不接受将来的时间参照点。"快式"对过去的某个"当前/当时"可接受性也较强,如"那时候、这时、当时、在那时、那天、那年"等也可以进入"快式"。但是"过去、从前、以往、旧时、起初"一般不能进入"快式",因为短时将然"快式"无标记以当前为时间参照点,指向将来,时间参照点要定位相对明确。但如果指向过去的时间词语并不是过去的"当前/当时",且指向过去的时间词语具有长期、不确定性,则一般不宜进入"快式","a过去"就是如此。

　　4) 表示月份、星期、日期、时刻等时间点词语,如"五月、星期三、周二、21 日、半夜、六点"这种类型不能单独出现在"快式"中。解释见后文与"就式"的区别。如:

　　(22) a.　*孩子五月快要回家了。

　　b.　*火车半夜快要到了。

　　c.　*阿明六点快要走了。

　　5) 时间参照点长短要和谓语事件类型相宜,参照点太大不合适,太小也不合适。如:

　　(23) a.　*她那个世纪快要生孩子了。

　　b.　*她那年快要生孩子了。

　　c.　?她那月快要生孩子了。

　　d.　那天快要生了,他妈妈就来到李树下。(姚淦铭《老子其人》)

　　e.　她当时快要生孩子了。

　　f.　*那一分钟快要生孩子了。

　　g.　*那一秒快要生孩子了。

　　该组例子并不否认"那个世纪、那年、那一刻"等能与"快要"搭配,只要这些时间参照点和谓语事件类型相宜就行。如"老人家那一年快要 70 岁了/他那一刻快要哭出来了"。总之,时间状语与"快式"语义框架相匹配才可以共现,而共现又受到系列条件限制。

4. "就式"和"快式"在主谓间时间状语方面的联系和区别

4.1 "就式"的语料甄别及其框架语义特征

"就要"和"快要"的性质是有区别的,"就要"比"快要"复杂多了。《现代汉语词典(第 6 版)》收录"快要"作为副词,但是没有收录"就要",还是把"就要"看作短语的,"就要"是短语的一个证明就是之间可以插入其他成分如"就快要、就又要"。《现代汉语规范词典(第 3 版)》(2014:712)收录"就要"作为副词,有两个义项:a)表示情况即将发生,相当于"将要""快要",例如"球赛再有 10分钟就要结束";b)表示应该怎样,相当于"就应""就得",例如"我们的干部就要时刻想着人民群众。"我们对北大语料库(CCL)进行穷尽检索,发现"就要……了"前加时间成分类型多样,主要可以概括为三类,例如:

1) 非短时间事件将要发生,表示就应、就得、就需要:

(24) a. 但如果我们拥有 1 万元钱,这时就要好好规划了。(1994 年报刊精选)

　　 b. 不过,遇到骡队时就要格外小心了。(1998 年《人民日报》)

2) 非短时间事件将要发生,表示就想要、就打算要:

(25) a. 丘吉尔在几个月前就要杀死墨索里尼了。(《作家文摘》1997)

　　 b. 我们早就要到台北来看你了,只因为你韦伯伯的工作太忙,走不开,拖到今天才来。(琼瑶《月朦胧鸟朦胧》)

3)表示短时间的事件将要发生:

(26) a. 机票已经来了,<u>明早就要走了</u>。(池莉《让梦穿越你的心》)

　　 b. 他<u>马上就要开演了</u>。(《1982年北京话调查资料》)

"就要"类型复杂,前两类和短时将要无关,需要排除出去。第三类语料属于我们研究的对象,这种语料在北大语料库中很多,提取前300例作为研究对象。孙德金(2002:258—259)把"快……了""要……了"看成更加基本的"将然体"句式。从形式上看,"快式"和"就式"共有"要……了","要……了"表示事件或事态将要发生。"快"和"要"整合为副词"快要",互相限制,增加"快"限制"要",则不仅表示事件或状态将要发生,而且强化了该事件或状态很快发生,即"快"起到了加速将来"要"的作用。"就"本为动词,表趋近、靠近义,副词"就"由动词"就"虚化而来,表时间的副词"就"保留了其"趋近、达到"的语义特征,如《现代汉语词典(第6版)》(2012:697)的例子:

(27) a. 您稍等一会儿,<u>饭就好了</u>。(将然)

　　 b. 大风早晨<u>就住了</u>。 (已然)

表时间的副词"就"和"要"结合,"就"的趋近、达成特征同样对将要的"要"具有加速将来的限制作用,这一点和"快"有相同之处。所以和"快要……了"格式的语义框架特征相比较,"就要……了"也具有以下特征:1)当前相关性,以"当前(说话时)"为默认时间参照背景;2)已然将要性,描摹某种已然要发生的事件情况,但未发生;3)短时快速性,这种事态在相对短时间内会出现。当"参照时间R"凸显的时候,句式可以描写为:

R＋就要＋核心VP＋了

"参照时间R"与核心VP的关系存在两种情况:

1)"参照时间R"就是当前或某个过去"当前"参照点,事件

VP 不在 R 内发生,而是在 R 之后发生,这种类型和"快式"相同。例如:

(28) a. 我们<u>现在</u>马上就要回国了,当我们看到祖国派来的包机……(1994 年报刊精选)

b. 女工程师洪琼<u>此时</u>只差两天就要当妈妈了。(1994 年报刊精选)

2)"参照时间 R"是事件 VP 的未来实际发生时间范围,即事件 VP 未来在 R 内发生。如:

(29) a. <u>下星期一</u>就要演出了,咱们得练练。(《倒序现汉词典》)

b. <u>后天</u>就要考试了,我连复习题都没有做。(《从普通女孩到银行家》)

c. 大一班的孩子<u>明年</u>就要上学了。(王朔《看上去很美》)

在该例中,a 中"演出"就在下周一发生,b 中"考试"就在"后天"进行,c 中"上学"就在"明年"进行。就这三个例子而言,从"说话时间 S""参照时间 R""事件情状时间 E"三时关系看,"说话时间 S"是当前,"参照时间 R"与"事件情状时间 E"重合,这种将来时间指的就是事件发生的将来时间范围或时间点。这种类型是"快式"无法表达的。

4.2　"就式"和"快式"的时间状语共性

1)"快式"主谓间可以出现的三类时间成分"事件时间背景参照点类词语、事件已然性副词、强调迅速性副词","就式"都有。例如:

(30) a. <u>现在</u>就要回国了。(1996 年《人民日报》)

b. 东北三省<u>在那个时候</u>就要名存实亡了。(当代\CWAC\AHB0018)

c. 在我抵达山顶的时候,太阳<u>已经</u>就要落下去了。(《福尔摩斯探案集》)

　　　　d. 鸡叫了三遍，天眼看就要亮了。(《倒序现汉词典》)

　　　　e. 冬儿马上就要下乡了。(池莉《你是一条河》)

　　其中"a—b"属于时间参照点类，"c"属于已然性副词，"d—e"属于强调迅速性副词。

　　2)"快式"可以加当前和过去时间背景参照点词语，"就式"也可以。如：

(31) a. 现在就要回国了。(1996 年《人民日报》)

　　　b. 我今年就要 40 岁了。(新华社 2004 年新闻稿)

　　　c. 她那时就要死了。(《龙枪-旅法师》)

　　　d. 去年农历腊月二十五眼瞅着就要过春节了。(1996 年《人民日报》)

　　3) 表短时将然的"就式"和"快式"一样，一般不能加长的、不定的时间状语。如：

(32) a. ＊论坛永远就要结束了。

　　　b. ＊重庆永久就要解放了。

　　　c. ＊火车半天就要进站了。

　　　d. ＊他迟早就要回国了。

　　"快式"前一般不可以加表示将来的时间词语，而"就式"可以。但是有些表示将来的时间词语"就式"也不能搭配，两种格式都受限。如：

(33) a1. ＊他将来就要回国了。　b1. ＊他将来快要回国了。

　　　a2. ＊他未来就要回国了。　b2. ＊他未来快要回国了。

　　　a3. ＊他日后就要发达了。　b3. ＊他日后快要发达了。

　　这是因为"将来、未来、日后"等词语所指向的将来时间具有长期性、不确定性，而"就式""快式"时间参照点定位要比较明确，如果是时段则应该是短时段，所以二者语义功能冲突。有的情况可以搭配，如"我们将来就要靠你了"，这里的"就要"并非短时意义，而是"就需要、就可能要"的意思，所以不属于本文所讨论的内容。

4）时间参照点要和谓语事件类型相宜，太大太小都不合适，"快式"受限制，"就式"同样受此限制。如：

（34）a. ＊她那个世纪就要生孩子了。

b. ？她那年就要生孩子了。

c. 她那月就要生孩子了。

d. 那天就要生孩子了。

e. 她当时就要生孩子了。

f. ＊那一分钟就要生孩子了。

g. ＊那一秒就要生孩子了。

4.3 "就式"和"快式"在主谓间时间状语上的区别

1）"快式"可加当前或过去时间背景参照点词语，但一般不接受将来时间状语。如：

（35）a. ＊下星期一快要演出了。

b. ＊我下个月快要结婚了。

c. ＊我觉得狄明哥下一秒快要翻脸了。

d. ＊后天快要考试了。

e. ＊大一班的孩子明年快要上学了。

f. ＊在今年 10 月份快要开通了。

g. ＊一会儿快要回来了。

h. ＊列车过片刻快要进站了！

指向将来时间的词语构成模式多样："a—c"是"下＋X"式短语，"d—e"是直接的时间名词性成分，"f"是介词结构，"g—h"通过短时段指向将来某个时间点。上述类型在"快式"中一般都不可接受，但在"就式"中合法。如：

（36）a. 下星期一就要演出了，咱们得练练。（《倒序现汉词典》）

b. 我想让你第一个知道，我下个月就要结婚了（《心灵

鸡汤》）

c. 我觉得狄明哥<u>下一秒</u>就要翻脸了。（蔡康永《LA 流浪记》）

d. <u>后天</u>就要考试了，我连复习题都没有做。（《从普通女孩到银行家》）

e. 大一班的孩子<u>明年</u>就要上学了。（王朔《看上去很美》）

f. <u>在今年 10 月份</u>就要开通了。（新华社 2004 年 6 月份新闻报道）

g. 他们<u>一会儿</u>就要回来了。（《美国悲剧》）

h. 列车<u>过片刻</u>就要进站了！（新华社 2003 年 10 月份新闻报道）

所以例（1）反映问题实质是"能否加表示事件发生的将来时间范围状语"，当然，表示将来的时间词语也是有限制的，如不能是长期、不确定的将来时间状语。问题在于这种区别并不只是"快要……了"和"就要……了"才有的，如：

（37）快……了

　　a. ＊<u>下星期一</u>快演出了。

　　b. ＊<u>后天</u>快考试了。

　　c. ＊大一班的孩子<u>明年</u>快上学了。

（38）就……了

　　a. <u>下星期一</u>就演出了。

　　b. <u>后天</u>就考试了。

　　c. 大一班的孩子<u>明年</u>就上学了。

（39）要……了

　　a. <u>下星期一</u>要演出了。

　　b. <u>后天</u>要考试了。

　　c. 大一班的孩子<u>明年</u>要上学了。

其中"就……了""要……了"都能加表将来的时间范围状语，

但是"快……了"不行。也就是说"快(要)……了"前不能加表将来的时间范围状语的根本原因不在"要"或"了"而在于"快"。"就要……了"前可以加表将来的时间词语并不完全在于"就",因为"要……了"本身就可以。从逻辑上讲,这种能否加表示将来时间词语的区别主要是因为"快"起到了某种限制功能作用,而"就""要""了"都没有这种限制。

对于这些表将然的、描述将来要发生的事件句式而言,从认知角度讲,常规情况下,一般只能把当前或过去的某个当前作为时间参照起点,描述将来某个时间范围要发生的事情。所以当表"将来"的时间成分出现后,无标记情况下就是指的事件将来发生或可能发生的时间范围,而不是时间参照背景起点。"就……了""要……了""就要……了"句式都是如此。但是表将然的"快"很特殊,一方面是加速了将来;而另一方面限制性加强,强化了未然性,当其前面出现时间成分后,"快"强制把前面的 R 定位为事件未发生的时间参照点,而不是事件的未来发生时间范围,表示在该参照点之后可能发生,在该参照点内绝对不可能发生。例如(35)的三个例子:

Ⅰ)"a＊下星期一快要演出了","下星期一"是未来时间,无标记应该指的是"演出"的发生时间就在"下星期一",但是毗邻的"快(要)"则否定了这种意思,表示"下星期一"演出不会发生,但是距离"下星期一"这个参照点而言,"演出"也快要发生了。

Ⅱ)"d.＊后天快要考试了","后天"是未来时间,无标记应该指的是"考试"发生时间,但毗邻的"快(要)"否定了这种意思,表示"后天"不会考试,但是相对后天而言也快了。

Ⅲ)"e.＊大一班的孩子明年快要上学了","明年"是未来时间,无标记应该是孩子上学就在明年,但是毗邻的"快(要)"否定了这种意思,表示"明年"不会上学,但是相对于明年而言也快了。

也就是说"快(要)……了"前的时间成分被"快"限制为只能是事件未发生的时间参照起点,而不可能是事件的未来发生时间范围,而将来时间成分无标记情况下指向的往往是事件未来发生或可能发生的时间范围,二者语义功能冲突,所以不搭配。"就……了""要……了""就要……了"句式就没有这种限制。如果强行搭配,将来时间词语进入"快(要)……了"做状语以后,句式意思变成"相对于将来某个时间参照点而言,事件没有发生,但是也快要发生了",即"站在将来某个参照点描述更远的短暂将来",这既不符合常规现实,也不符合经济原则。因为常规情况下当前(或过去的某个当前)是可靠的、确定的,未来是不确定的,所以站在当前(或过去的某个当前)描述将来是常规,而不是站在未来预测未来。

2) 表月份、星期、日期、时刻等时间点词语,如"五月、星期三、周二、21 日、半夜、六点"这种类型不能单独出现在"快式"中,但可以出现在"就式"中。如:

(40) a1. ＊孩子<u>五月</u>快要回家了。　　—b1. 孩子<u>五月</u>就要回家了。

a2. ＊火车<u>半夜</u>快要到了。　　—b2. 火车<u>半夜</u>就要到了。

a3. ＊阿明<u>六点</u>快要走了。　　—b3. 阿明<u>六点</u>就要走了。

以"a3/b3"这组例子来解释说,分两种情况:Ⅰ)情况一,假如当前是五点,六点是将来时间点,那么"快式"一般不可以接受将来的时间参照点,"就式"可以。所以,快式"＊阿明六点快要走了"不合法,而就式"阿明六点就要走了"合法。Ⅱ)假如当前是八点,六点是过去时间点。如果以当前为参照点,表短时将然的"快式""就式"无标记下指向的是将来、描述将来的事情,而不是过去的事情,所以不搭配。需要说明的是,"阿明六点就要走了,被我劝住九点再走"是成立的,但这里的"就要"不是短时将然,而是"就打算要、就想要"的意思,不属于本文讨论的内容。也就是说,这类时间点无论指向将来,还是过去,一般不能在"快式"中单独出现,除非有其他句法操作,但可以出现在"就式"中。

3)"就式"在表主观急促性的时候比"快式"更快、更主观。

"就要"的主观迅速性和"就"有关,而"就""才"的主观性比较研究得到学界广泛而深入研究。就时间而言,一般认为,"就"表示一个事件实际发生的时间先于预期的时间,发生的早;"才"表示一个事件实际发生的时间后于预期的时间,发生的晚。(见王还,1956;白梅丽,1987;史锡尧,1991;史金生,1993;陈小荷,1994;沈家煊,1999;张旭,1999;张谊生,2000;陈立民,2005;金立鑫、杜家俊,2014;刘林、陈振宇,2015 等)例如:

(41) a. 他 1950 年就到北京来了。

　　 b. 他 1950 年才到北京来。(白梅丽,1987)

"就要"继承了表时间"就"这种"早"的特点,可以用在说话人主观认为事件即将发生而且基本上就发生了这种紧急"临界点"状态(郝思瑾,2011:67)。如:

(42) a. 又是乌云盖顶的天气,我怕雨立刻就要下了。(朱邦复《东尼! 东尼!》)

　　 b. 立刻就要吃饭了,还吃炒豆子。(鲁迅《风波》)

　　 c. 斗争瞬间就要开始了! 我不是杨子荣,我是胡彪。(曲波《林海雪原》)

(43) a. *我怕雨立刻快要下了。

　　 b. *立刻快要吃饭了。

　　 c. *斗争瞬间快要开始了。

虽然"就式"和"快式"前都可以用强化迅速的副词"马上、眼看"等,但是频率差别巨大。郝思瑾(2011)穷尽调查北大语料库发现,"就要"前出现"马上、眼看、立刻"共 1060 例,而"快要"前加"马上、眼看"总共才十几例。所以,从这种巨大差异的频率分布角度讲,"就要"用于临界点的主观快速情况更常见和自然。

4)"就式"和"快式"与时间状语搭配的单向蕴含模式。

总的来说,就单纯的时间状语搭配范围类型而言,能够进入"就式"的时间状语类型多、范围大,"就式"和"快式"与时间状语搭配存在四缺一的单向蕴含情况:

表二　"就式"和"快式"与时间状语搭配蕴含四分表

［＋就式］［＋快式］	［＋就式］［—快式］
＊(［—就式］［＋快式］)	［—就式］［—快式］

就时间状语而言,"就式"的时间状语搭配范围比"快式"大,凡是"快式"可以搭配的类型"就式"一定能够搭配;但是"就式"能够搭配的类型,"快式"不一定可以搭配。

这个四缺一单向蕴含模式是单纯就时间状语类型而言的,不考虑替换后意思可能不同。如前文分析,"就式"在表达主观急促的临界点状态时和"将要"即使可以替换,替换后句子的主观意义、迅速性意义也会有变化的。这个四缺一模式也不考虑加入其他状语或其他成分干扰不能替换的情况,例如"快式"前如果不仅有时间状语,还有"都、又、就"等状语,则不能替换为"就式":

(44) a. 我这些天都快要发疯了。(《地球杀场》)

　　　b. 现在又快要生第二个了。(岑凯伦《合家欢》)

　　　c. 希特勒早已做好计划要进行一连串的侵略活动,现在就快要见诸行动了。(《第二次世界大战回忆录》)

(45) a. ＊我这些天都就要发疯了。

　　　b. ＊现在又就要生第二个了。

　　　c. ＊现在就就要见诸行动了。

但是这种不能替换并不是时间状语成分带来的，而是"都、又、就"等状语带来的，所以这并不妨碍上述就单纯时间状语类型而言的四缺一单向蕴含规则的成立。

5. 总结

本文从对外汉语教学的实际问题出发，研究当前对外汉语教学和研究中"就式"和"快式"在时间状语方面的区分问题，并不是系统地研究"就式"和"快式"的句法、语义和语用全方面的区分问题。但是研究好"就式"和"快式"在时间状语方面的区分问题也不可能不涉及两种结构性质和其他方面的区别。就本文问题而言，总的来说：

1）"就式"和"快式"的真正区分并不是能否前加时间状语的问题，而是能进一步加什么样的时间状语和搭配范围大小、匹配相宜性问题。"快式"的框架语义特征基本上把主谓间的时间状语限制在三种主要类型：表达当前或某个过去当前时间参照点的时间名词性成分和介词性成分，和"快式"的已然性匹配的已然类副词，和"快式"的短时迅速性匹配的短时迅速类副词等。

2）例（1）所体现的"就式"和"快式"的问题实质可以用一句话概括为"主谓间能否加表示事件发生的将来时间状语"，这个问题是由"快"带来的。在该句式中，"快"前的时间成分被"快"限制为只能是事件接近发生但是尚未发生的时间参照点，而不可能是事件的未来发生时间范围，而将来时间成分无标记情况下指向的往往是事件未来发生或可能发生的时间范围，二者语义功能冲突，所以不搭配。这种区别是"快/快要……了"和"就/要/就要……了"系列间的一个重要区别。这种一句话的概括对于对外汉语教学来说有一定的价值，但还是过于简单，因为能出现的时间状语类型还是有一系列限制条件的。

　　3）就单纯时间状语类型而言，"就式"比"快式"使用范围广泛，存在单向蕴含关系：凡是能进入"快式"的时间状语一般就能进入"就式"；但是能进入"就式"的时间状语未必就能进入"快式"。不能无条件的说"就式"比"快式"使用范围广泛，能用"快式"的地方就能用"就式"替换。因为这只是针对单纯的时间状语类型而言的，如果把视野拓宽到其他状语类型或动态语用地看，仍然存在只能/只宜用"快式"的状语类型和语境，不能用"就式"替换，也不存在什么单向蕴含关系。

　　鲁健骥（1984）、王建勤（1997：51）等指出，偏误的形成因素是多方面的，其中一条就是"教师或教材对目的语语言现象的不恰当或不充分的讲解和训练"造成的。"就式"和"快式"的留学生教学要避免这个问题。

参考文献

白梅丽　1987　现代汉语中"就"和"才"的语义分析，《中国语文》第 5 期。

陈平　1988　论现代汉语时间系统的三元结构，《中国语文》第 6 期。

陈立民　2005　也说"就"和"才"，《当代语言学》第 1 期。

陈小荷　1994　主观量问题初探——兼谈副词"就"、"才""、"都"，《世界汉语教学》第 4 期。

邓苗雯　2011　现代汉语"快（要）…了"和"就（要）…了"格式对比研究，《北方文学》第 5 期。

郭春贵　1997　时间副词"已经"和"都"的异同，《世界汉语教学》第 2 期。

郝思瑾　2011　时间副词"快要"与"就要"的语义特征及主观化假设，《徐州工程学院学报》第 5 期。

姜丽萍　2006　《体验汉语基础教程（下）》，北京：高等教育出版社。

金立鑫、杜家俊　2014　"就"与"才"主观量对比研究，《语言科学》第 2 期。

金立鑫、邵　菁　2010　Charles N. Li 等"论汉语完成体标记词'了'的语用驱动因素"中某些观点商榷，《当代语言学》第 4 期。

李冰洁　2007　《现代汉语短时时间副词研究》，河南大学硕士学位论文。

李行健　2014　《现代汉语规范词典》（第 3 版），北京：外语教学与研究出版社/语文出版社。

李向农   1997   《现代汉语时点时段研究》,武汉：华中师范大学出版社。

李宇明   2000   《汉语时量范畴研究》,武汉：华中师范大学出版社

刘林、陈振宇   2015   从与"了₂"的共现关系谈汉语副词的意义类型,《语言教学与研究》第 5 期。

刘丹青   2003   《语序类型学与介词理论》,北京：商务印书馆。

鲁健骥   1984   中介语理论与外国人学习汉语的语音偏误分析,《语言教学与研究》第 3 期。

陆俭明、马真   1999   《现代汉语虚词散论》,北京：语文出版社。

吕叔湘   1985   疑问·否定·肯定,《中国语文》第 4 期。

吕叔湘   1999   《现代汉语八百词》(增订本),北京：商务印书馆。

马真   2003   "已经"和"曾经"的语法意义,《语言科学》第 1 期

潘国英   2010   《汉语状语语序研究及其类型学意义》,北京：中国社会科学出版社。

沈家煊   1999   《不对称和标记论》,南昌：江西教育出版社。

史金生   1993   时间副词"就、再、才"的语义语法分析,《逻辑与语言学习》第 3 期。

史锡尧   1991   副词"才"与"都"、"就"语义的对立和配合,《世界汉语教学》第 1 期。

孙德金   2002   《汉语语法教程》,北京：北京语言大学出版社。

王群   2005   试论"才"和"就"语义变化的双向性和不平衡性,《语言科学》第 6 期。

王还   1956   "就"与"才",《语文学习》第 12 期。

王洪君、李榕、乐耀   2009   了₂与话主显身的主观近距离交互语体,《语言学论丛》第四十辑。

王建勤   1997   《汉语作为第二语言的习得研究》,北京：北京语言大学出版社。

杨德峰   2006   时间副词作状语位置的全方位考察,《语言文字应用》第 2 期。

杨寄洲   2009   《汉语教程(第 2 册)》,北京：北京语言大学出版社。

杨荣祥、李少华   2014   再论时间副词的分类,《世界汉语教学》第 4 期。

余东涛   2006   类型学视野下的时间词研究——谓语时间词状语与谓语动词的语序类型考察,《汉语学报》第 1 期。

张斌   2010   《现代汉语描写语法》,北京：商务印书馆。

张旭   1999   估价副词"就"和"才"的语用过程分析,《天津师范大学学报》

第 2 期。

张新明   2012   《简明对外汉语教学法》，上海：学林出版社。

张谊生   2000   《现代汉语副词研究》，上海：学林出版社。

中国社会科学院语言研究所词典编辑室编   2012   《现代汉语词典（第 6 版）》，北京：商务印书馆。

邹海清   2012   "已经"的语用功能及句法表现，《云南师范大学学报》第 5 期。

Greenberg，Joseph H1966Some universals of grammar with particular reference to the order of meaningful elements. In Greenberg, Joseph. H (eds.), *Universal of language*. Cambridge，Mass：MIT Press.

Reichenbach，Hans 1947 *Elements of Symbolic Logic*，New York：The Macmillan Company.

张家口方言副词"倒"的多功能性及其内在关联

宗守云（上海师范大学语言研究所）

1. 引言

在普通话中，副词"倒"主要用来表达"反预期"意义，是语气副词的用法。在张家口方言中，副词"倒"还可以表达时间和结果意义，有时间副词和关联副词的用法。张家口方言属于晋语。前人关于晋语副词"倒"的研究不多见，迄今没有单篇的论文研究。武玉芳（2010）指出山西大同方言"倒"有时间副词的用法，相当于"已经"，例如：

（1）一赶我去了，老师倒去了。（武玉芳，2010用例）

其实不止大同方言如此，张家口方言也有这种用法。

"倒"还有关联副词的用法。邢向东（2008）举过一个例子：

（2）这点点营生，一阵阵倒做完了。（邢向东，2008用例）

这里的"倒"相当于"就"，是关联副词的用法。尽管邢向东相关著述都没有提及副词"倒"的特殊用法，但从所举例来看，陕北晋语肯定也有和张家口方言"倒"相同的关联副词的用法。

本文拟讨论张家口方言副词"倒"的多功能性问题，即"倒"有语气副词、时间副词和关联副词的用法，本文还就这些功能的内在关联做出分析。张家口方言为笔者母方言,本文张家口方言语料均根据笔者语感自拟,并经过发音合作人核实。

2. 作为语气副词,"倒"用来表示预期相反

在共同语中,"倒"有相反、转折、让步、出乎意料、舒缓语气等意义或用法(吕叔湘主编,1999)。张家口方言语气副词"倒"在表示转折、相反和出乎意料方面和共同语用法相同。此外,"倒"作为语气副词,在张家口方言中还有几种特殊用法。

2.1 "倒"用于和行域预期相反

张家口方言语气副词"倒"可用于表示处置意义的句子,这里的处置是意义层面的,不是处置式这样的语法形式。一般地,在对方准备做出某种处置的时候,说话人决定做出另一种处置,这与对方行域的预期相反。例如:

(3) A:剩饭倒了吧。B:倒了干啥? 我倒吃了它了。

(4) A:我在你这里多住几天。B:你倒回去了吧么,省得你娘结记。

有时候,对方不知道如何处置,说话人提出一种处置办法,这时反预期意义不甚明显。这是在预期相反的基础上扩展延伸出来的用法。例如:

(5) A:这个猪咋闹嘞? B:还咋闹? 倒把它宰了。

(6) A:葵花留点儿嘞不? B:不留,都倒卖了它了。

"倒"用于处置意义的句子,处置的施动者是说话人("我")或对方("你"),不能是他者,如果是他者施动,必须由说话人或对方指令。例如:

(7) A:老毛猴回家可要挨打嘞。B:你让他倒别回家了么。

2.2 "倒"用于和知域预期相反

"倒"有时用于肯定形式表达否定意义的句子中,这是和对方

知域的预期相反。例如：

(8) A：我本来想给你买礼物的。B：你倒待说。（你没必要说）

(9) A：你去看看他吧。B：我倒想看得他不行。（我不想看他）

(10) A：帮我修修车呀。B：倒有那闲工夫。（没有闲工夫）

例(8)—(10)都是和对方知域预期相反，例(8)对方认为应该向说话人说明情况，但说话人认为对方没必要说；例(9)对方认为说话人应该去看看他，但说话人认为没必要；例(10)对方认为说话人能帮他修车，但说话人认为不可以，因为自己没有闲工夫。

2.3　"倒"用于和言域预期相反

在张家口方言中，有一种"倒 X 嘞"构式，意义相当于共同语"还 X 呢"。例如：

(11) A：我难受了。B：难受？倒北受嘞。

(12) A：这是一块石头。B：石头？倒木头嘞。

例(11)"倒北受嘞"相当于共同语"还北受呢"，例(12)"倒木头嘞"相当于共同语"还木头呢"。这两例都是说话人对引发话语的一种嗔怪，说话人认为对方引发话语不得体，这种不得体不一定是因为表达内容不正确，而是因为表达方式不妥当，于是在对方原有话语的基础上进行语音或语义的延伸，用"倒 X 嘞"表达嗔怪意义，这是和对方言域预期相反。

这里说话人的话语表面看来很简单，实际理解是极其复杂的。首先，说话人根据对方话语内容进行语音或语义的延伸，例(11)是语音延伸，由"难受"先谐音为"南受"，再延伸到"北受"；例(12)是语义延伸，由"石头"延伸到相关的"木头"。其次，说话人用一种比较复杂的推理来表达自己嗔怪的态度，例(11)是"你说难受，我还说北受呢，我说北受是不得体的，你说难受就更不得体了"，例(12)是"你说石头，我还说木头呢，我说木头是不得体的，你说石头就更不得体了",这实际上是绕来绕去达到嗔怪的目的。

3. 作为时间副词,"倒"用来表示变化实现

张家口方言"倒"用作时间副词,和"已经"或表示时间意义的"就"用法基本相同。"倒"可以表示"已经实现某种变化",后接谓词成分或数量成分。例如:

(13) 天倒下起雨来了。

(14) 这会儿倒 11 点了。

这里"倒"都是"已经"的意思,但和"已经"的意义不完全对应,"已经"不一定有出乎意料的意思,但"倒"包含着出乎意料的意思,例(13)(14)用"倒"不但表达时间意义,也表达出乎说话人或听话人意料的意义。

"倒"不是"都"的音变形式,"倒"和"都"在张家口方言中同时存在,读音不同,意义有别,"都"有夸张的意味,"倒"表意外的情态。另外,"都"和"倒"可以并用,成为"都倒 VP 了"这样的格式。例如:

(15) 我都倒 50 岁了。

"都"和"倒"并用,既有夸张意味,也有意外的意思,二者是兼容的,不是对立的。

"倒"和"已经"一样,是"不定时时间副词"(马真,2003),可以用于过去、现在和将来时间。"倒"作为时间副词,可以表示"已经实现某种变化",也可以表示"即将实现某种变化",因此可以概括为"变化实现"。前者和"了"共现,后者和"也"共现。例如:

(16) 再过三年我倒毕业了。

(17) 火车倒开也,你别靠得太近了。

例(16)尽管是将来时间,但仍然表示"已经实现",即三年之后毕业这一事件已经实现了。例(17)是近将来,表示火车开动这一事件即将实现。

"倒"作为时间副词,可单独用来进行反问回应。例如:

(18) A:几点了? B:11点了。A:倒?

在共同语中,例(18)不能只用"已经"回应,因为"已经"是不能单独回答问题的副词(陆俭明,1982)。

4. 作为关联副词,"倒"用来表示结果达成

张家口方言"倒"用作关联副词,和"就"用法基本相同。"倒"用于结果小句,表示在某种原因或条件下,某种结果达成。主要有以下四种情况。

4.1　用于虚拟的结果

虚拟分过去虚拟和将来虚拟。过去虚拟是"必然不实现",将来虚拟是"可能会实现"。例如:

(19) 二诸葛要是不讲迷信,庄稼倒旱不死了。

(20) 你明天不去的话,我倒让别人去了。

例(19)是过去虚拟,其事件为,二诸葛因为讲迷信没有给庄稼浇水,结果庄稼都旱死了,说话人提出一个相反的假设,如果当初不讲迷信,庄稼就不会旱死,这是"必然不实现"。例(20)是将来虚拟,如果你明天不去,我就让别人去,"你明天不去"是或然事件,可能实现,也可能不实现。

4.2　用于条件的结果

条件分充分条件和必要条件。在共同语中,充分条件用"就"来关联结果,必要条件用"才"来关联结果。张家口方言充分条件句可以用"倒"来关联结果。例如:

(21) 只要挣下钱,盖房倒不成问题了。

(22) 这么点儿病算啥? 吃点药倒好了。

4.3　用于原因的结果

因果关系分为说明性因果和推论性因果两种,在共同语中,

前者典型的标记形式是"因为 X,所以 Y",后者典型的标记形式是
"既然 X,那么 Y"。推论性因果也可以用"既然 X,就 Y"的形式。
在张家口方言中,推论性因果可以用"倒"来关联结果。例如:

(23) 既然天气还早,倒不用着急往家里走了。

(24) 路不远,倒别坐车了。

在张家口方言中,推论性因果句的结果句有否定的倾向。一
般的推论性因果句,其结果句并没有肯定或否定的倾向。例如:

(25) 既然领导决定了,我就完全服从。

(26) 既然领导决定了,我就不说了。

在张家口方言中,例(25)"就"不能用"倒"替换,例(26)"就"
可以用"倒"替换,替换后意义不变。由此可见,在推论性因果句
中,"倒"所关联的结果句,极其倾向于否定句,肯定句则非常
受限。

在前小句没有标记的情况下,"倒"到底关联什么结果,有时
是有歧义的,但其歧义和肯定否定有关。例如:

(27) 你去,我倒不去了。

(28) 你不去,我倒去了。

例(27)"你去"有三种意义,分别是虚拟意义、条件意义、原因
意义;例(28)只有两个意义,即虚拟意义和条件意义,不可能是原
因意义,这是因为"倒"所关联的推论性因果句的结果小句倾向于
否定导致的。

4.4 "一 X 倒 Y 了"格式

"一 X 倒 Y 了"是紧缩句形式,相当于"一 X 就 Y","一 X 就
Y"后面不一定出现"了","一 X 倒 Y 了"必须出现"了",因此该格
式为"一 X 倒 Y 了"。

"一 X 倒 Y 了"有时表顺承意义,X 和 Y 先后发生,没有其他
逻辑关系;有时表条件-结果意义。例如:

(29) 刚一出门倒碰着二狗油了。(刚一出门就遇见二狗

油了）

（30）明天一回家倒看见孩子了。

例（29）是顺承关系，"出门"和"碰着二狗油"是接连发生的两个行为，没有内在逻辑关系；例（30）是条件关系，是"只要一回家就能看见孩子"。

"一X倒Y了"可用于已然事件、未然事件和惯常事件。已然事件是现实事件，X和Y两个行为是先后发生的顺承关系，如例（29）；未然事件和惯常事件是非现实事件，X和Y两个行为是条件-结果关系，只要发生X行为，就会发生Y行为。例（30）是未然事件，再举一个惯常事件的例子：

（31）他老是那样，一着急倒说不上来话了。

有时，"一X倒Y了"孤立地看是有歧义的，理解为已然事件，是顺承关系；理解为未然事件，是条件-结果关系。例如：

（32）他一看倒明白了。

例（32）没有语境的情况下不能确定是已然事件还是未然事件，事件性质不同，X和Y之间的关系也不相同，已然事件是顺承关系，未然事件是条件-结果关系。

5. "倒"多功能用法的内在关联

"倒"，本义是"倒下"，《说文》云"倒，仆也"。根据杨荣祥（2005），副词"倒"来源于"倒"的动词义"颠倒"，"颠倒"表示与"正、顺"相反，因而引申虚化为表示对不合常情的性质状态或事件的强调，义近"反而"。"倒"在六朝时即发展出"不合常情"的用法，但意义还比较实在，到《敦煌变文集》中已经是严格意义的语气副词了，但仅限于修饰动词。到《朱子语类》，语气副词"倒"除了修饰动词，还可以修饰句子，这说明"倒"已经由概念功能扩展到语篇功能，起语篇连接作用。到《金瓶梅词话》，语气副词"倒"

更进一步扩展延伸到修饰形容词。应该说,最晚在明代,语气副词"倒"的用法已经相当成熟了。

在共同语中,"倒"只有语气副词的用法。方言中"倒"有时间副词和关联副词的用法,它们都是从语气副词发展来的,其发展呈放射式,一方面是从语气副词到时间副词,一方面是从语气副词到关联副词。

5.1   从语气副词到时间副词

"倒"作为语气副词,主要用法是"反预期",即对预期事实进行"反转":预期如此,实际并不如此。反预期有时和交际者相关,表现为与说话人预期相反和与受话人预期相反;有时和社会固有模式相关,表现为与社会固有模式相反。例如:

(33)本来以为没雨,没承想倒下起雨来了。(与说话人预期相反)

(34)他当我好欺负,我倒要看看他能把我怎么样。(与听话人预期相反)

(35)人不大,脾气倒不小。(与社会固有模式相反)

"倒"向时间副词发展,需要一定的句法或语义条件,主要是语义条件,表现为语义专化,即由基础的反转句专化为与说话人预期相反的反转句。这有点像语法化中的相邻句位,只不过相邻句位是句法条件,而语义专化是语义条件而已。如果说话人以为没有发生某件事,而实际上已经发生了某件事,"倒"就具有了时间副词的性质。例如:

(36)我以为他还没来呢,没想到他倒来了。

例(36)"倒"仍然可以理解为"反而",是语气副词;但也可以理解为"已经",是时间副词。这时"倒"介于语气副词和时间副词依违两可之间,具有过渡性质。当对比的性质不明显甚至脱落以后,"倒"就只能理解为时间副词了。例如:

(37)他倒来了,你给他沏一杯茶。

例(36)"倒"理解为时间副词,是语境赋予的,在特定语境中,"倒"具有时间副词的意义。随着"倒"所在反转句的发展,"倒"逐渐吸收了表达时间的语境意义,于是出现了时间副词的用法,如例(37),这是"语境吸收"(absorption of context)机制作用的结果。

"倒"发展为时间副词,一方面保留了"反转"的意义,即时间意义和反转意义并存,但时间意义凸显而反转意义抑制;另一方面继续扩展延伸,由已经实现类推扩展到即将实现,这时"倒"的时间副词意义就非常成熟了。例如:

(38)他倒来也,你给他沏一杯茶。(他已经快来了,你给他沏一杯茶)

综上,"倒"从语气副词发展为时间副词,经历了语义专化、语境吸收、类推扩展三个过程,从而成为成熟的时间副词。

5.2　从语气副词到关联副词

"倒"的基本用法是语气副词,而不是关联副词。李焱、孟繁杰(2011)对副词"倒"的语法化历程进行了分析,结论是正确的,但把"倒"定性为关联副词,是不正确的。正如张谊生(2000)所说:"关联副词是从句法功能、逻辑功能、篇章功能的角度划分出来的一种特殊的副词小类。而且在现代汉语中,几乎每一个关联副词都是一个兼属其他小类甚至大类的兼类副词,纯粹意义的关联副词是不存在的。"因此,"倒"作为关联副词,是不具有独立性的,它是在语气副词的基础上派生出来的。

"倒"作为语气副词,主要用于行域,用于知域和言域的都是特殊情形。行域属于现实世界域,语言反映了现实世界的真实状况。"倒"作为语气副词,主要用于对预期事实的"反转"。如果"倒"只反映现实世界的"反转",不是说话人的认定、推理、言语行为,就属于行域。例如:

(39)说起他来,我倒想起一件事来了。(《现代汉语词典》第

6 版用例)

例(39)是"说起他来,(没想到)想起了一件事",这不是说话人有意为之的,而是客观上自然出现的事实,是符合现实世界情形的,属于行域。

"倒"的关联副词用法属于言域用法。言域属于言语行为域,反映了说话人"以言行事"的行为,言域有可能符合现实世界的真实情形,也有可能只是说话人的主观言说,未必符合现实世界的真实情形。沈家煊(2011)认为,有些虚词的词义引申是由虚词进入言域引发的。"倒"从语气副词发展为关联副词,也是从行域到言域的引申。

"倒"向言域引申,是在与受话人预期相反的基础上实现的。具体为:

A. 受话人说出一个事实;

B. 说话人首先认同这一事实,因为这一事实属于行域;

C. 说话人接着再添加一个前提;

D. 说话人说加上这个前提,事实就反转了。

行域是"我陈述",言域是"我言说"。当说话人说"添加一个前提,事实就得以反转"时,"倒"就完成了从行域向言域的转变,成为关联副词了。例如:

(40) A:三瞎毛的病治不好。B:找个好医院倒治好了。

例(40)受话人 A 陈述一个事实,说话人 B 首先承认这个事实,但又添加一个前提"找个好医院",那么原有的事实就发生了反转,病就可以治好了。说话人的详细话语过程是这样的:三瞎毛的病治不好,对;可是我说,只要找个好医院,病就可以治好了。"我说"是言域,由于"我说",语气副词"倒"实现了关联化,成为关联副词。

例(29)"刚一出门倒碰着二狗油了"是顺承关系,不是事理逻辑关系,但仍然遵循着言域引申的原则。例(29)最有可能的引发是,对方问"你没有碰着二狗油吧?"这是半信半疑的疑问,希望得到对方肯定的回答,即"你没有碰着二狗油";说话人先认同这一事实,"如果不出门,是碰不着二狗油的",然后添加一个前提"出门",于是事情出现反转,"一出门倒碰着二狗油了"。因此,不论是顺承关系,还是事理逻辑关系,都符合从行域引申到言域的基本原则。

综上,副词"倒"的演化途径可图示如下:

$$
\nearrow 时间副词"倒"
$$
$$
语气副词"倒"
$$
$$
\searrow 关联副词"倒"
$$

5.3　偏侧关系及语义地图

共同语副词"倒"和张家口方言副词"倒"在意义和功能上有较大的差异,这些差异形成了"偏侧关系"(skewed,赵元任,1970;李小凡,2015)。李小凡(2015)指出:"语义地图是破解偏侧关系的理想工具"。

语义地图是和语言类型学相关的研究工具。"其基本操作方式并不复杂。首先由最简单的问题出发,即若某个形式 X 在某个具体语言里具有 X1、X2、X3 三种不同的意义/用法,那么,语义地图模型可帮助我们通过比较弄清这三者之间的亲疏关系,并将其表征在一个几何空间上。"(张敏,2010)在张家口方言中,副词"倒"有三种意义/用法:X1=语气副词,X2=时间副词,X3=关联副词。根据语义地图的原理我们可以预测副词"倒"在共同语和方言的各种情形,方言我们以晋语为例。具体可分四种情形。

第一种,X1。即只有语气副词的用法。包括共同语、晋语吕梁片和志延片。

第二种,X1、X2 并存。晋语邯新片这种情形比较多见,有河北邯郸涉县、河南新乡等。

　　第三种,X1 和 X3 并存。晋语上党片这种情形比较多见,有山西长治等。

　　第四种,X1、X2、X3 并存。晋语并州片、五台片、张呼片、大包片大都是这种情形。

　　根据语义地图,我们不但可以预测共同语和晋语的情形,还可以预测其他方言的情形。根据前人材料,我们发现,安徽巢县话也应该属于第二种情形。根据黄伯荣主编《汉语方言语法类编》(1996),安徽巢县话(安徽巢县已经并入巢湖市,现为居巢区,为保持文献来源的一致性我们仍然称为巢县话)有一个时间副词"到",相当于"已经",但又多着一层意思:已出现的状况、已发生的事态出于说话人之所料。我们认为,这个时间副词"到"应该就是"倒"。首先,从理论说,词的用法应该具有语义基础和历时联系,没有语义基础和历时联系的只能具有"记音"性质。"到"表"到达"意义,没有反预期意义,因此巢县话的这个时间副词"到"是很可疑的。"倒"具有反预期意义,而且在语义专化、语境吸收、类推扩展的情况下能够发展出时间副词的意义,因此这里的"到"应该就是"倒"。其次,从事实上,巢县话的"倒"在意义和用法上和张家口方言时间副词"倒"几乎完全相同。

6. 结语

　　以上我们讨论了张家口方言"倒"的多功能性及其内在关联,通过最简的一维语义地图预测并验证了"倒"在共同语和方言中的分布。

　　关于"倒"的时间副词和关联副词的用法,在方言中并不只限于张家口方言。在我们初步的调查中,赣方言、西南官话、广西闽南话的一些被调查者也提供了一些类似的材料,认为"倒"在某些地方也有时间副词和关联副词的用法。比如,江苏盐城"倒"有语气副词和时间副词的用法,云南曲靖陆良"倒"有语气副词、时间副词和关联副词的用法。如果我们对"倒"的用法作进一步的细化,把语义地图绘制得更加详细,并得到其他方言调查的佐证,研究当更有价值,不但能够丰富汉语方言的研究,还能够为语言类型学提供材料。

目前,基于语言成分偏侧关系的语义地图绘制,逐渐成为语言研究的热点内容,方言研究应该积极借鉴,运用于方言研究中,从而促进汉语方言研究的不断深化。

本文发音合作人

郭晓燕(山西长治,晋语),纪润梅(河北尚义县,晋语),李诗颐(江西南昌,赣方言),林文月(广西桂林平乐县二塘镇,闽南语),马梦婕(河南新乡,晋语),尚静(山西太原,晋语),王瑜(四川成都,西南官话),熊红丽(河北涉县,晋语),张联平(河北平山县,晋语),张曼琳(江苏盐城,江淮方言),周春林(云南曲靖陆良,西南官话)。

参考文献

黄伯荣主编 1996 《汉语方言语法类编》,青岛:青岛出版社。

李小凡 2015 语义地图和虚词比较的"偏侧关系",载李小凡、张敏、郭锐等著《汉语多功能形式的语义地图研究》,北京:商务印书馆。

李焱、孟繁杰 2011 关联副词"倒"的演变研究,《古汉语研究》第3期。

陆俭明 1982 现代汉语副词独用刍议,《语言教学与研究》第2期。

吕叔湘主编 1999 《现代汉语八百词》(增订本),北京:商务印书馆。

马真 2003 《现代汉语虚词研究方法论》,北京:商务印书馆。

沈家煊 2011 《语法六讲》,北京:商务印书馆。

武玉芳 2010 《山西大同县东南部方言及其变异研究》,北京:中国社会科学出版社。

邢向东 2008 论晋语中句子后部的隐含与句中虚词的语气词化,载邵敬敏主编《21世纪汉语方言语法新探索——第三届汉语方言语法国际研讨会论文集》，广州：暨南大学出版社。

杨荣祥　2005　《近代汉语副词研究》，北京：商务印书馆。

张敏　2010　"语义地图模型"：原理、操作及在汉语多功能语法形式研究中的运用，《语言学论丛》第 42 辑。

张谊生　2000　《现代汉语副词研究》，上海：学林出版社。

赵元任　1970　国语统一中方言对比的各方面，载《赵元任语言学论文集》，北京：商务印书馆。

宗守云　2015　晋方言情态动词"待"及其否定关联和意外性质，《中国语文》第 4 期。

宗守云　2016　"还 X 呢"：行域贬抑，知域否定，言域嗔怪，《语言教学与研究》第 4 期。

后　　记

第四届"汉语副词研究学术研讨会"于 2017 年 12 月 8 日至 10 日在华侨大学(厦门校区)召开。本届会议是继第一届(2011. 10. 29—31, 桂林)、第二届(2013. 10. 26—29, 重庆)、第三届(2015. 11. 13—16, 长沙)之后的第四届汉语副词研究系列专题研讨会。会议由上海师范大学与华侨大学联合主办, 张谊生教授与贾益民教授共同主持。

来自全国各地众多高等院校和研究机构的七十余名专家、学者出席了会议。会议论题集中, 主要围绕汉语副词发展的共时与历时、句法与语义、语篇与方言等方面进行了深入讨论, 取得了积极的学术成果; 研究视角多样化、方法多元化, 不少课题的研究涉及一系列前沿课题。会议日程安排相对合理, 10 位学者作了大会学术报告, 并组织了 8 场小组讨论; 大会报告精彩, 小组讨论热烈。

按照以往惯例, 我们对会议论文加以汇编, 收录编辑为《汉语副词研究论集》(第四辑), 由上海三联书店出版发行。收入本论集的论文, 大都已经在各种语言学期刊、集刊及其他杂志上发表过, 收录前各位作者又做了修订。限于文集的版面和出版时间, 尚有一部分会议论文未能收录, 对此, 我们深表歉意。论集尚存不足,也深望学界同仁多多包涵!

　　本论集在征文、编辑过程中,得到众多作者的支持;上海三联书店杜鹃女士为论集的顺利出版,付出了辛勤的劳动;博士生赵或在征集与编辑过程中作了大量的工作,我们在此一并表示由衷的谢意!

编者

2019 年 6 月

图书在版编目（CIP）数据

汉语副词研究论集.第四辑/张谊生主编.—上海：上海三联书店,2019.10
ISBN 978-7-5426-6783-0

Ⅰ.①汉…　Ⅱ.①张…　Ⅲ.①汉语－副词－文集
Ⅳ.①H146.2－53

中国版本图书馆 CIP 数据核字（2019）第 203310 号

汉语副词研究论集（第四辑）

主　　编／张谊生
副 主 编／贾益民　宗守云
责任编辑／杜　鹃
装帧设计／一本好书
监　　制／姚　军
责任校对／张大伟

出版发行／上海三联书店
　　　　　（200030）中国上海市漕溪北路 331 号 A 座 6 楼
邮购电话／021－22895540
印　　刷／上海惠敦印务科技有限公司

版　　次／2019 年 10 月第 1 版
印　　次／2019 年 10 月第 1 次印刷
开　　本／890×1240　1/32
字　　数／480 千字
印　　张／17.125
书　　号／ISBN 978-7-5426-6783-0/H·80
定　　价／59.00 元

敬启读者,如发现本书有印装质量问题,请与印刷厂联系 021－63779028